LES PETITES STRUCTURES PÉNITENTIAIRES EN FRANCE

Un modèle pour les prisons de demain ?

Collection « Diversités »
Dirigée par Hedi SAIDI, historien.

Cette collection est destinée à présenter les travaux théoriques, empiriques et pratiques des chercheurs scientifiques, et des acteurs sociaux. Elle a vocation à publier des ouvrages essentiellement universitaires, traitant des rapports sociaux, de la mémoire, de l'histoire et de l'altérité. Elle se propose de constituer un portail d'accès à l'étude des sociétés contemporaines et offrir une plateforme d'échanges à des chercheurs de plusieurs disciplines.

La collection entend faire connaître la production française dans les domaines historiques et sociologiques mais aussi relayer les travaux de chercheurs étrangers et devenir ainsi un point d'appui dans le développement des échanges scientifiques au niveau international en sciences humaines et sociales.

Dernières parutions

Jamil SAYAH, *Mohamed Sayah. Homme d'État au service de la Tunisie*, 2023.
Mihaela DACIANA NATEA (ed.), *Disinformation Crossing Borders. The Multilayered Disinformation Concerning the War in Ukraine*, 2022.
Marie-Julie BERNARD et Bénédicte FISCHER (dir.), *L'Etat ivoirien à l'épreuve de la détention préventive,* 2022.
Jamil SAYAH (dir.), *Penser en temps de pandémie*, 2021.
Mihaela DACIANA NATEA et Lucian SACALEAN. *Security and reconstruction in Europe. Sécurité et reconstruction en Europe*, 2020.
Abla ROUAG-DJENIDI, *Les jeunes, l'école et l'éducation, Représentations, pratiques et enjeux*, 2016
Jamil SAYAH, *Frontières et mobilité*, 2016
Hedi SAIDI, *Savoir critiques et recherches historiques, Pour quels usages ?,* 2015

Sous la direction de
Jean-Charles Froment

LES PETITES STRUCTURES PÉNITENTIAIRES EN FRANCE

Un modèle pour les prisons de demain ?

Préface de Marie-Odile Théoleyre

L'Harmattan

Du même auteur

Froment JC,
La République des surveillants de prison,
LGDJ, Droit et société, 1998.

Froment JC,
Les surveillants de prison,
L'Harmattan, 2003.

Froment JC, Gleizal JJ, Kaluszynski M.,
Les États à l'épreuve de la sécurité,
PUG, 2003.

Froment JC, Kaluszynski,
Justice et technologies. La surveillance électronique en Europe,
PUG, 2006.

Froment JC,
Administration et politique : une pensée critique et sans frontières.
Dialogues avec et autour de Jean-Jacques Gleizal,
PUG, 2009.

Froment J.C, Kaluszynski M.,
L'administration pénitentiaire à l'épreuve de la nouvelle gestion publique,
PUG, 2011

Froment JC, Mathieu M.,
Droit et politique. La circulation internationale des modèles en question(s),
PUG, 2013.

5-7, rue de l'Ecole-Polytechnique, 75005 Paris
http://www.editions-harmattan.fr
ISBN : 978-2-336-43049-2
EAN : 9782336430492

PRÉFACE

Par Marie-Odile THÉOLEYRE, Magistrat honoraire, Administratrice FARAPEJ, ancienne présidente de l'ONG RESCALED

C'est un grand plaisir et un honneur pour moi, de préfacer cet ouvrage réalisé avec enthousiasme et intelligence par les étudiants de l'Institut politique de Grenoble dans le cadre du projet RESCALED financé par la Fondation PORTICUS, et je remercie Jean Charles Froment qui a dirigé ce séminaire de m'avoir fait confiance pour cette tâche. Ce fut pour moi un sujet d'étonnement en découvrant que sur ce sujet complexe de la prison, la plupart des étudiants avaient un œil presque totalement neuf. Très peu s'étaient rendus dans une prison, ou aux abords et ils allaient se lancer dans une découverte toujours un peu déstabilisante et émotionnellement perturbante. Je n'en ai eu que plus d'admiration.

Ancienne procureure, puis juge correctionnel, la prison était pour moi presque une évidence, au moins en ce qu'elle constitue une peine. Et je réalisais que dans cette étude il allait falloir intégrer les deux sens du mot, à la fois peine et bâtiment. Moi non plus je ne m'étais pas rendue souvent dans ces lieux d'enfermement car le juge du siège, une fois la décision rendue, ne se préoccupe plus de la suite. Le relais est pris par le juge d'application des peines (JAP). Il en est de même pour le procureur qui a requis la peine d'emprisonnement et l'a obtenue, le relais est pris par le magistrat du parquet en charge de l'exécution de la peine. La distinction est notable. Le JAP fixe les modalités de l'exécution de la peine pour chaque condamné, il a un pouvoir de contrôle et d'orientation tandis que le procureur est chargé seulement de l'exécution effective des mesures ordonnées dans le jugement.

Le grand public, la société, ne sait en général pas grand-chose du domaine carcéral sauf à travers les médias qui sont prompts à préciser pour chaque fait divers la peine encourue qui fait croire qu'il s'agit de la peine méritée et donc sans doute infligée. Ils entretiennent la peur

J'ai coutume de dire que la prison n'est pas un sujet très « sexy » : je veux dire par là que c'est un sujet un peu rébarbatif. Du reste personne n'en veut chez soi (*not in my backyard*). On ne veut pas la voir et pas l'avoir. Selon sa tendance politique et l'époque, la répression « c'est ou trop ou pas assez ». Comme le rappelle justement Martine Kaluszynski dans sa conclusion reprenant un terme de Jean Claude Vimont c'est un mouvement de balancier, entre épisodes humanistes et épisodes répressifs.

Si cette question n'est pas nouvelle, les débats à ce sujet se font plus nombreux, les rapports et les réformes plus fréquents. Tout est une question d'équilibre comme aime à le dire Romain Gary dans son ouvrage « L'angoisse du roi Salomon » ; il faut finalement répondre à cette question majeure : quelle société voulons-nous en termes humains et non en termes de peur et de protection ?

De fait, l'emprisonnement reste la peine par excellence des sociétés civilisées depuis que les châtiments corporels et la peine de mort ont été bannis, et la base de l'édifice presque entier de notre échelle pénale actuelle. L'empilement des incriminations au fil des années, parce que l'évolution de nos sociétés le veut ainsi, fait que les taux de surpopulation carcérale dépassent presque partout 100 % dans un grand nombre de pays européens.

À qui la faute ? On dit communément que c'est celle des juges qui incarcèrent trop et trop vite. On pourrait objecter que la privation de liberté, bien auquel chacun est attaché, a le même prix pour tous, mieux que l'amende qui est inégalitaire, elle est le châtiment égalitaire qui permet d'apparaître comme une réparation sociale. Mais on peut dire aussi que depuis que la palette des peines s'est diversifiée comme les lames d'un couteau suisse, les juges jouent la prudence voire le confort et s'en tiennent au plus simple, surtout en fin d'audience tard dans la soirée et particulièrement en comparution immédiate. Comment évaluer véritablement le degré de repentance et le désir de s'amender d'un prévenu dans un laps de temps assez cour ? Ne pas incarcérer apparaît finalement comme un risque et les juges savent que leurs décisions seront montrées du doigt, commentées et surtout soumises le cas échéant à une cour d'appel impitoyable. Le laxisme identifié à de la faiblesse est mal vu dans notre profession. Je dirais donc plutôt que c'est tout le système pénal qui joue le rôle d'entrainement conduisant à cet entassement carcéral et même si, dans le principe retenu par le Code pénal d'individualisation de la peine, le juge n'est plus tout à fait seul dans la décision : il y a une foule de rôles jusque à inédits dans l'exercice de la justice criminelle, les experts, les travailleurs sociaux, les avocats, les techniques scientifiques.

Lorsque j'ai quitté mes activités juridictionnelles, et quelque part taraudée par le manque de traçabilité de mes décisions, j'ai décidé d'adhérer à une petite association lyonnaise ayant pour objet l'accueil des sortants de prison et l'aide à leur réinsertion. Je suis passée « de l'autre côté du miroir », telle Alice au pays des merveilles : Mais j'ai découvert quelque chose qui n'avait rien de merveilleux. J'ai rencontré en face à face et non plus sur une estrade où je les dominais, ceux que j'avais pu juger ou leurs semblables. Des hommes et des femmes, brisés par la détention, en perte de repères, sans perspectives d'emploi, parfois ne sachant où aller. Il me fut difficile de ne pas faire la morale, de me présenter comme une simple bénévole soucieuse de leur réinsertion moi qui avais tant de fois été condamné à de la prison. C'est là que j'ai constaté combien l'accompagnement de ces personnes était la clé de leur avenir, aussi bien pendant la détention qu'au sortir.

Alors se pose la question cruciale : la prison peut-elle jouer son rôle d'appareil à transformer les individus ? On pensait dans les années 1800 (Vuillermé, Martignac) qu'il fallait rendre la prison efficace de bien des points de vue et on le pense toujours. Ainsi notre Code de procédure pénale actuel précise que « l'administration pénitentiaire n'a pas pour unique mission la garde des détenus.

Elle doit aussi prévenir la récidive et contribuer à l'insertion ou à la réinsertion des personnes qui lui sont confiées par l'autorité judiciaire », avec le concours des services de probation et d'insertion (SPIP).

C'est pourquoi le projet RESCALED nous invite à questionner le contenu de la détention, plus que le contenant. La qualité de l'accompagnement et son adaptation à chaque profil plus que les statistiques quantitatives, l'exécution réelle de la peine et son sens. À cet égard, les étudiants ont posé les bonnes questions et un regard lucide sur ce qu'ils ont vu. À l'exception des structures d'accompagnement vers la sortie (SAS) encore trop peu nombreux, ils ont observé que les prisons françaises étaient encore loin de ce modèle décrit au chapitre 1 de ce recueil

Ce modèle a-t-il fait ses preuves ailleurs ? Peut-il s'appliquer dans d'autres cultures ? En particulier à des pays non européens ?

À cet égard, l'occasion m'a été donnée d'effectuer de nombreuses missions dans des pays du pourtour de la méditerranée pour des réformes pénitentiaires où j'ai visité plusieurs prisons de taille diverses, et j'ai pu constater une évolution dans la perception de l'emprisonnement. Les pays les plus fervents de la répression (Algérie, Jordanie, Maroc dans une moindre mesure) s'ouvrent à une collaboration avec la société civile pour permettre qu'elle participe à la réinsertion des personnes, et ils réfléchissent à mettre en œuvre des peines alternatives à l'emprisonnement. L'objectif d'une prison utile fait son chemin. La prison ne peut plus être « le noviciat de la récidive » comme l'écrivait Tocqueville, ce que nous rappelle l'un des étudiants, mais un lieu où pourra se préparer un véritable retour à une vie sociale. RESCALED propose ainsi de parler de « maison de détention » qui évoque un lieu familial et humain.

Mais la petite taille ne fait pas tout, les étudiants l'ont bien vu. Il doit nécessairement y avoir une corrélation entre la privation de liberté et l'apprentissage de cette liberté grâce à la société civile et aux nombreuses pratiques de réinsertion menées par l'administration et le personnel pénitentiaire. C'est une tâche difficile qui ne se joue pas à huis clos et qui engage la société tout entière. On pourrait dès lors dire que la seule taille idéale est celle de la hauteur d'un homme.

La FARAPEJ est heureuse d'avoir contribué à ce séminaire dans le cadre d'un projet qui constitue un plaidoyer pour des maisons de détention dotées des 3 qualités définies par RESCALED, chacune de ces qualités conditionnant l'autre.

En effet la FARAPEJ dans sa mission d'acteur source de propositions aux fins de promouvoir une approche plus humaine des problèmes de la prison, a élargi ses activités vers des projets européens, STEP (introduction de l'informatique en prison) et le projet WISH financé par l'Union européenne qui constitue une suite du projet RESCALED mais veut aller plus loin. Ce projet a l'ambition d'élaborer un document commun sur les pratiques et les règles européennes au sein des prisons de petite taille à partir des informations collectées par chacun des pays partenaires (France, Belgique, Pays-Bas, Portugal) dans les établissements pénitentiaires européens. Déjà certaines des préconisations de RESCALED ont trouvé un écho dans des études étrangères (pays d'Europe du Nord et Grande-Bretagne), comme le rappelle Émilie Adam-Vézina au chapitre 1. Et il est permis de penser voire d'espérer, qu'une recommandation de la commission européenne, destinataire des conclusions de cette étude pourrait voir le jour.

À ce stade, le modèle RESCALED ne serait plus une simple utopie au double sens grec du mot, un lieu idéal où il fait bon vivre, mais un lieu qui n'existe pas. Pas encore !!

Introduction

Par Jean-Charles Froment, Professeur des Universités en détachement, Chargé de mission auprès du Directeur de l'Administration pénitentiaire, Cabinet - ministère de la Justice

Cet ouvrage part d'un projet collectif mené par les étudiants du séminaire de recherche « *La peine dans tous ses États. Analyse comparée de l'exécution des peines* » proposé en troisième année de Sciences Po Grenoble. Pendant toute leur année universitaire, les étudiants de ce séminaire ont été amenés à travailler sur les avantages et les inconvénients des petites structures pénitentiaires en référence au programme Rescaled devenu désormais le programme Wish de l'Union européenne. Comme Émilie Adam-Vézina le rappelle dans son article, ce programme vise à défendre, face au développement de grands établissements pénitentiaires, un modèle d'établissement plus raisonnable reposant sur des régimes spécialisés et différenciés dans le cadre d'une plus grande intégration territoriale et d'une architecture à la fois humaine et adaptée aux objectifs poursuivis. Ce modèle « idéal » d'établissement, au sens de ce programme, s'il n'existe pas encore en tant que tel en France, peut faire penser à différents modèles de petites structures d'hébergement pénitentiaire déjà existantes qui pourraient, à défaut, s'en rapprocher partiellement (Établissements pour mineurs, Centres de semi-liberté, Structures d'accompagnement vers la sortie, voire des établissements de toute petite taille et/ou quartiers spécialisés). Ces structures présentent des caractéristiques hétérogènes, tant du point de la nature de leur fonctionnement, des publics hébergés que de leur ancienneté, mais elles se distinguent toutes par le fait qu'elles sont de petite taille et accueillent un public plus moins spécifique. Les étudiants du séminaire avaient ainsi pour mission au cours de leur année universitaire d'explorer le fonctionnement de certaines d'entre elles pour en retirer certains enseignements de nature à nourrir le projet Rescaled notamment sur les bienfaits et les limites de ces dispositifs. C'était aussi pour eux l'apprentissage de la recherche en réalisant de premières études empiriques. Pour réaliser ces travaux, les étudiants ont pu aussi bénéficier des conseils de Marie-Julie Bernard, maîtresse de conférences à Sciences Po Grenoble, de Bénédicte Fischer, maîtresse de conférences à la Faculté de Droit de l'Université Grenoble Alpes (UGA) et de Martine Kaluszynski, directrice de recherches au CNRS à l'UMR Pacte (UGA-Sciences Po Grenoble). Ils ont aussi été soutenus par la Fédération des associations réflexion-action, Justice et Prison (FARAPEJ), à la fois *via* les informations que Marie-Odile Théoleyre, administratrice de la Farapej et Émilie Adam-Vézina, ancienne coordinatrice France du projet Rescaled leur ont données sur ce programme et le financement de cet ouvrage. Cette introduction est l'occasion de toutes les remercier et de souligner l'apport essentiel de la Farapej à la réussite de ce projet.

Chacun de ces étudiants a ainsi pu analyser une structure de leur choix en partageant avec les autres membres du groupe ses observations et résultats. Le choix des structures étudiées a été opéré parmi celles sus-évoquées souvent en fonction de critères géographiques et/ou d'accessibilité, certains terrains s'étant spontanément ouverts et d'autres non. Les études présentées ci-après reprennent de façon resserrée chacun des travaux ainsi menés. Si les étudiants ont dû travailler sur leurs terrains dans un cadre temporel extrêmement contraint, lequel ne leur a pas permis d'approfondir autant qu'ils l'auraient souhaité leurs investigations, les différentes analyses proposées sont riches d'enseignements. Ne serait-ce d'ailleurs que parce qu'ils contribuent à porter des regards spécifiques sur des structures finalement assez méconnues, soit parce qu'elles ont peu été l'objet d'études jusqu'à présent (CSL, EPM, Établissement/quartiers pour femmes), soit parce qu'elles tout simplement nouvelles (SAS).

Mais l'intérêt de ces travaux est aussi d'attirer l'attention sur le fait qu'il n'y a pas de fatalité pénitentiaire à la gestion de masse. Dans un contexte de croissance régulière des effectifs carcéraux en France, lequel conduit cette dernière à battre régulièrement le record de nombre de détenus hébergés, s'intéresser à de petits établissements organisés autour de la prise en charge spécialisée d'effectifs réduits présente en soi ce mérite de nous détourner d'approches purement quantitatives de la gestion carcérale. Loin ainsi de faire de l'augmentation du nombre de places en prison un objectif prioritaire, cet ouvrage s'arrête au contraire sur les conditions d'une amélioration qualitative de la prise en charge des détenus, seule d'ailleurs de nature à s'inscrire dans une perspective réelle de prévention de la récidive. Face en effet aux discours de tous ordres qui semblent obsédés par le souci de renforcer la capacité d'accueil du parc pénitentiaire français, l'étude de petites structures insiste sur d'autres priorités : l'amélioration des relations tant entre les différents acteurs professionnels internes des établissements pénitentiaires qu'entre ces derniers et les PPSMJ ; l'insertion bénéfique des structures pénitentiaires dans le tissu local ; ou encore l'adaptation tant de l'organisation de la vie collective que des régimes pénitentiaires *stricto sensu* aux besoins des détenus hébergés. Le terme essentiel est ainsi posé, celui des besoins des personnes détenues. Dans les modèles étudiés, et surtout dans les modèles imaginés, il s'agit bien d'adapter les établissements et leurs modalités de fonctionnement aux besoins des personnes prises en charge et non l'inverse. Et de ce point de vue, c'est bien à une révolution culturelle, et pas seulement à un changement d'échelle numérique, dans la conception des établissements, qu'il s'agit d'appeler.

Ne nous y trompons donc pas, la question de la taille n'est pas ici la plus fondamentale. La taille est simplement le moyen supposé pour favoriser une prise en charge adaptée, mais elle n'est pas l'alpha et l'oméga du projet défendu. Elle constitue seulement l'hypothèse selon laquelle elle le facilite, mais toute autre organisation permettant de penser les établissements et leurs régimes de fonctionnement en référence aux besoins identifiés des détenus visera potentiellement au même résultat. Dans ce cadre, la question de l'évaluation de ces besoins apparaît donc tout aussi essentielle. Elle est la condition *sine qua non* pour concevoir un accompagnement individuel et collectif adapté de petits groupes de détenus aux problématiques, sinon identiques, du moins suffisamment proches. Incontestablement les structures étudiées dans cet ouvrage sont très loin de ce modèle, mais elles peuvent à la marge, donner quelques illustrations de ce qui est/serait possible, positivement ou négativement. Elles ouvrent à ce titre un ensemble de questionnements. Comment s'opère, par exemple, dans les EPM, l'intégration de la prise en charge par la protection judiciaire de la jeunesse et l'administration pénitentiaires de ces publics spécifiques ? Comment les centres de semi-liberté se saisissent ou non de leur intégration territoriale pour proposer aux détenus hébergés une prise en charge en continuité avec le tissu urbain ? Comment les établissements et/ou quartiers accueillant des femmes se structurent pour s'adapter aux besoins spécifiques de ces dernières ? Dans quelle mesure les petits établissements pénitentiaires favorisent la relation positive entre surveillants et détenus au titre d'une approche devenant alors centrale de sécurité dynamique ? Ces quelques questions, parmi tant d'autres, illustrent les problématiques privilégiées dans cet ouvrage même si, au final, les constats opérés conduisent plutôt à répondre négativement à chacune d'entre elles.

On portera en revanche un regard différent sur les structures d'accompagnement vers la sortie qui constituent un nouveau modèle d'établissement pénitentiaire, partiellement inspiré de certaines prisons scandinaves, qui a vu le jour dans le cadre du plan de construction de nouvelles places de prison adopté par la ministre Nicole Belloubet en septembre 2018. Ce sont ainsi pas moins de 7000 nouvelles places de prison, sur les 15000 initialement programmées dans ce plan, qui ont été prévues au titre de ces nouvelles structures. Les deux SAS étudiées dans cet ouvrage, celles de Poitiers et de Marseille, ont ainsi été les deux premières à voir le jour. Même si elles ne répondent qu'imparfaitement, notamment pour celle de Marseille, aux critères de la doctrine des SAS adoptée par l'Administration pénitentiaire, elles constituent cependant des préfigurations très instructives d'une nouvelle approche de la prise en charge des détenus avant leur sortie. Depuis plusieurs nouvelles SAS ont été ouvertes ou s'apprêtent à ouvrir. Le projet de SAS de Valence abordé dans l'ouvrage étant depuis devenu une réalité, avec une ouverture de ses portes opérée en novembre 2023. Elles témoignent, même s'il conviendra d'en faire un bilan dans quelques années – on regrettera d'ailleurs à ce titre que l'Administration pénitentiaire n'ait pas mis en place dès le départ un véritable dispositif d'évaluation des SAS – qu'un autre modèle de prison est possible en favorisant une approche de la prise en charge fondée sur la confiance, la spécialisation et l'autonomisation. Plus proches cependant des maisons de transition que des maisons de détention proposées par le programme Rescaled/Wish, ces établissements ne constituent que l'expression embryonnaire d'un modèle de prison encore beaucoup plus ambitieux qui pourrait être imaginé.

Pour réaliser ces travaux, les étudiants ont dû bénéficier d'autorisations de la part de l'Administration pénitentiaire et des chefs d'établissements concernés pour, à la fois accéder à ces derniers et réaliser différents entretiens avec des professionnels. Même si, dans quelques situations signalées dans cet ouvrage, ils n'ont pas réussi à obtenir les autorisations demandées, dans la très grande majorité des cas ils n'ont pas rencontré d'obstacles à la réalisation de leurs recherches. Que tous les professionnels pénitentiaires qui ont accepté de prêter ainsi leurs concours à ces travaux et d'ouvrir les portes de leurs structures à ces étudiants en soient remerciés. Nous ne pourrons d'ailleurs qu'insister sur l'importance pour l'Administration pénitentiaire de continuer à s'ouvrir à la recherche. Elle ne peut qu'y gagner tant en termes de connaissances nouvelles de nature à nourrir ses stratégies qu'en termes d'images en montrant, malgré toutes les difficultés qu'elle a à gérer, qu'elle n'est pas cet univers opaque que certains dénoncent. La transparence est son meilleur atout, plus encore dans le contexte difficile qui est celui d'une surpopulation carcérale structurelle à gérer avec des ressources humaines insuffisantes. On ne pourra que se féliciter à ce titre qu'elle se soit dotée récemment d'un Bureau de la donnée, de la recherche et d'évaluation qui, ajouté aux travaux du Centre d'information et de recherche sur l'Administration pénitentiaire (CIRAP) de l'École nationale de l'Administration pénitentiaire (ENAP), ne pourra que contribuer à renforcer encore cet effort de connaissance nécessaire. Mais il va de soi que le fait de se doter de capacités propres d'évaluation et de recherche ne doit à aucun moment freiner l'ouverture de cette administration à la recherche externe, notamment universitaire. C'est aussi à cette entreprise que cet ouvrage continue en encourageant les étudiants à s'intéresser à l'objet pénitentiaire comme objet de recherche légitime. Depuis de nombreuses années, la question pénitentiaire est considérée, notamment dans certaines disciplines, comme un objet de recherche mineur contribuant à la fois à délégitimer le développement de nouveaux travaux sur cette question et à entretenir des représentations fantasmatiques sur cet univers. Il en résulte que le cercle des chercheurs spécialisés sur ces questions reste relativement étroit. Et certaines questions pénitentiaires, notamment celles relatives au « milieu ouvert » sont même structurellement délaissées par les acteurs de la recherche. Ainsi, toutes les initiatives qui contribueront à faire en sorte que les étudiants, dont certains seront potentiellement les chercheurs de demain, travaillent sur ces problématiques doivent être systématiquement encouragées. Et l'engagement et l'enthousiasme dont ces derniers ont fait preuve tout au long de l'année universitaire à cet effet en constituent sans doute la meilleure récompense. Il était donc normal que les dernières lignes de cette introduction leur soient consacrées pour les remercier tous sincèrement tant de leur investissement collectif qu'individuel dans ce projet.

Chapitre I
Des prisons aux maisons de détention

Émilie ADAM-VÉZINA[1]*, ancienne coordinatrice en France du projet européen RESCALED.*

La question de l'échelle des établissements pénitentiaires est la thématique qui a traversé les travaux des étudiant.e.s qui ont présenté les résultats de leur enquête lors de la journée d'étude organisée par le CERDAP[2] (Centre d'Études et de Recherche sur la diplomatie, l'Administration Publique et le Politique, Université Grenoble Alpes (UGA) et Sciences Po Grenoble). Ils se sont intéressés à des établissements et des dispositifs qui possèdent un dénominateur commun : celui d'être de petite taille.

Rappelons que le parc immobilier pénitentiaire français donne à voir des niveaux d'échelles contrastés. Sur les 186 établissements qui composent le parc immobilier pénitentiaire, 52 établissements ont une capacité opérationnelle de 100 places et moins parmi lesquels 20 établissements ont une capacité opérationnelle de 50 places et moins[2].

Les établissements de taille réduite, comparativement aux mastodontes qui font régulièrement la une de l'actualité pour leur surpopulation ou leurs conditions indignes, ne sont donc pas absents du paysage pénitentiaire français.

Small is beautiful ?

L'économiste allemand et britannique Ernst Friedrich Schumacher a publié en 1973 un ouvrage ayant pour titre « *Small Is Beautiful* - une société à la mesure de l'homme ». Il interrogeait à l'époque le productivisme effréné, le gigantisme et ses effets délétères sur l'environnement. A contrario, il a fait l'éloge de mode de production et d'une économie à échelle humaine respectueuse de la nature.

Plus récemment, il est constaté des changements dans les modes de consommation. Le « fait local » est davantage plébiscité que l'on pense à l'engouement autour de l'agriculture locale qui privilégie les circuits courts (notamment les Amap : associations pour le maintien d'une agriculture paysanne) et le fait en France (« *made in France* »). L'attractivité des petites villes et des villes moyennes se fait plus grande après la crise sanitaire qui a impulsé une réflexion sur les lieux et les modes de vie et de travail.

La question des jeux d'échelle traverse la façon de concevoir l'urbanité et l'architecture de nos villes. Des études en sociologie, en géographie ou en architecture portent dorénavant sur la manière dont la conception spatiale d'un bâtiment comme la prison influence les comportements de ses utilisateurs et leur

[1] L'autrice tient à remercier chaleureusement le comité organisateur de l'événement ainsi que Élise Garel et Anouk Mousset.

[2] Travail réalisé par Mélanie Bouteille à partir des statistiques de l'administration pénitentiaire d'avril 2021.

appropriation de l'espace (Besson 2020[1], Gayet-Viaud et Icard 2017[2], Milhaud, 2017[3], Ollivon, 2020[4], Solini *et al*, 2019[5]). Mais force est de constater le nombre très limité d'enquêtes qui se sont intéressées aux effets de la taille d'un établissement sur la qualité de la prise en charge, du fonctionnement et de la réinsertion des personnes détenues (Engstrom et van Ginneken, 2022[6] ; Mousset 2021)[7].

Il est pourtant régulièrement rapporté que la grande taille des établissements est déshumanisante, pour les personnes détenues et pour les personnels. Un rapport britannique de 1991, the *Woolf report*[8], a conclu que 50 à 70 personnes maximum devraient être détenues dans un établissement. D'autres études étrangères, principalement menées dans les pays d'Europe du Nord (Norvège, Finlande, Suède) et en Angleterre ont également mis en avant les avantages de la petite échelle (autour de 50 personnes) notamment sur la qualité de la vie au sein de la prison (Johnsen *et al.*, 2011[9] ; 2012[10] ; Madoc-Jones *et al.*, 2016[11]). Ces études rappellent un élément crucial qui concoure à des relations apaisées en détention : le nombre limité de détenus doit se combiner avec un taux d'encadrement important de la part des professionnels pénitentiaires.

---

[1] Besson Elsa, 2020, « L'architecture carcérale française à l'aune de la cellule. Origines, mythes et constances de la prison individuelle », *Champ pénal/Penal field*, https://doi.org/10.4000/champpenal.11652.

[2] Gayet-Viaud Carole, Icard Valérie (dir.), 2017, Architecture carcérale et sens de la peine : formes et usages contemporains de la prison, *Métropolitiques*, [en ligne] http://www.metropolitiques.eu/Architecture-carcerale-et-sens-de-la-peine-formes-et-usages-contemporains-de-la.html.

[3] Milhaud Olivier, 2017, *Séparer et punir. Une géographie des prisons françaises*, Paris, CNRS.

[4], Franck Ollivon, 2020. « Aménager la peine, penser son territoire : les territorialités du droit et les peines de probation en France. *Annales de géographie*, 733-734, 156-178. https://doi.org/10.3917/ag.733.0156.

[5] Solini Laurent, Yeghicheyan Jennifer, Ferez Sylvain (dir.), 2019, *Prisons. Usages et appropriations des espaces carcéraux*, Paris, Éditions de la Sorbonne.

[6] Engstrom Kelsey V. et van Ginneken, Esther F. J. C., 2022, "Ethical Prison Architecture: A Systematic Literature Review of Prison Design Features Related to Wellbeing", *Space and Culture*, *25*, 3 : 479–503. https://doi.org/10.1177/12063312221104211.

[7] Mousset Anouk, 2021, *La prison, entrer pour mieux en ressortir ? Vers une architecture au service de la (ré)insertion.* Mémoire de recherche en architecture, École nationale supérieure d'architecture de Lyon.

[8] Un rapport qui fait suite à la révolte des personnes détenues à la prison de Strangeways à Manchester au Royaume-Uni, http://www.prisonreformtrust.org.uk/Portals/0/Documents/Woolf%20report.pdf.

[9] Johnsen Berit, Granheim Per et Helgesen Janne, 2011, « Exceptional prison conditions and the quality of prison life: Prison size and prison culture in Norwegian closed prisons », *European Journal of Criminology*, 8, 6: 515-529.

[10] Johnsen Berit, Granheim Per, 2012, "Prison size and quality of life in Norwegian closed prisons in late modernity": 199-214 in T. Ugelvik et J. Dullum (Eds), *Penal exceptionnalism? Nordic prison policy and practice*, London, Routledge.

[11] Madoc-Jones, Iolo, Williams, E, Hughes, Caroline and Turley, Jo, 2016, "Prison building 'Does size still matter?': À Re-Assessment", *Prison Service Journal*, 227 : 4-10.

Si d'autres travaux de recherche soulignent que les prisons de grande taille ne peuvent garantir ni des conditions dignes d'incarcération ni une prise en charge incluant un travail éducatif et de réinsertion, la petite taille, à elle seule, ne peut garantir de bonnes conditions de détention.

La proposition du projet européen RESCALED

RESCALED est une organisation internationale à but non lucratif, basée à Bruxelles, qui plaide pour la transformation des grandes prisons en maisons de détention. Ce projet européen est né en Belgique à l'initiative de Hans Claus, directeur de la prison d'Oudenaarde. À l'annonce en 2008 de la construction d'une nouvelle prison de 1000 places, il a réagi en disant qu'il vaudrait mieux construire 100 prisons de 10 places. Sa proposition a fait écho à la situation carcérale en Europe. Différents acteurs (professionnels de terrain, architectes, anciens détenus, chercheurs, etc.) ont mené une réflexion sur la conceptualisation de lieu de détention à petite échelle et l'idée de « maison de détention » est née.

Puis l'association « Les Maisons/The Huizen » est créée en Belgique pour diffuser le concept et onze associations européennes joignent le mouvement. RESCALED est officiellement lancé en avril 2019 et implanté dans 5 pays : la Belgique, les Pays-Bas, la Norvège, le Portugal et la France. Depuis 2021, RESCALED est une organisation internationale à but non lucratif et d'autres associations basées en Espagne, en République tchèque et à Malte font partie du projet.

RESCALED est donc attaché à réformer la détention sur la base de la combinaison de trois principes : la petite taille, mais également la spécialisation selon le niveau de sécurité et le type d'accompagnement proposé aux personnes détenues et l'intégration locale. Les maisons de détention reposent sur l'articulation de ces trois piliers.

Le projet s'appuie sur les règles pénitentiaires européennes (RPE) qui stipulent que la peine prononcée à l'égard de personnes qui ont enfreint les lois ne doit être que la privation de liberté. Tous les autres effets néfastes doivent être évités. Les droits fondamentaux des personnes détenues doivent être respectés et leur prise en charge doit permettre de préparer de manière constructive leur réinsertion. La réparation du préjudice causé par l'infraction devrait également être favorisée. Dans la pratique toutefois, des problèmes tels que la surpopulation carcérale, le mauvais état des établissements, les difficultés d'accès aux soins médicaux et psychologiques et les violences interpersonnelles empêchent les prisons françaises de se conformer aux normes internationales relatives aux droits humains comme en témoignent les rapports du CPT (conseil européen pour la prévention de la torture et des peines ou traitements inhumains ou dégradants) et la jurisprudence de la CEDH (cour européenne des droits de l'Homme).

De plus, les grands établissements pénitentiaires sont coûteux, souvent inadaptés pour préparer la réinsertion des personnes détenues et souvent dangereux et insalubres pour ceux qui vivent et travaillent dans ces murs. Malgré cet état de fait, les différents pays européens peinent à trouver des alternatives appropriées au système pénitentiaire traditionnel. RESCALED propose cette alternative : des maisons de détention dans lesquelles les règles pénitentiaires européennes peuvent être mises en pratique.

Afin de répondre efficacement aux enjeux de la surpopulation carcérale et de la réinsertion, les maisons de détention n'ont pas vocation à s'ajouter aux établissements pénitentiaires existants. Leur implantation doit s'accompagner d'une politique de déflation carcérale qui passe notamment par la dépénalisation de certains délits, par la limitation du recours à la détention provisoire et par le développement des mesures alternatives à la détention. L'emprisonnement doit être considéré comme une sanction ou une mesure de dernier recours en matière délictuelle. Si le recours à des mesures ou sanctions alternatives à l'incarcération est impossible, RESCALED plaide pour que la détention se réalise dans des maisons de détention. Non pas pour ériger le modèle de la prison idéale ou de la « prison-modèle » mais pour sanctionner autrement. La révision du modèle carcéral actuel doit s'articuler aux défis écologiques, économiques et sociaux qui traversent la société.

RESCALED privilégie donc des maisons de détention avec de faibles effectifs par rapport à des établissements de grande taille divisés par ailes ou quartiers. L'organisation en petits groupes doit favoriser une dynamique dans laquelle les personnes détenues, au lieu de « faire leur temps », sont impliquées dans le fonctionnement quotidien de la maison. Elles doivent participer à la préparation des repas ou au ménage par exemple. La responsabilisation et l'autonomisation des personnes dans leur quotidien sont essentielles pour préparer l'après. L'accompagnement doit être individualisé et global et réalisé par différents intervenants.

S'ouvrir sur l'extérieur

Les liens avec l'environnement local sont eux aussi indispensables et ils peuvent se nouer suivant différentes configurations. Bien sûr, renforcer les activités et la formation à destination des personnes placées sous main de justice est une évidence. Mais chaque maison doit également proposer un ou plusieurs projets pour dynamiser un quartier : un restaurant social, un atelier de réparation, la vente de produits locaux, une coopérative éphémère, un café, etc. De tels projets permettent aux personnes détenues de s'engager dans des activités qui ont un sens pour elles-mêmes et qui répondent à des besoins locaux.

Or, plusieurs chercheurs comme Isabelle Leroux (2021[1]) et Éric Rigamonti (2020[2], 2018[3], 2017[4]) ont montré la faiblesse des retombées sociales et économiques liées à l'implantation d'une prison car la prison n'est généralement pas appréhendée comme un dispositif de développement local. Toutefois, si la localisation et la territorialisation sont anticipées en amont de l'implantation, une maison de détention peut dynamiser une localité tout en s'inscrivant dans une réelle politique de réinsertion des personnes détenues.

Car voilà l'enjeu principal : les personnes détenues seront libres un jour. Le paradoxe de la prison se trouve bien dans l'idée de séparer, de couper des personnes du monde extérieur et dans un même temps les (ré)insérer. L'administration pénitentiaire met en place des projets pour atténuer le choc de la sortie. Les travaux présentés dans cet ouvrage en sont la preuve. Mais peut-on envisager des lieux de détention qui ne soient pas aussi isolés du reste de la société ? Est-il possible d'imaginer des maisons de détention qui, selon leur niveau de sécurité, permettent aux personnes sanctionnées d'interagir avec « l'extérieur » ? Implanter une maison de détention est une opportunité pour co-construire avec l'ensemble des acteurs intéressés un lieu de détention adapté à la fois aux besoins des personnes détenues, au territoire local et aux enjeux de sécurité. Le processus d'implantation d'une maison de détention favorise l'innovation socio-économique et remet la question carcérale au cœur de la cité. Cette proposition s'inscrit en continuité avec des innovations qui ont été mises en place entre des prisons et leur environnement. Ces initiatives, qui s'inscrivent notamment en lien avec l'agriculture urbaine, la préservation de l'environnement et les activités culturelles, sportives et créatives, sont menées avec les associations locales et les organismes de formation et d'emploi, notamment des secteurs en tension.

De même qu'il n'existe pas de prison idéale, il n'existe pas non plus de modèle de maison de détention idéale. Mais un certain nombre de principes doivent être respectés pour tendre à une normalisation des conditions de détention et ainsi travailler à l'instauration d'un écosystème dans lequel la maison et les personnes placées sous main de justice évoluent. Ceci suppose une approche globale qui touche tant à sa localisation, son architecture, son organisation interne, la

---

[1] Leroux Isabelle (1er décembre 2021), *France : la prison, une entreprise comme une autre ?* Série Quartier Libre (1), https://www.prison-insider.com/articles/france-la-prison-une-entreprise-comme-une-autre.

[2] Leroux Isabelle et Rigamonti Éric, 2020, « Les nouvelles prisons françaises, objets de développement économique local ? Socio-économie des impacts sur la commune d'accueil et nouveaux enjeux de territorialité », Criminocorpus, Espaces de détention : territoires, patrimoines et lieux vécus. http://journals.openedition.org/criminocorpus/7471.

[3] Rigamonti Éric et Leroux Isabelle, 2018, « L'inefficience des partenariats public-privé appliqués aux prisons françaises », *Revue d'économie industrielle*, 162, https://journals.openedition.org/rei/7093.

[4] Leroux Isabelle et Rigamonti Éric, 2017, « Pour une lecture institutionnaliste de l'acceptabilité locale d'un établissement carcéral », *Économie et institutions*, 25, https://doi.org/10.4000/ei.5866.

formation des personnels, sa capacité à prendre en compte les enjeux environnementaux, etc.

Le modèle actuel de la prison, tel que décrit par la sociologue Corinne Rostaing (2021)[1] comme une institution dégradante et dégradée de manière systémique, est incontestablement obsolète. Le projet de maisons de détention est-il utopique ? Les recherches menées et présentées dans cet ouvrage laissent entrevoir des changements. À nous, chercheur.e.s, acteurs de la justice, professionnel.le.s de terrain, membres de la société civile et politiques de proposer un autre modèle et de l'expérimenter localement. Les maisons de détention sont un modèle à suivre, en les inscrivant dans un projet de territoire et en proposant un accompagnement global qui s'inscrit dans le processus de désistance. Mais ce changement de modèle ne peut faire l'impasse d'une réflexion sur le sens de la peine : pourquoi punir et comment punir.

[1] Rostaing Corinne, 2021, *Une institution dégradante, la prison*, Éditions Gallimard, Paris.

Chapitre II
Les Établissements pour mineurs (EPM) : Et si l'expérience des mineurs inspirait celle des adultes ?

Section 1. L'EPM, une structure à taille humaine : le cas de Lavaur

(Raphaëlle GENTIL, étudiante à Sciences Po Grenoble, spécialité Carrières administratives et judiciaires)

L'Établissement Pour Mineur (EPM) de Lavaur se situe dans le Tarn, à près de 40 km de Toulouse. C'est le seul EPM de la région Occitanie, il accueille donc un public dans un large périmètre, c'est aussi le premier EPM à entrer en fonction parmi les six établissements actuellement en activité en France. En effet, la structure accueille des mineurs de 13 à 18 ans depuis le 11 juin 2007. Il s'agit principalement de prévenus (environ 75 % des détenus) dont une majorité sont accusés de vol ou de trafic de drogue. L'incarcération du mineur est l'ultime recours lorsque "des solutions plus douces" n'ont pas suffi ou en cas d'exceptionnelle gravité de l'acte commis. Leur présence s'explique par de nombreuses récidives et des échecs de placement. Monsieur Baron, le directeur de l'établissement utilise l'expression "multicarte" pour qualifier les mineurs coupables de plusieurs infractions. Une plus petite proportion est coupable de viol et de meurtre. Le temps d'incarcération à l'EPM est en moyenne assez court, autour de 3 mois maximum.

Les EPM se différencient d'autres structures carcérales par divers éléments liés à l'importance des moyens déployés : un haut niveau d'encadrement, des activités, de l'équipement neuf, et ce, pour un nombre réduit de 60 mineurs maximum. Actuellement, l'EPM accueille 58 mineurs. Par ailleurs, l'objectif est de préparer leur sortie dès l'entrée dans l'établissement. Nous constatons une place prépondérante laissée à l'éducation et aux temps collectifs. Le principe est de faire disparaître le modèle de prison classique qui s'articule autour du tout-cellulaire et de l'oisiveté en responsabilisant les jeunes au sein d'une prison-lycée à taille humaine. Cependant, du fait de la violence intrinsèquement liée au public mineur et de certains dysfonctionnements que nous évoquerons, la logique sécuritaire reprend parfois le dessus et certaines problématiques associées aux établissements pénitentiaires pour majeurs existent également au sein des EPM.

L'objectif est d'analyser les caractéristiques et le fonctionnement de l'EPM de Lavaur en lien avec les critères du programme européen Rescaled. Cette organisation internationale à but non lucratif a pour objectif de promouvoir un nouveau modèle de prison, de petite taille, très intégré à la vie des communes et avec un suivi spécialisé du détenu. Leur objectif est donc de transformer des prisons en maisons de détention. On s'aperçoit que les EPM ont déjà certaines de ces caractéristiques, il s'agira d'apporter un regard critique en se demandant : en quoi une petite structure pénitentiaire permet de satisfaire une cohérence de parcours pour le détenu mineur ? De plus, en dépit des efforts déployés pour responsabiliser et socialiser les jeunes, comment se manifeste le basculement vers une logique davantage sécuritaire ? Pour répondre à ces questions, nous mettrons en relation les spécificités de l'EPM avec les problématiques de tous les établissements pénitentiaires. Cependant, en raison de la spécificité du public accueilli, il faut manier avec soin les déductions et ne pas faire de conclusion hâtive. De la même manière, éviter d'étendre nos analyses à tous les EPM, il ne faut pas "penser trop vite et croire que si c'est comme ça ici et que ça fonctionne bien, c'est pareil ailleurs, dans les autres EPM"[1].

Dans un premier temps nous verrons en quoi l'EPM de Lavaur constitue un établissement de petite taille, tant au niveau de l'architecture qu'au niveau de l'encadrement. Mis à part les avantages de cette proximité, l'objectif est également d'étudier les spécificités de l'EPM : l'ultravisibilité et ses conséquences sur la détention du mineur. Dans un second temps, grâce au cadre privilégié donné par cet établissement à taille humaine, nous nous intéresserons aux mécanismes mis en place pour garantir un bon fonctionnement intra-muros, c'est-à-dire pour maintenir l'ordre et offrir les outils vers la réinsertion. Ainsi, après avoir étudié le système de récompense autour des unités dans l'EPM, nous verrons qu'une large place est laissée aux temps collectifs, à l'éducation. L'objectif est d'accompagner le mineur vers sa réinsertion, de préparer sa sortie dès le départ. Cependant, nous revenons doucement dans une logique sécuritaire qui empiète sur la qualité de la prise en charge du mineur, il s'agira de voir comment cela se manifeste. Pour finir, nous verrons l'intégration de l'EPM dans son environnement. Nous soulignerons l'importance de l'emplacement de l'établissement dans le maintien des liens familiaux et l'intervention de la cité dans l'établissement à travers les associations.

La première prise de contact avec le directeur de l'EPM de Lavaur s'est faite par mail le 22 février. M. Baron est très sensible aux problématiques autour du milieu carcéral. Concernant son parcours, il a évolué au sein de l'administration pénitentiaire et a intégré le poste de directeur juste avant la covid. Après une relance, nous avons convenu d'un rendez-vous téléphonique à l'occasion duquel nous avons programmé un entretien de 2 heures le 24 mars via Zoom, ainsi que la visite en présentielle de l'établissement le mercredi 20 avril. Pour garantir un échange fluide en mettant à l'aise le professionnel, nous avons privilégié une prise de note à partir d'une trentaine de questions prévue en amont et adaptée en commun. Nous avons orienté l'échange autour des 3 critères de Rescaled et nous nous sommes interrogés sur les avantages et les inconvénients des EPM. Par la suite, la visite de l'EPM de Lavaur s'est déroulée de 15h à 18h30. Elle a permis d'observer l'architecture et le fonctionnement de l'EPM. Les téléphones étant interdits, la retranscription des témoignages des différents professionnels rencontrés à cette occasion s'est faite manuellement. La visite a débuté avec un

[1] Solini L., *Faire sa peine à l'Établissement pénitentiaire pour mineurs de Lavaur*. Nîmes, Champ social, 2017.

nouvel entretien avec le directeur, plus informel d'une trentaine de minutes, qui a permis d'éclaircir certains points mentionnés précédemment. Ensuite, après avoir fait le tour du bâtiment administratif où membres de l'administration pénitentiaire et membres de la protection judiciaire de la jeunesse (PJJ) cohabitent, nous avons visité l'établissement : le gymnase, le pôle santé, le pôle culture. La visite a été très complète notamment grâce à la rencontre d'une partie des mineurs, des surveillants et des membres de la PJJ, des membres de l'association de ping-pong et media-Tarn ainsi que le médecin, la psychologue et une infirmière. Le directeur était présent durant l'intégralité de la visite mis à part la dernière heure, lors d'un entretien avec Monsieur William TROY, le directeur de la PJJ. Cet entretien n'était pas programmé mais ayant tenté de le contacter précédemment par mail, ce fut l'occasion de poser les questions de la grille prévue à cet effet.

Après cette visite, grâce à la communication de l'organigramme de l'établissement, qui restera confidentiel et à la communication des coordonnées des intervenants d'associations auprès de l'EPM, nous avons tenté de contacter les membres de 3 associations intervenant auprès des mineurs de l'établissement, sans y parvenir. De la même manière, les multiples relances auprès du directeur de la PJJ n'ont pas abouti.

Enfin, grâce à des recherches internet, nous avons obtenu les coordonnées d'un bénévole au secours catholique responsable de la coordination des équipes au sein de la maison des parents. Leur mission est d'accueillir les familles avant leur rendez-vous au parloir, en leur proposant un café et de la compagnie. Un premier appel le 13 juin n'a pas porté ses fruits, mais M. Martel m'a rappelé le lendemain et nous avons pu convenir d'un rendez-vous téléphonique d'une heure le 15 juin.

Cette étude a été réalisée dans un temps restreint, de mi-février à mi-juin, et fait donc état d'une réalité dirigée par les interlocuteurs choisis qui témoigne de leur expérience, de leur vision. La diversité des personnes interviewées et l'appui de la littérature comme l'ouvrage de Laurent Solini *Faire sa peine à l'Établissement pénitentiaire pour mineurs de Lavaur*[1] ainsi que sur les rapports du contrôleur général des lieux de privation de liberté[2] (CGLPL), ont malgré tout permis de cerner les enjeux principaux et les difficultés liées à l'EPM de Lavaur.

I. Un établissement de petite taille : élément clé de la combinaison favorisant un meilleur suivi

L'EPM de Lavaur est à taille humaine, cette dimension est lisible au sein de son fonctionnement. Associée au déploiement d'un budget conséquent permettant un fort taux d'encadrement assuré par des professionnels de différentes

[1] Ibid.

[2] (2015/2019). Rapport de la deuxième visite de l'établissement pénitentiaire pour mineurs de Lavaur (Tarn). *Site du Contrôleur Général des Lieux de Privation de Liberté.*

administrations, elle garantit un encadrement individualisé dans un contexte de proximité (A). Cette intention est également visible dans son architecture spécifique (B).

A. Un encadrement individualisé dans un contexte de proximité

a. La collaboration de quatre administrations : une communication facilitée

La petite taille des EPM associée à l'importance du budget déployé rend possible une prise en charge individualisée du mineur à travers un fort taux d'encadrement. En effet, un faible nombre de détenus est pris en charge par une quantité importante de professionnels. Alors que l'établissement n'accueille à ce jour que 58 mineurs, il regroupe 4 administrations : 70 agents pénitentiaires, 40 personnels de la PJJ, 8 personnels enseignants de l'Éducation nationale et 7 personnels médicaux.

Gilles Chantraine hisse le *« partenariat »* et la *« pluridisciplinarité »* comme les *"mots d'ordre"*[1] de l'EPM. Le rapport de la CGLPL de 2019 souligne la présence de ces professionnels comme l'un des atouts de l'EPM : *"les mineurs bénéficient d'activités entrecoupées d'entretiens avec la psychologue, avec les éducateurs, de rendez-vous à l'unité sanitaire et de visites au parloir ; l'ensemble étant intégré à leur emploi du temps, réactualisé chaque semaine."*[2] Ces différents corps de métier collaborent donc pour offrir aux détenus mineurs les meilleures conditions de détention possible. Non seulement, comme mentionné dans le rapport, les emplois du temps des mineurs sont constamment remis à jour, mais chaque semaine une commission pluridisciplinaire unique est tenue afin de préciser la situation individuelle de chaque mineur. De plus, au sein des éducateurs, la communication est particulièrement poussée car l'encadrement de 50 détenus, c'est *"déjà beaucoup"* explique le directeur de la PJJ[3]. Ce suivi *"sur mesure"* nécessite une fluidité des échanges rendue possible grâce à la petite taille de l'établissement. Dans le cadre de ses compétences managériales M. Baron affirme *"qu'un établissement de petite taille constitue une véritable plus-value, surtout pour faciliter la communication, pour faire passer correctement une information"*[4]. Cette communication se traduit aussi par la tenue d'une réunion annuelle regroupant tous les acteurs (sous-préfet, responsables départementaux et régionaux des tribunaux, responsable de la municipalité, partenaire, etc.) : chacun reste donc informé de l'actualité de l'établissement, des directions qui vont être prises et cela permet de maintenir une cohérence dans les différentes trajectoires.

---

[1] Chantraine G., Les prisons pour mineurs : du primat sécuritaire à la concurrence des logiques professionnelles ? *Les Cahiers de la Justice*, 3, 2012, pp. 153-164.

[2] *Rapport de la deuxième visite de l'établissement pénitentiaire pour mineurs de Lavaur (Tarn)*, Site du Contrôleur Général des Lieux de Privation de Liberté, 2019.

[3] M.Troy, directeur de la PJJ, entretien en présentiel à l'EPM de Lavaur le 20 avril 2022 (1h).

[4] M.Baron, directeur de l'EPM de Lavaur, entretien via zoom le 24 mars 2022 (2h).

Cependant, certains des corps de métiers souffrent de dysfonctionnement dans cette collaboration. En effet, trouver un *"compromis minimal entre différents ethos professionnels"*[1], ce n'est pas toujours simple. Lors de la visite, le médecin de l'établissement évoque la difficulté liée à l'incompréhension du secret médical par les autres professionnels. Le rapport du CGLPL souligne aussi l'importance liée au fait que *"la communication doit reprendre entre les enseignants et les administrations en présence dans l'intérêt des mineurs. Attachés au dialogue, aux projets et à l'individualisation des parcours scolaires, les enseignants doivent pouvoir être entendus pour donner aux élèves en établissement pour mineurs toutes les possibilités d'apprentissage des savoirs."*[2]

b. Le binôme PJJ-surveillant, une complémentarité

Le directeur de l'EPM évoque le binôme PJJ-surveillant comme la plus-value dont bénéficient les mineurs. Il exprime qu'on ne peut pas faire un raccourci et estimer que les mineurs bénéficient de meilleures conditions de détention que les majeurs. Selon lui *" c'est une question compliquée, l'approche est différente : des majeurs ont certaines bonnes conditions dont ne bénéficient pas les mineurs, notamment en matière de formation professionnelle. Cependant, les mineurs ont, quant à eux, un rapport différent avec le personnel : les éducateurs et surveillants sont plus attentifs, plus regardants."*[3]

Ce binôme entre deux administrations, souvent opposées dans la littérature, constitue l'une des innovations des EPM. Il matérialise la promesse d'un mélange entre projet éducatif et gestion de la détention. Les membres de la PJJ et les surveillants encadrent ensemble les moments collectifs comme les repas et les moments de détente (tv, babyfoot, jeux de société) ainsi que les activités socio-éducatives et techniques (cuisine, volet réinsertion, décoration, musique, théâtre). Le surveillant qui garantit l'ordre et le bon fonctionnement du quotidien carcéral et qui intervient auprès d'un public mineur, écope d'une position difficile. Selon M. Baron, ils sont face à des situations particulièrement complexes car ils doivent conserver leur autorité tout en restant à l'écoute. Il insiste : *"on n'est pas leur copain !"*[4]. Il explique que l'expérience est essentielle, que c'est rarement un poste de début de carrière et qu'il faut avoir des connaissances psychopathologiques.

Gilles Chantraine évoque *"la volonté des diverses administrations de conserver la main mise sur leur propre espace professionnel et sur leur propre conception de la bonne prise en charge des détenus."*[5] M. Troy, directeur de la PJJ, semble s'inscrire dans cette pensée lorsqu'il se prononce sur le rapport entre les membres

---

[1] Chantraine G., Op.cit.

[2] *Rapport de la deuxième visite de l'établissement pénitentiaire pour mineurs de Lavaur (Tarn).* Site du Contrôleur Général des Lieux de Privation de Liberté, 2019.

[3] M.Baron, directeur de l'EPM de Lavaur, Op.cit.

[4] Ibid.

[5] Chantraine. G., Op.cit.

de l'administration pénitentiaire et ceux de la protection judiciaire de la jeunesse. Pour lui, la relation ne se rapproche ni d'une rivalité, ni d'une symbiose : c'est tout simplement deux métiers différents qui collaborent. Il insiste sur le fait qu'ils ont des cultures très différentes, ils n'ont pas le même regard, *"nous, on parle de jeunes et eux ils parlent de détenus"*[1]. Il évoque cependant une période où la frontière semblait s'estomper et où les membres de la PJJ ont obtenu les clés des cellules, attribution initialement strictement réservée au membre de l'administration pénitentiaire. Mais, très vite, ils les ont rendus : M. Troy affirme que c'est une bonne chose. Il semble attaché à l'identité de sa profession.

c. Une proximité dans le suivi du mineur

Mis à part le binôme, la petite taille de l'établissement permet une proximité entre les professionnels et les mineurs. M. Baron connaît la situation de l'intégralité des détenus, il en rencontre certains lors des audiences, en commission disciplinaire ou pour les affaires délicates médiatisées. C'est également lui qui a pris le soin d'inscrire les quelques majeurs sur les listes électorales. Enfin, il réalise des audiences aléatoires *"juste pour discuter"*[2] avec les mineurs. Ce point permet un meilleur suivi, une pertinence dans les décisions prises pour le mineur, en cohérence avec son parcours.

De plus, l'histoire de chaque établissement marque son fonctionnement. En l'occurrence, l'EPM de Lavaur a été marqué par un suicide en décembre 2021 dans le quartier disciplinaire. Tout le personnel et le directeur sont donc très sensibles à ce risque et la prévention du suicide constitue une autre raison pour privilégier une petite structure. *"Moins il y a de mineurs, plus il est facile de repérer la détresse, et c'est également valable pour les majeurs, par exemple aux Baumettes, il n'y a pas le même suivi qu'à Rodez, qui est pour moi un établissement modèle pour les majeurs"*[3] explique M. Baron. Il est actuellement dans l'attente de recommandations pour améliorer le fonctionnement de l'EPM, l'idée serait de placer une équipe en continuité au quartier disciplinaire afin de garantir une cohérence et une attention particulière sur le ressenti des mineurs. Ce modèle de fidélisation est déjà appliqué au sein des unités : un surveillant a en charge 10 mineurs par unité et il est en permanence chargé des mêmes détenus pour mieux les connaître. Le directeur de la PJJ souligne aussi l'importance de cette fidélisation des relations dans le programme global de socialisation et de réinsertion.

---

[1] M.Troy, directeur de la PJJ, Op.cit.

[2] M.Baron, directeur de l'EPM de Lavaur, Op.cit.

[3] Ibid.

B. Une architecture ouverte

a. Une hyper-visibilité

L'EPM de Lavaur s'étend sur un terrain de 3,36 hectares et couvre une surface de 5 400 m^2[1]. La visite de l'établissement a révélé une répartition des mineurs dans sept unités de vie, chacune composée de dix cellules autour d'une petite cour intérieure, avec une salle de détente et une salle à manger. L'encellulement individuel est respecté. Par ailleurs, *"les psychologues ont souligné l'extrême importance de travailler les ouvertures : si un adulte, même enfermé, est capable de se projeter dans l'avenir, un adolescent a besoin d'un élément tangible qui lui donne un espoir de sortir, physiquement ou même par l'imaginaire"* explique l'architecte Philippe Beaujon[2]. Ainsi, toutes les fenêtres des cellules, comme celles de l'école et des ateliers de formation, donnent sur une large cour centrale à ciel ouvert, comparé par Adrien Fainsilber, l'architecte de l'EPM de Lavaur, à *"une large place de village"*. Seul le quartier disciplinaire n'a pas la vue sur la cour centrale : ce positionnement à l'écart du quotidien carcéral avec des fenêtres orientées vers le mur d'enceinte permet de créer un véritable lieu de punition. Il y a aussi une salle de sports, un pôle socio-éducatif, un pôle santé et un pôle parloir.

En réalité, l'objectif de cette architecture est d'en faire un outil de réinsertion. Elle témoigne d'une volonté de mêler prise en charge individuelle et collective autour d'une organisation qui implique *"la coprésence et la co-intervention auprès des mineurs d'une multiplicité de services"*[3]. En effet, la visite a mis en avant une succession d'espaces voulus collectifs rendant possible la mise en activité simultanée des jeunes. Par ailleurs, afin de faciliter la communication entre tous, l'établissement a été conçu pour que les déplacements et la prise en charge puissent être rapides.

Les larges façades vitrées et le positionnement des cellules rendent tous les passages et activités au sein de l'EPM visibles et audibles. *"Le pouvoir de l'œil est omniprésent à Lavaur"*[4] à cause de cette architecture qui accentue les mises en visibilité. Chaque personne qui se déplace est scrutée, questionnée, et souvent, injuriée, chose qui s'est avérée extrêmement présente lors de notre visite. Les surveillants sont particulièrement touchés et cela alourdit considérablement le quotidien. Du point de vue du détenu, cette configuration crée une forme de *"scénographie carcérale"*[5]. Comparable à des acteurs devant un public : les détenus observent et sont observés au sein d'un quotidien dense voire minuté

---

[1] Cérémonie de remise des clés de l'EPM de Lavaur. *Site du Contrôleur Général des Lieux de Privation de Liberté*, 2007.

[2] Beaujon P., *Travailler les ouvertures pour permettre à l'adolescent de sortir, au moins par l'imaginaire*, 2022.

[3] Solini L., Op.cit.

[4] Ibid.

[5] Chantraine G., Op.cit.

développe Gilles Chantraine. Les travaux d'Erving Goffman soulignent l'importance de l'interaction dans la présentation du soi. En forçant les jeunes à se conformer aux attentes dans leur représentation, l'objectif final est qu'ils finissent par *"croire en la réalité qu'il essaie de créer chez ceux qui l'entourent"*[1]. Cette contrainte les oblige à osciller entre le respect des normes de l'institution et leur propre conduite. Ils doivent être habiles, conserver leur virilité pour continuer de se faire respecter par les autres détenus sans pour autant entrer en opposition directe avec les exigences du personnel. En pratique, cette ultra-visibilité semble poser problème, dans le livre de Laurent Solini, des témoignages de détenus expliquent que les cellules ne constituent pas un espace d'intimité véritable : il est possible d'être observé de l'extérieur par le personnel pénitentiaire et par les autres détenus. Pourtant M. Baron, toujours dans le cadre de la prévention du suicide, souligne l'importance d'une structure bien construite avec des zones d'intimité : *"il faut qu'il y ait des endroits où le mineur fragile puisse se sentir en sécurité"*[2]. Des lieux collectifs, mais aussi des lieux individuels qui préservent l'intimité sont donc nécessaires.

Cette hyper-visibilité semble donc provoquer un consensus dans la critique, que ce soit par les surveillants, les détenus ou les auteurs.

b. Un renforcement de la sécurité

Les EPM ont été pensés pour permettre un rassemblement quasi quotidien des adolescents, et ce, avec un niveau de sécurité faible. Initialement il n'y avait pas *"de hauts murs infranchissables, de barbelés, de grilles, des systèmes de surveillance, de miradors, etc."*[3] Ce qui atteste d'une réelle volonté de ne pas reproduire le modèle de prison classique où la prééminence de la logique sécuritaire se lisait au niveau architectural. Les EPM se fondent autour de l'idée que les jeunes comprennent par eux-mêmes l'intérêt d'être incarcéré et qu'ils se conforment aux règles par l'éducation.

Très rapidement le public accueilli oblige à repenser cette logique : un nombre important de comportements transgressifs a nécessité de réexaminer la conception théorique. Dès 2008 on constate une sécurisation progressive de l'établissement. Par exemple, M. Baron explique que les robinets sont désormais impossibles à décrocher car les mineurs s'en servaient comme arme. De la même manière, des vitres incassables ont été mises en place pour éviter que les détenus puissent se servir de morceaux de verre pour blesser les autres. Par ailleurs, des grillages ont été ajoutés.

Finalement, une architecture complètement ouverte qui fonctionne bien en accueillant un public mineur délinquant semble en pratique utopique. Mais, s'il faut être réaliste quant aux dangers que constituent les détenus, envers le

---

[1] Goffman E., *La mise en scène de la vie quotidienne*, Ed. de Minuit, Le sens commun, 1999.

[2] M.Baron, directeur de l'EPM de Lavaur, entretien via zoom le 24 mars 2022 (2h).

[3] Solini L., Op.cit.

personnel mais aussi les uns envers les autres, le développement de la socialisation reste néanmoins essentiel dans le processus de réinsertion et l'architecture doit évidemment y contribuer.

II. Une organisation interne en dérive vers un recul sécuritaire ?

Les règles internes qui garantissent la bonne organisation du quotidien carcéral et qui visent à préparer les détenus à leur réinsertion sont basées sur un système de récompense (A) et sur une large place laissée aux temps collectifs et à l'éducation (B). Il s'avère cependant qu'en pratique, la dimension sécuritaire reprend le dessus (C).

A. Une discipline autour d'un système de récompense

a. L'organisation en unité

Selon le rapport du CGLPL, pour maintenir la discipline, *"la prévention des incidents par l'intégration dans l'unité de petit effectif est une bonne pratique"*[1]. Cette affirmation fait référence aux sept unités de vie présentes au sein de l'EPM de Lavaur. Elles sont toutes côte à côte, mais restent indépendantes grâce à des entrées spécifiques donnant sur l'extérieur. Les régimes peuvent varier selon les unités, notamment en ce qui concerne le temps passé hors des cellules. Qualifié comme l'un des outils principaux dans *"la panoplie institutionnelle des modes de régulation des comportements déviants"*[2], il existe 3 régimes différents. Le plus contrôlé n'autorise que le minimum de temps collectif avec des dîners en cellule, le régime classique offre un quotidien carcéral normal et une autre unité relève d'un régime de responsabilité grâce auquel les jeunes détenus ont le droit de prendre leur repas ensemble, de participer à plus d'activités collectives et d'accéder à des loisirs supplémentaires. Il y a aussi une unité « *arrivant* » et une unité « *fille* » qui peuvent adopter l'un des régimes.

Selon Laurent Solini, ce système joue un rôle dans la scénographie carcérale, il contribue à l'attribution de rôle dans l'univers de l'EPM, rôle dont les détenus n'ont pas la maîtrise. En effet, l'appartenance à chaque unité s'interprète symboliquement : il y a *"la maison des fous"*, celle "*des bons élèves/victimes*" et celle des "*délinquants ordinaires*"[3]. L'affectation à chaque unité joue donc un rôle dans les rapports entre détenus et crée une forme de stigmatisation.

Par ailleurs, il explique qu'"*une gestion pragmatique de la vie quotidienne, au jour le jour, négocie, réprime, privilégie, instrumentalise, opprime, sanctionne et*

---

[1] Rapport de la deuxième visite de l'établissement pénitentiaire pour mineurs de Lavaur (Tarn). *Site du Contrôleur Général des Lieux de Privation de Liberté*, 2019.
[2] Chantraine G., Op.cit.
[3] Solini L., Op.cit.

récompense les détenus pour minimiser le désordre en détention"[1]. Cette citation vient corroborer le point de vue de M. Baron. Pour lui, l'objectif de cette organisation est de fabriquer un système de récompense autour de permissions méritées. Il est essentiel de rétablir la notion de causalité entre le comportement des détenus et les conséquences que cela entraîne pour eux, afin de leur donner envie d'évoluer dans la bonne direction. Selon ses dires, *"tout travail mérite récompense"*[2]. À titre d'exemple, lors de la visite de l'établissement, une partie des jeunes (5 garçons et 2 filles) participaient à une remise de diplôme en lien avec l'association de ping-pong. Tous les acteurs présents (les jeunes, les intervenants et le directeur) ont fait un discours afin de valoriser le cheminement d'un détenu méritant. De plus, ils fabriquaient tous ensemble des raquettes de ping-pong conservées par l'association mais remises à la sortie, toujours dans cette idée de système de récompense, de mérite. De plus, lorsque certains jeunes obtiennent des permissions de sortir ou des stages (boulangerie), un message est renvoyé aux autres : une attitude adéquate va de pair avec une gratification. Finalement, la vie en EPM cherche à se rapprocher, pour les plus méritants, à une détention en semi-liberté et à donner envie aux profils plus délicats de tendre vers cela.

b. Une volonté de responsabiliser le détenu

Le recours aux régimes différenciés est critiqué car cela limiterait l'autonomie du mineur étant donné que les décisions sont prises en son nom selon son affectation. On parle de *« rationalité limitée »*[3] car cela restreint la marge de manœuvre du détenu pour convaincre les institutions de sa maturité. Par ailleurs, l'espace carcéral demeure *"un environnement difficile, où la violence est présente"*[4] selon Laurent Solini, or le régime différencié la consolide en la regroupant dans certains endroits. De plus, avec la privation des temps collectifs, les sentiments d'impuissance, de frustration et de colère risquent de croître et d'éclater dès l'assouplissement des restrictions. D'ailleurs, le rapport du CGLPL préconise de *"permettre aux mineurs de l'unité renforcée d'avoir accès à toutes les activités"*[5].

Ainsi, pour maintenir la discipline autrement, ce même rapport souligne la nécessité de développer des *"dispositifs alternatifs"*, tels que les mesures de réparation, ou le travail d'intérêt collectif afin de sanctionner les jeunes en les responsabilisant plutôt qu'en les privant d'activité contribuant à leur socialisation et donc à leur réinsertion. M. Baron s'inscrit dans cette logique. Il privilégie certaines décisions disciplinaires autour de mesures de réparation avec un

---

[1] Chantraine G., Op.cit.
[2] M.Baron, directeur de l'EPM de Lavaur, Op.cit.
[3] Cusson M., *Délinquant, pourquoi ?*, Bibliothèque québécoise, 2003.
[4] Solini L., Op.cit.
[5] *Rapport de la deuxième visite de l'établissement pénitentiaire pour mineurs de Lavaur (Tarn)*, Op.cit.

magistrat comme le fait de repeindre une cellule ou de nettoyer, avec l'accord du mineur. Il affirme : *"on cherche systématiquement à éviter le confinement"*[1]. Par ailleurs, mis à part le cadre des punitions, il existe d'autres techniques pour responsabiliser les jeunes. Par exemple, au sein de l'EPM de Lavaur, l'engagement d'un mineur dans une activité se concrétise à travers un véritable contrat. L'intérêt réside dans le fait d'inscrire le jeune dans un engagement auquel il prend volontairement part et qui contribue à donner davantage de sens à sa peine.

B. Temps collectifs et primauté de l'éducation, une différence fondamentale avec les quartiers mineurs

a. Les temps collectifs

Alors que l'oisiveté semble marquer le quotidien des détenus en quartier mineur, au sein de l'EPM, le principe est de recréer le rythme de vie "normal" d'un adolescent à l'intérieur de la détention, à savoir mêler moment de détente, moment de défoulement physique à des temps d'apprentissage et des temps culturels.

D'après Laurent Solini, l'objectif est de cadrer les conduites avec un programme d'activités collectives particulièrement dense et une valorisation effective des temps collectifs mixtes. Il s'agirait à la fois d'un dispositif de contrôle et un moyen d'encourager une dynamique pour permettre la création d'un véritable projet d'éducation. Selon Émile Durkheim, les pratiques collectives sont *"vectrices de la bonne éducation"*[2]. Le renversement du modèle du *« tout cellulaire »* prend donc tout son sens. Les bienfaits de la communauté développent la socialisation des jeunes, et par corollaire favorisent leur réinsertion dans le monde social. En participant collectivement aux activités et aux moments de détente, les adolescents véhiculent entre eux des normes, des valeurs, des conduites propices à leur intégration prochaine dans la société.

b. La primauté de l'éducation

Une prison qui s'organise autour d'une salle de classe représente pour Pascal Clément, la réunification tant espérée de l'incarcération et de l'éducation. Afin de constituer des groupes de niveaux, les mineurs passent un "entretien arrivant" qui permet d'établir leur niveau scolaire. Au total il y a 6-7 classes comprenant 6 mineurs maximum et qui suivent 12 heures de cours par semaine. Cet effectif peut sembler faible en comparaison avec le quota d'horaire au collège et au lycée, mais *"c'est déjà plus que dans les quartiers mineurs"*[3] affirme M. Baron. À la lumière

---

[1] M.Baron, directeur de l'EPM de Lavaur, Op.cit.

[2] Durkheim E., *L'éducation morale. Pédagogue du monde entier*, Fabert Éd., 2005.

[3] M.Baron, directeur de l'EPM de Lavaur, Op.cit.

de son témoignage, nous apprenons que le niveau est assez bas, comparable à une section SEGPA, CFG ou DELF (niveau collège). De plus, les professeurs sont rattachés au ministère de l'Éducation nationale et affectés de manière exclusive à l'EPM. Ces derniers sont donc présents à plein temps, alors que dans les quartiers mineurs, ils travaillent aussi avec les majeurs : L'EPM vient donc répondre aux règles pénitentiaires européennes qui exigent une nette séparation entre les mineurs et des majeurs durant la peine d'incarcération. On considère que le détenu mineur est *"un être en devenir partiellement engagé dans la délinquance"*, la dimension éducative à tout son intérêt et peut encore avoir *"un impact considérable, à condition d'être écarté des délinquants majeurs sous peine de poursuivre et terminer son apprentissage du métier"*.[1]

M. Baron souligne que des efforts sont à déployer pour permettre aux jeunes des EPM d'être véritablement imbriqués dans un dispositif de formation diplômante sur 2-3 ans. Il évoque les difficultés pour mettre en place de véritables parcours sur des temps de détention aussi courts. Le responsable des familles, M. Martel[2], explique d'ailleurs que ce point constitue la principale plainte de ces dernières : *"le truc qui revient le plus souvent c'est qu'il n'y a rien à faire, qu'ils n'apprennent rien, qu'il faudrait plutôt leur apprendre un métier. En réalité, je pense que les gens satisfaits ne l'expriment pas... Mais bon ce n'est pas contre l'établissement c'est surtout, que les familles ne sont pas d'accord avec l'incarcération de leur enfant. Pour eux c'est une erreur, c'est plutôt la faute du complice par exemple"*.

c. La logique sécuritaire qui reprend le dessus : un retour au tout-cellulaire ?

Dans l'ouvrage de Laurent Solini, on comprend que l'EPM cherche à garantir *"un enfermement de qualité"*, c'est-à-dire *"capable de concilier, contrôle, discipline, dissuasion, privation, instruction, thérapeutique et réhabilitation"*[3]. Pourtant, malgré les efforts déployés, on constate un écart entre la théorie et la pratique : la logique sécuritaire reprend doucement le dessus et les EPM semblent finalement se rapprocher d'un modèle de prison classique. En effet *"la logique prônée n'est plus ascendante, vers plus d'autonomie mais descendante, vers plus de restriction"*[4]. Le recours aux unités strictes perdure, malgré les critiques vues précédemment.

D'autre part, les contraintes sanitaires priment sur la qualité des conditions de prise en charge des mineurs. Alors que le quotidien des mineurs est déjà fortement marqué par le contexte d'enfermement, la covid-19 a notamment provoqué

---

[1] Solini L., Op.cit.
[2] M. Martel, bénévole au secours catholique responsable de la coordination des équipes au sein de la maison des parents, entretien téléphonique le 15 juin 2022 (1h).
[3] Solini L., Op.cit.
[4] Klavzer F., *L'incidence du régime différencié sur l'identité de l'Établissement Pénitentiaire pour Mineurs – la cristallisation d'antagonismes professionnels,* 2019.

l'extinction des temps collectifs comme les repas au sein des unités. Les restrictions s'allègent doucement, mais à ce jour, l'organisation n'est toujours pas revenue à la normale.

Par ailleurs, concernant la dimension éducative, l'écart entre la théorie et la pratique est très important. D'ailleurs *« il convient de se demander si l'accroissement du pan sécuritaire de l'éducatif qui contamine l'EPM ne gangrène pas désormais toute la justice des mineurs »* explique Fantine Klavzler[1]. Ainsi, les 60 heures du programme initial se transforment finalement en 12 heures. Même hors covid, les détenus sont le plus souvent en cellule. Selon Gilles Chantraine, *"l'impératif sécuritaire continue de dominer l'ensemble des logiques d'action"* et certains détracteurs des EPM *"s'inquiètent de voir les prérogatives éducatives de ce segment judiciaire mises à mal par la montée en puissance d'un regard sécuritaire sur la délinquance juvénile et son traitement"*[2]. Le directeur de l'établissement confirme *"notre priorité, c'est la sécurité, et ce, avant tout"*[3], cela se traduit par exemple à travers la limitation de certaines activités comme le jardinage en raison du matériel dangereux au regard de la violence entre les détenus.

Ce retour à une prison plus classique est parfois interprété comme la preuve d'une mauvaise foi pénitentiaire qui n'ose plus promouvoir des établissements sous le terme de prison alors que ces nouvelles structures camouflent la même réalité, celle *"d'une carcéralité de plus en plus insoutenable"*[4] explique Laurent Solini. M. Baron défend le modèle de l'EPM en se basant sur son expérience, il assure : *"oui, au cours de la peine, on se rend compte d'une évolution dans la façon de penser chez les jeunes. Vous l'avez dit, il y a beaucoup de récidive chez le mineur mais il y a aussi des choses qui fonctionnent. Par exemple, pour les mineurs non accompagnés (MNA) : tous les feux sont au rouge ! Ils arrivent dans des états sanitaires déplorables. Au sein de l'EPM, ils se refont une santé sanitaire, apprennent la langue française, intègrent l'école et les activités. J'ai le souvenir d'un jeune qui a su se réinsérer en intégrant l'armée."*[5] Cette vision positive de l'EPM fait alors écho aux MNA. Il ne s'agit pas d'une problématique très présente au sein de l'EPM de Lavaur. Ces derniers ne provoquent pas de dysfonctionnement, cependant, leur prise en charge fait l'objet d'une approche délicate. Perçue comme une "bonne action", c'est l'occasion de réinsérer des jeunes qui ont vécu des choses souvent traumatisantes et qui sont marqués par l'abandon de la société.

---

[1] Ibid.

[2] Chantraine G. Op.cit.

[3] M.Baron, directeur de l'EPM de Lavaur, Op.cit.

[4] Solini L., Op.cit.

[5] M.Baron, directeur de l'EPM de Lavaur, Op.cit.

III. L'implantation locale

Un débat s'ouvre autour de l'importance des liens familiaux, mais pour leur maintien, l'implantation joue un rôle considérable (A). Par ailleurs, afin de garantir une insertion optimale, l'implantation de l'établissement se fait dans un lieu dynamique, qui permet notamment l'intervention d'acteurs extérieurs (B).

A. L'importance du maintien des liens familiaux

Le maintien du lien familial est un sujet qui divise : certains le considèrent secondaire, en raison de la récurrence de familles toxiques. Ils pensent qu'il faut faire primer la formation professionnelle quitte à imposer un déplacement géographique mettant en difficulté les visites des familles. Cette question est particulièrement importante pour les mineurs, des adultes en devenir par définition souvent fortement influencés par leur entourage. M. Baron apporte alors une réponse nuancée : *"certaines familles sont très soucieuses de leur jeune et demandent régulièrement des informations et d'autres familles s'en désintéressent. Mais, je ne suis pas du même avis, pour moi, le lien avec la famille est important malgré l'existence de familles toxiques."*[1] De la même manière M. Martel bénévole au secours catholique responsable de coordination des équipes au sein de la maison des parents souligne l'importance du lien avec la famille.

Or, l'emplacement des EPM est essentiel dans le cadre des relations familiales, déjà mis à mal par la détention. En effet, comme le souligne Élisabeth Guigou *"il ne faut pas faire beaucoup d'études pour s'apercevoir d'emblée que les liens familiaux subissent avec beaucoup de difficultés, l'épreuve de l'incarcération."*[2] Le rapport du CGLPL[3] apporte deux recommandations à cet égard : *"il conviendrait de mettre en place des outils de concertation avec les magistrats afin de ne pas éloigner les mineurs de leurs lieux de vie et garantir ainsi la possibilité de visites tant de leurs proches que des éducateurs du milieu ouvert."* Pourtant, en pratique, les mineurs viennent de tout le sud de la France.

Selon M. Éric Martel, qui est en contact direct avec les familles depuis 10 ans, la majorité des détenus viennent de Toulouse, de Bordeaux et de Nîmes, mais *"certaines familles viennent d'assez loin, de Pau, d'Arles, de Marseille"*[4]. Initialement, le discours des différents interlocuteurs décrit des juges frileux quant

---

[1] Ibid.

[2] Guigou É., « Le maintien des liens familiaux : une volonté politique », in Bouregba A. (Dir.), *Les liens familiaux à l'épreuve du pénal*, Toulouse, Érès, 2002, pp. 13-24.

[3] Rapport de la deuxième visite de l'établissement pénitentiaire pour mineurs de Lavaur (Tarn), Op.cit.

[4] M. Martel, bénévole au secours catholique responsable de la coordination des équipes au sein de la maison des parents, Op.cit.

à l'idée de mettre les mineurs dans ce type d'établissement, mais, progressivement, les EPM se sont remplis et certains magistrats dits "pro-EPM" y ont désormais régulièrement recours.

Par ailleurs, Lavaur se situe à 40 km de Toulouse et l'établissement n'est pas bien desservi, ainsi, toujours selon ce rapport : *"des démarches doivent être entreprises avec les représentants des collectivités locales pour que l'établissement soit desservi par les transports en commun, leur absence constituant un obstacle sérieux au maintien des liens familiaux."* Pourtant, M. Martel contredit cette connexion entre implantation et maintien des liens familiaux, pour lui c'est faire un résumé trop facile : *"Les parents ne se plaignent pas de difficultés pour venir : les gens s'arrangent avec un ami, un voisin, un parent... d'autres viennent en train comme les familles de Pau. Cela nous arrive de les ramener à la gare. Il y a moins de trains le week-end mais je n'ai jamais entendu de plaintes. Je pense que souvent, les familles oublient le temps de trajet car elles se concentrent sur l'objectif."*[1] Ainsi, le lien affectif qui caractérise les relations familiales pousse les parents à trouver des solutions, des alternatives pour venir rendre visite à leur enfant incarcéré. Ensuite il tempère son propos car un gros nombre de détenus ne reçoivent aucune visite, il explique : *"si je ne rencontre pas les parents, ce n'est pas possible de vous donner une représentation fidèle et plus de la moitié ne reçoivent pas de visite".*

B. Les interventions de l'extérieur

Les détenus ne sont jamais totalement coupés de l'extérieur, ils ont accès à des journaux, reçoivent des visites et sont en contact avec du personnel. Cette porosité de la frontière entre la détention et l'extérieur, nécessaire pour la socialisation et la réinsertion des détenus, démontre aussi l'importance de l'implantation locale. M. Baron le confirme : il faut éviter la *"pleine cambrousse"*[2]. La prison est de plus en plus impliquée dans la cité, elle doit donc être située dans un secteur économique dynamique afin de favoriser la formation et l'accès aux soins (éviter les déserts médicaux). C'est important pour trouver des intervenants et du personnel volontaire pour venir (école/soin), mais cela permet aussi de développer des échanges avec des acteurs privilégiés comme les associations et la mission locale. Les frais liés aux activités de médiation éducative, culturelle, sportive, d'insertion et de formation représentent le poste le plus important du budget du service éducatif de l'EPM (SEEPM). De nombreuses activités sont proposées grâce à des intervenants extérieurs : code de la route, arts plastiques, jeux de dames, échecs, sport. Lors de la visite, une intervention d'association de ping-pong avait lieu dans l'enceinte du gymnase. Toujours à titre d'exemple, l'association Média Tarn intervient auprès des jeunes et une large salle d'exposition est

---

[1] Ibid.

[2] M.Baron, directeur de l'EPM de Lavaur, Op.cit.

dédiée à cette activité. De plus, au niveau sportif, la fédération régionale est très active.

M. Martel, quant à lui, juge l'emplacement à Lavaur comme quelque chose de bénéfique, il ajoute « *je ne suis pas persuadé que l'implantation des EPM doit se faire proche des grandes agglomérations, car cela ne va pas forcément changer les choses. L'histoire de l'accessibilité, c'est trop résumé. Concernant le maintien des liens familiaux, même si ce n'est pas pratique, celles qui veulent le font. Par ailleurs, la prison fait partie de la société : il y a quand même 80 personnes qui y travaillent, ce qui crée de la vie car ces personnes s'installent dans la région. C'est plutôt pas mal plutôt que de concentrer tout le monde dans les grandes villes"*[1]. On constate l'émergence d'un débat : faut-il rapprocher les prisons des agglomérations pour qu'elles profitent de leur dynamisme et pour favoriser l'accessibilité ou faut-il tendre vers une localisation décentralisée afin de faire vivre des endroits plus isolés et préserver une partie des détenus d'une influence familiale toxique ? Compte tenu de la brièveté des séjours, le lien familial est-il prioritaire sur la qualité de l'environnement ? Quoi qu'il en soit, les recommandations du CGLPL ne semblent pas encore mises en pratique et aucun des interlocuteurs rencontrés ne paraît dérangé par l'implantation de l'EPM à Lavaur. Toutefois, les raisons du faible taux de visite des détenus doivent être objectivement analysées, car compte tenu de leur jeunesse, l'isolement familial peut être destructeur.

Conclusion

En conclusion, il n'existe pas d'éléments factuels permettant d'affirmer que le modèle des EPM fonctionne bien, c'est-à-dire qu'il réussit efficacement à accompagner les jeunes détenus vers la réinsertion. Si nous devions dresser un bilan, les principales critiques concernaient la survisibilité liée à l'architecture. En réalité toute la complexité réside dans le difficile équilibre entre la prise en compte du passé des détenus et de leur potentiel débordement violent, et la mise en œuvre d'une politique d'ouverture et de socialisation qui vise à offrir à ces jeunes les outils dont ils ont souvent manqué, pour pouvoir se réinsérer. L'éducation est alors le vecteur le plus porteur et marque la principale innovation de l'EPM. Cependant, la possibilité d'un programme éducatif plus conséquent, et peut-être plus professionnalisant, afin d'accrocher davantage les jeunes revient souvent dans les discours des différents interlocuteurs. De plus, une marge d'amélioration reste possible quant à la communication entre les services. Par ailleurs, l'instauration d'un système de récompense est essentielle pour maintenir le bon fonctionnement de la vie en détention. Cette logique est présente au sein de tous les centres pénitentiaires pour adultes et au sein des quartiers mineurs sous

[1] M.Martel, bénévole au secours catholique responsable de la coordination des équipes au sein de la maison des parents, Op.cit.

d'autres formes. À Lavaur, le système de régimes différenciés en témoigne, mais cette organisation semble avoir des limites : le fonctionnement de l'unité "stricte" est très critiqué car l'isolement au quotidien n'est pas perçu comme une solution qui s'inscrit dans le processus de réinsertion attendu. Finalement, les tensions qui nécessitent de privilégier la sécurité sur la qualité de la prise en charge pourraient être restreintes à travers ces recommandations.

En parallèle, ce modèle d'établissement est pertinent à étudier au regard des critères du programme Rescaled car un consensus émerge en ce qui concerne les bienfaits de la petite taille de cette structure. En effet, le fort taux d'encadrement et la proximité qu'elle permet offrent une attention particulière aux jeunes, notamment dans le cadre de la prévention du suicide.

Section 2. L'EPM de Meyzieu : une petite structure adaptée à des besoins spécifiques

Amaury LIONTI, étudiant à Sciences Po Grenoble, spécialité Carrières administratives et judiciaires.

L'Établissement Pénitentiaire pour Mineurs (EPM) du Rhône a ouvert ses portes en 2007. Implanté sur la commune de Meyzieu, cette structure offre une capacité d'accueil de 60 places. L'établissement comprend ainsi une maison des familles, qui a pour but d'accueillir les familles des détenus lors des parloirs, une zone d'hébergement pour les détenus, composée de 7 unités de vie (une unité arrivante, 5 unités garçons, 1 unité fille), un pôle socio-éducatif composé de 4 salles de cours, 3 salles d'activités, une médiathèque, 2 salles spécialisées pour le montage vidéo et les arts plastiques, ainsi qu'une salle de culte. On retrouve également des infrastructures sportives complètes avec un gymnase, une salle d'éveil musculaire et un terrain de football extérieur, un pôle médical apte à fournir des soins somatiques et psychiatriques, un espace parloir, et enfin une zone administrative de direction de l'établissement avec des locaux dédiés aux fonctions externalisées de restauration, d'hôtellerie et de maintenance.

Méthodologie d'enquête :

L'entrée sur le terrain s'est réalisée sans complications particulières, l'échange par courriel avec la nouvelle directrice de l'établissement étant intervenu dès le 17 février 2022, une visite de l'établissement a pu être programmée le 06 avril 2022 (une durée relativement longue entre les premiers échanges et la visite en raison de la nécessité d'obtenir des autorisations de visite). Cette visite a permis de comprendre et d'observer la configuration des locaux de l'EPM ainsi que les interactions entre le personnel. Nous avons discuté avec plusieurs gardiens de l'Administration Pénitentiaire (AP), des éducateurs spécialisés de la Protection Judiciaire de la Jeunesse (PJJ), du personnel du pôle médical (infirmières), ainsi que des professionnels de l'éducation nationale.

Suite à cette première visite, un second rendez-vous a été programmé à l'EPM de Meyzieu le 12 avril 2022. Cela nous a permis de mener un premier entretien semi-directif avec Mme Chrystelle Croisé, la directrice de l'établissement. Un second entretien semi-directif a été conduit le 06 juin 2022 avec Mme Sabrina Safsaf, la directrice de la PJJ de l'EPM de Meyzieu. Ces deux points de vue ont été jugés comme opportuns car représentatifs de deux visions de la direction de l'établissement entre AP et PJJ.

Ces entretiens ont été réalisés sur la base de grilles spécifiques aux interlocutrices établies en amont (cf. annexe 1,2). De plus, des recherches et des documents qui nous ont été remis par l'établissement nous ont permis de compléter notre étude par des informations factuelles sur le fonctionnement d'une structure relativement complexe.

Cette étude a été réalisée sur un temps relativement restreint, compris entre mi-février, avec un début effectif de l'observation mi-avril avec l'entrée sur le terrain, et début juin. Cette période nous a permis de cerner les enjeux fondamentaux à travers nos études de terrain respectives. Toutefois, il convient de préciser que nous sommes parfaitement conscients que les entretiens menés pendant cette courte période ne représentent pas l'ensemble du personnel et des points de vue au sein des EPM, mais que le choix des interlocuteurs donne tout de même à voir les principales difficultés et aspects positifs en concordance partielle avec le projet Rescaled et les problématiques des établissements pénitentiaires français.

Le choix de notre plan se base en partie sur les critères définis par le projet Rescaled (suivi individualisé et établissement spécialisé, petite taille, ancrage local) en réalisant divers apports propres à l'étude des EPM. L'étude du cas spécifique de l'EPM de Meyzieu a fait apparaître plusieurs problématiques qui, bien qu'existantes au sein des autres EPM, sont particulièrement visibles dans notre cas. Ainsi, la question de la violence avec la population pénale particulière que représentent les mineurs non accompagnés sera détaillée au cours des développements. De plus, nous verrons que les peines très courtes et l'architecture de l'établissement représentent des obstacles à la mission éducative dévolue aux EPM. L'important dialogue avec les élus locaux de l'EPM permet quant à lui la réalisation de divers projets tout en permettant une bonne acceptation de l'établissement dans le milieu urbain. Ces principaux enseignements s'accompagneront de nombreux autres constats et questionnements soulevés au cours de notre étude (impact de la crise sanitaire, coordination de la direction entre AP et PJJ, importance des liens familiaux…).

I - Un établissement spécialisé pour un public spécifique

La spécialisation des EPM passe par une organisation bicéphale coordonnant plusieurs services (A) qui doit faire face à des problématiques récurrentes de violence, exacerbées par la spécificité du public (B).

A. Une direction bicéphale au croisement de plusieurs services

1. La coordination de divers services

La volonté première des EPM est de rompre avec la traditionnelle organisation des « quartiers mineurs » en France, intégrés dans des lieux d'incarcération pour majeurs. Cette rupture se caractérise par la collaboration de 4 institutions qui fonctionnent (en principe tout du moins) de manière synchrone. On retrouve ainsi l'Administration Pénitentiaire (AP) compétente sur l'aspect sécuritaire de la détention, la Protection Judiciaire de la jeunesse (PJJ), dont le rôle est de fournir un suivi socio-éducatif aux jeunes (par l'intermédiaire d'éducateurs spécialisés notamment), l'éducation nationale, dont la mission est la rescolarisation des jeunes détenus, et enfin l'unité sanitaire, infrastructure en capacité de délivrer des soins psychologiques et somatiques aux mineurs.

Afin de ne pas rester dans une logique purement descriptive de ces institutions, il convient de se questionner sur l'articulation de ces services qui fonctionnent en partenariat. Dans « *Espace et surveillances en établissement pénitentiaire pour mineurs* », Gilles Chantraine, David Scheer et Olivier Milhaud parlent de « *frontières négociées de la surveillance* »[1]. Cette conception renvoie à l'autonomie revendiquée par chacune des institutions. Cette autonomie se développe « *selon une ligne de tension spécifique qui organise les rapports de distance et de proximité des surveillants aux autres professionnels* »[2]. Autrement dit, le rôle des surveillants se cantonnerait à surveiller les déplacements et activités mises en place par les autres services sans jamais y prendre part en étant « *maintenus à distance* »[3]. Certains professionnels sont favorables à une répartition stricte et définie des tâches – surveillants qui surveillent, éducateurs qui éduquent, professeurs qui instruisent, personnel médical qui soigne – tandis que paradoxalement, d'autres vont revendiquer une autonomie plus restreinte en blâmant leurs collègues qui ne font pas leur travail jusqu'au bout. À titre d'exemple, lors de notre visite de l'EPM de Meyzieu, les gardiens évoquaient la difficulté pour certains éducateurs de construire une relation d'autorité avec les détenus, si bien que lorsqu'ils décidaient d'une sanction à l'encontre d'un jeune, ce dernier parvenait à la contourner par le biais de son éducateur. A contrario, la directrice de la PJJ nous signifiait que « *c'est notre public à nous, on est formés pour ça, ce qui n'est pas toujours le cas pour les professionnels de l'AP* »[4]. Si cette coordination peut soulever quelques difficultés, on remarque tout de même un bon fonctionnement général en pratique, dont le cœur réside dans le binôme AP-PJJ.

2. *Une double direction AP-PJJ*

Le mode de gestion au sein des EPM est particulier, en ce sens qu'il peut être qualifié de bicéphale car partagé entre la direction de l'AP et de la PJJ. Pour comprendre les difficultés qui peuvent naître d'une telle gestion partagée, il convient d'aborder d'emblée les philosophies très différentes des deux institutions. La directrice de l'établissement soutenait lors de notre entretien que « *l'administration pénitentiaire incarne le côté répressif, tandis que la PJJ soutient une philosophie selon laquelle un mineur n'a pas sa place en prison, ils*

[1] Chantraine G., Scheer D. et Milhaud O., « Espace et surveillances en établissement pénitentiaire pour mineurs », *Politix*, vol. 97, no. 1, 2012, pp. 125-148.
[2] Ibid.
[3] Ibid.
[4] Entretien semi-directif du 06/06/2022, Mme Sabrina SafSaf, directrice de la PJJ – EPM de Meyzieu.

se concentrent sur la pédagogie à leur égard »[1], propos qui font directement écho aux mots de la directrice de la PJJ sur l'EPM de Meyzieu également interrogée, « *pour nous la place du mineur n'est pas dans la détention, mais dans la recherche d'alternative* »[2]. Cette philosophie de la PJJ constitue un véritable « *habitus professionnel* »[3] propre à l'institution, basé notamment sur la prise de conscience par le mineur de ses actes avec la création d'une relation éducative.

On peut dès lors facilement concevoir que cette conception opposée – que l'on retrouve jusque dans le vocabulaire employé avec le terme « *détenu* » par l'AP et « *gamin* » par la PJJ – peut être source de tensions dans la direction de l'établissement avec des « *attentes* [qui] *oscillent entre intérêts analogues et souhaits contradictoires* »[4], comme le soulignent Laurent Solini et Jean-Charles Basson. L'EPM de Meyzieu a su parfaitement s'adapter à ces contraintes de direction en créant un dialogue actif et renforcé entre les deux institutions : « *mon bureau est là, celui de la directrice de la PJJ est juste à côté, on travaille en binôme, tous les matins, on fait un point sur les incidents et on adapte chaque emploi du temps spécifiquement aux mineurs avec une réunion tous les jeudis* » [5] ; « *Il y'a une bonne configuration des bureaux qui fait qu'on peut échanger quotidiennement avec l'administration, mais aussi avec les lieutenants de l'AP qui sont proches* »[6]. Si des difficultés peuvent donc naître de cette double direction, nous retiendrons qu'elles peuvent être largement compensées par un dialogue actif entre les différents organes.

3. *Un système basé sur l'éducation en proie à des difficultés*

Le système prévu par les EPM repose sur une volonté éducative afin de permettre la réinsertion des jeunes délinquants dans la société. La littérature sur le sujet retient 3 formes d'éducatif qui se côtoient au sein de ces établissements[7]. En effet, Francis Bailleau et Philip Milburn montrent l'existence d'un « *éducatif carcéral* » par l'Administration pénitentiaire qui inculque aux jeunes détenus le comportement adéquat en milieu carcéral avec des mesures de maintien de l'ordre jusqu'aux sanctions, un « *éducatif social* » qui est cette fois-ci l'apanage de la PJJ avec un travail sur les trajectoires personnelles des mineurs et sur leurs parcours

[1] Entretien semi-directif du 12/04/2022, Mme Chrystelle Croisé, directrice de l'AP – EPM de Meyzieu.
[2] Ibid.
[3] Falchun T., Robène L. et Terret T., « L'*habitus professionnel* spécifique aux éducateurs de la Protection Judiciaire de la Jeunesse », *Déviance et Société*, vol. 40, no. 1, 2016, pp. 101-129.
[4] Solini L. et Basson J.-C, « Intra-muros », *Champ pénal/Penal field* [En ligne], Vol. XI | 2014
[5] Entretien semi-directif du 12/04/2022, Mme Chrystelle Croisé, directrice de l'AP – EPM de Meyzieu.
[6] Entretien semi-directif du 06/06/2022, Mme Sabrina SafSaf, Op.cit.
[7] Bailleau, F., Milburn, P., « Éduquer les mineurs en milieu carcéral en France : Innovations institutionnelles et tensions professionnelles ». *Déviance et Société*, 38, 2014, pp. 133-156.

individualisés, et enfin un « *éducatif ordinaire* » qui relève de l'éducation à travers la rescolarisation des mineurs et les activités sportives et culturelles.

En pratique, un temps quotidien considérable est alloué aux activités des détenus. De ce fait, ces derniers passent beaucoup de temps hors de leur cellule avec des cours durant la matinée et des activités l'après-midi, « *les EPM s'évertuent à combattre l'oisiveté, « mère de tous les vices »* » en contraignant le détenu à une forme « *d'hyperactivité forcée* »[1]. Bien que la logique éducative voudrait primer au sein des EPM, elle est bien vite rattrapée par la logique sécuritaire. Ainsi, le binôme éducateur-surveillant (AP/PJJ) se retrouve paralysé lors de l'absence des surveillants qui supervisent les déplacements : « *Si le surveillant est absent, concrètement on n'a pas les clés, on peut pas voir les jeunes. Nos éducateurs sont toujours présents mais pas toujours sur unités, certains éducateurs vont aux audiences, on peut faire des visites à domicile des parents. Beaucoup de démarches extérieures, donc leur présence n'est pas toujours possible.* »[2]

Une autre difficulté relative à la temporalité de la peine peut être mentionnée ici (difficulté liée aux peines très courtes des mineurs qui complexifie leur prise en charge), celle-ci sera développée en détail dans une partie spécifique (cf. II/A)3.).

Il convient enfin d'analyser l'impact de la crise sanitaire sur la mission éducative des EPM. En effet, de nombreuses activités ont été suspendues pendant la pandémie. Le rapport d'activité de l'année 2020 de l'EPM de Meyzieu fait état de la fermeture de l'unité régime de responsabilité (voir infra.) mise en pause, confirmée par la directrice de l'EPM : « *Les unités de confiance ont été supprimées avec le COVID, les détenus dans ce type d'unités avaient la possibilité de descendre au salon* »[3]. En outre, la directrice de l'EPM fait état de deux ans de mise en parenthèse des activités avec la suppression des repas collectifs et ajoute que « *plus de 2000 téléphones portables ont été saisis, donc nos mineurs ont bien vécu le confinement. Quand on sait que la relation à l'autre se construit dans la violence, ils sont pas si mal en cellule* »[4].

---

[1] Solini, L, Neyrand G. et Basson J.-C., « Le surcodage sexué en établissement pénitentiaire pour mineurs. Une socialisation en train de se faire », *Déviance et Société*, vol. 35, no. 2, 2011, pp. 195-215.
[2] Entretien semi-directif du 06/06/2022, Mme Sabrina SafSaf, directrice de la PJJ – EPM de Meyzieu, Op.cit.
[3] Entretien semi-directif du 12/04/2022, Mme Chrystelle Croisé, Op.cit.
[4] Ibid.

B. Un milieu carcéral propice aux violences

1. La violence comme corolaire de l'incarcération en EPM ?

La détention de mineurs génère de la violence. L'EPM de Meyzieu ne déroge pas à ce postulat qui nous a été confirmé lors de l'entretien avec la directrice de la PJJ où le mineur évolue dans un « *milieu très violent, exacerbé par la détention, ils ont leur place à faire, ils n'ont parfois pas le choix. Beaucoup de bagarres, de violences entre détenus, de mesures de séparation, de conflits, tout ça est difficile à réguler* »[1]. Le rapport d'activité de l'établissement pour mineurs du Rhône corrobore cette citation. En effet, au cours de l'année 2020, 164 faits de violences physiques entre codétenus ont été recensés, contre 103 en 2019 (cf. annexe 3). La directrice de l'AP de Meyzieu nous révélait en effet que « *le collectif en EPM génère de la violence. Les EPM sont beaucoup plus violents que les établissements accueillant des majeurs, phénomène de dominant dominé en permanence avec la construction du mineur par rapport à l'autre, ils se repositionnent comme s'ils étaient au quartier : besoin de s'identifier à l'autre, donc beaucoup de bagarres. L'EPM est une sorte de dernier ressort, il est fait pour apporter une réponse là où tout le monde a échoué* »[2]. Toutefois, cette violence qui semble inhérente aux EPM est combattue, malgré la difficulté des Mineurs Non Accompagnés (MNA) particulièrement importante à Meyzieu.

2. Le cas des mineurs non accompagnés

Les MNA sont « *des mineurs non accompagnés en situation de migration qui se trouvent en dehors de leurs pays d'origine sans être, temporairement ou durablement, accompagnés d'un parent ou d'une autre personne exerçant l'autorité parentale* »[3]. Cette population pénale particulière est seulement comptabilisée depuis 2018, le rapport d'activité de l'établissement révèle que 31 MNA ont été incarcérés en 2020 contre 52 en 2019. Plusieurs difficultés à la prise en charge de ces détenus apparaissent. Aurélie Fillod-Chabaud et Caroline Touraut relèvent ainsi que la « *barrière de la langue* » est un premier obstacle pour amorcer le travail. La seconde difficulté réside dans « *l'épreuve du sevrage* » lors de l'incarcération. En effet, ces détenus présentent souvent des troubles d'addiction aux médicaments ou à d'autres substances, ce qui génère des comportements violents (envers eux-mêmes et envers autrui). L'accompagnement vers un sevrage constitue alors une mission des EPM. « *Les difficultés à entrer en lien*

---

[1] Entretien semi-directif du 06/06/2022, Mme Sabrina SafSaf, Op.cit.

[2] Entretien semi-directif du 12/04/2022, Mme Chrystelle Croisé, Op.cit.

[3] Fillod-Chabaud A., Touraut C., L'expérience carcérale des mineurs non accompagnés – *Cahiers d'études pénitentiaires et criminologiques* n° 58 – Ministère de la Justice, direction de l'administration pénitentiaire, 18 mai 2021.

avec les jeunes »[1] sont également importantes. On est généralement en présence de situations traumatiques avec des parcours empreints de rupture qui créent une méfiance vis-à-vis des institutions. Enfin, le « *risque communautarisme* [allant] *au risque d'isolement* »[2] est une problématique centrale car les MNA font souvent l'objet de stigmatisation et d'exclusion au sein des détentions. Faut-il alors les mélanger aux autres détenus ou les tenir isolés ? C'est au cas par cas que les professionnels travailleront afin de fournir une réponse adaptée. La directrice de l'AP fait écho à ces difficultés qui ressortent clairement à Meyzieu : « *Ces jeunes en situation irrégulière sur le territoire déclarent être mineurs devant les tribunaux ce qui constitue une véritable difficulté pour les juges car il est impossible de déterminer leur âge réel. Cette population crée des tensions communautaristes : MNA contre non MNA. Ce public est souvent atteint de toxicomanie, ne parle pas français, vole des projectiles destinés à d'autres mineurs* »[3]. On se retrouve alors en présence de jeunes en rupture totale avec tout système éducatif, aux parcours de vie abîmés, sans attaches familiales, « *quand on a traversé la Méditerranée en bateau pneumatique, on est forcément abîmé* » soulignait Mme Croisé[4]. Cette sur-représentation à l'EPM de Meyzieu peut s'expliquer par la proximité de la métropole de Lyon, ainsi que le souligne Madame Safsaf, directrice de la PJJ : « *Pour expliquer le grand nombre de MNA à Meyzieu, il faut s'intéresser à la localisation géographique. Les MNA sont dans les grandes métropoles généralement (Lyon, Marseille)...* »[5]

3. *Les solutions envisagées*

On l'a vu, la violence en EPM est une problématique importante, « *tout est dans le rapport de force* »[6]. Notre étude relève en premier lieu que celle-ci peut être désamorcée par un travail en amont de la part du personnel, ainsi que le souligne Madame Sabrina Safsaf : « *On fait beaucoup de prévention de la violence. Quand on a connaissance de personnalités plus enclines à la violence, on est vigilants. Il faut savoir trouver les tensions, parfois des regards, c'est aussi le rôle des éducateurs de les prévenir. Il y'a des possibilités de médiation quand ils y sont favorables. On est face à un public impulsif, beaucoup de choses peuvent être apaisées. Il y'a aussi beaucoup de sanctions possibles, cela entre dans leur tête, on leur indique les risques qu'ils encourent* »[7].

Outre l'aspect préventif, les activités mises en place en EPM, particulièrement le sport, peuvent être vectrices d'apaisement des conflits. « *Cette décharge*

[1] Entretien semi-directif du 12/04/2022, Mme Chrystelle Croisé, Op.cit.
[2] Ibid.
[3] Ibid.
[4] Ibid.
[5] Entretien semi-directif du 06/06/2022, Madame Sabrina SafSaf, Op.cit.
[6] Entretien semi-directif du 12/04/2022, Mme Croisé, Op.cit.
[7] Entretien semi-directif du 06/06/2022, Madame Sabrina SafSaf, Op.cit.

physique générale présente le grand mérite de participer à l'épuisement des énergies contenues en détention »[1]. Le sport peut alors être considéré comme très efficace pour prévenir ces violences. Toutefois, certains auteurs montrent que cette solution peut générer d'autres sortes de problèmes, car « *dans un espace se prêtant particulièrement à la démonstration de la virilité, les conduites des jeunes détenus en sport sont essentiellement tournées vers la mise en scène d'une masculinité outrée prenant forme dans une redéfinition des règles qui régissent la pratique* ».[2] On se retrouve alors dans le cadre d'une sur-virilisation des pratiques sportives en EPM qui justifie la violence « *par la sacralisation de la victoire présentée comme l'attribut premier de la masculinité, alors que le soupçon d'inversion sexuelle devient l'injure suprême* ».[3] Cette déviance pose problème dans le sens où c'est celle-là même que l'institution s'est donnée pour mission de traiter, notamment par l'instauration de la mixité en détention. En fin de compte, si la violence est une problématique récurrente au sein de EPM, on a vu que le travail en amont et les activités proposées étaient en mesure de la limiter, mais loin de la faire disparaître totalement.

II - La petite taille au service des mineurs

La petite taille des EPM est un atout qui permet une prise en charge individualisée (A) avec une architecture pensée spécifiquement pour ces établissements (B).

A. La prise en charge individualisée

1. Un personnel étendu pour un nombre restreint de détenus

Le rapport du Contrôleur Général des Lieux de Privation et de Liberté (CGLPL) qui a effectué une visite à l'établissement de Meyzieu en mars 2019 fait état d'une capacité d'accueil de 60 places. Ce taux d'occupation n'est en pratique jamais atteint car comme nous l'expliquait Madame Sabrina Safsaf, directrice de la PJJ de Meyzieu « *un système d'alerte aux magistrats pour alerter sur la capacité limite de prise en charge est mis en place, ce qui entraîne une répartition des entrants sur d'autres EPM* »[4]. Ainsi, l'EPM dispose toujours d'un effectif de détenu inférieur à sa capacité d'accueil maximale, avec un taux d'occupation qui

---

[1] Solini L., Neyrand G. et Basson J.-C, « Le surcodage sexué en établissement pénitentiaire pour mineurs. Une socialisation en train de se faire », *Déviance et Société*, vol. 35, no. 2, 2011, pp. 195-215.

[2] Solini L. et Basson J.-C., « Intra-muros », *Champ pénal/Penal field* [En ligne], Vol. XI | 2014, mis en ligne le 06 octobre 2014.

[3] Solini L. et Neyrand G., « Survirilisation des pratiques sportives en établissement pénitentiaire pour mineurs. Une remise en cause du principe de mixité », *Agora débats/jeunesses*, vol. 59, no. 3, 2011, pp. 107-119.

[4] Entretien semi-directif du 06/06/2022, Madame Sabrina SafSaf, Op.cit.

s'est pérennisé, comme l'indique le rapport d'activité de l'établissement sur l'année 2020. On relève ainsi qu'il y'a eu 189 sortants contre 173 entrants sur cette année (cf. annexe 4). Cela entraîne une prise en charge d'accueil et un processus de préparation à la sortie relativement dense. De ce fait, l'établissement dispose d'un personnel largement supérieur au nombre de détenus, ce qui permet un suivi approprié. En 2020, 69 personnels de surveillance ont travaillé à l'EPM du Rhône selon le rapport d'activité. Lors de notre visite début avril 2022, 57 surveillants étaient en poste sur l'EPM, 48 professionnels de la PJJ, 9 enseignants, et 10 personnels SODEXO (hôtellerie, entretien, restauration). Ce large personnel permet ainsi un accompagnement spécifique dédié à chaque profil, comme le relève Madame Chrystelle Croisé « *on met le paquet tant qu'ils sont jeunes, ça nous permet de travailler au cas par cas* »[1].

2. Des activités basées sur un emploi du temps individualisé

Ce travail au cas par cas prend la forme d'un emploi du temps individualisé préparé de concert entre l'AP et la PJJ chaque semaine. Celui-ci peut faire l'objet d'ajustements en fonction de l'investissement du mineur dans les activités qui lui sont proposées. Ce travail d'élaboration des emplois du temps est réalisé chaque jeudi au cours d'une réunion entre l'AP et la PJJ (symbole du dialogue réel entre ces institutions et de leur travail complémentaire). Chaque jeune dispose également de deux référents éducatifs qui ont la charge de suivre le mineur et qui doivent organiser avec ce dernier un entretien individuel de suivi au minimum une fois par semaine (généralement plus en pratique). Cet emploi du temps « *prend en considération le niveau scolaire ou de formation, et l'enseignement et la formation doivent impérativement en constituer la part la plus importante* »[2]. En effet, selon l'article 57 du règlement intérieur type annexé à l'article R 57-6-18 du code de procédure pénale, modifié par le décret n° 2017 du 3 mai 2017, « *l'enseignement ou la formation constituent la part la plus importante de l'emploi du temps de la personne détenue mineure* ». Cette prise en charge permet la rescolarisation des mineurs souvent en décrochage avec un bilan pédagogique effectué lors de leur entrée. Certains obstacles compliquent toutefois le bon fonctionnement de celle-ci.

3. La temporalité de la peine complexifiant la prise en charge

Nous observons que le faible temps d'incarcération des détenus mineurs peut compliquer la tâche du personnel éducatif. En effet, la population pénale en EPM est constituée en très grande majorité de prévenus avec 15 condamnés en 2020

[1] Entretien semi-directif du 12/04/2022, Madame Chrystelle Croisé, Op.cit.
[2] « Chapitre 4. Le régime de détention des mineurs », *Droit pénitentiaire. Tout le cours à jour des dernières réformes*, sous la direction de Duroché J.-P., Pédron P., Vuibert, 2019, pp. 235-246.

pour plus de 150 détenus, selon le rapport d'activité de la structure (cf. annexe 5). Cette population de prévenus effectue un temps d'incarcération très restreint comme l'indique ce même rapport avec un temps de détention moyen de 96 jours sur l'année (cf. annexe 6), ce qui paraît relativement court compte tenu de « *l'action éducative* [qui] *demande davantage de flexibilité dans son rapport au temps* »[1]. Le temps d'incarcération court dont font l'objet les mineurs rend le travail des éducateurs complexe : « *on a tellement peu de temps avec eux que quand ils sont là, peu importe que la motivation soit de jouer à la Play ou manger, on peut travailler quand ils sont là* »[2]. En effet, comment travailler efficacement lorsque les détenus quittent l'établissement très rapidement en retournant souvent dans des situations de déscolarisation. Sur ce questionnement, la directrice de la PJJ ajoutait une difficulté supplémentaire en expliquant que les obligations de la détention rendaient les journées très chargées ce qui ne permettait pas de travailler n'importe quand avec les détenus : « *la difficulté, c'est qu'on peut penser qu'on peut voir les jeunes tout le temps du fait qu'ils soient en détention, mais c'est pas la réalité, il y'a une organisation assez lourde dans l'établissement : parloir, soins, puis on n'a pas les clés* »[3]. Sur ce point, il semble que les EPM doivent faire leur possible pendant le peu de temps qu'ils passent avec chaque jeune, en construisant des projets de sorties solides qui pourront permettre une continuité dans l'éducation (échange avec les familles, placement…).

B. Une architecture pensée pour une structure de petite taille

1. Une volonté d'établir un « lycée entre 4 murs »

La création des EPM répond à la volonté d'établir de véritables « lycées entre 4 murs » focalisés, on l'a vu, sur l'éducation des détenus. La conception de ces structures comprend un fonctionnement en unités. Avant d'aborder précisément ces dernières, il convient d'aborder le régime de prévention au suicide existant à l'EPM de Meyzieu. En effet, compte tenu du public spécifique, l'établissement doit être capable de répondre à des profils psychologiques parfois instables. C'est dans cet objectif qu'une cellule de protection d'urgence se trouve au sein de l'unité fille, que nous avons pu visiter. L'ameublement présent dans la cellule ne permet pas au détenu de se faire du mal et correspond largement aux cellules du même type que l'on retrouve au sein des détentions pour majeurs (meubles encastrés, télévision derrière un écran de plexiglas…)

L'EPM de Meyzieu, conformément à la circulaire du 24 mai 2013 qui fixe le principe des régimes différenciés en tant que modalité de prise en charge des mineurs, a mis en place 4 types de régimes. Ces derniers visent à « *adapter le régime de détention au profil du mineur et à sa capacité de s'intégrer dans un*

---

[1] Bailleau, F. et Milburn P., Op.cit.
[2] Entretien semi-directif du 12/04/2022, Madame Chrystelle Croisé, Op.cit.
[3] Entretien semi-directif du 06/06/2022, Madame Sabrina SafSaf, Op.cit.

collectif » selon le rapport d'activité de l'établissement. On retrouve ainsi l'unité régime arrivant qui présente une capacité de 10 places. Les mineurs écroués à Meyzieu font ainsi l'objet dans cette unité d'une période d'observation entre 4 et 8 jours permettant d'établir un profil psychologique et de définir les bases d'un projet individuel de détention. C'est à l'issue de cette période que le mineur sera placé dans une unité de vie en accord avec ses besoins. Nous mentionnerons toutefois que la crise sanitaire a suspendu cette unité car celle-ci a été utilisée pour gérer les mesures d'isolement sanitaire, ce qui a impacté durablement son fonctionnement initial en réduisant les places disponibles pour les entrants (une zone tampon a été créée dans une autre unité pour accueillir les mineurs entrants alors que des périodes d'isolement n'étaient pas terminées). L'unité de régime commun comprend deux unités de vie disposant chacune de 20 places. Elle s'adresse, selon le rapport d'activité 2020, « *aux mineurs ayant acquis les règles minimales de vie en société mais dont la capacité à se responsabiliser est encore limitée* », ce qui constitue en pratique la majorité des détenus. Ce régime permet de mener un travail de réflexion sur l'acte infractionnel commis, sur les règles de vie en collectivité et sur le projet d'insertion. On retrouve également l'unité régime de responsabilité avec une capacité théorique de 10 places. Mise en place en 2017, cette unité se destine aux mineurs qui ont « *acquis un certain nombre de valeurs et codes sociaux et ayant démontré une certaine capacité à se responsabiliser ainsi qu'à être autonome* » selon le rapport d'activité. Cette unité vise à accroître l'autonomie des mineurs qui sont de véritables acteurs de leur projet de réinsertion. Il convient toutefois encore de mentionner l'impact de la crise sanitaire sur cette unité qui a été mise en pause et n'a toujours pas été ré-ouverte en 2022. Enfin, l'unité régime de prise en charge adaptée possède une capacité de 4 places et propose un accompagnement individuel renforcé pour les mineurs présentant de grandes difficultés sur le plan scolaire et éducatif. Ce régime n'existe qu'à l'EPM de Meyzieu et prévoit un délai de 7 jours renouvelable deux fois où le détenu sera placé dans cet environnement sécurisant pour préparer un retour au collectif. On peut en outre mentionner l'unité fille composée de 5 cellules, et la cellule de prévention suicide sus-évoquée, ainsi que l'unité de prise en charge éducative renforcée insaturée en février 2019, qui permet d'accueillir des détenus agités et inaptes au collectif, encadrés par un effectif doublé.

Il est intéressant de constater que ces régimes renvoient directement à la conception établie par Francis Bailleau et Philip Milburn[1], évoquant des régimes de « *confiance* », « *semi-fermé* » et de « *contrôle* ». Ces auteurs montrent ainsi qu'outre la meilleure prise en charge individualisée des détenus, ces régimes permettent de favoriser les jeunes les plus investis dans les activités (système de récompense), ainsi que le souligne Chrystelle Croisé sur le régime de confiance « *on a dans les unités de confiance un système de points, système de la carotte qui les pousse à venir, après on peut travailler* »[2].

---

[1] Bailleau F. et Milburn P., Op.cit.

[2] Entretien semi-directif du 12/04/2022, Madame Chrystelle Croisé, Op.cit.

2. *Des infrastructures pensées pour la prise en charge des mineurs*

La structure des unités est relativement similaire d'un EPM à l'autre. L'EPM du Rhône ne fait ainsi pas exception à la règle. Chaque unité présente des cellules individuelles (principe d'encellulement individuel défini par la circulaire du 24 mai 2013) équipées de télévision, douche, lit, toilettes. Un espace commun est prévu avec une salle de détente et une cuisine. On retrouve également une cour de promenade au sein de chaque unité (cf. annexe 7). Cette architecture renvoie directement à la conception d'établissement de petite taille avec des espaces restreints améliorant les conditions de détention.

Outre les espaces de détention, on retrouve notamment des zones prévues pour l'éducation des jeunes avec des salles de cours, une médiathèque, des salles de travail spécifique (travail manuel), une serre avec un espace jardinerie, une cuisine, un gymnase. Ces infrastructures sont pensées pour la prise en charge des mineurs qui, du fait de la petite taille de l'EPM, peuvent facilement accéder à ces diverses activités proposées (on retrouve de nombreuses autres activités proposées par des intervenants ponctuels type associations).

3. *Les défauts d'une architecture trop peu restrictive*

Si la structure de l'établissement de Meyzieu comporte de nombreux avantages à travers les régimes mis en place et les infrastructures variées comme nous l'avons évoqué, plusieurs défauts architecturaux peuvent être mentionnés. En effet, bien que le jeune soit hébergé dans une chambre individuelle (article R-57-9-12 du Code de procédure pénale), la question de son intimité réelle se pose : « *dans un rapport de la PJJ sur l'évaluation de la violence dans les établissements pénitentiaires pour mineurs, la configuration architecturale des lieux collectifs et le déficit d'intimité en résultant sont identifiés comme des causes de la violence : « le positionnement des unités de vie, comme le bâtiment administratif, autour de l'agora, contribue à mettre chacun sous le regard permanent de l'autre. L'architecture des EPM induit une promiscuité et un déficit d'intimité des mineurs comme des professionnels* ».[1] Notre observation nous a permis de souligner cette problématique. Conçu avec un terrain de football en son centre, l'EPM de Meyzieu (basé sur le même modèle que la plupart des autres EPM) est organisé avec les unités de vie disposées autour du terrain. Ces terrains sont inutilisés partout en France, car sous le regard de tous, de vives tensions éclatent : « *tous les mineurs peuvent s'observer et s'insulter, ce qui est très difficile à gérer. À la place, les activités sportives sont réalisées dans le gymnase de l'établissement* ».[2] Des aménagements ont été réalisés avec l'ajout de

[1] Turkieltaub S., « La violence dans les Établissements pénitentiaires pour mineurs (EPM) : l'échec de l'éducatif en prison ? », *Journal du droit des jeunes*, vol. 306, no. 6, 2011, pp. 50-59.

[2] Entretien semi-directif du 12/04/2022, Madame Chrystelle Croisé, directrice de l'AP – EPM de Meyzieu, Op.cit.

grillages autour du terrain de football pour limiter les déplacements (hausse de la logique sécuritaire, cf. annexe 8).

Un autre problème se situe au sein même des unités de vie. Les fenêtres des cellules donnent directement sur les cours de promenade, « *ils passent donc leur temps à s'insulter et à se jeter des déchets dessus* »[1]. De plus, toujours selon la directrice de l'AP, « *l'établissement ne dispose pas de grillages ni de miradors autour de lui, ce qui fait que de nombreux jeunes viennent jeter des projectiles à leurs camarades incarcérés (téléphone, drogue...)* »[2]. Ces projections constituent un véritable problème (plus de 2000 téléphones saisis durant le confinement) contre lequel la lutte est complexe au regard de la configuration de l'établissement (absence de grillages, de miradors, bâtiments situés à découvert et cours de promenades accessibles pour ces projectiles).

Enfin, sur le plan de la salubrité de l'EPM, notre visite nous a laissé apparaître des locaux relativement modernes en bon état. Le rapport du CGLPL recommande toutefois un nettoyage des cours de promenade « *à un rythme permettant de les maintenir propres, et des mesures éducatives doivent être mises en place afin de prévenir leur salissure* ».[3] En effet, les jeunes jettent des détritus depuis leurs cellules sur leurs codétenus en promenade. La cour de promenade nous est apparue jonchée de déchets lors de notre visite (sol peu visible), le surveillant nous expliquait que de son point de vue la cour était plus propre ce jour-là qu'à l'accoutumée.

III - L'ancrage local de l'établissement

Le dialogue avec les élus locaux et la bonne implantation géographique permettent divers projets (A), ainsi que le maintien des liens familiaux pour un établissement au carrefour de diverses juridictions (B).

A. Le dialogue local au prisme de l'implantation géographique

1. L'importance du dialogue à l'échelon local

L'administration de l'EPM de Meyzieu prend à cœur de développer des dialogues conséquents avec la municipalité. De ce fait, plusieurs partenariats sont établis avec la commune de Meyzieu. On citera par exemple les cultures réalisées dans l'espace de la serre par les détenus qui sont ensuite replantées dans les jardins de la ville. La directrice de l'établissement nous expliquait également l'existence d'un comité de prévention de la délinquance où elle était régulièrement conviée pour y participer. Ces bons rapports institutionnels permettent la mise en place de

[1] Ibid.
[2] Ibid.
[3] *Rapport de la quatrième visite de l'établissement pénitentiaire pour mineurs de Meyzieu (Rhône).* Site du Contrôleur Général des Lieux de Privation de Liberté (2019).

plusieurs projets communs. Le maire souhaite par exemple construire des bâtiments d'habitation adjacents à l'EPM (cela rendrait toutefois le problème des projections encore plus important).

Parallèlement, la directrice de la PJJ nous faisait également part de ces bonnes relations, « *je travaillais déjà avec la municipalité de Meyzieu avant d'entrer en poste à l'EPM, c'est une mairie avec beaucoup de mineurs dans les TIG, stages de citoyenneté, on a des conventions signées avec la municipalité* »[1], qui s'étendent davantage car la direction de la PJJ de Meyzieu est régulièrement amenée à rencontrer d'autres acteurs locaux tels que la municipalité de Lyon, plusieurs juridictions, de nombreux intervenants dans le milieu associatif, la préfecture. En résumé, l'EPM de Meyzieu apparaît comme bien ancré localement sur le plan du dialogue avec les élus.

2. *L'implantation géographique de l'EPM*

L'EPM est situé en périphérie de la commune de Meyzieu, avec un accès facilité pour les personnes véhiculées car directement accessible depuis la sortie de la rocade. Le trajet en transport en commun est quant à lui relativement complexe car cette zone est peu desservie, il faut compter une heure et demie de transport depuis Lyon. L'établissement est dans un lieu isolé avec un vaste espace vide autour de lui (ce qui renvoie aux problèmes de projections déjà évoqués). La commune de Meyzieu se situe à environ 20 kilomètres de la métropole lyonnaise ce qui permet un accès satisfaisant pour les familles comme pour les professionnels. L'implantation géographique semble donc satisfaisante sur le plan de l'accessibilité pour les personnes véhiculées. La localisation de ces établissements et les questionnements sur leur accessibilité sont nécessaires afin de permettre le maintien des liens familiaux pour les détenus avec les visites de leurs familles qui ne proviennent pas uniquement des juridictions lyonnaises.

B. Le maintien des liens familiaux à l'épreuve de la distance

1. *Les juridictions de provenance*

La question de l'éloignement du lieu d'incarcération avec la provenance géographique est une composante importante dans le maintien des liens familiaux, particulièrement pour une population pénale mineure. « *L'importance de ces obstacles, accessibilité par des transports en commun, et* [absence de] *signalisation, est accrue par l'éloignement géographique entre le domicile familial et le lieu de détention. Deux facteurs notamment y contribuent : le temps et les frais qui incombent entièrement aux familles* »[2]. Les familles doivent en

---

[1] Entretien semi-directif du 06/06/2022, Madame Sabrina SafSaf, Op.cit.

[2] Bechlivanou Moreau G., « Rendre plus effectif le droit au maintien des liens familiaux », *Revue de science criminelle et de droit pénal comparé*, vol. 1, no. 1, 2013, pp. 137-147.

effet se rendre disponibles sur des temps relativement importants pour rendre visite aux détenus. Les temps de parloirs prévus à l'EPM ont lieu les mercredi, samedi et dimanche après-midi, ainsi que les jours fériés. De plus, bien qu'une majorité des détenus proviennent des juridictions lyonnaises, le rapport d'activité de l'établissement sur l'année 2020 retient que d'autres juridictions écrouent des mineurs à l'EPM. Ainsi, sur un total de 173 détenus au cours de l'année 2020, 73 provenaient de Lyon. Cela permet d'observer que d'autres juridictions telles que Vienne, Grenoble, Saint Étienne, Valence écrouent un certain nombre de détenus, ce qui peut entraîner certaines difficultés d'accès pour les familles. L'éloignement reste cependant relatif, les juridictions écrouant le plus de mineurs à l'EPM de Meyzieu sont généralement les plus proches de l'établissement d'un point de vue géographique.

2. *Les liens familiaux des détenus*

La bonne implantation de l'établissement dans un lieu apaisé et sécurisé permet un accès facilité pour les familles des détenus (outre les problèmes liés aux transports en commun et certains cas d'éloignement). On sait que la question des liens familiaux est importante dans l'objectif de réinsertion des mineurs. D'un point de vue juridique, les représentants légaux des détenus, en tant que détenteurs de l'autorité parentale, doivent être consultés régulièrement, « *on ne peut rien faire sans eux, il faut leur demander l'autorisation pour tous les actes relatifs à leurs enfants* »[1].

L'impact de la crise sanitaire sur le déroulement des parloirs est encore une fois intéressant à notifier. En effet, les visites des proches ont été suspendues lors du confinement de 2020 et la reprise des parloirs a eu lieu par le biais d'un protocole strict. Les visiteurs étaient limités à une personne par détenu, et un plexiglas était installé entre eux. Par ailleurs, l'association accueillant les familles à l'extérieur a été contrainte de fermer ses portes. La crise sanitaire a tout de même des conséquences qui s'inscrivent dans le long terme, ainsi que le souligne la directrice de la PJJ « *on a moins de parloirs familles qu'avant, plusieurs familles viennent, mais il faut se placer dans un contexte post covid.* »[2]

Enfin, il convient d'évoquer l'absence de liens familiaux de certains détenus, particulièrement pour le cas des MNA. Selon la directrice de l'établissement interrogée, « *les MNA représentent 25 % des effectifs, ils n'ont pas de famille, la plupart des autres détenus ne connaissent pas la leur, d'autres familles ne se déplacent pas. 33 % des mineurs en 2021 ont reçu au moins une visite* »[3]. Bien que les liens familiaux présentent une importance certaine dans la construction d'un mineur incarcéré, on remarque donc que ceux-ci ne sont pas aussi élevés que l'on pourrait en premier lieu l'imaginer, particulièrement pour les besoins d'un

---

[1] Entretien semi-directif du 06/06/2022, Madame Sabrina SafSaf, Op.cit.

[2] Ibid.

[3] Entretien semi-directif du 12/04/2022, Madame Chrystelle Croisé, Op.cit.

public mineur. Une permanence AP-PJJ est mise en place depuis 2011 pour organiser dans les premiers jours de l'incarcération l'accueil institutionnel des familles afin de leur expliquer le fonctionnement de la détention.

Conclusion

En conclusion, notre étude sur le cas de l'EPM du Rhône a mis en évidence un certain nombre d'enjeux clés répondant partiellement aux critères du programme Rescaled tout en conservant des problématiques récurrentes aux établissements pénitentiaires français.

En premier lieu, nous avons analysé le caractère spécifique de l'établissement qui révèle un fonctionnement basé sur la coordination de divers services (AP, PJJ, éducation nationale, unité sanitaire). Notre travail met en évidence certaines difficultés dans ce fonctionnement liées à la temporalité de la peine, l'impact de la crise sanitaire, ou encore les difficultés de fonctionnement entre AP et PJJ (surveillants surveillent, éducateurs éduquent). Une partie importante de notre recherche a été consacrée aux problématiques de violence très présentes à Meyzieu. Le constat d'une forte population de MNA constitue un enjeu central comme vecteur de davantage de violence et de difficultés éducatives. Le travail en amont de la PJJ et les activités proposées tout comme les sanctions mises en place tendent toutefois à lutter contre cette violence, sans la supprimer pour autant.

En second lieu, la petite taille de l'établissement est au service des mineurs car elle permet une prise en charge individualisée avec un personnel étendu. L'architecture du bâtiment, bien qu'initialement pensée pour ce public spécifique avec différentes unités facilitant la prise en charge, fait apparaître divers défauts (intimité relative, salissement des espaces de promenade…).

Le troisième volet de notre recherche a porté sur l'aspect de l'ancrage local de l'établissement. L'EPM de Meyzieu a su construire un dialogue actif avec les élus locaux au vu de son implantation géographique pour mettre en place divers projets. Cette implantation soulève toutefois certaines difficultés à la lumière de l'accessibilité complexe pour certaines familles de détenus. On a montré l'importance de ces liens familiaux, en particulier pour un public mineur. Ces liens posent toutefois question tant certains jeunes au parcours complexes ne disposent plus d'attaches familiales.

En définitive, l'EPM de Meyzieu correspond au modèle de petite détention défini par le projet Rescaled et son fonctionnement pourrait inspirer d'autres modèles de détention. Certaines difficultés qu'il semble complexe de limiter posent toutefois question. Le modèle de détention des EPM pourrait-il être étendu à d'autres types de détention, ou son fonctionnement doit-il être réservé au public mineur qui témoigne de besoins spécifiques ?

Section 3. Le cas de l'EPM de Porcheville au prisme du programme européen Rescaled

(Nicolas ROSIER, titulaire du Bachelor de Sciences Po Grenoble et étudiant à Sciences po Paris, Master Carrières juridiques et judiciaires)

Dans *Éduquer sous contrainte. Une sociologie de la justice des mineurs*[1], Nicolas Sallée interprète l'ouverture des établissements pénitentiaires pour mineurs (EPM) comme la volonté des pouvoirs publics de réintroduire de l'éducatif au sein même des espaces de détention. Pour lui, c'est le « *résultat d'une reconfiguration plus générale des conceptions de l'éducation des jeunes délinquants, qui a eu pour conséquence de changer la place attribuée à l'incarcération dans la pensée éducative* ». Avec le modèle des EPM, il y a l'idée d'allier l'incarcération et l'éducation au sein d'un nouveau modèle de détention.

Créés en 2002 par la loi Perben, les EPM sont destinés à accueillir des mineurs de 13 à 18 ans, et de ne plus faire des « quartiers mineurs », au sein des prisons pour adultes, la norme d'incarcération des jeunes détenus. Entre 2007 et 2008, sept EPM ont ouvert (Lavaur, Meyzieu, Quiévrechain, Marseille, Orvault, Chauconin et Porcheville). Avec ce nouveau type d'établissement, l'objectif est de favoriser l'activité du jeune au cours de sa détention, par l'école, mais aussi au travers d'activités sportives et culturelles variées. L'objectif étant de lutter contre la récidive et de favoriser la réinsertion des mineurs délinquants.

Il s'agit ici de s'intéresser spécifiquement à l'EPM de Porcheville. Situé dans les Yvelines, la construction de l'EPM de Porcheville a débuté à l'été 2006 et a ouvert en février 2008. Il est le seul EPM de la région Île-de-France et accueille donc un large public. L'établissement a été conçu pour recevoir au maximum 60 mineurs, âgés de 13 à 18 ans.

L'objectif est d'analyser les caractéristiques et le fonctionnement de l'EPM de Porcheville à l'aune des critères du programme européen Rescaled. Rescaled est une organisation internationale à but non lucratif, qui plaide pour la transformation des prisons en maisons de détention. Ces maisons de détention seraient fondées sur trois critères essentiels : la petite taille, la spécialisation et l'implantation locale. La notion de petite taille nécessite toutefois d'être interrogée. On analysera ce critère de deux manières : la petite taille du point de vue de l'architecture de l'établissement et, la petite taille, au sens de la prise en charge des détenus, donc en prenant en compte les personnels qui y travaillent proportionnellement au nombre de détenus que l'établissement accueille.

Étudier l'EPM de Porcheville au prisme de ces trois critères impose d'analyser les caractéristiques de l'EPM tant au niveau de l'architecture, qu'au niveau de l'organisation des services qui y travaillent. Il s'agira de s'intéresser aux différentes missions des professionnels, tant d'un point de vue théorique que pratique.

[1] Sallée, N., Éduquer sous contrainte. *Les Cahiers Dynamiques*, N° 64, 2015, pp.55-65.

Comprendre le fonctionnement de l'EPM de Porcheville nécessite également de saisir sa philosophie, la spécificité de son public et les problématiques qu'il rencontre. Enfin, bien qu'étant un modèle à part entière, l'EPM devra être analysé au prisme des problématiques communes aux établissements pénitentiaires en France.

Dès lors, on pourra se demander en quoi l'EPM de Porcheville répond-il partiellement aux critères du programme Rescaled, en conservant des problématiques récurrentes et communes aux établissements pénitentiaires en France ?

Dans un premier temps, on constatera que si l'EPM de Porcheville peut être considéré comme une structure de petite taille au plan architectural et organisationnel des services, cela ne doit pas occulter des problématiques propres à l'architecture et au fonctionnement des services (I). Dans un second temps, il conviendra de mettre en avant la spécialisation de l'établissement au regard de son public spécifique, des services organisés pour leur prise en charge et par la prédominance de l'éducatif sur la logique sécuritaire (II). Enfin, on mettra en avant l'incapacité de l'EPM à répondre au critère de l'implantation locale, alors même que les liens familiaux sont considérés comme essentiels dans la prise en charge du mineur (III).

I – Un établissement de petite taille, tant au niveau de l'architecture que de l'organisation des services

1) Une prise en charge individualisée : un faible nombre de détenus pour un nombre important de professionnels

L'EPM de Porcheville accueille au maximum 60 détenus mineurs. Ce taux d'incarcération n'est pas souvent atteint. Selon la section française de l'Observatoire international des prisons, l'EPM a une capacité opérationnelle au 1er janvier 2022 de 54 places, un nombre de détenus de 41 personnes hébergées, pour une densité carcérale au 1er janvier 2022 de 75,9 %. De plus, selon le dernier rapport du Contrôleur général des lieux de privation (CGLPL) en 2017 à l'EPM de Porcheville, il y avait « *plus de 150 agents* » en charge des détenus. Ainsi, contrairement aux grands établissements pénitentiaires pour adultes, la prise en charge est beaucoup plus individualisée.

Lors d'un entretien en avril 2022, la directrice de l'EPM de Porcheville, Souad Benchinoun[1] expliquait que ce faible nombre de détenus permettait de les connaître, de les recevoir et, par conséquent, d'adapter leur prise en charge.

Nathalie Jaffré, ancienne directrice de l'EPM de Porcheville, qui a quitté ses fonctions en mars 2022, considère que ce faible nombre de détenus permet aux

[1] Entretien en présentiel avec Souad Benchimoun, Directrice de l'EPM de Porcheville, 20 avril 2022.

surveillants et aux éducateurs d'entretenir avec eux des relations particulières[1]. En effet, un surveillant a en charge 10 mineurs par unité. De plus, durant ses années à la tête de l'EPM, elle avait mis en place un modèle de fidélisation, qui permettait à un surveillant de travailler en permanence sur la même unité et donc de mieux connaître les détenus.

Avec un nombre d'intervenants proportionnellement supérieur au nombre de détenus, l'EPM de Porcheville a plus de facilité à favoriser une action de réinsertion et d'éducation dans la prise en charge du public mineur.

2) Une structure de petite taille, architecturalement adaptée au public mineur

2.1) Un fonctionnement en unités

L'EPM de Porcheville, comme l'ensemble des EPM en France, fonctionne sur le modèle des unités. Dans un article intitulé « *Éduquer les mineurs en milieu carcéral en France. Innovations institutionnelles et tensions professionnelles* » publié en 2014, Francis Bailleau et Philip Milburn parlent de régimes de détention[2]. Ils décrivent 3 régimes différenciés. Tout d'abord, le « *régime de confiance* » (ou « régime de responsabilité »). Au sein de ce régime, les jeunes détenus peuvent prendre leur repas ensemble, participer à des activités collectives au sein des unités, accéder à des biens-loisirs supplémentaires. Ensuite, il y a le « *régime de contrôle* ». Ici, les jeunes restent dans leurs cellules pour leur repas et ont un accès limité aux activités. Enfin, il y a le régime de « *contrôle* ». Dans ce régime, les détenus restent dans leurs cellules pour leur repas et ne participent pas aux temps collectifs au sein de l'unité.

Nathalie Jaffré, ancienne directrice de l'EPM de Porcheville, décrit un système similaire à Porcheville, avec des régimes de détention différenciés : régime de détention ordinaire, de responsabilité et renforcé. Elle ajoute également l'existence du quartier arrivant[3]. Lors de ma visite de l'établissement le 20 avril 2022, j'ai pu constater ce fonctionnement de la détention. D'abord, on l'observe d'un point de vue architectural. Les unités de vie sont alignées côte à côte, numérotées de 1 à 6. Le bloc de détention forme un seul bloc, mais chaque unité dispose d'une entrée spécifique. Dès lors, il n'est pas possible d'intégrer une unité sans passer par l'extérieur. Cela permet de marquer une coupure entre chaque unité. Il n'y a pas de communication possible, sauf par les fenêtres ou lors de déplacements entre les unités. Il y a 6 unités de vie, d'environ 10 places par unités, chacune sur deux étages. Il y a d'abord l'unité 1, appelée l'unité de confiance. Au sein de cette unité sont incarcérés des jeunes qui se comportent bien, avec qui il y a peu d'incidents.

---

[1] Entretien téléphonique avec Nathalie Jaffré, ancienne directrice de l''EPM Porcheville, 30 mars 2022.

[2] Bailleau, F., Milburn, P., « Éduquer les mineurs en milieu carcéral en France : Innovations institutionnelles et tensions professionnelles ». *Déviance et Société*, 38, 2014, pp. 133-156.

[3] Ibid.

Ce sont souvent des jeunes prévenus ou condamnés pour des faits graves. Ils savent qu'ils sont là pour un long moment. Ensuite, de l'unité 2 à l'unité 5, c'est un régime intermédiaire. Enfin, l'unité 6 est appelée l'unité « renforcée ». Dans cette unité, le régime est plus strict, avec aucun moment collectif. Ainsi, l'architecture du lieu est conçue pour permettre cette séparation en unités de vie.

2.2) Des espaces collectifs et individuels adaptés à la prise en charge des mineurs

L'EPM est également un établissement pénitentiaire conçu pour permettre des temps collectifs et des temps individuels. L'architecture témoigne de cette volonté de mêler prise en charge individuelle et collective.

Dans un premier temps, il faut mentionner l'organisation au sein de chaque unité. Chaque unité est conçue de la même manière. Lors de ma visite de l'établissement, j'ai pu visiter les unités 1 et 6 de l'EPM. Tout d'abord, l'encellulement est individuel. C'est la règle, et celle-ci semble être respectée. Les cellules sont des cellules classiques, avec une toilette et une douche. En plus des cellules, les unités sont constituées d'espaces collectifs. Il y a d'abord un espace « détente » avec une télévision, des jeux de société, des jeux vidéo. L'autre espace est la partie cuisine. Il y a une cuisine équipée, avec une table pour manger à plusieurs, permettant les repas collectifs. Au sein de l'unité 1, j'ai pu constater la présence d'une salle avec 2 machines à laver neuves. Les jeunes sont invités à s'inscrire sur un tableau et à venir faire leur machine à laver de manière autonome. L'unité est également composée d'une cour de promenade. Une grande baie vitrée donne une vue sur la promenade. Le poste de surveillance est également positionné pour avoir une vue et un accès à la promenade. Dans cette cour, il y a une table de ping-pong en béton, quelques dessins sur les murs et une surface relativement réduite. Lorsque j'ai visité l'établissement, deux jeunes étaient en promenade. Ils jouaient au foot, en écoutant de la musique avec un poste radio relativement ancien. L'étage de l'unité est composé uniquement de cellules.

En dehors de ce bloc de détention, l'EPM de Porcheville a une architecture qui rend compte de la multiplicité de services et des activités. Au centre de la détention, il y a un grand terrain de football extérieur. Ce terrain n'est que très peu utilisé. Le rapport du CGLPL de 2017 s'était déjà étonné de ce non-usage : « *Le terrain de football extérieur n'est pas utilisé à Porcheville sans qu'aucune raison n'ait été donnée* »[1]. Les quartiers arrivants et disciplinaire sont écartés du bloc général des unités de vie. Autour de ce terrain de football extérieur, il y a les différents bâtiments administratifs, socio-éducatifs et sanitaires. Enfin, en face l'unité de

[1] Rapport de la troisième visite de l'établissement pénitentiaire pour mineurs de Porcheville (Yvelines). Site du Contrôleur Général des Lieux de Privation de Liberté, 2019. https://www.cglpl.fr/2019/rapport-de-la-troisieme-visite-de-letablissement-penitentiaire-pour-mineurs-de-porcheville-yvelines/

vie 1, l'EPM dispose d'un vaste complexe sportif avec gymnase, salle de musculation et des vestiaires.

On peut considérer cette architecture comme étant de « petite taille ». Il est très rapide d'aller d'un bâtiment à un autre. L'architecture a été conçue pour que les déplacements et la prise en charge puissent être rapides. Le tour de la détention peut être fait très rapidement. Comme me l'explique le surveillant en charge du bâtiment scolaire, lorsqu'il y a un problème avec les jeunes détenus, les surveillants peuvent intervenir très rapidement du fait de la petite taille de la structure.

2.3) Les défauts de l'architecture

Bien qu'adaptée à la prise en charge des mineurs, l'architecture de l'EPM de Porcheville pose quelques questions sur le plan sécuritaire et sanitaire.

Tout d'abord, pour ce qui concerne le plan sanitaire, le dernier rapport de CGLPL est assez révélateur des problématiques dont l'EPM a à faire face. La question de la salubrité des cellules a été posée, avec des questions d'infiltrations et de moisissures. Estelle Royer, Contrôleure générale des lieux de privations déléguée aux études et à la recherche, explique que l'EPM de Porcheville est caractéristique de ces établissements dont le bâti se dégrade au fil du temps et où peu d'argent est investi pour faire de la maintenance[1]. Outre l'usure du temps, l'officier qui m'accompagne dans ma visite de l'établissement m'explique que les détenus dégradent très régulièrement leur cellule. À la moindre contrariété, la cellule peut être saccagée. Dans ces conditions, il est difficile de conserver des cellules de bonne qualité. Il faut préciser que lors de ma visite de l'établissement, je n'ai pas été invité à visiter des cellules. Toutefois, les photos du rapport du CGLPL de 2017 montrent des cellules dégradées, avec un nombre important de dessins et d'écritures sur les murs. Ce sont les mêmes critiques qui sont adressées concernant les cours de promenade.

Le principal défaut de l'architecture de l'EPM est mis en avant par Nathalie Jaffré, l'ancienne directrice de l'EPM, lors d'un entretien téléphonique[2]. Elle m'explique que, bien qu'adapté à la prise en charge des mineurs, l'établissement a été conçu d'une telle manière que l'on ne peut se déplacer dans la détention sans être vu par les détenus. En effet, le bloc principal de détention (les unités 1 à 6) a une vue plongeante sur le cœur de la détention et sur le terrain de foot extérieur. Ainsi, à leurs fenêtres, les détenus peuvent voir qui se rend où. Par exemple, les détenus se rendant régulièrement à l'unité sanitaire sont souvent injuriés. Lors de ma visite de l'établissement, j'ai pu me rendre moi-même compte de l'impact de cette architecture sur la vie de l'établissement. À chacun des déplacements, les surveillants subissent un nombre important d'injures. Chaque personne qui se

---

[1] Entretien téléphonique avec Estelle Royer, Contrôleure générale des lieux de privation déléguée aux études et à la recherche, 12 avril 2022.

[2] Entretien avec Nathalie Jaffré, Op.cit.

déplace est scrutée, questionnée, et souvent, injuriée. Le terrain de foot extérieur est donc inutilisable.

Enfin, un dernier élément caractéristique des EPM peut être mentionné : la montée de la logique sécuritaire. À l'origine, comme l'expliquent Francis Bailleau et Philip Milburn[1], les EPM n'étaient pas conçus pour être architecturalement des prisons, avec une forte logique sécuritaire. Il n'y avait pas de hauts murs infranchissables, de barbelés, de grilles, des systèmes de surveillance, de miradors, etc. L'idée était que grâce aux visées éducatives, les jeunes comprennent par eux-mêmes l'intérêt d'être incarcérés et qu'ils se conforment aux règles par l'éducatif. Mais, dès 2008, un nombre important de comportements transgressifs a nécessité un usage plus important des outils sécuritaires et réglementaires (par exemple : plus de grillages, mais aussi des mesures de bon ordre). L'EPM de Porcheville n'a pas échappé à cette logique sécuritaire. Le rapport du CGLPL de 2017 montre bien ce changement. Le rapport explique qu'en avril 2008, au moment de la mise en service de l'EPM, aucune délimitation physique n'existait entre les espaces communs. Mais, dès 2011, un rapport de l'inspection pénitentiaire montrait la montée de la logique sécuritaire, avec la pose d'une structure grillagée, afin de sécuriser les déplacements des mineurs au sein de l'EPM. Ce rapport parle de « *transformation radicale* », qui « *dénature en partie le projet originel* »[2]. C'est la même logique que m'explique Nathalie Jaffré[3]. Les EPM ont été pensés avec un niveau de sécurité faible : pas de mirador et niveau d'armement faible. Mais selon elle, aujourd'hui il y a deux sujets de sécurité : l'évasion et la violence à l'intérieur. Le public d'aujourd'hui invite à repenser cette logique de sécurité faible. La présence de détenus pour des faits de terrorisme impose de revoir ce niveau faible de sécurité.

Ainsi, on comprend dans cette première partie que l'EPM de Porcheville peut être considéré comme un établissement de petite taille, à la fois par la prise en charge des mineurs (nombre important de personnels mobilisés pour un faible nombre de détenus) et au niveau de l'architecture, qui permet des déplacements rapides et de concentrer l'ensemble des services utiles à la prise en charge du mineur. Toutefois, malgré la petite taille de l'établissement, des problématiques communes aux prisons en France se posent, notamment des questions sanitaires et sécuritaires.

---

[1] Bailleau, F. et Milburn, P., Op.cit.

[2] CGLPL, Rapport de la troisième visite de l'établissement pénitentiaire pour mineurs de Porcheville, Op.cit.

[3] Entretien avec Nathalie Jaffré, Op.cit.

II – Un établissement spécialisé dans l'accueil du public mineur

1) Les différents services de l'EPM et leur fonctionnement

Au moment de l'incarcération d'un mineur à l'EPM de Porcheville, les parents du mineur se voient remettre un « Livret d'accueil à destination des familles »[1]. Ce livret donne une description exhaustive des services qui prennent en charge le mineur : « *Votre enfant sera pris en charge de manière permanente par des professionnels de surveillance (Administration Pénitentiaire : AP), des éducateurs de la Protection Judiciaire de la Justice (PJJ), des professeurs de l'Éducation nationale (EN) ainsi que des personnels soignants de l'Unité Sanitaire (US)* ».

1.1) L'administration pénitentiaire

Comme l'explique Gilles Chantraine dans « *Les prisons pour mineurs. Du primat sécuritaire à la concurrence des logiques professionnelles* ? », l'administration pénitentiaire est en charge des missions de garde et de sécurité[2]. Gilles Chantraine considère que l'administration pénitentiaire est « maître chez elle » et conserve une supériorité flagrante. Cette supériorité, on la constate notamment dans le fonctionnement des commissions pluridisciplinaires uniques (CPU) ou lors des décisions de transferts disciplinaires. Bien qu'intégrée dans une logique collégiale, la dimension sécuritaire conserve un poids important dans le fonctionnement de l'EPM.

À l'EPM de Porcheville, c'est Souad Benchinoun, la directrice de l'établissement qui représente l'administration pénitentiaire, avec son adjoint Geoffroy Coulier. Leurs missions sont des missions de gestion des ressources humaines, de marché de gestion délégué, de gestion de la détention et de la sécurité. La directrice de la prison travaille en collaboration permanente avec l'autre direction, celle du service éducatif de la PJJ (protection judiciaire de la jeunesse).

Dans son rapport de 2017, le CGLPL offre une description des membres de l'administration pénitentiaire. En 2017, on compte 73 membres du personnel pénitentiaire : 2 directions, 5 administratifs, 10 gradés, 3 officiers et 54 surveillants. Les surveillants sont présents dans les unités durant 12 heures et 45 minutes en journée : de 7h15 à 20h[3].

Lors de ma visite de l'établissement, c'est un officier de l'administration pénitentiaire qui m'a accompagné. Il m'a décrit l'ensemble de ses missions, principalement des missions de sécurité et d'accompagnement des détenus dans leurs

---

[1] Le Livret d'accueil à destination des familles est un document qui m'a été transmis directement par la directrice de l'établissement, Souad Benchinoun, lors de ma visite à l'EPM

[2] Chantraine G., Les prisons pour mineurs : du primat sécuritaire à la concurrence des logiques professionnelles ? *Les Cahiers de la Justice*, 3, 2012, pp. 153-164.

[3] CGLPL, Rapport de la troisième visite de l'établissement pénitentiaire pour mineurs de Porcheville, Op.cit.

déplacements. Les différents surveillants que j'ai pu rencontrer lors de cette visite ont majoritairement décrit leur fonction comme des missions de gestion de la détention. Par exemple, la surveillante en charge de l'unité sanitaire a décrit sa mission comme l'accompagnement des détenus dans leur déplacement de leur cellule jusqu'à l'unité sanitaire. Elle dit : « *Ici, on marche beaucoup, mais tout se passe bien* ». De la même manière, le surveillant en charge de l'aile éducative et scolaire de la prison a expliqué que son rôle était de veiller à la sécurité et au bon déroulement des heures de cours. Les mineurs détenus ne peuvent jamais se déplacer seuls. Ils sont toujours accompagnés d'un membre de l'administration pénitentiaire, non armé.

1.2) La Protection judiciaire de la jeunesse (PJJ)

La Protection judiciaire de la jeunesse (PJJ) est le deuxième service central du fonctionnement de l'EPM. La PJJ dispose d'une direction interne à la détention. C'est Élise Dehaudt qui est en charge de la direction de la PJJ à l'EPM de Porcheville. La PJJ dispose de bureaux au sein de la prison. En réinvestissant le milieu fermé, la PJJ a pour mission le suivi éducatif des mineurs.

Selon le rapport du CGLPL de 2017, la PJJ est constituée au sein de l'EPM de Porcheville de 46 agents, avec un directeur de service, de 3 responsables d'unité éducative (RUE), de 2 professeurs techniques, d'un psychologue, de 36 éducateurs et de 2 adjoints administratifs[1].

Les missions de la PJJ sont multiples. Selon le ministère de la Justice, le directeur des services de la PJJ assure la bonne exécution des décisions des magistrats et de l'action éducative[2]. Le RUE assure l'animation de l'équipe éducative. Les éducateurs, sous l'autorité du RUE, conduisent les actions d'éducation et d'insertion auprès des mineurs. Le psychologue s'intéresse aux particularités psychologiques des mineurs pour assurer une bonne prise en charge et en informe la PJJ.

Comme l'explique Élise Dehaudt lors d'un entretien en visioconférence, le mineur a deux référents éducateurs[3]. Ces deux éducateurs connaissent bien le mineur et les particularités de sa situation. Ils s'occupent de l'ensemble de ses démarches. Les référents jouent un rôle très important dans le maintien des liens familiaux. L'objectif de la PJJ est bien de maintenir un lien avec l'extérieur. La PJJ travaille d'abord sur le projet de sortie du mineur. Il y a un véritablement accompagnement individuel vers l'extérieur. Pour Élise Dehaudt, le rôle de la PJJ est aussi de mettre en place un certain nombre d'activités au sein de la détention

---

[1] Ibid.

[2] La Direction de la Protection Judiciaire de la Jeunesse (DPJJ). (s. d.). *École Nationale de Protection Judiciaire de la Jeunesse.*

[3] Entretien en visioconférence avec Elise Dehaudt, Directrice PJJ à l'EPM de Porcheville, mars 2022.

pour maintenir le mineur en activité[1]. Les activités à l'EPM de Porcheville sont multiples : activité d'insertion professionnelle, code de la route, mécanique, sport, culture, théâtre, écriture, bande dessinée, équithérapie ou encore médiation animale. Pendant les vacances par exemple, la PJJ prend le relai de l'éducation nationale pour faire des propositions. Ainsi, avec sa propre direction, la PJJ joue un rôle fondamental en EPM.

1.3) L'éducation nationale

L'éducation nationale est également un des services essentiels de l'EPM, les mineurs étant obligés de suivre une scolarité comme à l'extérieur.

Au sein de l'EPM de Porcheville, il y a 10 enseignants et 1 proviseur. Les mineurs disposent d'une large quantité de cours et peuvent passer des examens. Les détenus ont des cours le matin et 1 heure en début d'après-midi. Les cours sont obligatoires et, s'ils refusent d'y assister, ils peuvent avoir des sanctions. Par exemple, la directrice m'expliquait que depuis 2 jours de suite, un détenu de l'unité 1 (l'unité de confiance) refusait d'aller en classe. Ce refus peut constituer un motif justifiant le passage à une unité plus stricte.

Les salles de classe se situent dans un bâtiment hors du bloc de détention. Les salles de classe sont relativement petites et les cours se font par groupe de 5 détenus. Le surveillant en charge de l'espace éducatif expliquait la difficulté que représente l'organisation des groupes. Il faut en permanence vérifier que les mineurs s'entendent bien, que le groupe peut fonctionner. Les salles étant relativement exiguës, les violences peuvent se déclencher très rapidement et il faut les éviter. Chaque professeur dispose d'un outil pour appeler les surveillants en cas de problème.

Le fonctionnement de la scolarité semble être un des points forts de l'EPM de Porcheville. La directrice Souad Benchinoun décrit un enseignement de qualité, avec une équipe complète[2].

1.4) L'Unité sanitaire

Enfin, l'EPM dispose d'une Unité sanitaire (US) au sein de la structure. L'Unité Sanitaire dispose d'un grand bâtiment. Les équipements sont modernes et l'US semble bien équipée. Il y a un accueil au sein de l'unité, où une surveillante se charge des déplacements de détenus et du bon fonctionnement de l'unité *Jeunesse*.

Lors de ma visite de l'établissement, j'ai pu m'entretenir avec un médecin en charge de l'unité et une infirmière. À leur arrivée, les détenus rencontrent le médecin une première fois. Sinon, tout au long de la détention, les détenus peuvent demander à rencontrer le médecin. Cela fonctionne sous forme de papier à remplir. Ces papiers sont ensuite transmis au médecin, qui évalue l'urgence. Le

---

[1] Ibid.

[2] Entretien avec Souad Benchimoun, Op.cit.

médecin a expliqué qu'ici, elle faisait principalement de la « bobologie ». Rencontrer le médecin est aussi une manière de sortir de sa cellule et de discuter avec une autre personne qu'un éducateur ou un surveillant. Au moment de ma visite, il n'y avait plus de pédopsychiatre et l'unité espérait recruter dans les prochains jours un psychologue. Ce qui est intéressant, c'est que déjà, dans le rapport du CGLPL de 2017, l'absence de psychiatre était mentionnée. Au moment du rapport, un psychiatre venait d'arriver après plus d'un an d'absence[1]. Enfin, l'unité dispose également d'un dentiste qui vient le mardi. Ce dernier dispose d'une salle avec tous les équipements, comme dans un cabinet normal.

2) La spécificité de l'EPM : le fonctionnement en binôme AP-PJJ, symbole du mélange entre projet éducatif et gestion de la détention

2.1) Un système en binôme : le point de vue théorique

L'une des caractéristiques fondamentales du fonctionnement de l'EPM est le travail en binôme entre les surveillants de la pénitentiaire et les éducateurs PJJ. Ce binôme est le symbole de la volonté de permettre à l'éducatif de réinvestir le champ de l'incarcération. Dans « *Éduquer et punir. Travail éducatif, sécurité et discipline en établissement pénitentiaire pour mineurs* », Gilles Chantraine et Nicolas Sallée résument bien l'objectif de ce binôme : « *Surveillants et éducateurs travaillent en binôme en alliant les principes sécuritaires portés par l'administration pénitentiaire et la prise en considération des besoins éducatifs nécessaires à la 'resocialisation' des détenus* ». L'EPM de Porcheville est donc aussi soumis à ce fonctionnement en binôme.

2.2) La réalité du binôme en pratique

Dans la théorie, ce binôme fonctionne correctement. Or, la pratique montre que de nombreuses difficultés de collaboration apparaissent entre l'administration pénitentiaire et la protection judiciaire de la jeunesse.

La première difficulté naît de la rivalité entre les deux institutions. Pour comprendre cela, il faut revenir à l'histoire de la PJJ et de l'administration pénitentiaire. Dans un article intitulé « *Enfance délinquante : l'enfermement et au-delà* »[2] et dans « *Éduquer sous contrainte* »[3], Nicolas Sallée revient sur l'histoire de la PJJ. Créée en 1945 sous le nom d'Éducation Surveillée, la PJJ s'est construite en opposition à l'incarcération. Il y avait une volonté de la part de la PJJ de se mettre symboliquement à distance de l'administration pénitentiaire et de se rapprocher

---

[1] CGLPL, Rapport de la troisième visite de l'établissement pénitentiaire pour mineurs de Porcheville, Op.cit.

[2] Sallée N., « Enfance délinquante : l'enfermement et au-delà », *Délibérée*, 2 (2), 2017, p. 49-54.

3 Sallée N., « Éduquer sous contrainte », Op.cit.

de l'éducation nationale. La PJJ considère que tout comportement déviant n'est pas le fait d'un individu, mais plutôt la conséquence d'un déficit d'éducation et donc de la société, qui doit en porter la charge. Cette charge, c'est l'éducation de ces jeunes, « *victimes avant d'être délinquants* ». Dès lors, la PJJ s'est toujours considérée comme une institution travaillant à l'extérieur de la détention. Seulement, avec la loi du 9 septembre 2002 qui crée les établissements pour mineurs, la PJJ doit réinvestir le milieu fermé. Nicolas Sallée explique que les membres de la PJJ craignent que ce modèle du binôme ne soit « *qu'un instrument de légitimation d'une incarcération édulcorée* ». De la même manière, les acteurs de l'administration pénitentiaire ont pu voir d'un œil mitigé l'arrivée des éducateurs. Ils ont eu peur de se voir cantonner à une mission de gestion de la détention. La rivalité naît donc de l'histoire et de la délimitation des missions. Les surveillants considérant que leur mission est aussi une mission d'éducateur. On retrouve ces tensions avec l'exemple mis en avant par Francis Bailleau et Philip Milburn[1]. Lors d'un incident, le surveillant va préférer une certaine sécurité en évitant de provoquer le jeune, alors que l'éducateur va tenter de provoquer des situations critiques pour que le jeune s'exprime et montre ses difficultés relationnelles. On voit bien ici cette idée de rivalité et de paradoxe (ou de complémentarité) dans l'action du binôme.

À l'EPM de Porcheville, ces questions de rivalités entre surveillant et PJJ, c'est la directrice Souad Benchinoun qui m'en a parlé en premier. Lors d'un entretien dans son bureau de l'EPM, la directrice m'explique qu'il existe bien des rivalités dans le binôme éducateur-surveillant. Pour elle, cela résulte d'abord de l'absence de volonté de la PJJ de travailler en milieu fermé[2].

Pour Élise Dehaudt, directrice PJJ, l'analyse du binôme PJJ-AP est plus nuancée. Selon elle, « *tout est sujet à négociation* »[3]. Si l'éducateur veut mener un entretien, il doit prévenir à l'avance. En l'absence d'un surveillant pour s'occuper des déplacements, les activités seront annulées. Elle insiste bien sur le constat suivant lequel la sécurité prime sur l'éducatif.

Un dernier point à prendre en compte dans ce binôme, hors les questions de rivalités, c'est l'effectivité réelle de ce binôme. Le rapport du CGLPL publié en 2017 montrait un taux d'absentéisme important des membres de la PJJ qui pouvait contraindre le suivi éducatif. Les membres de la PJJ sont souvent dans leurs bureaux pour rédiger des documents administratifs. L'obligation pour eux de se rendre dans leurs bureaux empêche leur présence dans l'unité de vie. De la même manière, l'absence d'un membre de l'administration pénitentiaire empêche la réalisation d'activité ou de rendez-vous. Le rapport dit explicitement : « *(...) ce*

[1] Bailleau, F. et Milburn, P., Op.cit.

[2] Entretien avec Souad Benchimoun, Op.cit.

[3] Entretien avec Elise Dehaudt, Op.cit.

fonctionnement théorique, qui constitue un pilier majeur de l'organisation des unités, n'est, en réalité, que rarement appliqué »[1].

J'ai pu moi-même observer cette réalité le jour de la visite de l'établissement. J'ai visité l'établissement le 20 avril 2022, et à ce moment, un nombre important de personnels de la PJJ avait contracté le covid 19. Ces membres absents n'étaient pas remplacés. Lorsque j'ai visité l'unité de vie 1, les deux surveillants en charge de l'unité m'ont expliqué qu'aujourd'hui il n'y avait pas de membres de la PJJ, donc il n'y avait pas d'activité. On voit à travers cet exemple, et le rapport du CGLPL, la difficulté à rendre efficient un objectif théorique.

3) Un travail en étroite collaboration entre les différents services de l'EPM

Dans le Livret d'accueil des familles, il est précisé que « *Tous ces acteurs collaboreront au quotidien afin d'offrir une prise en charge optimale à votre enfant* ». La coordination entre les 4 services de l'EPM est un élément essentiel de la prise en charge des mineurs.

Nathalie Jaffré, l'ancienne directrice de l'EPM de Porcheville, insiste sur l'importance de la coordination entre les acteurs[2]. La coordination s'observe d'abord par le fonctionnement en binôme AP-PJJ mais aussi par la multiplication des réunions entre les services, notamment lors des réunions d'équipes pluridisciplinaires avec les cadres. Pour Nathalie Jaffré, cette coordination est très positive et doit guider la bonne prise en charge du mineur. Souad Benchinoun, l'actuelle directrice, considère aussi la coordination comme un élément essentiel de la prise en charge[3].

Pour Élise Dehaudt, il ne fait pas non plus de toute que cette coopération est fonctionnelle et nécessaire[4]. Elle évoque notamment la collaboration avec les services de l'éducation nationale. Elle décrit une souplesse de l'éducation nationale dans le partage du planning. Parfois, la PJJ met des actions spécifiques sur le temps scolaire. Utiliser le temps scolaire permet d'augmenter le nombre d'activités mises en place. Elle prend notamment l'exemple de l'intervention du référent mission locale qui vient sur le temps scolaire le lundi matin. Dans un autre exemple de projets communs avec l'éducation, il y a le potager et le trophée des jardins en détention. Ces exemples de coordination montrent l'importance de l'articulation des services dans la prise en charge du mineur.

Dans le rapport du CGLPL de 2017, le bon fonctionnement de cette coordination est mis en avant. Pour le CGLPL : « *La qualité du partenariat conditionne le*

---

[1] CGLPL, Rapport de la troisième visite de l'établissement pénitentiaire pour mineurs de Porcheville, Op.cit.

[2] Entretien avec Nathalie Jaffré, Op.cit.

[3] Entretien avec Souad Benchimoun, Op.cit.

[4] Entretien avec Elise Dehaudt, Op.cit.

bon fonctionnement d'un EPM »[1]. Le rapport décrit un certain nombre de réunions qui sont tenues au sein de l'EPM. D'abord, il y a les réunions de direction. Le lundi matin, une réunion de direction regroupe la direction de l'EPM, la cheffe du service éducatif, la proviseure et la cadre de santé de l'unité sanitaire. Aussi, la direction anime chaque matin un rapport de détention avec les officiers et gradés présents à l'EPM. On peut également noter que la direction interrégionale des services pénitentiaires de Paris organise une réunion trimestrielle avec les responsables des établissements accueillant des mineurs, placés sous son autorité, en présence de représentants de la PJJ et de l'Éducation nationale. Aussi, les réunions d'équipe disciplinaire (REP) se réunissent chaque semaine pour l'examen de la situation des arrivants avant leur affectation en unité de vie, et chaque quinzaine, par unité, pour faire le point sur les mineurs présents, en présence des représentants des quatre services. Enfin, les Commissions de disciplines, suite à un incident, sont aussi l'occasion de partager des informations sur les mineurs.

La coordination des acteurs interroge toutefois la place qu'occupe le détenu dans ce travail collectif. Le détenu ne participe pas à ces réunions. Cyrille Canetti, médecin psychiatre, qui a travaillé pendant près de 9 ans au Centre de jeunes détenus de Fleury Merogis s'interroge sur cette coordination qui exclut le mineur[2]. Il considère que les liens qu'il entretient avec le mineur relèvent de la confidentialité et de la confiance qu'il a réussi à établir avec le mineur. Il se demande si ce partage d'informations se fait dans l'intérêt du mineur, ou si au contraire, il est uniquement un instrument de gestion de la détention. Cet avis divergent sur la coordination des services pose la question de la place du détenu dans son parcours de détention, et donc de son autonomie.

4) L'organisation des journées : lutter contre l'oisiveté et favoriser le projet éducatif

4.1) Faire primer la logique éducative sur la logique sécuritaire

L'EPM a été conçu pour mettre l'éducatif au centre de la détention. Francis Bailleau et Philip Milburn[3] mettent en exergue trois logiques éducatives en EPM. Tout d'abord, un « *éducatif carcéral* ». On retrouve cette logique éducative dans l'usage qui est fait des unités différenciées, mais aussi des sanctions disciplinaires et des mesures de bon ordre. Les mineurs sont soumis à un certain nombre d'exigences à visées éducatives : rangement des cellules, hygiène, repas, entretien des espaces communs. Ensuite, il a un « *éducatif ordinaire* ». C'est ici le prolongement d'une éducation comme à l'extérieur, avec la scolarisation et les activités

---

[1] CGLPL, Rapport de la troisième visite de l'établissement pénitentiaire pour mineurs de Porcheville, Op.cit.

[2] Entretien téléphonique avec Cyril Canetti, médecin psychiatre en milieu pénitentiaire, 23 mars 2022.

[3] Bailleau, F., Milburn, P., Op.cit.

sportives et culturelles ordinaires. Enfin, ils mettent en avant un dernier type d'éducatif, l'« *éducatif social* » (ou socio-psychologique). C'est ici la logique portée par les professionnels de la PJJ, avec la prise en compte d'un parcours et un projet sur le long terme des jeunes, en lien avec leur histoire personnelle.

Les journées à l'EPM sont organisées de telle manière que les jeunes sont mobilisés quotidiennement, plusieurs heures par jour, pour éviter l'ennui et l'oisiveté. Le matin, ils vont à l'école, en début d'après-midi aussi, et ensuite ils ont des activités ou des promenades. L'objectif étant qu'ils restent le moins longtemps en cellule. Selon Nathalie Jaffré, l'ancienne directrice de l'EPM, les détenus ont, en fonction leur niveau scolaire, entre 12 heures et 22 heures de cours par semaine. Ils ont également 1 heure de promenade par jour, des activités sportives 2 fois par semaine et des activités culturelles. Avec les repas collectifs, ils sont en moyenne, selon Nathalie Jaffré, 7 heures par jour en dehors de leur cellule[1]. Il y a, dans la prise en charge du mineur, une logique de pédagogie individualisée. Toutes les activités, y compris les heures de classe, se font en petits groupes. Lors de ma visite de l'établissement, j'ai pu assister à une activité sportive. Ils étaient 5 détenus, accompagnés par 2 éducateurs et 1 coach sportif. Les détenus et les professionnels se tutoient et mobilisent les jeunes en continu.

4.2) Les difficultés éducatives en milieu fermé

Bien que les professionnels essayent de maintenir cette logique éducative, on peut observer qu'un certain nombre de problématiques se posent.

D'abord, on l'a déjà mentionné, l'activité du jeune dépend en partie du binôme PJJ-AP. En l'absence de l'un des deux membres, il est compliqué de garder le jeune mobilisé.

La deuxième difficulté réside dans la durée de l'incarcération. En moyenne, les jeunes restent incarcérés 3 mois. La courte incarcération, additionnée à l'incertitude du moment de la sortie, rend complexe la mise en place d'un véritable projet de réinsertion et d'un suivi éducatif. La directrice, Souad Benchinoun conçoit qu'il est complexe de mettre en place un véritable suivi éducatif avec le temps court de l'incarcération[2]. Par ailleurs, la mise en place récente d'un nouveau code pénal des mineurs va réduire la durée des incarcérations préventives, car le jugement interviendra plus tôt. Cette faible durée de l'incarcération a fait l'objet d'études. Francis Bailleau et Philip Milburn expliquent que « *la temporalité imposée par le système carcéral est réglementée et rigidifiée, là où l'action éducative demande davantage de flexibilité dans son rapport au temps* »[3]. En effet, comme ils expliquent, la durée de l'incarcération n'est pas prévisible. Les éducateurs se plaignent régulièrement de sorties subites de jeunes qu'ils suivent, dont ils ne sont prévenus que quelques jours, voire quelques heures avant, leur interdisant

---

[1] Entretien avec Nathalie Jaffré, Op.cit.
[2] Entretien avec Souad Benchimoun, Op.cit.
[3] Bailleau, F., Milburn, P., Op.cit.

totalement de préparer ce changement de statut et la passation à un référent éducatif là où le jeune sera affecté.

Outre la question de la temporalité, ce qui est parfois mis en avant dans les EPM, c'est la prédominance de la logique carcérale. La sécurité prime toujours en prison. J'ai pu l'observer en discutant avec le surveillant en charge de l'aile scolaire de la prison. Ce dernier m'expliquait que lorsque deux détenus se bagarrent en classe, les deux sont exclus et remis en cellule. Dès lors, ils ne suivront pas les cours de la journée, voire dans les jours qui suivent. Ici, on comprend que la logique sécuritaire prime sur la logique éducative. Finalement, hors les incidents, les jeunes passent beaucoup de temps en cellule, à attendre. Ils sont sollicités, mais sont aussi sujets à l'ennui.

De même, on constate qu'avec l'émergence du Covid 19, des spécificités propres à l'EPM ont été abandonnées. C'est notamment le cas des repas collectifs. Lors de ma visite de l'établissement le 20 avril, les repas collectifs n'avaient pas repris, dans aucune des 6 unités. La directrice m'assurant que dans l'unité 1, les repas collectifs allaient reprendre. Déjà en 2017, le CGLPL avait émis des recommandations sur cette question des repas collectifs : « *Déjà limités à un par jour, les repas collectifs ne doivent plus être supprimés. Ils doivent être aussi mis à profit par le personnel pour dispenser un minimum de bonnes règles de comportement, à l'instar des pratiques professionnelles révélées dans les centres éducatifs fermés* ». Ce constat s'étend à d'autres EPM. C'est ce que dénonce Laurent Solini dans *Faire sa peine à l'Établissement pénitentiaire pour mineurs de Lavaur* en 2017 lorsqu'il dit : « *L'évolution de l'EPM montre une perte des temps collectifs* ». Un surveillant de l'EPM de Lavaur lui explique que « *maintenant on est revenu à une prison plus classique j'dirais, où les jeunes passent une grande partie du temps en cellule* »[1].

Pour conclure, on peut dire que l'EPM de Porcheville est un établissement spécialisé dans l'accueil des mineurs. La volonté de mettre l'éducatif au cœur des journées de détention est symbolique de ce type d'établissement. Le critère spécialisation du projet Rescaled est ici rempli. Toutefois, il faut nuancer le propos en considérant ce qu'expliquent de nombreux acteurs. En effet, il semble qu'entre le jour où a été créé le modèle de l'EPM et aujourd'hui, on soit revenu à un système d'incarcération de plus en plus basique, où la logique sécuritaire s'impose parfois au détriment de la logique éducative.

III – L'implantation locale et les liens avec l'extérieur

1) Implantation locale : le point faible de l'EPM

Dans *Les établissements pour mineurs à la lumière du modèle belge. Institution hybride*, Nadège Grille explique que l'isolement géographique des

[1] Solini L., *Faire sa peine à l'Établissement pénitentiaire pour mineurs de Lavaur*. Nîmes, Champ social, 2017.

structures rend parfois complexes les projets de réinsertion et le maintien des liens familiaux[1]. L'isolement géographique des structures implique à la fois la dimension pratique du déplacement, et la dimension symbolique de la relégation dans des espaces isolés, ce qui renforce l'isolement social qu'implique l'incarcération.

L'EPM de Porcheville est un établissement situé sur le territoire de la communauté d'agglomération de Mantes-la-Jolie, dans les Yvelines. L'EPM est situé dans une zone industrielle, à côté d'une déchetterie. L'établissement n'est pas visible de loin et est situé au bout d'une impasse.

L'EPM est difficile d'accès sans voiture. En effet, la gare la plus proche (la gare de Limay) se situe à 2 km de l'établissement. Il existe également un bus qui dépose un peu plus près de l'établissement (à 200 mètres), mais ce dernier passe rarement, avec des temps d'attentes parfois longs. Cela signifie que si une famille n'arrive pas à prendre le bus à temps, elle ne pourra pas se rendre au parloir de son fils qui est programmé à une heure précise. Dès lors, les familles sont obligées de prendre un après-midi entier pour aller rendre visite à leur enfant.

L'ensemble des acteurs de l'EPM a conscience de ces problématiques d'accessibilité. La directrice elle-même conçoit que l'établissement est difficile d'accès sans voiture, et essaye de mettre en place des systèmes d'aides aux familles des détenus pour qu'elles puissent venir voir leurs enfants. L'ancienne directrice, Nathalie Jaffré, concède également des difficultés d'accès qui, bien qu'elles pénalisent peu les intervenants extérieurs – la plupart du temps véhiculés – pénalisent en revanche fortement les familles non véhiculées[2].

Celui qui parle le mieux de cette problématique c'est Bernard Mauffrey, le responsable bénévole de l'accueil des familles[3]. Au contact direct des familles, il il observe à chaque session de parloir les difficultés auxquelles doivent faire face les familles. D'abord, il explique que beaucoup de familles font parfois plus d'une heure de route car l'EPM de Porcheville est le seul d'Ile-de-France. Parfois, des familles viennent même de très loin car pour des raisons de procédures, l'enfant a dû être incarcéré loin d'autres prévenus dans la même affaire. Ainsi, les familles qui viennent voir leur enfant « *ont leur journée de foutue* ». À son échelle, Bernard Mauffrey tente d'organiser des déplacements. Parfois, il essaye, avec la PJJ, de ramener des familles à la gare en partant de l'EPM ou d'aller les chercher. Ce n'est pas une organisation officielle, mais elle est très utile pour les familles des détenus.

Le dernier rapport du GCLPL avait déjà pointé les difficultés d'accès à l'EPM. Le rapport soulignait que même s'il y avait une liaison régulière entre Paris et Mantes-la-Jolie en RER, peu de familles transitaient par Paris. De plus, le rapport explique que les bus étaient trop rares (pas plus de deux par jour, et aucun le week-

1 Grille N., Les établissements pour mineurs à la lumière du modèle belge, Institution hybride, hybride, in *Empan,* 2007/2, N° 66, pages 114 à 120.

2 Entretien avec Nathalie Jaffré, Op.cit.

3 Entretien téléphonique avec Bernard Mauffrey, responsable de l'accueil des familles des détenus, 13 avril 2022.

end). Déjà le rapport de 2014 du CGLPL pointait les mêmes problématiques et considérait que le meilleur moyen de venir à l'EPM était la voiture ou à pied. Dans ses recommandations de 2017, le rapport demande à l'EPM de faire des démarches avec les collectivités locales pour que l'établissement soit mieux desservi par les transports en commun, notamment le week-end, pour pas que la difficulté d'accès devienne un obstacle trop important au maintien des liens familiaux.

2) L'importance des liens familiaux : l'accueil des familles à l'EPM

Dans *Les déplacés. Portraits de parcours de jeunes sous main de justice*, Laurent Solini, Jennifer Yeghicheyan et Christine Mennesson décrivent l'importance des liens familiaux pour les jeunes détenus. Selon eux, les liens familiaux sont souvent « distendus et inexistants »[1]. Or, les liens que vont nouer les détenus pendant leur détention avec des professionnels sont de l'ordre de la « socialisation institutionnelle » et ne sont pas durables. Ainsi, il est nécessaire d'essayer de maintenir des liens familiaux extérieurs à la détention.

Dans le Livret d'accueil à destination des familles, la direction de l'EPM envoie un message important aux parents, en considérant leur place comme essentielle dans le processus de réinsertion de l'enfant. Il est écrit, à l'endroit des parents : « *Vous serez pleinement associé à son suivi éducatif, à son évolution socio-professionnelle et à son projet de réinsertion. Aussi, votre investissement et votre disponibilité vont jouer un rôle important dans la prise en charge de votre enfant* ».

Pour Souad Benchinoun, la question du lien familial est une question déterminante en EPM[2]. Il n'y a pas de réponse unique sur cette question, il y a autant de familles que de liens familiaux différents. La directrice fait, toutefois, un constat intéressant. Les détenus incarcérés pour des accidents de parcours (par exemple, un homicide involontaire) ont des liens familiaux plus importants que ceux qui sont là pour des délits récurrents. Les détenus qui ont commis des faits très graves, mais de manière accidentelle, ont une structure familiale stable, et cette stabilité demeure même pendant l'incarcération. Il y a, ainsi, des logiques socio-économiques fortes.

Pour Élise Dehaudt, cette question est également fondamentale. D'abord parce que l'objet du travail de la PJJ est de maintenir les liens familiaux et de travailler avec les familles. Une fois tous les trimestres l'EPM organise des réunions familles pour expliquer aux familles ce qu'est la détention avec des images concrètes. Même si, selon Élise Dehaudt, les liens familiaux sont les mêmes avant et après l'incarcération et que le rôle des familles est moins déterminant en milieu fermé

---

[1] Solini L., Yeghicheyan J., Mennesson C., (Dir.), *Les déplacés. Portraits de parcours de jeunes sous main de justice*, Nîmes, Ed. du champ social, Colle « Questions de société », 2022.

[2] Entretien avec Souad Benchimoun, Op.cit.

qu'en milieu ouvert, le choc carcéral peut être atténué par ce type d'activité. Faire comprendre aux familles l'objectif et l'organisation de l'EPM est déterminant[1].

Bernard Mauffrey, responsable de l'accueil des familles, a pu décrire le fonctionnement de l'accueil des familles, et la manière dont celles-ci appréhendent l'incarcération de leurs enfants. L'accueil des familles est organisé par le Secours catholique. Il dispose, à l'extérieur de l'établissement, d'un abri famille. C'est une grande pièce, en algéco, avec un bureau pour les responsables et pour les éducateurs quand ils reçoivent les familles. Pour pouvoir ouvrir cet abri, il faut entrer à l'intérieur de la prison pour prendre la clé. Cela démontre un lien important entre le Secours catholique et la prison dans l'accueil des familles. La principale mission de Bernard Mauffrey et de son équipe, est d'accueillir les familles, leur offrir un café, à manger, de discuter et de garder leurs affaires pour qu'ils puissent aller voir leur enfant au parloir. Les bénévoles ne disposent pas de formation particulière. Leur mission vise surtout à apporter du soutien aux familles et de dialoguer avec. Parfois, les familles se confient, parfois elles sont plus distantes. Le passage par la case « accueil des familles » n'est pas obligatoire, mais la quasi-totalité des familles viennent à l'accueil des familles. Les familles sont très habituées à cela. Pour Bernard Mauffrey, les familles sont « déboussolées » lors de leur premier parloir et il est important qu'elles soient accompagnées[2].

Lors de ma visite de l'établissement en avril, j'ai pu me rendre dans la partie parloir pour y voir le fonctionnement. Il s'agit d'une grande salle, large, ouverte, avec de la moquette rouge et des tables conviviales pour accueillir les familles. On est loin de l'idée qu'on peut se faire des parloirs habituellement en prison. Pendant que l'officier m'expliquait le fonctionnement, des familles sont arrivées. Trois jeunes détenus ont fait leur entrée dans le parloir. Chacun s'est installé à une table et ils ont attendu leur famille. On peut noter que ce format de parloir empêche, toutefois, de conserver une intimité dans les discussions. Tout le monde peut entendre ce que se disent les familles, en premier lieu, le surveillant assis juste derrière pour surveiller le lieu.

Pour conclure, on constate que l'EPM de Porcheville est un modèle d'établissement pertinent à étudier au regard des critères du programme Rescaled. Établissement de petite taille, le modèle de l'EPM est novateur dans sa volonté de mettre l'éducatif et l'activité des détenus au cœur du régime de détention. Architecturalement adapté à l'accueil d'un public mineur, l'EPM de Porcheville concentre dans une petite structure des équipements multiples permettant de proposer aux détenus des activités variées. Ce modèle ne doit toutefois pas cacher des imperfections. La montée des logiques sécuritaires, les dysfonctionnements organisationnels (binôme AP-PJJ, absences répétées) et les difficultés de temporalités (courte incarcération des jeunes, incertitudes de la sortie) mettent en lumière des problématiques communes aux établissements pénitentiaires pour adultes. Finalement, on peut se demander si l'incarcération ne concentre pas intrinsèquement des problématiques inévitables.

[1] Entretien avec Elise Dehaudt, Op.cit.

[2] Entretien avec Bernard Mauffrey, Op.cit.

Section 4. La violence en quartier mineurs : économie spatiale et relationnelle d'un lieu sous tension. Monographie du quartier mineurs du Centre pénitentiaire de Grenoble-Varces

(Angélique CORBES, étudiante à Sciences Po Grenoble)

La construction d'une justice dédiée spécifiquement aux mineurs s'est imposée au début du XXe siècle. L'adoption de l'ordonnance du 2 février 1945 entérine l'orientation éducative du traitement judiciaire des mineurs et se base désormais sur une approche collective de la responsabilité de l'acte. L'État se donne la mission de soigner le jeune délinquant, perçu comme le résultat de dysfonctionnements sociaux. Mais récemment, l'Observatoire International des Prisons (OIP) souligne un traitement des mineurs par la justice qui ne serait plus guidé par ce primat éducatif, mais par une « avalanche de lois sécuritaires [1]». Le modèle « réhabilitatif [2]» issu de l'État Providence aurait ainsi progressivement muté en modèle « gestionnaire » avec une approche qu'on pourrait presque qualifier de néo-managériale visant à catégoriser et classifier des individus à risques, constituant un danger pour la société. Ce modèle actuel s'articule entre répression et prévention et répond à des logiques avant tout sécuritaires et punitives, visant à dissuader de récidiver plus qu'à « réhabiliter [3]». Ce changement de paradigme se traduit aujourd'hui par une responsabilisation progressive des mineurs face à la justice. Ce sont des conclusions que le sociologue Nicolas Sallée[4] poursuit en pointant une justice française qui se concentre davantage sur la responsabilité des mineurs, en rupture avec les principes d'une justice protectrice, initiée par l'ordonnance de 1945, ayant pour fondement la notion « d'éducabilité ».

Aujourd'hui, ce retour à l'autorité se traduit de manière plus déguisée dans la création de nouvelles solutions de placement « alternatives à l'incarcération [5]» depuis la fin des années 90. Parmi cet éventail on trouve les Centres éducatifs renforcés (CER) créés en 1999, l'ouverture de Centres de placement immédiat (CPI) en 2001, puis des Centres éducatifs fermés (CEF) et des Établissements pénitentiaires pour mineurs (EPM), dont la création a été prévue dès 2002 (loi Perben I) et en fonctionnement depuis 2007. Ces structures ont toutes pour dénominateur commun le recours à l'enfermement au cœur de la stratégie éducative, le degré le plus élevé résidant dans la forme de l'EPM. La création de

---

[1] Observatoire International des Prisons. *Enfermement des mineurs : l'impasse, oip.org.* https://oip.org/analyse/enfermement-des-mineurs-limpasse/, 11/11/2019.

[2] Garapon A. (1989), *Modèle garantiste et modèle paternaliste dans les systèmes de la justice des mineurs*, Actes, 66, pp. 19-23.

[3] Cauchie J.F., Chantraine G., De l'usage du risque dans le gouvernement du crime. Nouveau prudentialisme et nouvelle pénologie, *Champ Pénal*, 2, 2005.

[4] Sallée N., Les mineurs délinquants sous éducation contrainte, *Déviance et Société*. Médecine et Hygiène, 2014, pp. 77-101.

[5] Sallée N., Les éducateurs de la Protection judiciaire de la jeunesse à l'épreuve de l'évolution du traitement pénal des jeunes délinquants, *Champ pénal*, Vol. VII, 2010, p. 17.

ces établissements répond à l'objectif politique de rompre avec la prise en charge des mineurs dans des quartiers spécifiques en maison d'arrêt. Elle organise la détention autour d'un « partenariat renforcé [1]» entre l'Administration pénitentiaire, l'Éducation nationale, la Protection judiciaire de la Jeunesse et l'hôpital. L'ouverture récente de ces établissements laisse place à un foisonnement de réflexions quant à l'effectivité et l'intérêt de ces structures dans le champ de la recherche. Parallèlement, les questionnements relatifs au fonctionnement des QM restent peu explorés alors que ces structures endossaient initialement la prise en charge des mineurs délinquants dans le milieu pénitentiaire. L'EPM semble constituer un « modèle préférable [2]» pour les mineurs, guidé par la volonté politique de remettre l'éducatif au centre de l'incarcération. Mais on ne peut opposer d'un côté une approche éducative au fonctionnement des EPM et répressive dans le cas des QM. Une prise en charge qui se voulait adaptée au profil des mineurs à bien préexisté à la création des EPM, se basant sur un partenariat, certes plus fragile entre les différentes institutions, mais faisant également se rencontrer l'administration pénitentiaire avec l'éducation nationale et la PJJ. Tout comme les EPM, les QM constituent une réponse pénale visant à la réinsertion des jeunes délinquants. Mais contrairement aux EPM, où il y a une volonté formelle de faire collaborer différentes professions, au travers notamment du tandem surveillant-éducateur, en QM tout repose sur une coordination informelle des « éthos professionnels ». Endosser un rôle et des normes différentes peut donc amener à des situations contradictoires dans une même situation. Ces difficultés sont renforcées par le profil spécifique que constitue l'enfermement d'un mineur. Une fois ces principes posés, comment harmoniser une réponse qui privilégiera l'enjeu sécuritaire chez un surveillant et socio-éducatif chez un éducateur ou scolaire chez un enseignant ? Comment se réarmer et restaurer un public au profil très particulier, parfois imprévisible et violent, au sein d'une structure accueillant des cultures professionnelles qui n'ont pas à remplir les mêmes objectifs ? Comment gérer les situations de conflits et de violences au quotidien, quand éducatif et répressif semblent se concurrencer au point de paraître antagoniques ? Ainsi, les quartiers mineurs semblent être des lieux qui génèrent plus de conflits et de violences qu'ils ne réparent les jeunes. L'enjeu sécuritaire semble primer avant tout, au détriment des conditions de détention du détenu, mais également des relations interprofessionnelles entre les différents corps de métiers en action. En se penchant sur le fonctionnement du quartier mineur de Varces, on observe que des modes de régulations plus informels et moins frontaux, se focalisant davantage sur la gestion des espaces et de relations, permettent de réguler les violences tout en dépassant les contradictions interprofessionnelles.

[1] Chantraine G., Les prisons pour mineurs, *Les Cahiers de la Justice*, n° 3, 2012, pp. 153-164.
[2] Chantraine G., Sallée N., Scheer D., Salle G., Franssen A., Cliquennois G., *Les prisons pour mineurs : controverses sociales, pratiques professionnelles, expériences de réclusion : rapport final,* 2011.

Méthode et terrain

Cette contribution repose en grande partie sur des données empiriques collectées au sein du quartier mineur du centre pénitentiaire de Varces. Elles ont été recueillies au cours de 4 journées d'observation directe. Une bonne part des matériaux récoltés se basent sur 6 entretiens semi-directifs menés avec tous les acteurs professionnels de l'unité. Une autre partie de la réflexion se base sur des observations de terrains au sein des différents espaces du QM : salles de classe, cours de promenade, atelier, « tour de contrôle », salle de pause... Le choix de cet établissement a été majoritairement guidé par sa proximité géographique. Pour complémenter cette base empirique, un corpus issu de la littérature scientifique, recouvrant les domaines sociologiques, juridiques, psychologiques et philosophiques, a été mobilisé. L'enjeu ici est de réintégrer une approche théorique et transversale des différentes professions à l'épreuve de l'économie carcérale et observer quels mécanismes se mettent en place concrètement sur le terrain. Dans le cadre de cette courte monographie sur le quartier mineur de l'établissement de Varces, les noms et prénoms des personnes interviewées ont été modifiés afin de respecter leur anonymat dans un espace clos et restreint ou tout le monde se connaît.

1 Contenir les violences et éduquer : le QM confronté à ses propres contradictions

Avant de pouvoir comprendre quels sont les modes de régulations en QM, il est important d'appréhender la raison d'être de ces lieux d'enfermement pour mineurs, et les problématiques inhérentes qui les constituent. Prenant la forme d'un quartier spécifique au sein de maisons d'arrêt, ces structures sont taxées de regorger de violences de toutes natures. Au QM de Varces, et comme partout, une équipe pluridisciplinaire réunissant plusieurs professions se porte garante de la prise en charge des mineurs. Chacun, guidé par sa culture professionnelle tente de répondre et de faire face aux violences que renferme les QM, dans un espace qui lui-même contraint et génère de la violence. Ainsi, différentes lignes de conduite se rencontrent et rentrent en contradiction, confrontant à la fois enjeux éducatifs et sécuritaires.

1.1 La violence de l'incarcération en quartier mineur

Les premières formes de quartiers réservés aux mineurs apparaissent au cours du XIXe siècle dans l'objectif de mettre fin à une promiscuité mineur/majeur et protéger les plus jeunes d'une « contamination criminelle ». Au cours des différentes réformes légales, il a donc été question de renforcer cette distinction pour éviter de se heurter à l'économie du monde carcéral. Mais enfermer un mineur constitue la sanction la plus forte et la plus violente, qui intervient lorsque toutes les mesures éducatives préalables ont échoué. Cela renvoie, d'une part, à la volonté politique de l'écarter de la société et, en même temps, d'une attente sociale qui veut être protégée d'une prétendue augmentation de la délinquance. La peine de prison matérialise « la punition du délinquant ou du criminel ainsi que la réduction de la menace qu'il représente par sa mise à l'écart de la société [1]». Cette punition passe par la privation de liberté qui, pour le criminologue Dan Kaminski[2], est constitutive de violence. L'enfermement en prison constitue une « violence institutionnelle ». Dépourvu d'action et de parole, un mineur incarcéré est privé des conditions faisant de lui un acteur dans le monde, l'empêchant de faire société. Le QM, dans sa configuration, reproduit ce schéma de la privation d'action et de parole dans l'espace public et satisfait le critère politique d'identification de la violence. La mesure répressive la plus emblématique reste, à cet égard, la détention, puisque la privation de liberté concrétise la punition du délinquant ainsi que sa mise à l'écart. La réaction face au choc carcéral permet de mesurer cette violence liée à l'enfermement qui vient bouleverser « tout ce qui a fait lien à l'autre et mode de vie auparavant [3]». Chez les mineurs et au quartier de Varces ce choc prend plusieurs formes et constitue une période où le détenu est le plus propice à commettre des violences de toutes natures. En général, les violences matérielles sont importantes et le jeune *« retourne tout et casse tout »*. Les violences verbales vis-à-vis des personnels et notamment des surveillants, très récurrentes, sont l'émanation d'une défiance de l'institution.

« Déjà de base ils aiment pas les bleus… et pour nous, au début en tout cas, ils nous voient un peu pareil, ils aiment pas l'institution. […] Donc ouais au début quand je leur disais ''non'' j'me faisais insulter »

Extrait d'entretien avec Francis, surveillant au QM de Varces

En outre, le QM est un lieu qui duplique la structure de ce qu'ont déjà connu ces jeunes, dans le fond et dans la forme : rapport de force, relation de soumission et de domination, dépendance à l'autre[4]. Le QM renvoie à la fois à des souvenirs douloureux où la défiance permet de se protéger, et à la fois un message de relégation et de domination, qui est souvent mal vécu.

« Ici en prison certains n'arrivent à communiquer que par la violence, et les séparations… Alors avec nous ils récréent les mêmes schémas de ruptures qu'ils

[1] Palacio M., *L'enfermement des mineurs : les ressorts de la peur*. Empan, n° 66, 2007, pp. 16-21

[2] Kaminski D., Violence et emprisonnement, *Revue de sciences criminelles et de droit pénal comparé*, 2013, n° 2, pp. 461-474.

[3] Pinpin J., Détenus mineurs : le récit de vie contre la violence orale. *Enfances & Psy*, 2011, 153-168.

[4] Danglot T., Edlestein L., Faujour M., Peyre A. et Philibert A., *Protection judiciaire de la jeunesse : aléas et conséquences de la banalisation de l'enfermement. Journal du droit des jeunes*, 2011, n° 309.

ont vécus toute leur vie… bah en même temps ils ne connaissent quasiment que ça […] dehors personne ne s'occupe d'eux. »

Extrait d'entretien avec Élise, éducatrice PJJ au quartier mineur à Varces

1.2 Un quotidien contraint qui exacerbe les risques d'incident

Les travaux d'Antoinette Chauvenet[1] sur la violence de la peine montrent que les prisons sont des lieux d'exacerbation des violences. Sous la même forme qu'une micro-prison, le QM entretient un climat de tension et de défiance des détenus vis-à-vis du reste du personnel, et cela pour répondre à un double objectif de mise à distance et d'exclusion social, lorsque le jeune détenu est perçu comme une menace pour l'ordre public et la société. La prison doit également répondre à l'objectif de « pérennité de la structure [2]», c'est-à-dire contenir tout évènement qui ne permettrait pas le bon fonctionnement de l'institution. Pour cela un ensemble d'instruments répondants à une logique sécuritaire sont déployés : les murs, les sas, les clés, les grilles et barbelés ou encore les caméras de vidéo-surveillance. Ces différents dispositifs, dits de sécurité passive, constituent autant de symboles qui rappellent au détenu qu'il est dangereux et représente une menace. Ils sont l'incarnation matérielle d'un fonctionnement unilatéral en milieu fermé. Les relations sont déséquilibrées entre les personnels et les détenus. Ce rapport de domination couplé à la condition d'adolescent décuple les risques d'incidents et de violence.

« Avant d'être des délinquants c'est des ados […] et l'enfermement multiplie par dix les tensions… Quand t'es ado tu claques la porte et tu t'en vas, mais là tu peux pas t'en aller donc pour eux c'est insupportable. Et du coup quand tu pètes un plomb si tu peux pas t'en aller bah tu pètes tout »

Extrait d'entretien avec Marc, éducateur PJJ au QM de Varces

À la fois les conditions particulières de l'enfermement et les profils très spécifiques des détenus mineurs font du QM de Varces, un espace réunissant et décuplant les violences. La prise en charge pluridisciplinaire de ce public vient rajouter son lot de contradiction et de discours parfois dissonants au sein de la structure.

---

[1] Chauvenet A., Orlic F., Rostaing C., *La violence carcérale en question*, Le lien social, PUF, 2008.

[2] Degros A., *La violence en prisons. À la recherche des modes de régulation* [Mémoire]. ENAP, 2013, p.13.

Surveillant, éducateur, enseignants : une prise en charge passant par des éthos professionnels divergents

Au QM de Varces, chaque professionnel tient un rôle bien spécifique, soumis aux mêmes contraintes liées à l'enfermement, affectant différemment leurs pratiques. Les approches de chacun ne sont pas hermétiques et les discours et pratiques sont amenés à se croiser tout au long de l'incarcération des jeunes détenus. Les surveillants ont une obligation de résultat sur le plan sécuritaire tandis que les éducateurs et enseignants doivent répondre à des enjeux plus diffus sur l'accompagnement et la construction d'une trajectoire de sortie et de réinsertion pour le jeune.

Les pratiques du surveillant se caractérisent par une relation avec les détenus au service de l'enjeu sécuritaire. Les compétences relationnelles des surveillants revêtent principalement deux formes pour endiguer des violences potentielles. D'une part la stratégie du « donnant-donnant », elle permet de créer de l'ordre et de réguler les violences dans un cadre moins règlementaire. Cela passe par des « micro-sanctions positives ou négatives » à l'encontre des jeunes et construit une forme de réciprocité dans la relation surveillant-détenu. Les surveillants du QM de Varces soulignent l'importance d'une relation de respect mutuel allant dans les deux sens pour gérer leur unité.

« Ici les jeunes s'adaptent à nous et on s'adapte à eux. Ils savent très bien à quel surveillant demander quoi »

Extrait d'entretien avec Gaëtan, surveillant au QM de Varces

La mise en œuvre de ces compétences relationnelles variées crée une forme de complicité entre les mineurs et les surveillants. La mission sécuritaire, visant à préserver un certain ordre au sein du QM et se prémunir d'attaques physiques ou verbales, passe principalement par la construction d'une relation au service des détenus.

La mission de l'éducateur se distingue radicalement du rôle sécuritaire du surveillant et se donne la mission de fournir une aide contrainte. L'éducateur est guidé par l'objectif « d'accompagner, protéger, aider les jeunes en difficulté [1]». De manière générale, la mission éducative d'accompagnement des éducateurs fait référence à des enjeux plus flous qui impliquent un sens de la relation moins contraignant qu'un surveillant à l'encontre d'un détenu. À Varces, les seules violences auxquelles sont confrontés les éducateurs sont d'ordre verbal.

« J'ai jamais eu affaire à des violences physiques de la part d'un jeune contrairement aux surveillants chez qui c'est beaucoup plus fréquent. Mais on

[1] Berkaoui A. et Durand M.-P., Face à la violence. Quelles réponses en formation ?, *Les Cahiers Dynamiques*, 2014, n° 60, pp. 112-122.

n'a pas le même rôle [...] Nous on est leur porte de sortie. S'ils se mettent dos à nous ils n'ont plus personne »

Extrait d'entretien avec Marc, éducateur PJJ au QM de Varces

Sur le même modèle que les éducateurs, les enseignants fournissent une « motivation contrainte » et se donnent pour objectif de susciter l'envie de raccrocher avec un parcours scolaire, une formation ou toute chose qui ont un sens pour le jeune et sa réinsertion. Les difficultés liées à l'enfermement mettent l'enseignant dans une posture de « faire-avec [1]» : s'adapter et créer du lien selon les particularités de chaque détenu et ce qu'ils veulent donner. En cela leur encrage éducatif est proche de celui des éducateurs. Au-delà de cet accompagnement, le scolaire donne aussi un cadre et un rythme de vie.

« On leur permet d'avoir un rythme de vie sain car le matin ils sont obligés de se lever avant 8 heures pour aller en cours. Et du coup la télé est éteinte à 23 heures la veille. Puis ça les occupe, ça les faits sortir »

Extrait d'entretien avec Valérie, enseignante au QM de Varces

L'enseignant opère dans un espace clos face à des groupes de 2 à 5 jeunes. Les effets et dynamiques de groupe révèlent non seulement une forme de défiance et de provocations vis-à-vis de l'enseignant mais aussi des rivalités sous le ton de la moquerie entre les détenus.

2 Une approche pluridisciplinaire qui nécessite un équilibre entre éducatif et sécuritaire

Chacune de ces cultures professionnelles est mise au défi des comportements transgressifs des détenus, verbaux ou physiques. Face à cela, le rôle, les normes et les valeurs des différentes professions guident les lignes de conduite. Chacun est situé dans un champ moral qui vise à remplir des objectifs spécifiques. Pour l'équipe pluridisciplinaire évoluant en QM, le défi est double. D'une part, il faut surmonter les contradictions internes à la relation personnel/détenu. D'autre part, les personnels entre eux sont eux-mêmes confrontés aux contradictions que revêtent leurs différentes formations professionnelles.

2.1 Des pratiques professionnelles aux objectifs parfois contradictoires

Surveillants, enseignants, éducateurs interagissent constamment avec des détenus. Au QM, ce sont donc les personnes en première ligne s'il y a un incident. Évoluant pourtant dans un même univers pénitentiaire, l'exercice de ces différentes professions produit des logiques différentes. Les tensions quotidiennes que suscitent

[1] Casanova R., Faire avec… vers un ancrage pédagogique, *Les cahiers dynamiques*, n° 42, 2008, pp. 30-34.

les injonctions contradictoires faites aux lieux d'enfermement et aux agents qui y travaillent sont une difficulté supplémentaire qui ne facilite pas la régulation des violences. La loi pénitentiaire du 24 novembre 2009 dispose que les surveillants veillent à « l'intégrité physique des personnes privées de liberté et participent à l'individualisation de leur peine ainsi qu'à leur réinsertion ». Ils doivent remplir à la fois une mission de maintien de l'ordre sécuritaire et une mission sociale de réinsertion. Mais ces principes semblent antagonistes, et chez les surveillants « la réinsertion est renvoyée au social par opposition au maintien de l'ordre et de la sécurité[1]». Le social en QM se traduit par la mission éducative des éducateurs et des enseignants consistant à accompagner dans un processus de réinsertion. Entre les deux groupes qui se forment, le degré d'importance accordé au sécuritaire et à l'éducatif n'est pas le même. S'accorder pour savoir où mettre la priorité peut créer des tensions. D'autre part, les travaux de Guillaume Malochet[2] démontrent que la discipline que l'institution souhaite promouvoir à travers le règlement intérieur se révèle impossible à mettre en œuvre, tant elle contredit les ajustements entre individus que nécessite toute vie sociale. Dès lors on comprend que les contradictions et les dilemmes liés aux professions préexistent à la fonction en elle-même. Ensuite, les grilles d'interprétations des règlements dépendent en partie d'un éthos professionnel particulier mais aussi de la personnalité et de la mission qu'on se donne. Les surveillants du QM de Varces cherchent à se distinguer dans leur répertoire moral d'action par rapport à leurs collègues au majeur.

« Si c'est un surveillant du quartier majeur qui intervient, c'est que des emmerdes... parce qu'ils ont pas le lien que nous on a avec eux. Y'en a qui sont beaucoup trop autoritaires »

Extrait d'entretien avec Gaëtan, surveillant au QM de Varces

D'un autre côté, l'histoire de la PJJ (anciennement « Éducation surveillée ») et du métier d'éducateur naît d'une contradiction et d'une volonté d'émancipation de la tutelle de l'administration pénitentiaire. Gilles Chantraine et Nicolas Sallée expliquent que l'identité de l'éducateur PJJ s'est construite « sur le fondement d'une opposition » avec l'idée que dans le cadre de leurs missions, l'action éducative nécessite du temps et des zones de libertés qui ne semblent pas conciliables avec le milieu fermé. Les éducateurs ont tendance à le souligner au QM de Varces.

« L'administration pénitentiaire c'est du frontal... s'il y a un détenu qui déconne y'a des agents qui pourraient se dire ''on va le faire couiner'', ''on va lui faire comprendre''. C'est discutable et discuté ici... »

Extrait d'entretien avec Marc, éducateur au QM de Varces

---

[1] Malochet G., Les surveillants de prison : marges du travail, travail sur les marges, *Idées économiques et sociales*, 2009, n° 158, pp. 42-49.

[2] Ibid.

2.2 « Le primat de la sécurité à la discipline carcérale [1]»

Ces contradictions dans les objectifs amènent donc à des contradictions dans les pratiques. Pour tenter de répondre à une même situation, le surveillant ne mobilisera par le même registre moral que celui d'un enseignant. L'un sera guidé par la mission sécuritaire et une nécessité de rester assez ferme et l'autre plutôt sur de la pédagogie et de l'éducatif. Ces contradictions apparaissent d'autant plus floues que théoriquement elles ne sont pas censées exister puisque toutes les professions doivent répondre à l'objectif commun de « réinsertion ». Mais l'autonomie contestée des professions annexes à l'administration pénitentiaire tend à favoriser une domination de l'enjeu sécuritaire et répressif sur l'éducatif. Les tentatives croisées des surveillants, enseignants et éducateurs pour donner un sens à leur intervention ouvrent des zones de controverses sur les conceptions et la mise en œuvre de la sécurité au sein de l'établissement. L'ordre passe davantage par des « mesures » ou des « sanctions » dites éducatives déterminées par l'administration pénitentiaire dont la nature passe en général par la privation (de temps collectifs, de télé, etc.). En QM, il ne reste plus qu'à « faire avec » la primauté de cette logique sécuritaire, voire à en légitimer rétroactivement le bien-fondé. Des propositions alternatives mais avortées car s'éloignant trop du primat sécuritaire, sont pourtant considérées par les autres agents.

« Ici dès qu'il peut y avoir une tension ça sépare : pour les promenades dès qu'on sent que ça peut ne pas passer entre deux détenus on fait tout pour qu'ils aient plus à se recroiser. Mais moi parfois j'aimerais bien essayer de voir si on les laisse tous en groupe… je pense que les effets de groupes permettent aussi de créer de la tolérance. Mais je sais aussi que c'est pas possible ici. Ça foutrait trop le bazar pour les surveillants ».

Marc, éducateur PJJ au QM de Varces

Le fonctionnement interne au QM est soumis à des contradictions et des hybridations professionnelles, qui complexifient les rapports au sein de la prison et la manière de traiter d'une même situation. Le QM de Varces n'échappe pas à cette ambivalence entre sécuritaire et éducatif dans les traitements des conflits et des incidents. Pour assurer une prise en charge adaptée et individualisée auprès du public spécifique « mineur », le travail de partenariat entre surveillant, enseignant et éducateur est nécessaire. Soumises à des contradictions, ces professions parviennent à trouver des moyens de s'imbriquer et s'harmoniser pour dépasser ces dysfonctionnements. Comment sur le terrain, un lieu d'enfermement comme le quartier mineur de Varces, réunissant des cultures professionnelles divergentes, parvient à surmonter ses contradictions et répondre à l'objectif d'une « double sécurité [2]» que se donne l'AP : sécurité de la société en luttant contre la récidive

[1] Chantraine G. et Sallée N., Op.cit.

[2] Ministère de la Justice. L'administration pénitentiaire en France.

et sécurité des détenus en veillant à leur respect ? Différents outils et mécanismes, formels comme informels, opèrent au sein du QM de Varces, visant à réguler les violences et les tensions dans l'objectif d'assurer sa mission ».

3 Surmonter les contradictions : particularisme architectural et gestion des espaces visant à prévenir du risque de violence

En prison, la gestion des espaces permet déjà de se prémunir des violences bien qu'elle n'en soit pas l'unique déterminant. Une des spécificités du QM de Varces et des quartiers mineurs en général se traduit dans le fait qu'ils constituent une forme de micro-prison à part entière où sont rassemblés tous les services. Les espaces où évoluent les détenus (cellule, cours de promenade, couloirs) sont agencés et utilisés dans une fonction bien précise de régulation des violences. Tous les bureaux se trouvent dans le secteur du QM et pour les quelques professions dont ce n'est pas le cas (santé) ces services se rendent sur place et pas l'inverse. Cette gestion centralisée des espaces est un mode de régulation important qui semble faciliter le champ d'action des différentes professions.

3.1 Des espaces qui créent une intentionnalité

L'établissement pénitentiaire de Varces est entré en service dans les années 70 et répond à une architecture ancienne, où l'ensemble des quartiers sont rassemblés dans un même bâtiment sur 5 étages. Le quartier mineur, quant à lui, a été construit dans l'enceinte en 2005 et est donc beaucoup plus récent. Les travaux de Michel Lussault montrent que la configuration des espaces « procède d'une intentionnalité et vise à produire des effets de régulation du champ social et politique [1]». L'histoire de l'architecture[2] en prison comme reflet des politiques carcérales montre que les prisons s'inscrivent dans une volonté de préserver l'isolement et la division interne entre les détenus en se quadrillant via différents quartiers : mineur, arrivant, disciplinaire, etc. Le quartier mineur de Varces vise à séparer les mineurs des majeurs et les mineurs entre eux pour éviter toute « contamination morale [3]». L'encellulement individuel constitue l'instrument de séparation le plus démonstratif et fonctionnel mais tout un ensemble de dispositifs plus imperceptibles s'inscrivent dans ce même objectif. Au sein même du quartier, les espaces dédiés aux détenus et aux personnels sont également disposés et agencés dans l'optique de répondre à une fonction précise et participent à la « rationalisation et à une gestion pragmatique de la vie quotidienne [4]». Au quartier

---

https://www.justice.gouv.fr/art_pix/administration_penitentiaire_en_france.pdf.

[1] Lussault M., *L'homme spatial. La construction sociale de l'espace humain*, Le Seuil, 2007.

[2] Demonchy C. *11. L'architecture des prisons modèles françaises*, Presses de Sciences Po, 2004, pp. 269-293.

[3] Ibid.

[4] Solini, L., Op.cit.

mineur, les espaces ont une fonction certes, mais ne prédéterminent pas toutes les actions des détenus. Le fait d'évoluer dans différents espaces produit des rencontres et de l'interaction. Au quartier mineur, l'objectif est justement de limiter l'interaction, de quelque nature qu'elle soit car elle représente systématiquement la genèse d'un potentiel conflit. L'intentionnalité créée par les différents espaces repose aussi sur le fait de ne pas les côtoyer et réduire le mouvement des détenus au strict minimum. C'est la politique commune à tous les quartiers mineurs, qui se caractérise par un certain immobilisme au quotidien.

3.2 Isoler et distancier les détenus pour ne pas créer l'opportunité

L'essentiel des espaces de détention en quartier mineur ont pour fonction de se prémunir et de limiter un maximum les interactions, pouvant être à l'origine de tensions avec d'autres détenus ou avec le personnel. La gestion des espaces repose essentiellement sur deux modes de régulation : limiter au maximum les mouvements et préserver une distanciation entre les individus. Les méthodes de distanciation et de limitation prennent différentes formes et visent différents publics. La distanciation entre détenus se traduit déjà par une séparation en différents groupes. L'ensemble des personnels discutent et constituent des groupes séparés de détenus en Commission Pluridisciplinaire Unique[1] (CPU) afin de limiter les contacts entre les profils les plus virulents. Les critères d'affinité et la « personnalité » du détenu orientent la composition des groupes de jeunes, amenés à se réunir de manière occasionnelle : cours, ateliers, promenade.

« La séparation permet d'éviter que la confrontation verbale devienne physique. Alors dès qu'on sent une tension entre deux détenus on les sépare et on réforme des groupes »

Extrait d'entretien avec Samir, surveillant au QM de Varces

La mise à distance entre mineurs et majeurs incarcérés répond à la crainte d'une porosité qui influence le comportement des jeunes et tendrait vers plus de violence. Pour garantir cette distinction spatiale entre les deux, l'ensemble des services est sur place, dans l'unité mineurs. Les quelques services n'ayant été délocalisés, comme les infirmières et les psychologues, se déplacent directement au QM. La cour de promenade ne donne sur aucun espace de détention majeur et limite drastiquement les risques de projections ou d'interpellations entre mineurs et majeurs. La distanciation entre détenus et surveillants passe notamment par l'utilisation de la vidéosurveillance. Les surveillants passent la majeure partie de leur temps dans le « mirador » de surveillance où les différentes caméras disposées au sein des espaces permettent d'observer à distance les détenus. En

[1] Instituée par l'article D.514 du Code de procédure pénale, la CPU est une commission réunissant chaque semaine l'équipe pluridisciplinaire avec des représentants des différents services, afin d'assurer leur collaboration ainsi que le suivi individuel de chaque mineur détenu.

cours de promenade, le surveillant n'est jamais présent physiquement. Cette distance permet de limiter d'éventuelles provocations à son encontre et de protéger son intégrité physique. Les métiers d'éducateurs et d'enseignants ne sont pas soumis à cette même mise à distance, de par leur rôle éducatif, qui repose essentiellement sur des interactions. La disposition des cellules a pour but d'isoler mais constitue aussi un gage d'intimité pour les mineurs. Contrairement à certains établissements où elles se font face, à Varces, les cellules et les fenêtres donnent sur l'extérieur et seul l'œilleton réglementaire donne sur le couloir. En somme, les espaces de détentions sont prévus pour réduire au maximum la cohabition de plusieurs personnes dans un même espace. La gestion de ceux-ci repose sur la distanciation et l'isolement qui créent des effets de ségrégation. Celle-ci « prive le détenu d'espace et de temps, les deux dimensions qui permettent de trouver sa place en société [1]». La gestion est toute autre concernant les espaces des personnels.

3.3 Une configuration des espaces des personnels au service de la circulation informelle des informations

Contrairement aux espaces de détentions, les locaux dédiés au personnel favorisent la fluidité des interactions et des rencontres. Dans le cadre des relations interprofessionnelles, le manque de communication est générateur de conflits. La disposition en rotonde au QM de Varces favorise un partage fluide de l'information au sein d'un sas qui réunit les entrées de tous les bureaux et où il est nécessaire de passer pour accéder à la salle de pause. Les trajets pour se rendent d'un point A à un point B sont autant d'occasions pour les agents de se rencontrer et discuter. Cette structure en rotonde crée un espace de convivialité où les professions échangent sur des sujets anecdotiques mais également sur des informations relatives à la détention.

[1] Milhaud O. *« La prison est une peine géographique, Société de géographie »*. https://socgeo.com/2017/04/25/olivier-milhaud-en-prison-les-distances-ne-sont-pas-que-kilometriques/, 11 janvier 2018.

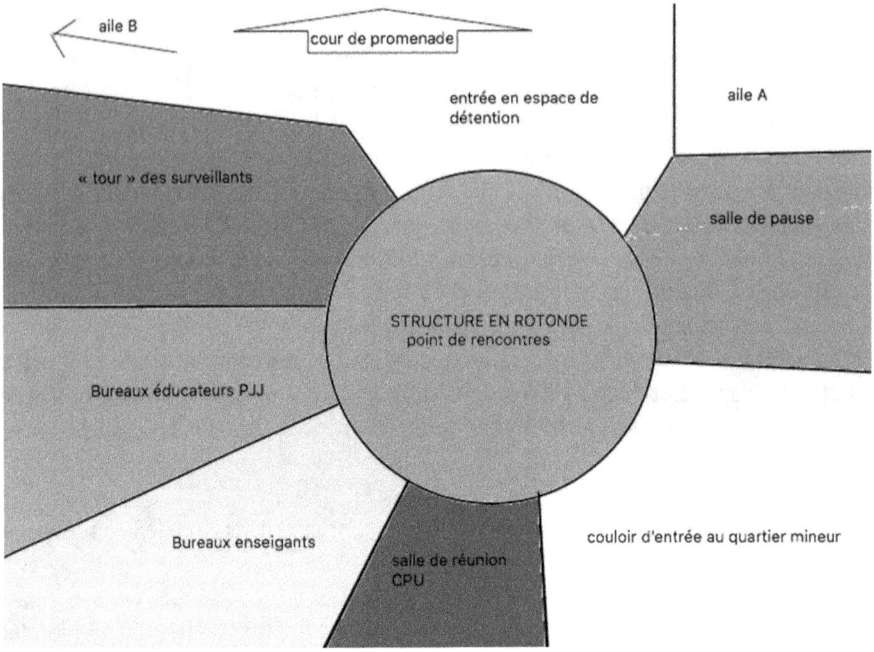

Figure 1. Structure en rotonde du QM de Varces

Ces lieux d'échanges et de rencontre permettent de décloisonner les relations et favorisent le partage de l'information. Souvent, qu'il s'agisse des surveillants, des enseignantes ou des éducateurs, la pause-café ou la pause du midi est l'occasion de « débriefer » sur les événements de la matinée ou partager une situation ou un évènement préoccupant. Les réunions informelles créent par ces espaces ont un rôle que le personnel juge plus efficace et immédiat dans l'échange d'information que les CPU.

« L'agencement et la disposition des locaux font que nos bureaux sont très rapprochés. Ça nous permet de communiquer. Et en général les comptes-rendus sur le comportent des jeunes durant la journée se font autour d'un café ou de trucs comme ça. Mais quand je bossais à Villepinte c'était pas du tout comme ça. Chaque service restait cloisonné dans son bureau et on se croisait à peine... y'avait zéro communication entre nous. »

Extrait d'entretien avec Élise, éducatrice au QM de Varces

Ces échanges garantissent un suivi de terrain, permettant d'être constamment au fait de la situation personnelle des détenus. Cela permet d'adapter et individualiser selon les besoins du jeune sa prise en charge et de réduire les tensions. À titre d'exemple, les agents se tiennent au courant des échéances stressantes pour le jeune (notamment rendez-vous avec le juge) afin de prendre en compte une gestion de la pression que cela représente et des émotions, se traduisant parfois par de l'agressivité. Ainsi, les espaces dédiés au personnel à Varces sont des espaces d'échanges informels qui créent de la réflexion entre les différentes professions sur les réponses à apporter face à des situations de conflit.

La gestion et la configuration des espaces en QM constituent un outil permettant de se prémunir des violences. Mais la santé des relations entretenues entre agents ainsi qu'entre agents et détenus est un autre moyen de les réguler. Des relations saines et stables garantissent un cadre rassurant pour tous et permettent de s'épargner au maximum des situations conflictuelles. Pour que la réponse soit effective, elle doit être harmonisée, car elle évite la confusion. Au QM de Varces, le relationnel guide les pratiques et les homogénéise.

4 Place du relationnel et homogénéisation dans la prévention des violences

4.1 Proximité et stabilité relationnelle : gage de complémentarité entre les agents

La proximité géographique des bureaux du QM de Varces se traduit dans les rapports que les agents entretiennent entre eux. Au-delà de ça, des facteurs propres à la gestion RH favorisent une harmonisation et une bonne coordination entre les services, notamment concernant le recrutement des surveillants. Au QM, les offres de postes surveillant sont « profilées ». Les candidats doivent répondre à certains critères pédagogiques dans les conduites vis-à-vis des détenus, plus exigeants que chez les majeurs. La stabilité dans les postes, avec peu de « turn over » permet de construire des relations solides et favorise une bonne transmission des savoirs entre anciens et nouveaux. Mais également le fait d'être une petite équipe d'à peine 10 personnes facilite les rapports, et à Varces *« tout le monde se connaît »*. Ces facteurs ont permis de tisser des relations professionnelles solides. Cette proximité et connaissance du caractère de chacun favorisent le sentiment d'esprit d'équipe et les agents n'hésitent pas à s'appuyer sur les autres dans le cadre de leurs missions.

« Tout est dans le caractère. Ici y'a un vrai esprit d'équipe, ici y'a pas d'histoire de hiérarchie. On prend en compte la vision de chacun, on demande l'avis de l'autre. Il y a une vraie réflexion collective sur la gestion de la détention des jeunes. Si quelqu'un reste dans son domaine de compétence, on perd quelque chose je pense »

Extrait d'entretien avec Marc, éducateur au QM de Varces

À Varces, chacun a conscience qu'une bonne connaissance de soi et des autres est une force pour évoluer en QM. Elle crée de la confiance et de la transparence. Le personnel issu de différentes formations, avec son propre regard et son expertise, est un gage de complémentarité pour faire face à des situations tendues.

Il est arrivé que l'on demande à un éducateur d'intervenir par la discussion pour calmer un détenu en crise dans sa cellule, plutôt que de faire appel directement aux équipes d'interventions, aux méthodes plus physiques. Une désescalade des tensions sans passer par la force a été permise car le personnel se connaît, connaît les détenus et se permet parfois de sortir de son rôle prédéfini, en s'apportant une assistance mutuelle dans les réponses face à certains incidents. L'appréciation de chacun peut être prise en compte, grâce à une confiance d'équipe qui permet de désamorcer certaines situations. Le personnel de Varces en a conscience et s'en sent privilégié.

4.2 Un phénomène de convergence des pratiques et des discours pour surpasser les contradictions internes

Des facteurs relationnels et RH font qu'à Varces, la complémentarité entre les services a aussi permis une forme de convergence des pratiques. Le mode de recrutement des surveillants s'appuie non seulement sur des critères du point de vue de l'AP mais se base sur le volontariat. Les surveillants de Varces, d'eux-mêmes, ont une appétence et la volonté de donner un sens plus éducatif à leur profession. Aspirant à cette même volonté d'aider *« ceux pour qui on peut encore faire quelque chose »*, les valeurs professionnelles et les pratiques convergent. Travaillant en lien avec des métiers du social et de l'éducation, s'appuyant principalement sur du dialogue, les surveillants est forcément sollicité et emporté dans le les échanges. Il y a le sentiment que le fait que des institutions extérieures telles que la PJJ et l'Éducation nationale aient investi les lieux pénitentiaires a permis de réintégrer des pratiques, avec un encrage pédagogique éducatif et non pas disciplinaire et ont impulsé une approche plus adaptée et individualisée. Il y a, par ailleurs, une volonté de ne pas créer de déséquilibre entre les professions pour qu'aucune ne soit lésée et ait le bon ou le mauvais rôle. L'importance du discours et d'une conduite claire et cohérente vis-à-vis du jeune est portée par toute l'équipe.

« Il faut être fiable et avoir ligne de conduite claire avec eux, si on est cohérent sa donne la possibilité de construire quelque chose avec eux et éviter d'être constamment dans l'affront »

Extrait d'entretien avec Samir, surveillant au QM de Varces

Les limites dans la ligne de conduite se font toutefois à l'appréciation de chacun. Certains peuvent être très réceptifs à l'affection démonstrative de certains jeunes car *« c'est encore des bébés »*. D'autres sont plus préoccupés par le risque de corruption ou le sentiment de perdre un cadre qui donne des repères et permet de gérer son groupe.

« À l'ENAP ils nous ont appris une chose importante : faut garder une bonne de ligne de conduite. Ça commence par jamais accepter un café que t'offre un détenu et toujours vouvoyer les détenus [...] Bon ici tu les tutoies parce qu'ils sont jeunes. Mais si tu commences à tout accepter, à t'ouvrir à eux, ils connaissent tes failles et c'est là que commence la corruption. C'est des métiers où il faut de la discrétion »

Extrait d'entretien avec Samir, surveillant au QM de Varces

4.3 L'importance donnée à la sécurité dynamique en réponse aux tensions avec les détenus

À Varces, la convergence des discours et des pratiques avec un ancrage pédagogique favorise une gestion des violences basée sur la communication et le dialogue. Un dénominateur commun à toutes les professions : c'est la volonté d'accompagner le jeune détenu dans sa construction, de prend en compte sa personnalité et de préserver au maximum une relation saine. Au QM de Varces, même les surveillants ont conscience que l'impératif sécuritaire visant à formaliser et distancier les relations n'est pas une solution toujours adaptée. L'économie relationnelle entre personnel et détenu vise à instaurer une « socialisation ordinaire [1]». Ce mode de fonctionnement, plus informel, s'inscrit dans un processus de « normalisation carcérale » qui vise un rapprochement des conditions de vie en prison avec celles à l'extérieur. Elle recouvre deux dimensions : d'une part une approche individuelle des détenus considérés comme détenteurs de droits et d'autre part une approche collective qui vise à l'octroi de services qui puissent se rapprocher de ceux offerts en milieu ouverts[2]. La mise en œuvre concrète de cette normalisation des relations carcérales passe par la gestion d'un QM qui repose en partie et de manière unifiée sur de la sécurité dynamique. On peut la définir comme la volonté de créer une relation positive entre personnel et détenu. Elle constitue levier essentiel dans le dépassement des conflits. Cette volonté de toujours maintenir ou améliorer les relations vise à optimiser la sécurité interne au sein de l'établissement et réguler les violences. Pour cela, le personnel s'appuie souvent sur sa propre méthode, dont la mise en place varie selon les formations et les tempéraments, et qui se construit au fil de l'expérience.

« Ça peut mettre du temps avant de gagner la confiance et nous même d'être à l'aise avec les détenus. Au début je gardais une posture sur la défensive et je les vouvoyais mettre de la distance. Puis je me suis aperçu qu'à chaque fois au bout

[1] Icard V., Vers une conciliation entre sécurité et droit en prison ? Questionner la sécurité dynamique, *Déviance et Société*, n° 4, 2016, pp. 433-456.

[2] Snacken S., *« Normalisation » dans les prisons : concept et défis. L'exemple de l'Avant-projet de loi pénitentiaire belge, in* De Schutter O., Kaminski D. (dir.), *L'institution du droit pénitentiaire. Enjeux de la reconnaissance des droits des détenus*, Paris/Bruxelles, LGDJ/Bruylant, 2002, pp. 133-152.

de 2/3 phrases j'arrivais pas. Peu à peu on trouve sa méthode et sa manière de fonctionner »

Extrait d'entretien avec Marc, éducateur au QM de Varces

« Ceux qui sont trop rigides et trop autoritaires ils restent pas longtemps, il faut avoir une certaine fibre avec les détenus sinon c'est un calvaire »

Extrait d'entretien avec Gaëtan, surveillant au QM de Varces

« Ça va faire un an que je travaille avec eux à Varces et je découvre encore des choses sur comment gérer avec eux quand ils sont en groupes. Ça change de certains publics donc faut adapter sa manière de travailler avec eux. »

Extrait d'entretien avec Valérie, enseignante au QM de Varces

La place importante accordée à la sécurité dynamique au QM de Varces induit une faible sollicitation des équipes d'interventions ELSP[1]. Il y a une volonté de préserver l'atout que présente le fait de suivre et accompagner les détenus pour tenter de gérer un incident plutôt que de faire appel à un corps qui n'a aucun lien direct avec les mineurs et qui fait appel à des méthodes par la force plus contraignante, souvent gages de violence supplémentaire. En cela, les équipes vont favoriser tous les recours alternatifs à l'appel de ces forces. L'appréciation des situations conflictuelles du personnel au QM de Varces converge vers une désescalade par le dialogue, rendu possible par tout le travail préalable de « normalisation des relations ». Celle-ci est déjà inhérente à la fonction d'éducateur. Pour les enseignants, elle tend vers une approche d'adaptation au public. Elle peut paraître plus contre-intuitive chez les surveillants, mais c'est souvent la voie privilégiée.

Conclusion

Face aux enjeux à la fois éducatifs et sécuritaires, répondre à la violence en quartier mineurs est un défi de taille et les observations à Varces tendent vers des résultats ambivalents. Les contradictions entre les professions semblent à la fois inévitables mais parviennent à être surpassées par des moyens informels laissant une grande place aux facteurs relationnels et spatiaux. Les relations interprofessionnelles et interpersonnelles au sein de l'équipe permettent de se prémunir de tensions internes qui pourraient déteindre la gestion de la détention. On peut estimer que les professions s'influencent entre elles par le principe de vases communicants. Elles partagent tout un fonctionnement reposant la sécurité dynamique qui vise à normaliser les interactions avec les détenus et se prémunir de comportements transgressifs. Mais lorsqu'ils n'ont pu être évités, la réponse prend généralement une tournure beaucoup plus formelle, respectant le mode

[1] Les Équipes locales de sécurité pénitentiaires (ELSP) ont pour fonction la garantie de la sécurité extérieure et intérieure dans l'établissement.

opératoire préconisé par l'établissement. Dès lors, l'administration pénitentiaire reprend du terrain et laisse peu de place aux autres institutions en jeu.

Le travail de terrain au QM de Varces permet de constater que la réponse face aux violences en prison est complexe nécessite d'être traité au cas par cas. Le bon fonctionnement d'établissement dépend de facteurs autres que structurels et institutionnels. L'organisation interne et informelle, qui dépend des tempéraments de chacun ainsi que la gestion des espaces à une emprise bien plus importante dans la gestion des violences des mineurs incarcérés. Ce travail représente une fraction de ce que peut représenter la gestion des conflits et des violences au quotidien en quartier mineur. Bien qu'il entame une volonté de traiter de la gestion d'une détention dans une visée transversale et pluridisciplinaire, le temps imparti pour cette observation et le nombre limité d'entretiens laisserait place à un approfondissement et à plus de détail sur ce travail de terrain.

Chapitre III
Petits établissements et structures de semi-liberté : des laboratoires pour de nouvelles expériences ?

Section 1. Centres et quartiers de semi-liberté

A. Le Centre de semi-liberté de Lyon : une structure sous-investie à redynamiser

(Marie ANTONELLI, étudiante à Sciences Po Grenoble, spécialité Gouvenance européenne, et à l'Université Paris-Cité, Master Droit de la santé)

Dès 1945, la règle 8 des principes de la réforme pénitentiaire pose, à titre expérimental, la semi-liberté[1]. Comme résumé par Pierrette Poncela et Christina Medici dans leur article "La semi-liberté"[2], cette mesure est ensuite consacrée par par le Code pénal en 1958 qui pose la semi-liberté comme l'exécution classique d'une peine de trois ans maximum. Ce reste de peine à effectuer sera ensuite réduit à un an en 1972, sauf quelques exceptions. L'objectif est, dès le début, d'épargner l'incarcération aux personnes condamnées à de courtes peines et de transiter vers le retour à la liberté pour les autres détenus. Historiquement, la semi-liberté est peu utilisée avant les années 1970, puisque les établissements pénitentiaires ne sont pas équipés de quartiers de semi-liberté (QSL), que l'opinion publique tend plutôt vers des condamnations plus fortes symboliquement et que d'autres aménagements de peine ont été développés. Au fur et à mesure, l'octroi de la semi-liberté s'est élargi à diverses situations, notamment après la loi du 17 juillet 1970[3], la loi du 30 décembre 1985[4] et le décret du 6 août 1985[5].

Les centres de semi-liberté (CSL) et les quartiers de semi-liberté (QSL) sont des établissements pénitentiaires accueillant des individus après leur condamnation par le juge d'application des peines (JAP) à une mesure de semi-liberté. Le but poursuivi par la mise en place d'une telle modalité d'exécution de peine est de permettre la réinsertion sociale du détenu, ainsi que de le conditionner à sa sortie prochaine. La semi-liberté est une mesure tournée vers l'extérieur. Se rapprochant d'une plus grande liberté par rapport aux prisons, le semi-libre doit rentrer, en général, chaque soir ou chaque fin de semaine pour le week-end.

---

1 Pinatel J., "Chronique pénitentiaire", *Revue de science criminelle et droit pénal comparé*, 1946, p. 142-143.

2 Poncela P. et Medici C., « La semi-liberté ». *Revue de science criminelle et de droit pénal comparé,* vol. 1, n° 1, 2011, p. 153-64. *www.cairn.info*, https://www.cairn.info/revue-de-science-criminelle-et-de-droit-penal-compare-2011-1-page-153.html.

3 https://www.legifrance.gouv.fr/loda/id/JORFTEXT000000693897.

4 https://www.legifrance.gouv.fr/jorf/id/JORFTEXT000000878231/.

5 https://www.legifrance.gouv.fr/jorf/id/JORFTEXT000000871312/.

D'après l'article 132-26 du Code pénal[1], la semi-liberté permet au détenu de rechercher, de commencer ou de poursuivre une activité professionnelle, de faire des études, de réaliser un stage, une formation ou de suivre un traitement, ou encore de participer à la vie de famille. L'objectif est donc la réinsertion de la personne condamnée dans la société.

Depuis la loi pénitentiaire du 24 novembre 2009[2], la situation de chaque détenu est examinée par le service pénitentiaire d'insertion et de probation (SPIP) afin de potentiellement aménager la peine à laquelle ce dernier a été condamné. La mise en place d'une mesure de semi-liberté peut concerner les personnes ayant été condamnées à une peine de deux ans maximum ou d'une année s'il y a récidive et auxquelles il reste moins de deux ans de prison ou un an en cas de récidive ou les individus qui sont sous la coupe d'une contrainte judiciaire. Le juge d'application des peines peut également décider d'une telle mesure au préalable de la libération conditionnelle. Les personnes ayant été condamnées, mais dites "libres", c'est-à-dire qu'elles n'ont pas encore commencé à purger leur peine, peuvent bénéficier du régime de la semi-liberté également. La semi-liberté peut être demandée directement par les individus. Les contours de la semi-liberté sont ensuite définis précisément par le juge à travers des obligations, des interdictions, notamment concernant les horaires durant lesquels la sortie de l'établissement est autorisée. Lors de son séjour en détention, le semi-libre est surveillé par le personnel pénitentiaire. Il est également suivi par le SPIP[3].

Comme l'expliquent Denis Salas et Olivia Mons dans leur article "À qui s'adresse la peine ? Qu'en attendent les victimes ?"[4], les mesures de semi-liberté permettent la réinsertion dans la société et permettent également de minimiser les risques de récidive. Cependant, ils notent qu'il y a peu de centres de semi-liberté et de quartiers de semi-liberté en France car cela n'est pas la priorité de l'État, même si cet aménagement de peine a des effets positifs. Divers auteurs ont également traité des conséquences de cette mesure sur le milieu pénitentiaire, relativement au coût réduit que cela permet d'observer, comme l'analyse Vincent Delbos dans "Efficace la prison ?"[5]. La majorité des articles de recherche traite ainsi des effets positifs que pourrait avoir le développement des mesures de semi-liberté. Cependant, il est à noter que peu de recherches ont été faites sur le sujet. Ce point a été relevé notamment par Pierrette Poncela et Christina Medici[6].

La ville de Lyon héberge un centre de semi-liberté qui est situé 20 rue Pierre

---

[1] https://www.legifrance.gouv.fr/codes/article_lc/LEGIARTI000038313366/2021-12-04.

[2] https://www.legifrance.gouv.fr/loda/id/JORFTEXT000021312171/2020-11-30/.

[3] « La semi-liberté ». justice.gouv.fr.
http://www.justice.gouv.fr/prison-et-reinsertion-10036/la-vie-hors-detention-10040/la-semi-liberte-11996.htl.

[4] Salas D., Mons O., À qui s'adresse la peine ? Qu'en attendent les victimes ? *Revue Projet*, 2018, pages 18 à 25.

[5] Delbos V., Efficace la prison ?, *Revue Projet*, 2018, pp. 26-33.

[6] Ibid.

Sémard, entre des rails de chemins de fer et une fourrière municipale[1]. Le CSL a été créé en 1996. C'est un bâtiment de 1800 mètres carrés se répartissant sur cinq étages. L'emplacement géographique est à l'écart du reste de la ville puisque la rue est peu fréquentée. Les autres bâtiments autour du centre sont une fourrière, une agence de la Banque de France, un commissariat de police municipale et un centre régional de formation des personnels de l'administration pénitentiaire. La gare Jean Macé se situe à proximité, ainsi qu'une station de métro et de tramway. Il y a également un parking à disposition des détenus, qui est effectivement utilisé, selon le précédent directeur. Le lieu est aussi un bassin d'emploi[2].

Cet établissement est actuellement composé de dix surveillants. Diriger le CSL de Lyon consiste en plusieurs missions : gérer le budget ou encore s'occuper de la partie ressources humaines avec le suivi des détenus. Il y a le chef de l'établissement pénitentiaire et trois encadrants. Les personnels sont polyvalents entre l'écrou, le suivi des semi-libres, les rapports incidents, la communication avec le juge d'application des peines, les magistrats et le SPIP.

En mai 2022, il y avait 52 hommes, cinq femmes et un homme mineur au sein du centre de semi-liberté de Lyon. Les cellules sont doublées avec 116 places au total. C'est un des centres de semi-liberté les plus importants de France, même en comparaison avec la région parisienne. Il y a en général environ 70 détenus. Ce chiffre est stable. Les profils des semi-libres sont variés. Par exemple, ils peuvent avoir été condamnés pour vol ou pour violences conjugales. Il peut également s'agir de personnes qui n'ont pas respecté le placement sous surveillance électronique ou pour lesquelles il n'est pas possible de le mettre en place. Parfois, il y a des profils différents avec des individus ayant été condamnés pour avoir commis des crimes. En 2014, 70 personnes sur 208 entrées au centre de semi-liberté de Lyon le sont dans le cadre d'une suspension de peine. Plusieurs personnes ont ensuite été placées sous surveillance électronique, en chantier à l'extérieur ou ont été libérées sous conditionnelle. Encore plus depuis la pandémie de Covid-19, les intervenants extérieurs ne sont plus sollicités par l'établissement. Les quelques activités ont été arrêtées. Il y a cependant parfois des exercices organisés en extérieur avec la venue d'une coach sportive.

Il s'agit alors de s'interroger sur la façon dont l'étude du centre de semi-liberté de Lyon permet ou non d'illustrer les avantages et les inconvénients que pourrait représenter le développement de structures pénitentiaires de petite taille, spécialisées et intégrées territorialement.

Nous pouvons émettre les hypothèses suivantes, à savoir que la petite taille d'une structure pénitentiaire serait idéalement représentée par un nombre maximum de détenus similaire à ceux des centres de semi-liberté, comme celui de Lyon qui est actuellement en sous-effectif. Le CSL de Lyon pourrait constituer

---

[1] Centre de semi-liberté de Lyon - Rhône - 69 - Annuaire | service-public.fr., https://lannuaire.service-public.fr/auvergne-rhone-alpes/rhone/csl-69387-01.

[2] *Rapport de visite : Centre de semi-liberté de Lyon (Rhône)*, Contrôleur général des lieux de privation de liberté, 2015.

un exemple de ce que serait idéalement une structure accueillant “un nombre réduit de personnes”, comme l’entend le projet Rescaled visant à mettre en place des maisons de détention dans différents pays.

De plus, la spécialisation pourrait être envisagée ou entendue et souhaitée par les professionnels du secteur pénitentiaire comme une organisation selon les profils des détenus. En effet, plusieurs établissements pénitentiaires sont organisés autour d’une spécialisation précise.

À travers l’intégration locale du centre de semi-liberté de Lyon dans un secteur plutôt privilégié, un terme posé par le projet Rescaled[1], il apparaît que l’emplacement en ville est le meilleur choix possible pour optimiser les chances de réussite des objectifs de la semi-liberté.

Enfin, nous pouvons nous questionner sur la place de la semi-liberté dans l’éventail des peines proposé. Le nombre de personnes détenues en semi-liberté semble relativement faible en comparaison avec d’autres modes de détention. Nous pouvons nous questionner sur ce point en émettant l’hypothèse que le focus sur des publics marginaux attirerait moins l’attention.

Concernant la méthodologie utilisée afin de réaliser ces recherches sur le centre de semi-liberté de Lyon, nous avons d’abord investigué sur Internet, notamment via le site Cairn. Ce travail a été effectué en commun avec les étudiants du séminaire travaillant sur ce type d’établissement et nous allons reprendre ici le déroulé de nos recherches. Tout d’abord, nous avons parcouru les articles scientifiques et universitaires afin de trouver des informations sur la semi-liberté en général à l’aide de mots-clés tels que “semi-liberté”, “centres de semi-liberté” ou encore “CSL”. Les différents articles présentent des chiffres concernant les centres de semi-liberté et les quartiers de semi-liberté au niveau, notamment, du nombre de personnes détenues. La plupart du temps, seulement la définition d’une telle structure est mentionnée dans les différents articles, ainsi que les objectifs des mesures de semi-liberté.

Ensuite, nous avons consulté la presse à travers l’utilisation de moteurs de recherches classiques. Quelques articles mentionnent les mots cités précédemment concernant la semi-liberté dans les articles scientifiques. Cependant, il s’agit uniquement de faits divers constatant, par exemple, des débordements au sein d’un quartier de semi-liberté ou des fugues de telles structures.

Enfin, nous avons orienté mes recherches vers des sites officiels en espérant trouver quelques rapports concernant le centre de semi-liberté de Lyon. Nous avons, en effet, parcouru des sites tels que celui du Ministère de la Justice[2], le site de l’Observatoire International des Prisons[3], de l’Observatoire de la Récidive et

---

[1] « Présentation ». Fédération des Associations Réflexion-Action, Prison et Justice, https://farapej.fr/Presentation-137.

[2] *Justice/Portail*. http://www.justice.gouv.fr/.

[3] Prisons, Observatoire International des. « Observatoire International des Prisons Section française (OIP-SF) ». *oip.org*, https://oip.org/.

de la Désistance[1], du Contrôleur Général des Lieux de Privation de Liberté[2] ou encore le site Criminocorpus[3]. Nous avons pu alors accéder à des rapports. Quelques sources ont également été diffusées par différentes associations, telles que la Fondation Jean Rodhain[4] spécialisée dans le domaine de la recherche, qui citent des professionnels de la justice comme Annie Kensey et Abdelmalik Benaouda et traitent de la question de la prison et de la récidive, avec parfois des mentions de données concernant la semi-liberté.

Ainsi, nous avons constaté un manque de travaux universitaires concernant précisément la semi-liberté et ses avantages et inconvénients, ainsi que ses effets. Il existe davantage de publications sur la surveillance électronique, ou encore la libération conditionnelle. N'ayant pas trouvé matière spécifiquement sur le centre de semi-liberté de Lyon, nous avons consulté le site du Contrôleur général des lieux de privation de liberté. Nous avons pu y trouver un rapport datant de 2015[5]. Une quantité non négligeable d'informations y étaient recensées sur différents aspects de cet établissement, que nous avons pu prendre en notes et que nous mobilisons dans cet article de recherche.

La majeure partie de nos sources est constituée par les entretiens que nous avons pu réaliser. Nous avons, en effet, effectué trois entretiens : un entretien avec le directeur du centre de semi-liberté de Lyon, Alexandre Jaubert, un autre entretien avec le responsable du Service Pénitentiaire d'Insertion et de Probation du Rhône, Alain Montigny, et enfin avec Marie-Odile Theoleyre, magistrate et membre d'une association d'accompagnement des détenus appelée Companio à Lyon. Après avoir attendu quelque temps, entre les délais de réponse des personnes contactées et les renvois à d'autres contacts afin de réellement trouver la personne que nous souhaitions interroger, nous avons pu organiser ces trois entretiens directement à Lyon.

Nous avons souhaité interroger ces personnes afin de récolter des informations actualisées, tout d'abord, sur le centre de semi-liberté de Lyon en lui-même. En effet, il n'y a que peu d'informations sur l'établissement, comme indiqué précédemment dans cet article. Mis à part les rapports des contrôleurs, il est difficile de récolter des informations officielles ou bien sont-elles limitées. De plus, avoir le point de vue du responsable du service pénitentiaire d'insertion et de probation du Rhône et d'une magistrate, ainsi que d'un membre d'une association d'aide aux détenus, nous a permis d'aborder le centre sous un autre angle, ainsi que ses enjeux et les problèmes que le personnel et les détenus peuvent rencontrer. L'objectif de ces derniers entretiens était de pouvoir avoir plusieurs points de vue

---

[1] « Rapport annuel de l'Observatoire de la récidive et de la désistance - 2017 ». *vie-publique.fr*, https://www.vie-publique.fr/rapport/37060-rapport-annuel-de-lobservatoire-de-la-recidive-et-de-la-desistance-20.

[2] Oxfoz, « Site du Contrôleur Général des Lieux de Privation de Liberté ». *Site du Contrôleur Général des Lieux de Privation de Liberté*, https://www.cglpl.fr/.

[3] https://criminocorpus.org/fr/.

[4] *Accueil | Fondation Jean-Rodhain*. https://fondationjeanrodhain.org/.

[5] Ibid.

sur le projet Rescaled mentionné précédemment et d'obtenir des informations sur le suivi, les activités des semi-libres, mais aussi sur les trois piliers du projet que sont la petite taille, la spécialisation et l'intégration locale d'un point de vue réflectif. Nous avons ainsi pu obtenir des informations sur la perception du service pénitentiaire, des personnes suivant au quotidien les semi-libres, ainsi qu'un point de vue juridique et associatif.

Les difficultés que nous avons pu rencontrer concernant les entretiens ont été la prise de contact avec le directeur du centre de semi-liberté, ainsi qu'avec celui du service pénitentiaire d'insertion et de probation. La direction de l'établissement venait, en effet, tout juste d'être reprise par Alexandre Jaubert quand nous avons obtenu un entretien avec ce dernier. Ainsi, il a été assez long de réussir à me mettre en relation avec le centre à cause de ce changement de direction. La personne avec qui nous avons été mis en relation au sein de l'administration du CSL de Lyon nous a confié avoir été réticente à répondre à mes mails. Finalement, le nouveau directeur lui a indiqué qu'il pouvait me répondre et il a pu ainsi nous accueillir. De plus, obtenir un entretien avec le responsable du service pénitentiaire d'insertion et de probation a également pris un certain temps. Finalement, les trois entretiens ont pu être réalisés directement dans les locaux des personnes interrogées.

Tout d'abord, il s'agira d'aborder la question de la perception des différentes personnes interrogées concernant la dimension, la taille d'une structure telle que le centre de semi-liberté de Lyon par rapport au projet envisagé par Rescaled (I). Ensuite, nous développerons la problématique de la spécialisation selon le profil des personnes détenues, qui est apparue être liée à l'autonomie accordée aux semi-libres (II). Enfin, la question de l'intégration en ville à travers l'ouverture vers l'extérieur des centres de semi-liberté comme celui de Lyon sera étudiée (III).

I. La perception de la dimension d'une telle structure par les intervenants

À travers cet article de recherche, nous tenterons d'abord de montrer que les réponses des différents professionnels interrogés, notamment du directeur du CSL de Lyon et du responsable du SPIP du Rhône, ont révélé que la question de la capacité d'accueil qui serait idéale diffère du projet Rescaled. Ainsi, la vision de ce que serait la taille idéale et de ce que représente une petite structure change selon le fait que la personne interrogée travaille au sein du service pénitentiaire ou non. De plus, cette notion sous-entend d'avoir une réflexion autour de la façon dont est conçu l'espace par les architectes des lieux de détention.

À la suite des entretiens effectués dans le cadre de l'étude du CSL de Lyon, il apparaît que les professionnels travaillant en lien avec ou directement au CSL de Lyon considèrent qu'une capacité idéale est plus importante que les 50 à 70 détenus du projet Rescaled. Le chiffre qui est apparu être souhaitable aux yeux des personnes interrogées a été celui d'environ 70 à 100, voire 150 détenus maximum.

Le CSL de Lyon accueille actuellement, en mai 2022, environ soixante-dix personnes. Cela apparaît, pour la direction de cet établissement, comme une bonne limite. Rappelons que la capacité maximale du CSL de Lyon est de 100 semi-libres. Au-delà, la gestion de la détention devient compliquée. Le personnel pénitentiaire est composé du chef de l'établissement et de trois encadrants. L'établissement est donc petit.

Une structure de petite taille permettrait de toucher des publics spécifiques. C'est intéressant, notamment pour les mineurs. Mais actuellement, les établissements sont grands, donc il y a ici la question des moyens de la Justice qui est soulevée. Ce questionnement autour des moyens peut être prolongé plus généralement par celui de la faisabilité financière de mettre en place des structures de petite taille. Par exemple, le SPIP du Rhône, qui est composé d'un ensemble des personnels travaillant en milieux ouverts et fermés avec une équipe de 150 agents suivant 6000 personnes, traite d'environ 150 dossiers. C'est le plus large SPIP de la Direction Interrégionale. Ainsi, les moyens alloués aux services pénitentiaires semblent insuffisants.

Selon les chiffres de Vincent Delbos dans "Efficace la prison ?"[1], le coût pour l'État d'une journée en semi-liberté s'élève à 50 euros et 36 centimes, contre 89 euros pour une journée en détention classique. Plus récemment, des études ont montré que le coût en moyenne d'une année de prison est d'environ 32 000 euros, alors que celui d'une personne en milieu ouvert est de 1014 euros[2]. De plus, la question des moyens peut être mise en perspective avec la conception de la prison par les pouvoirs publics et par l'opinion publique. C'est ce que porte le projet Rescaled. Mais depuis 1987, de nouvelles prisons ont été construites. Cela a un impact sur la dette de l'administration qui s'élève à plus de 3,43 milliards d'euros. Ainsi, le budget alloué au service pénitentiaire ne permet pas de répondre au suivi des détenus, alors que la priorité semble avoir été placée sur la construction de prisons à grande échelle[3].

La question de la petite taille et des moyens amène à penser au problème de l'encombrement et de la surpopulation carcérale. La direction du SPIP du Rhône privilégierait la grande taille et le sous-effectif, c'est-à-dire que le suivi des détenus et le maintien de la cohésion de l'établissement nécessitent d'avoir un nombre de personnels suffisant, donc de moyens, par rapport au nombre de détenus. Il y aurait sûrement une ambiance différente, ce qui serait intéressant. La vie collective est aussi à penser. Un établissement avec cinquante personnes ne serait pas assez grand, notamment pour les activités. Un maximum de 100

---

[1] Ibid.

[2] « Conférence de consensus sur la prévention de la récidive ». *justice.gouv.fr*, http://www.presse.justice.gouv.fr/discours-10093/archives-des-discours-de-2012-12364/conference-de-consensus-sur-la-prevention-de-la-recidive-25530.html.

[3] « Combien coûte la prison ? Quel est le coût comparé des alternatives à la prison ? » oip.org, https://oip.org/en-bref/combien-coute-la-prison-quel-est-le-cout-compare-des-alternatives-a-la-prison/.

personnes serait bien. Selon le directeur du SPIP, il faut réfléchir au mode de vie[1]. Pour l'exemple des établissements pour mineurs, il y a des petites unités bâties autour du collectif, ce qui rend possible cette vie collective. L'idéal serait donc entre 100 et 150, voire 200 personnes maximum réparties en dix ou quinze personnes. Le CSL de Lyon n'est pas assez grand pour une telle ville et il serait à moderniser. Il n'y a pas d'espace collectif, ni de "liberté à l'intérieur"[2]. Ce qui compte est la conception du lieu. Le travail des architectes est important. Il faut donc réfléchir au mode de vie avant de réfléchir au projet architectural[3].

Ces considérations concernant la taille ne sont pas reprises par la magistrate et membre de l'association Companio, association laïque suivant parfois des semi-libres car, selon elle, il n'y a pas un bon suivi en CSL. Elle fait partie, en effet, du projet Rescaled. Cependant, les terrains étudiés se rejoignent sur un point : la nécessité de repenser l'espace du CSL de Lyon et de comprendre comment il est envisagé. Il faudrait peut-être un référent ou directement réduire la taille de l'établissement[4]. L'idée poursuivie serait d'améliorer le suivi des détenus. Cela serait alors possible notamment par le développement de structures pénitentiaires de petite taille.

Ainsi, à travers une mise en perspective avec le projet Rescaled, nous avons pu voir que les avis divergent sur la question de la petite taille et ce que cela représenterait pour les personnes travaillant au CSL de Lyon. Les professionnels du milieu pénitentiaire semblent avoir une vision plus large de ce que constituerait un établissement de capacité réduite, notamment parce qu'ils sont tous les jours confrontés à la réalité du terrain et aux moyens alloués à ce service public. Mais au-delà de la question du nombre idéal de détenus dans un établissement, une notion fait consensus : celle de reconcevoir l'espace et repenser la structure de l'établissement du CSL de Lyon. Plus généralement, l'architecture de ce CSL permet de montrer que cela n'est pas idéal pour la vie collective de l'établissement. Ce point sera développé en troisième partie. Cette réflexion est déjà amorcée par plusieurs auteurs et fait suite à une évolution historique de la conception même de la prison, comme l'explique Paul Mbanzoulou dans son article "L'architecture carcérale". Il s'agit aujourd'hui de penser des lieux de réalisation de peine qui soient réellement en phase avec l'objectif de réinsertion dans la société[5].

---

[1] Entretien avec Alain Montigny (Responsable du SPIP du Rhône), mai 2022.
[2] Ibid.
[3] Ibid.
[4] Ibid.
[5] Mbanzoulou Paul. « L'architecture carcérale ». *Droit et Ville*, vol. 76, no 2, 2013, pp. 121-134. www.cairn.info, https://www.cairn.info/revue-droit-et-ville-2013-2-page-121.htm.

II. La question de la spécialisation des établissements pénitentiaires : une spécialisation selon le profil des personnes détenues et la possibilité d'envisager une autonomie à plusieurs vitesses

Dans un second temps, nous montrerons qu'à travers les divers entretiens que nous avons pu mener, la question de la spécialisation amorcée dans le projet Rescaled est interprétée par les personnes interrogées comme une répartition selon le profil des détenus. Cette notion est mise en lien avec la problématique de l'autonomie accordée aux détenus, qui pourrait être augmentée selon les personnes détenues. Le CSL de Lyon, à travers son fonctionnement relativement autonome, mais surtout via la relative liberté accordée aux semi-libres, constitue un exemple de la pertinence d'exploiter cette spécialisation afin de valoriser l'autonomie accordée aux détenus.

Les profils accueillis par le CSL de Lyon sont variés. Ce sont les magistrats qui jugent les détenus aptes à la semi-liberté et qui choisissent ainsi les personnes qui entreront au CSL. Un tel aménagement de peine peut intervenir après que les personnes ont été condamnées pour vol, pour violences conjugales ou pour infraction à la législation sur les stupéfiants (ILS) par exemple. Cela peut également être le cas lorsque la détention à domicile sous surveillance électronique n'a été pas respectée ou que cela ne se passe pas bien “à la maison”[1]. Ainsi, les profils ne sont pas les mêmes en semi-liberté aujourd'hui. C'est une problématique à prendre en compte. Par ailleurs, certains profils sont atypiques avec le développement des aménagements de peine, puisque l'idée est de favoriser la réinsertion favorable également après avoir commis des crimes et pas seulement des délits. D'après les chiffres de 2014[2], 70 personnes sur 208 étant entrées au CSL de Lyon faisaient l'objet de mesures de suspension de peine. Les contrôleurs ont constaté une baisse des aménagements de peine entre 2013 et 2014. Cela a été expliqué par le fait que le suivi était difficile à assurer car les détenus n'ont pas toujours affaire au même conseiller pénitentiaire d'insertion et de probation (CPIP). Ainsi, il faudrait réorganiser le SPIP afin que les semi-libres puissent être suivis par la même personne dans l'objectif de pouvoir tracer l'exécution de leur peine[3]. Ce point soulève l'intérêt de mettre en avant la spécialisation des individus, afin de permettre un meilleur suivi, comme le propose le projet Rescaled.

Les avis semblent diverger sur la question de la spécialisation avec une hésitation sur la nécessité de développer des structures spécialisées. La division selon différents profils permettrait normalement de mieux traiter les enjeux rencontrés, mais il y a toujours la question des moyens qui revient. Par ailleurs, certains établissements sont déjà spécialisés, comme ceux accueillant une majorité de délinquants sexuels. Les médecins peuvent y être aussi spécialisés,

---

[1] Entretien avec Alexandre Jaubert (Directeur du CSL de Lyon), mai 2022.

[2] *Rapport de visite : Centre de semi-liberté de Lyon (Rhône),* Contrôleur général des lieux de privation de liberté, 2015.

[3] Entretien avec Alexandre Jaubert, Op.cit.

comme en toxicologie. C'est une spécialisation de fait qui s'opère ensuite et non pas à l'ouverture de l'établissement. C'est plutôt une question de personnes et d'orientation à suivre. Il y a également la question du terrorisme, à voir à l'avenir si une telle spécialisation va se développer.

Cette problématique amène à envisager la question de la mixité entre hommes et femmes au sein des établissements pénitentiaires, d'autant plus à l'intérieur de maisons de détention telles qu'envisagées par Rescaled, puisque les individus seraient plus à même de se rencontrer lors de leur séjour en détention. Cette question fait consensus d'après les personnes interrogées lors de mes recherches : la mixité entre les genres n'est pas considérée comme quelque chose de souhaitable. Par exemple, lorsqu'il y a des rencontres au sein du CSL de Lyon au niveau du premier étage entre les semi-libres hommes et les semi-libres femmes, puisque, rappelons-le, cet établissement est mixte, c'est "compliqué"[1]. Il y a ici la question du respect des règles et des codes présents en société qui est soulevée. La nécessité de conserver des quartiers séparés apparaît alors comme fondamentale. Cependant, aujourd'hui, des activités mixtes sont organisées par le SPIP du Rhône avec des précautions qui sont prises en ce sens. D'ailleurs, il n'y a jamais d'établissement mixte, sauf pour la semi-liberté. C'est un progrès récent. La question de la mixité est donc actuelle, mais le CSL ne peut pas refléter la société, c'est-à-dire refléter le mélange des genres.

Le point de vue des détenus a également été abordé à travers les entretiens. Lors de la visite du CSL de Lyon par l'association Companio, au premier étage, il y avait les Français et les personnes blanches. Aux étages supérieurs, se situaient les autres détenus. Les semi-libres disaient qu'ils ne voulaient pas se fréquenter entre eux. Il y avait du racisme, notamment de la part d'une personne blanche que les bénévoles ont rencontrée[2]. Ainsi, ce racisme de fait semble donc parfois pouvoir transparaître dans la séparation entre les individus au sein des établissements pénitentiaires. Cela renvoie à la première partie et à la nécessité de penser l'architecture des lieux de détention, afin d'éviter toute forme de profilage négatif.

Ce point peut également être rapproché d'une autre problématique : celle du fait que les détenus ne supportent pas d'être mélangés à des infractions de mœurs par exemple. Les profils doivent donc être identiques en ce sens. S'il y a un groupe de parole, il est très difficile de mélanger les profils. Ce n'est "pas bon de trop mélanger les profils"[3].

Les personnes interrogées hésitent sur la pertinence d'opérer une distinction selon les profils des personnes condamnées. Mais si l'on prend l'exemple de l'établissement de Valence, c'est le tout sécuritaire, alors que cela n'est pas forcément mérité pour certains détenus. Il faudrait réfléchir à plusieurs types de détention et à différentes gestions. Il ne faudrait pas avoir le même niveau de sécurité partout. Aujourd'hui, c'est pourtant la tendance. Il faudrait pouvoir

[1] Entretien avec Alexandre Jaubert, Op.cit.

[2] Entretien Marie-Odile Theoleyre, Magistrate et membre de l'association Companio, mai 2022.

[3] Entretien avec Alexandre Jaubert, Op.cit.

parfois profiler les détenus[1]. Par exemple, le téléphone portable, les clés, la vie collective, etc., pourraient être autorisés lorsqu'il n'y a pas de risque important identifié. Ce sont des combats perdus contre les téléphones portables qui se déroulent entre les surveillants et les détenus. Cela permettrait également au personnel pénitentiaire de pouvoir se concentrer sur le suivi des détenus. Concernant les relations avec l'extérieur, le fait de ne pas pouvoir conserver son téléphone portable freine le maintien des liens familiaux et la possibilité de contacter l'employeur car il n'y a pas de cabine téléphonique, de courrier ou de visite possible au sein du CSL de Lyon[2].

Un régime de confiance serait donc plus positif, avec la possibilité d'envisager des régimes plus stricts dans d'autres établissements pénitentiaires ou à travers des unités aux régimes différents en fonction des profils. Cela implique de modifier la perception répressive qu'a la société de la prison en valorisant des sanctions intelligentes reposant sur la confiance et la responsabilisation des détenus, le tout intégré dans la société civile[3]. L'exemple de l'association Companio montre que cela est possible. Ses missions peuvent être d'accompagner en voiture les détenus pour leurs sorties, comme pour les rendez-vous au GRoupe pour l'Emploi des Probationnaires (GREP), avec un employeur, pour leur logement ou pour se rendre à l'association Culture Loisirs Animation Jeunesse (CLAJ). L'expérience a montré que les bénévoles n'ont jamais rencontré de difficulté et n'ont pas été confrontés à un danger particulier avec les personnes dont ils s'occupent. Le seul problème est quand certaines personnes ne reviennent pas des rendez-vous. La plupart du temps, elles reviennent et si elles ne le font pas, c'est souvent pour aller voir des proches. En général, c'est rare qu'elles "disparaissent"[4]. Cela montre donc qu'une relation de confiance plus importante est possible.

Concernant les enjeux rencontrés par le CSL de Lyon, nous pouvons noter que le CSL est orienté vers l'extérieur. C'est donc un exemple pertinent d'un niveau d'autonomie accordé aux individus plus important que dans une prison classique. Ce n'est pas la même vision, les mêmes exigences de sécurité, ni les mêmes besoins. Par exemple, les semi-libres se déplacent seuls, donc il n'y a pas le même encadrement. Ils prennent leurs rendez-vous eux-mêmes, mais ils doivent les justifier avec une demande, même lorsque cela concerne les horaires de sortie. Ils sont donc assez autonomes. Il y a peu de problèmes de cohabitation avec pas de sanction, ni de quartier disciplinaire ou de commission de discipline prévus. Il y a peu d'incidents importants. Les détenus ne font pas l'objet de fouilles intégrales. Le personnel pénitentiaire n'a pas eu à utiliser les moyens de contrainte mis à leur disposition et n'a pas d'arme létale. Il n'y a qu'un seul surveillant la nuit. Ils ne

[1] Entretien avec Alain Montigny, Op.cit.
[2] *Rapport de visite : Centre de semi-liberté de Lyon (Rhône)*, Contrôleur général des lieux de privation de liberté, 2015.
[3] Rapport "*Au dernier barreau de l'échelle sociale : la prison*", Fondation Jean Rodhain, octobre 2021.
[4] Entretien avec Marie-Odile Theoleyre, Op.cit.

ferment pas les cellules, sauf celle réservée aux mineurs. Le fonctionnement du CSL en lui-même est autonome et cet établissement possède sa propre administration. C'est une différence importante avec une politique spécifique au CSL qui démontre la possibilité de développer des structures autonomes dans leur fonctionnement. L'organisation de l'établissement dépend des semi-libres : les horaires d'absence peuvent être de huit heures à dix-huit heures du lundi au vendredi par exemple. Mais certains semi-libres ont des horaires inversés ou rentrent le week-end. Ces horaires sont variables selon le travail et ce qui a été fixé par le juge. Une demande au SPIP en présentant un planning de travail doit être effectuée. Il est important de pouvoir modifier les horaires. Il peut s'agir de sortir une heure avant et après les horaires de travail. Le principal est de fournir un justificatif. Un avis est rendu par le service de détention sur les horaires.

Régulièrement, de l'alcool et des stupéfiants sont infiltrés dans le CSL, souvent via des personnes tierces[1]. Les problèmes sont directement traités par le JAP à l'aide d'un rapport d'enquête. Les difficultés rencontrées par un CSL sont les retards, les détenus qui entrent alcoolisés, les évasions avec un retard de deux heures où les forces de l'ordre sont appelées, puis les semi-libres sont déclarés évadés après 48 heures. Les problèmes sont différents. La gestion est alors compliquée : il s'agit de faire un rapport d'incident, puis le communiquer au magistrat. Une sanction peut se traduire par des crédits de réduction de peine en moins, entre dix et quinze jours concernant le CSL de Lyon. Le magistrat décide, puis le JAP tranche. Cela peut aussi concerner les permissions de sortie, qui se passent le week-end selon les modalités du CSL. En général, les horaires sont de huit heures à dix-huit heures, mais les détenus peuvent avoir une permission du vendredi au lundi soir. Cela peut être supprimé pour sanctionner la personne. La suspension ou le retrait de la semi-liberté est envisageable, notamment quand il s'agit d'un problème d'alcool. La sanction est demandée au magistrat, qui peut prononcer une suspension de quinze jours par exemple, puis cela est ensuite décidé en jugement. Il y a aussi le RDO, qui est un rendez-vous avec le ou la juge, en tant qu'avertissement. Voici donc les moyens de sanction du CSL.

L'étude des CSL montre également qu'en plus de l'autonomie accordée aux semi-libres, maintenir un certain cadre, rendu possible par cet aménagement de peine, serait positif. Les avantages d'une mesure de semi-liberté sont que cela permet de poser un cadre, tout en gardant une certaine liberté. Il y a des règles à respecter. Cela reste un établissement pénitentiaire. Selon le contrôleur général des lieux de privation de liberté, Jean-Marie Delarue[2], la semi-liberté est effectivement un moyen de suivre l'individu, contrairement à la surveillance électronique. Cela peut permettre une meilleure réinsertion. C'est un compromis

---

[1] *Rapport de visite : Centre de semi-liberté de Lyon (Rhône)*, Contrôleur général des lieux de privation de liberté, 2015.

[2] Delaunay B., Pissaloux J.-L, Le Clainche M., Rouban L. et Supplisson D., Chronique de l'administration, *Revue française d'administration publique*, 2012, pp. 1121-1141.

entre détention et autonomie, contrairement à la détention à domicile sous surveillance électronique (DDSE) où la personne est moins encadrée.

Ainsi, la question de la spécialisation a tout de suite été reliée, lors de mes entretiens, à la notion d'établissement organisé autour des profils des détenus. Cela permet d'amorcer une réflexion sur l'autonomie qui est accordée aux semi-libres, et qui pourrait, plus généralement, être octroyée à différents profils de détenus. Cela permettrait donc de libérer du temps de suivi de la part du personnel pénitentiaire qui pourrait se concentrer sur diverses problématiques. Une réflexion autour de la notion de confiance semble ainsi fondamentale, tout en observant la nécessité de conserver un certain cadre, qui peut être reliée à la nécessaire vie collective donc nous parlerons en troisième partie.

III. L'importance de l'intégration en ville et de l'ouverture vers l'extérieur complétée par la nécessaire vie collective à l'intérieur des établissements pénitentiaires

Pour finir, ces recherches ont montré que la question de l'intégration en ville des établissements pénitentiaires est fondamentale, mais qu'elle devrait être toujours développée en parallèle de l'entretien de la cohésion interne entre les détenus et les personnels pénitentiaires. Les personnes détenues ont besoin d'avoir accès facilement à différents services en séjournant dans les villes et dans un établissement ouvert sur l'extérieur afin de faciliter la réinsertion sociale. Cependant, cela devrait s'accompagner d'un plus grand investissement dans la vie collective, toujours dans l'objectif de la semi-liberté et, plus généralement, d'une réinsertion dans la société pour toutes les mesures et les peines.

Selon Bénédicte Delaunay, Jean-Luc Pissaloux, Michel Le Clainche, Luc Rouban et Didier Supplisson, qui reprennent l'opinion du contrôleur général des lieux de privation de liberté Jean-Marie Delarue[1], la semi-liberté comporte des désavantages que sont : des conditions de vie inférieures aux autres établissements, des droits moindres que la prison classique, un manque de suivi individuel par manque de personnel et des QSL et CSL situés dans des milieux ruraux éloignés des bassins d'emplois. Ainsi, un des enjeux de la détention est l'intégration en ville. Dans cette sous-partie, nous traiterons de l'exemple du CSL de Lyon qui est relativement bien intégré en ville, mais qui observe peu de vie collective en interne.

L'intégration en ville est une thématique intéressante concernant l'accès au travail et aux transports. La zone où se situe le CSL à Lyon constitue un bassin d'emploi, comme indiqué en introduction. Cependant, ce n'est pas le cas de la majorité des établissements accueillant des semi-libres. Si nous prenons l'exemple du QSL de Saint-Quentin-Fallavier, il est éloigné des services et des emplois. De plus, les bus fonctionnent à la demande. L'établissement de Villefranche-sur-Saône

[1] Ibid.

n'est pas situé dans un énorme bassin d'emplois non plus. Il y a plus de bus, mais ce n'est pas "exceptionnel" au niveau du réseau de transports[1]. Au contraire de ces deux autres exemples, l'idéal serait donc de placer les détenus dans des lieux où ils auraient la possibilité de "faire quelque chose"[2], ce qui se concrétise à travers la présence d'un bassin d'emplois et d'un réseau de transport efficace. Cela va également influer à travers les décisions du JAP. Certains juges sont pro-réinsertion et d'autres sont intransigeants. À Villefranche, la juge est plus stricte. Les détenus le savent et demandent en conséquence le CSL de Lyon. Mais ces demandes sont aussi liées à l'emplacement de l'établissement.

Concernant les conséquences de l'intégration en ville sur les liens familiaux des semi-libres du CSL étudié, elles s'observent au cas par cas. Parfois, la personne est à côté de sa victime. Les situations sont très diverses.

Le CSL de Lyon est donc bien intégré en ville. Mais souvent cela est impossible, notamment en raison des riverains, des prix des loyers, etc. Il y a peu de choses dans le quartier du CSL à Lyon, donc, la question de la proximité avec les riverains ne pose pas de problème. Comme à Villefranche ou Saint-Quentin, il y a peu d'habitants à proximité. Il s'agit d'entreprises, comme la SNCF. Les riverains ne sont pas forcément au courant de la présence du CSL. Il n'y a pas de gêne par rapport aux bruits occasionnés par les semi-libres, qui parfois boivent de l'alcool devant l'établissement. D'autres difficultés sont également liées à l'isolement, aux relations familiales ou aux permissions. Beaucoup d'établissements pénitentiaires sont situés dans des zones industrielles. C'est un sujet. Quand il y a 1000 détenus, c'est impossible de trouver des espaces. Le paradoxe, c'est que les gens veulent plus de prisons mais "pas chez moi"[3]. Donc, un établissement le plus proche possible de la ville serait le mieux. Une question actuelle est aussi le problème de la voiture lorsque les détenus sont éloignés des villes.

L'idée derrière une mesure de semi-liberté est la recherche supposément active de travail. En parallèle de cela, il y a des activités qui se font plutôt avec le SPIP : les détenus voient le SPIP, comme indiqué précédemment, qui fait le relais autour de leur peine. Une partie de l'équipe du SPIP du Rhône intervient au CSL de Lyon, soit cinq personnes. De plus, les semi-libres font leurs démarches eux-mêmes. Ce n'est pas une association qui le fait pour eux. Quelques associations interviennent quand même, dont Pôle Emploi et le GRoupe pour l'Emploi des Probationnaires (GREP) concernant les audiences et les entretiens. Il y a aussi le Programme de Mobilisation pour favoriser l'Accès aux Soins (PMAS) qui concerne la lutte contre les addictions, les jeux ou encore la drogue et qui est organisé avec des professionnels. Les semi-libres peuvent avoir plusieurs obligations concernant le travail et la formation, ce qui est la base de leur emploi du temps, avec la question des soins et de l'addiction, l'indemnisation des parties civiles et le paiement des amendes ou encore l'obligation de suivre des

[1] Entretien avec Alexandre Jaubert, Op.cit.

[2] Ibid.

[3] Entretien avec Alain Montigny, Op.cit.

programmes sur l'addiction, ce qui constitue la majorité des activités. Il y a aussi des programmes sur les valeurs et la citoyenneté.

Le fait que l'accompagnement soit différent et orienté vers l'extérieur influe sur les activités proposées au CSL de Lyon. Le SPIP du Rhône met en place des activités, comme indiqué précédemment. Les personnels du CSL donnent leur avis, surtout si elles ont lieu en détention. Un exemple d'activité pourrait être une activité sportive en extérieur. Il y a d'ailleurs eu une coach sportive récemment au CSL de Lyon. Mais l'idée est toujours d'axer sur l'extérieur. De plus, il y a des salles de sport à tous les étages. Mais avec la pandémie de Covid-19, il n'y a plus d'activité pour le moment. Si elles reprennent, elles se feraient plutôt le soir. La question serait alors de trouver un arrangement avec l'emploi du temps des détenus. Peu de choses sont donc organisées en détention.

La recherche de la vie collective suppose d'identifier ses enjeux. Cela peut se concrétiser à travers la peinture ou l'écriture. L'association Companio a remarqué que les détenus disent qu'il n'y a rien d'organisé au niveau des activités. Ils n'apprécient pas cela. Les activités culturelles ne sont pas reconduites au sein des établissements pénitentiaires où intervient l'association, alors que cela intéressait les détenus. Par exemple, l'association avait fait venir une conteuse professionnelle à la maison d'arrêt pour femmes de Lyon Corbas.

La semi-liberté est donc centrée sur l'activité extérieure. C'est un problème. Elle est centrée sur la sortie. Il faudrait un système mixte avec des activités en intérieur[1]. Le défaut du système hybride est qu'au départ, la semi-liberté était destinée à faire une activité. Aujourd'hui, il est possible de considérer la recherche d'emploi comme une activité. Mais dans les faits, les détenus ne font pas cela. Ainsi, il y aurait besoin qu'ils puissent sortir souvent, mais également qu'ils soient à l'intérieur. Établir des liens avec l'extérieur est positif mais il n'y a pas de cantine ou de nourriture prévue sur place par exemple. Aménager le CSL autour des trois piliers de Rescaled pourrait alors constituer une approche intéressante. Aujourd'hui, les aménagements de peine sont rendus possibles, comme ceux à la maison, mais il est possible de limiter la cible en fonction du fait que le logement est fixe ou non. La semi-liberté permet ainsi d'aller vers un encadrement plus serré avec la vérification des horaires, de la consommation d'alcool et des relations entretenues. Il est aussi possible d'assortir cette peine de programmes et de faire des prises en charge collectives, si les moyens suivent.

Mais le CSL de Lyon n'est pas assez grand pour une telle ville et il serait à moderniser. Il n'y a pas d'espace collectif, ni de "liberté à l'intérieur"[2]. L'établissement et sa structure limitent les actions du SPIP, mais mis à part cela, le suivi se passe bien. L'avantage est que le CSL est proche de la ville et qu'on peut s'y déplacer à pied. Il y a un besoin de penser la vie interne, de penser la structure intérieure de l'établissement car les détenus sont amenés à passer du temps à l'intérieur. Les difficultés du CSL de Lyon sont principalement liées au manque

[1] Ibid.
[2] Ibid.

d'espace. Par exemple, le coach sportif doit intervenir à l'extérieur. Il y a peu de recherche d'activités à l'intérieur mais aussi peu de demandes auprès du SPIP. De plus, l'état de l'hébergement, d'après le rapport des contrôleurs en date de 2015[1], n'a pas été amélioré depuis leur dernière visite. Les douches sont dans "un état lamentable"[2], notamment aux étages des hommes. Le chauffage est également mal régulé. La salle d'activités est inutilisée avec quelques appareils sportifs en mauvais état. Le secteur femmes possède, quant à lui, une salle avec des loisirs et des appareils sportifs. La cour de promenade est vide : "il n'y a rien à faire dans cette cour ; sauf fumer"[3]. Le rapport de 2010 avait noté que les femmes étaient victimes d'insultes et de projections de la part des hommes *via* leurs fenêtres. Le CSL a alors décalé les horaires de promenade des femmes, qui continuent cependant à se placer loin des fenêtres. Le système de restauration n'est pas utilisé par les semi-libres, qui préfèrent cuisiner eux-mêmes. Comme indiqué précédemment, les activités ne sont pas optimisées. Il n'y a rien de mis à disposition, à part à l'étage des femmes. En outre, la salle est fermée au moindre accident car elle n'est pas surveillée. Enfin, le suivi de santé n'est pas quelque chose qui est rendu possible par le régime de semi-liberté. Quelques personnes arrivent directement de l'extérieur après un jugement et aucun examen médical n'est organisé, alors que cela est obligatoire d'après l'article R115-21 du Code pénitentiaire créé par le décret du 30 mars 2022[4]. La plupart des détenus arrivent d'autres établissements pénitentiaires.

Ainsi, il apparaît nécessaire de reconcevoir l'espace dans les différents établissements pénitentiaires afin de permettre non seulement de poursuivre cette possibilité pour les détenus de s'orienter vers l'extérieur, à l'image de la semi-liberté, mais aussi d'évoluer à l'intérieur des établissements à travers l'organisation d'une vie interne concrète et effective.

Conclusion

L'étude du centre de semi-liberté de Lyon permet ainsi d'obtenir divers avis et des informations actualisées à travers des recherches réfléchies autour des trois piliers du projet Rescaled, que sont, rappelons-le : la petite taille, la spécialisation et l'intégration locale. Les enseignements que nous pouvons tirer de cette étude consistent en trois points majeurs.

Tout d'abord, il est intéressant de noter que la notion de petite taille et l'idée de réduire la capacité des établissements pénitentiaires amènent tout de suite à

[1] *Rapport de visite : Centre de semi-liberté de Lyon (Rhône)*, Contrôleur général des lieux de privation de liberté, 2015.
[2] Ibid.
[3] Ibid.
[4] https://www.legifrance.gouv.fr/codes/section_lc/LEGITEXT000045476241/LEGISCTA000045487732?dateVe.

s'interroger sur la question des moyens, mais aussi montrent que la perception des intervenants du milieu pénitentiaire de tels concepts diffère. Partant d'une capacité d'environ 50 à 70 détenus selon le projet Rescaled, cette capacité maximale est revue à la hausse par les individus interrogés qui travaillent directement en lien avec l'établissement. Cela peut être lié au fait qu'ils sont confrontés à la réalité du terrain au quotidien et aux moyens qui leur sont alloués. Ainsi, le projet Rescaled impliquerait de faire évoluer la vision de la détention.

Ensuite, aborder la question de la spécialisation a tout de suite amené à s'interroger sur la pertinence d'une division par profils de détenus. La mixité entre hommes et femmes a été rejetée par les personnes interrogées. Cela permettrait d'allouer une plus grande autonomie à une majorité de détenus et cela impliquerait également de repenser la détention et ce que cela implique, quel est l'objectif poursuivi. L'illustration par le centre de semi-liberté de Lyon permet de montrer qu'accorder une certaine autonomie aux détenus, tout en leur proposant un cadre qui peut évoluer selon les profils, est possible et même souhaitable.

Enfin, à l'image du centre de Lyon, l'intégration locale en ville semble fondamentale pour diverses raisons, que sont l'accès au travail, aux transports et le maintien des liens sociaux. De plus, cela permettrait de favoriser la réinsertion sociale, qui est l'objectif final de la semi-liberté, mais plus généralement de la détention, comme posé par l'article 130-1 du Code pénal qui dispose que "Afin d'assurer la protection de la société, de prévenir la commission de nouvelles infractions et de restaurer l'équilibre social, dans le respect des intérêts de la victime, la peine a pour fonctions de sanctionner l'auteur de l'infraction et de favoriser son amendement, son insertion ou sa réinsertion."[1]. D'après les travaux d'Annie Kensey et d'Abdelmalik Benaouda, 63 pour 100 des individus qui ont été libérés en sortie sèche ont ensuite été condamnés à nouveau dans les cinq ans suivant leur remise en liberté. Pour les personnes ayant bénéficié d'un aménagement de peine tel que la semi-liberté, il s'agit de 10 % de moins, soit 55 %[2].

[1] https://www.legifrance.gouv.fr/codes/article_lc/LEGIARTI000029363621/.

[2] Rapport *"Au dernier barreau de l'échelle sociale : la prison"*, Fondation Jean Rodhain, octobre 2021.

B. *Le quartier de semi-liberté de Grenoble : une structure intégrée, un modèle à repenser*

(Sacha DELEURENCE, étudiant à Sciences Po Grenoble, spécialité gouvernance européenne, à Grenoble école de management et à l'Université Paris 1 (Droit des affaires))

Alphonse Daudet a déclaré que « le prisonnier voit la liberté plus belle qu'elle n'est »[1]. Autrement dit, les personnes incarcérées fantasmeraient la vie en dehors de la privation de liberté, au risque de se retrouver déçues à la sortie. Cette affirmation est en partie contredite par le fait que selon les personnes interrogées dans le cadre de cette étude, l'un des moments où le risque de suicide est le plus élevé correspond à la fin de la peine ; la peur de se retrouver sans emploi, déviant parmi les Hommes, sans domicile fixe, que les addictions passées refassent surface au même titre que les vieilles querelles. Une peur de la vie libre donc, que les mesures d'aménagement de peine cherchent à dépasser en sécurisant la remise en liberté autant pour les ex-détenus que pour la société. La semi-liberté sert soit d'alternative soit d'aménagement à la peine. Son objectif est ainsi que les personnes détenues puissent se ré-habituer au monde extérieur, à ses mœurs, possibilités et exigences, tout en étant contraintes au respect d'un horaire de retour qui force à la rigueur, élément clé d'une sortie fructueuse. En effet, la rigueur est un indicateur important du risque que la personne détenue replonge dans les activités qui l'ont amenée en prison, et du potentiel à (re)trouver une situation stable. Cet article de recherche a pour fin d'analyser l'activité du quartier de semi-liberté (QSL) de Grenoble afin de rendre compte des enjeux auxquels les détenus et le personnel font face, et donc de comprendre ce qui fait la réussite ou l'échec de la semi-liberté. L'objectif est également d'évaluer la semi-liberté en tant que telle et d'estimer si c'est une alternative utile à l'incarcération totale. L'utilité est ici définie comme la capacité d'accomplissement des objectifs de la mesure ; permettre que les personnes détenues retrouvent l'habitude de la liberté sans récidiver, et qu'elles aient les clés en main pour trouver une situation stable. L'utilité sera donc évaluée en fonction du QSL de Grenoble et des réflexions apportées par les acteurs rencontrés sur la mesure à plus grande échelle. Il convient de comprendre le contexte du QSL de Grenoble avant de formuler la problématique spécifique à cet article.

Grenoble, préfecture de l'Isère, est une ville réputée pour sa criminalité. En 2018, le journal *Sud Ouest* retranscrivait les propos du syndicat de police Alliance qui la décrivait comme le « Chicago Français »[2] où l'insécurité règne sans que les moyens nécessaires ne soient mis à disposition. Ce constat, parfois exagéré mais

[1] Daudet A., *La Doulou*, Librairie de France, Ed. ne varietur, 1930, pp. 31-83.

[2] Propos retranscrits par le journal *Sud Ouest* dans un article du 18/08/2018 intitulé *Criminalité : Grenoble est le « Chicago français » selon un syndicat de police.*

souvent corroboré par les chiffres de la criminalité[1], rend essentielle mais aussi délicate la mission du quartier de semi-liberté. En effet, cela implique des enjeux tant au niveau de l'efficacité de la semi-liberté concernant la récidive que du profil des personnes détenues et de la nature de leurs interactions avec la population locale. Le dimanche 07 avril 2013, une tentative de meurtre avait marqué les esprits lorsqu'un individu avait ouvert le feu sur un détenu de centre de semi-liberté alors que ce dernier sortait de celui-ci[2] ; cet événement rarissime illustre à quel point ces lieux sont des points sensibles.

La nature de la structure et les problèmes auxquels elle a fait face par le passé sont importants à prendre en compte afin de saisir ce qui peut constituer les problématiques actuelles de l'établissement. La description suivante est fournie d'abord par la seule source de documentation littéraire directe sur le QSL de Grenoble ; le rapport de visite du contrôleur des lieux de privation de liberté (CGLPL) datant d'avril 2013[3], vers lequel dirige un lien présent en bibliographie. Aussi, les entretiens réalisés[4] auprès de Patrick Malle, directeur du centre pénitentiaire de Grenoble-Varces et de Rachid Sdiri, directeur du service pénitentiaire d'insertion de probation (SPIP) de l'Isère, ont permis de récolter des informations générales dont l'exposé de certaines se fait de manière antérieure à la présentation des résultats afin de cerner au mieux la nature de la structure.

Le quartier de semi-liberté de Grenoble est un QSL depuis 2018. Avant cela, il s'agissait d'un CSL en service depuis 1977. La principale différence réside dans l'autonomie administrative de la structure ; un CSL est autonome tandis qu'un QSL est rattaché à un centre pénitentiaire dont le directeur est également le directeur administratif du QSL. Le QSL de Grenoble est ainsi rattaché au centre pénitentiaire de Grenoble-Varces dont le directeur est Patrick Malle. Le quartier a une capacité totale de 36 places : 30 places hommes, 4 places femmes et 2 places mineurs. Rachid Sdiri a précisé que 23 places hommes étaient occupées tandis que 1 place femmes et 0 place mineurs le sont au 05 mai 2022, date de l'entretien réalisé avec Rachid Sdiri[5]. Le taux d'occupation théorique est donc de 66,6 %. Le bâtiment a été construit en 1971 et a d'abord été un hôtel, puis un foyer de jeunes travailleurs. Le rapport du CGLPL indique que « la construction n'a donc prévu aucun dispositif architectural de sécurité »[6].

---

[1] Leclerc J.-M., Youssef Y., FIG Data, Le palmarès de la délinquance en France, ville par ville, *Le Figaro*, 03 mars 2022 : analyse des chiffres publiés par le service statistique du ministère de l'Intérieur plaçant Grenoble notamment 3e pour les vols avec arme.

[2] Masliah D., Tentative de meurtre à Grenoble : les deux suspects étaient grimés et maquillés, *Le Dauphiné Libéré*, 09 avril 2013.

[3] Lecourbe A., Letanoux J. et Masini F., *Rapport de visite : centre de semi-liberté de Grenoble (Isère)*, visite du 15 au 17 avril 2013.

[4] Voir la partie « Méthodologie ».

[5] Rachid Sdiri, Communication personnelle lors de l'entretien réalisé dans les locaux du SPIP Isère, 5 mai 2022.

[6] *Rapport de visite : centre de semi-liberté de Grenoble*, p. 3.

La visite réalisée le 20 juin 2022 permet d'apporter plus de détail à l'organisation de la structure. Le QSL est réparti sur 4 étages. Le rez-de-chaussée comprend le poste de surveillance, le portique de sécurité, la salle d'attente, une salle de repos pour les surveillants qui est équipée d'une petite cuisine, le vestiaire des surveillants, les bureaux du personnel administratif, une cellule de dégrisement et un logement dédié au personnel du SPIP. À l'extérieur, le personnel pénitentiaire dispose d'un parking qui leur permet de garer leurs voitures en toute sécurité. Le 1er étage comprend une partie du quartier homme, le quartier femme et une chambre pour mineurs. Le 2e étage correspond au reste du quartier homme. Le nombre total de chambres est de 20 pour 36 places théoriques. Le 3e étage consiste en des logements de fonction inoccupés à l'heure actuelle depuis que le directeur n'est pas propre à la structure. Les coursives sont surveillées par des caméras reliées au poste de surveillance situé au rez-de-chaussée. Les chambres sont équipées d'un lit simple, d'un bureau, d'une ou deux chaises, d'un réfrigérateur, d'un micro-ondes et d'un poste de télévision. Elles ont soit vue sur le parking réservé au personnel pénitentiaire, soit vue sur la rue. Depuis les travaux finalisés en 2018, chaque chambre dispose de ses propres sanitaires comprenant une douche, un lavabo et un WC. Avant ces travaux, au moment de la visite du CGLPL en 2013, il y avait quatre douches communes par étage de détention (au 1er étage et au 2e)[1]. Depuis 2018 les personnes détenues disposent donc de plus d'intimité. Selon les DPIP interrogés, l'établissement est « bon à raser »[2] car trop vétuste. Le QSL est localisé à 10 kilomètres du centre pénitentiaire duquel il dépend, et à 2,1 km du SPIP Isère. Pour le trajet entre le QSL et le SPIP, il faut prévoir 26 minutes à pied, 9 minutes en vélo, 8 minutes en voiture et 22 minutes par les transports en commun (bus et tramway). Le QSL est aussi situé à 1 km de la gare de Grenoble ; 14 minutes suffisent pour s'y rendre à pied et le trajet se fait en 10 minutes par les transports en commun[3]. Il sera fait état dans cet article de l'importance de l'emplacement du QSL.

En ce qui concerne le personnel, selon Patrick Malle[4], les effectifs sont constitués de 2 gradés et de dix surveillants. Ce nombre est assez faible en comparaison au rapport à l'échelle nationale, qui en 2018 est de 2,5 personnes détenues pour un surveillant.[5] Ce rapport semble assez stable puisqu'il était de 2,6 en 2000[6], mais cela reste très élevé par rapport aux autres pays européens sachant que certains comme les Pays-Bas disposent de davantage de surveillants que de

[1] Ibid.

[2] Amélie Gardette, Céline Bruguet, Jérôme Gibier, Communication personnelle lors de l'entretien réalisé dans les locaux du SPIP Isère, 15 juin 2022.

[3] Les chiffres énumérés sont tirés de l'application « Google Maps » qui peut calculer les temps de trajet optimaux en fonction du moyen de transport.

[4] Patrick Malle, Communication personnelle lors de l'entretien réalisé au centre pénitentiaire de Grenoble-Varces, 14 avril 2022.

[5] Rousset A., « Les Prisons françaises en cinq chiffres », *Les Échos*, 06 mars 2018.

[6] Hyest J.-J., Cabanel G.-P., *Rapport de commission d'enquête n° 449*, Sénat, 29 juin 2000

détenus. Patrick Malle mentionne 10 surveillants[1], soit un de plus que les neuf mentionnés par le rapport du CGLPL de 2013. Ce même rapport précise que 30 détenus étaient hébergés en SL au 15 avril 2012. Pour 9 surveillants, cela fait donc un rapport de 3,3 détenus par surveillant. En 2022, il y a 24 détenus pour 10 surveillants soit 2,4 détenus par surveillant, ce qui correspond à la moyenne nationale. Les écrous se font au QSL. Le SPIP est un acteur très important dans l'accompagnement des détenus. Rachid Sdiri, directeur du SPIP Isère, a précisé que le service compte 99 personnels pour le suivi de 4000 personnes placées sous main de justice sur l'ensemble du département. En ce qui concerne le QSL de Grenoble, 3 conseillers pénitentiaires d'insertion et de probation (CPIP) relevant de l'unité milieu ouvert sont en charge du suivi direct des semi-libres et des interactions avec les services et associations impliqués. Ils sont sous la responsabilité de deux cadres du SPIP[2]. En 2013, le rapport du CGLPL mentionne un climat délétère au QSL (à l'époque CSL) de Grenoble entre les personnels de surveillance qui nuit au bon fonctionnement de la structure et à l'interprétation de l'autorité par les semi-libres. Est également mentionnée l'insuffisance des activités proposées, qui « ne peut être complètement justifiée par un manque de moyens et de locaux »[3].

Au regard du contexte dans lequel est placé le QSL de Grenoble, un certain nombre d'enjeux ressortent déjà concernant son activité. Le fait qu'il soit situé en plein centre-ville semble notamment être un élément caractéristique. Aussi, c'est un établissement d'assez petite taille ne prévoyant que 36 places au total et hébergeant actuellement 23 semi-libres, pour une dizaine de surveillants qui ne sont pas en poste au même moment (le gradé m'a confié qu'il est fréquent qu'il n'y ait que deux personnels). Les relations inter-personnel sont également un point sensible qui semble avoir nui au bon fonctionnement de la structure par le passé. Alors que les surveillants ne sont pas plus nombreux que dans une structure classique, un climat délétère peut véritablement remettre en question l'activité du QSL

La problématique sur laquelle se base ce travail est générale : dans quelle mesure les centres de semi-liberté reflètent-ils les avantages et les inconvénients de mettre en place des structures pénitentiaires de petite taille spécialisées et intégrées territorialement ?

Cette étude spécifique sera également l'occasion de s'interroger sur des dynamiques plus générales sur la semi-liberté et la privation de liberté. En effet, questionner la pertinence d'un type de structure impose de s'ouvrir à des problématiques extérieures à celles concernant uniquement les points de RESCALED, en analysant notamment les facteurs qui peuvent influer sur les conditions et réussites de la semi-liberté sans forcément être endogènes à son fonctionnement.

---

[1] Entretien avec Patrick Malle, Op.cit.

[2] Entretien avec Rachid Sdiri, Op.cit.

[3] Lecourbe A. et al., Op.cit., p.30.

Alors, cet article essaiera de répondre à la problématique suivante : quels sont les enjeux auxquels est confrontée l'activité d'un quartier de semi-liberté de petite taille situé en plein centre-ville ?

Identifier de tels enjeux permettra notamment d'analyser les avantages et inconvénients de la semi-liberté telle qu'elle est en place à Grenoble et d'ouvrir sur la pertinence de cette mesure.

Comme mentionné précédemment, il n'existe pas de littérature scientifique spécifique sur le QSL de Grenoble. Ainsi, pour rendre compte de l'activité de la structure et l'analyser, il est avant tout nécessaire de recueillir les propos et positions des personnes en lien avec celle-ci. C'est pourquoi la grande partie de cet article de recherche se base sur les résultats récoltés à la suite d'entretiens semi-directifs, avec application d'une méthode inductive. On peut parfois reprocher aux entretiens semi-directifs de ne pas s'inscrire dans une méthode inductive du fait qu'ils seraient trop basés sur des hypothèses qui cherchent à être vérifiées, et donc à une méthode déductive. Ici, par entretiens semi-directifs, il faut entendre des entretiens qui suivent une grille afin de traiter des points à la fois précis et généraux dans le but de recueillir les avis les plus pertinents des acteurs locaux sur la semi-liberté à Grenoble et en général. Aucun présupposé ne vient orienter les questions : nous ne partons pas du principe que les structures de petite taille sont plus efficaces et fonctionnent mieux que les grosses structures. L'objectif de cette étude est justement de déterminer ce que la SL, sa taille et ses degrés d'intégration et de spécialisation font naître comme avantages et inconvénients qui pourrait indiquer si cette mesure devrait être développée ou non, et si les critères mentionnés (petite taille, intégration dans l'environnement local et spécialisation) sont importants pour juger de la réussite de la semi-liberté. C'est en cela que cette recherche combine bel et bien entretiens semi-directifs et méthode inductive.

Les enjeux relevés de la description du terrain d'étude correspondent notamment aux points suivants. En 2013, le rapport du CGLPL mentionne un climat délétère entre les personnels de surveillance qui nuit au bon fonctionnement de la structure et à l'interprétation de l'autorité par les semi-libres. Il conviendra de voir avec les acteurs concernés ce qu'il ressort de cette tension, si elle est toujours d'actualité et d'approfondir sur l'importance de l'unité du personnel et de la direction. Le rapport mentionne également l'insuffisance des activités proposées. L'avis des directeurs du centre pénitentiaire et du SPIP sera donc recueilli par rapport à cette observation, et leurs vision et projets concernant les activités et l'accompagnement seront retranscrits. Le nombre de détenus par rapport au nombre de surveillants interpelle aussi sur le suivi qui peut être appliqué, et l'importance de ce rapport dans le cadre de la semi-liberté où les détenus ne sont souvent pas présents en journée. D'autres points exogènes au rapport du CGLPL sont aussi à soulever. Cet article de recherche a pour objectif de constituer un apport intellectuel et académique à la réflexion autour du projet européen RESCALED, dont les représentants souhaitent que la littérature en France soit plus exhaustive sur l'évaluation de certaines structures. Le projet RESCALED a pour objectif de mettre en avant l'importance de développer des structures pénitentiaires de petite taille, intégrées dans l'environnement local et spécialisées, afin de répondre aux problématiques de l'incarcération en Europe et aussi spécifiquement en France comme la surpopulation carcérale ou la vétusté des locaux, entre autres.[1] Cette étude tourne donc autour de ces trois points et présente présente deux objectifs principaux : le premier est d'évaluer dans quelle mesure le QSL de Grenoble est en phase ou non avec la petite taille, l'intégration dans l'environnement local et la spécialisation. Le deuxième objectif est en soi d'évaluer la pertinence ou le manque de pertinence de ces trois critères comme seuls indicateurs de la performance et de l'utilité d'une structure pénitentiaire, en soulevant des points autres qui auront été apportés par les acteurs des entretiens.

Concernant les entretiens, trois ont été réalisés dans le cadre de cette étude. Le premier s'est déroulé le jeudi 14 avril 2022 de 09h30 à 11h30 au centre pénitentiaire de Grenoble-Varces auprès du directeur de cette structure, Patrick Malle. Il s'agit de l'établissement dont dépend administrativement le QSL de Grenoble, d'où l'importance d'un entretien avec Patrick Malle. Ce dernier connaît le monde de la semi-liberté de près, puisqu'il a été à la fois surveillant pénitentiaire et directeur du centre de semi-liberté de Corbeil. Aujourd'hui il est donc directeur du centre pénitentiaire de Grenoble-Varces et est à nouveau à la charge, cette fois entre autres, d'une section de semi-liberté. Puisqu'il est le responsable administratif du QSL, il était très important de réaliser un entretien avec Patrick Malle. De plus, son parcours fait de lui un responsable de l'administration pénitentiaire particulièrement intéressant à interroger pour questionner la semi-liberté en général. Aussi, son passé de surveillant fait qu'il connaît bien les exigences auxquelles est soumis ce personnel et qu'il a sa propre vision de la hiérarchie et de la direction, essentielles à la réussite d'une mesure comme la semi-liberté.

Le deuxième entretien s'est déroulé le jeudi 05 mai 2022 de 10h à 11h30 au siège administratif du SPIP Isère basé à l'Europole à Grenoble, auprès de Rachid Sdiri, directeur du SPIP 38. L'endroit diffère bien du centre pénitentiaire, du bâtiment du QSL ou encore des locaux du SPIP basés aux Alliés. Perchée au cinquième étage d'une des plus hautes tours de l'Europole, soit le quartier des affaires de Grenoble, la direction du SPIP a trouvé sa place au milieu des cabinets d'avocats et des sièges d'entreprise. L'accueil est chaleureux et l'on n'oublierait presque que cet endroit relève de l'administration pénitentiaire. Rachid Sdiri est directeur du SPIP Isère depuis le 1er décembre 2021. Sa récente prise de fonction ne l'empêche pas de décrire l'activité du QSL de Grenoble avec une grande précision. Rachid Sdiri a déjà travaillé dans un centre pénitentiaire comprenant un centre de semi-liberté, qu'il peut mettre en perspective avec son expérience à

[1] Observation et points tirés du site de RESCALED et de la FARAPEJ : https://www.rescaled.org et et https://farapej.fr/RESCALED-Un-mouvement-pour-une-detention-a-petite-echelle.

Grenoble ; une mesure qu'il désigne comme une « reprise progressive de liberté »[1]. Le service pénitentiaire d'insertion et de probation exerce une mission essentielle auprès du QSL de Grenoble puisqu'il est chargé de l'accompagnement des semi-libres dans leurs démarches ainsi que d'organiser certaines activités au sein de la structure.

Le troisième entretien s'est déroulé avec les Directeurs Pénitentiaires d'Insertion et de Probation (DPIP) du SPIP Isère qui ont à leur charge le suivi du QSL de Grenoble ; Amélie Gardette, Céline Bruguet et Jérôme Gibier, le mercredi 15 juin 2022 de 14h à 16h30 dans les locaux administratifs du SPIP Isère. L'objectif de cet entretien était d'obtenir un retour plus direct du travail effectué par le SPIP avec la structure, ainsi que la perception de celle-ci et de la SL en général par les DPIP qui occupent un poste différent de ceux de Patrick Malle et Rachid Sdiri.

Ces entretiens sont complétés par la visite du QSL de Grenoble ayant eu lieu le lundi 20 juin 2022 à Grenoble de 14h à 15h environ, auprès du premier surveillant et du surveillant brigadier en poste à ce moment. Ces deux personnes ont refusé que leur nom soit cité pour des raisons de sécurité, mais elles ont accepté que leurs propos soient retranscrits de manière anonyme.

Les trois entretiens, que ce soit de par la nature du poste des personnes interviewées ou leur expérience dans l'administration pénitentiaire, constituent une ressource essentielle pour ce travail de recherche. Les données récoltées permettent à la fois de répondre à l'objectif de mise en perspective des points de Rescaled avec la nature et l'activité du QSL de Grenoble et à l'objectif d'identification de critères qui pourraient dépasser ou du moins nuancer la suffisance des points de Rescaled dans l'évaluation de la semi-liberté à Grenoble et en général.

De fait seront d'abord présentés les résultats concernant la mesure avec laquelle le QSL de Grenoble correspond à une structure de petite taille, en quoi cela importe, quelles sont les conséquences et enjeux de l'intégration à l'environnement urbain grenoblois et quelle part de spécialisation comporte l'activité de la structure. Ensuite, les résultats tirés des entretiens concernant d'autres critères seront présentés, notamment l'importance des relations entre les personnels, d'une direction forte, de l'accompagnement des semi-libres ou encore des paradigmes de société qui semblent entretenir la surpopulation carcérale.

I - Le QSL de Grenoble à l'épreuve des critères du projet Rescaled

Les trois points du projet Rescaled traités dans cet article sont la petite taille, l'intégration dans l'environnement local et la spécialisation. Ces points seront traités un à un dans la première partie de présentation des résultats avant que ne soient présentés les enjeux soulevés spécifiquement par les acteurs interrogés. Les

[1] Entretien avec Rachid Sdiri, Op.cit.

données correspondent aux réponses des acteurs et à leur traitement, sachant que ce sont les réponses aux questions prévues dans la grille d'entretien. Nous invitons donc toute lectrice et tout lecteur à se référer à l'annexe pour trouver les grilles d'entretiens utilisées et ayant amené aux réponses obtenues.

A - Une structure de petite taille

La première question à se poser concernant ce point est qu'entend-on par petite taille. En ce qui concerne les maisons d'arrêt et les structures pénitentiaires, Rachid Sdiri estime qu'il est possible de parler de « petite taille » pour un établissement dont la capacité est inférieure à 100 personnes détenues. Sur le site du ministère de la Justice[1], la notion de petite taille est mentionnée en référence à un projet de construction d'une structure d'accompagnement vers la sortie (SAS) d'une capacité prévue de 180 places. Cependant, les SAS sont des établissements nouveaux fonctionnant sur un principe différent[2], et nous retenons la définition de Rachid Sdiri sur la capacité inférieure à 100 places comme définition de la petite taille. Selon cette définition, retenue ici car Rachid Sdiri a une expérience variée de structures autant grandes que petites, le QSL de Grenoble est largement une structure de petite taille puisqu'elle a une capacité d'hébergement de 36 personnes. D'après les DPIP interrogés, le QSL de Grenoble se situe dans la moyenne des établissements de SL en termes de taille.

Les grilles d'entretiens disponibles en annexe, concernant la thématique de la petite taille, se concentrent sur la détermination selon les personnes interrogées des avantages et inconvénients de la petite taille, les relations inter-détenus, les relations entre les personnels, le suivi des détenus et la possibilité que la SL soit une solution à la surpopulation.

- Les avantages et inconvénients de la petite taille

Selon Patrick Malle[3], le QSL de Grenoble a une taille assez moyenne pour une structure de semi-liberté. À Corbeil-Essonnes où il a été chef en comparaison, le CSL avait une capacité de 78 places. L'avantage de la petite taille est avant tout de permettre que le nombre de détenus par cellule soit le plus faible possible, avec un objectif de 1 ou 2 au QSL de Grenoble, limitant les conflits et renforçant l'autonomie. Toutefois, la taille de la structure doit être calibrée avec les moyens qui lui sont accordés pour assurer un bon suivi des détenus : l'augmentation des structures de petite taille risquerait selon Patrick Malle de diminuer les moyens alloués aux établissements et in fine de diminuer l'efficacité de la SL et de l'accompagnement des semi-libres vers la réinsertion.

---

[1] *Structure d'accompagnement vers la sortie : Osny* https://www.apij.justice.fr/nos-projets/les-operations-penitentiaires/sas-d-osny/.

[2] Voir le chapitre de cet ouvrage dédié aux problématiques des SAS.

[3] Entretien avec Patrick Malle, Op.cit.

Rachid Sdiri fait davantage l'éloge des structures de petite taille qui ont un « gros avantage »[1] : la proximité avec les personnels de surveillance, les personnels d'insertion, de soin, d'enseignement, de formation et l'ensemble des intervenants associatifs qui interviennent au sein de ces structures. Cela est permis par le faible nombre grâce auquel il y a une meilleure connaissance par le personnel du public carcéral. Les petites structures « ont un côté nettement plus humain » pour Rachid Sdiri. Cette connaissance est selon lui réciproque puisque les détenus connaissent mieux les surveillants et le rapport à l'autorité est souvent plus apaisé, et les interventions sont plus fluides puisque les intervenants se connaissent mieux du fait qu'il s'agisse de petites équipes. Pour les structures plus importantes comme le centre pénitentiaire de Valence et ses 550 détenus, Rachid Sdiri explique qu'elles entraînent un sentiment d'automatisation et un effet d'isolement, avec un fonctionnement beaucoup plus régulé. À Valence, par exemple, les cellules sont bien équipées (toilettes, douche, TV systématique) et les détenus peuvent aisément ne pas sortir de leur cellule pendant plusieurs jours. Dans le cadre d'une maison d'arrêt de petite taille, la proximité entre détenus et personnel fait que cela arrive moins puisque le personnel prend davantage de nouvelles des détenus. Cela empêche l'effet d'isolement. Cet effet prédomine moins en semi-liberté, mais cette proximité se répercute sur le sentiment plus humain de l'incarcération.

- Relations entre les détenus et entre les personnels

Pour Patrick Malle[2], la question des relations inter-détenus n'est pas la priorité puisqu'au QSL de Grenoble, les détenus sont soit seuls en cellule soit à deux, et le soir les portes restent fermées, limitant les interactions. Il conçoit la structure du QSL comme un dortoir, ce qui importe à ses yeux étant avant tout l'occupation en journée. En revanche, la question des relations entre les personnels et la manière dont elles sont régulées par la direction, notamment le chef d'établissement, sont importantes. Selon Patrick Malle, le retour du CGLPL en 2013 n'est pas anodin. S'il explique que cette ambiance délétère mentionnée n'est plus d'actualité, elle peut facilement basculer et cela dans tout établissement. Il avait déjà rencontré un problème similaire au CSL de Corbeil. Toutefois, sa réflexion s'échappe du cadre de la petite taille puisqu'elle concerne le rôle et le sens de la hiérarchie en général dans l'administration pénitentiaire. Ce point étant particulièrement important dans son discours, il sera l'occasion de revenir dessus dans la partie des résultats intitulée « données concernant les thématiques apportées par les acteurs ».

Rachid Sdiri partage la conclusion de Patrick Malle sur les relations inter-détenus puisqu'il explique qu'elles ne sont pas l'enjeu crucial de la semi-liberté ;

---

[1] Entretien avec Rachid Sdiri, Op.cit.
[2] Entretien avec Patrick Malle, Op.cit.

en effet, les incidents sont rares étant donné le format de l'incarcération[1]. Dans les structures classiques, la plupart des incidents concernent des disputes voire des violences ethniques entre individus appartenant à différents groupes, comme ceux qui s'identifient aux gitans et ceux qui s'identifient aux Maghrébins. Ce type d'incident est rare en SL. Au QSL de Grenoble, les incidents sont très majoritairement extérieurs selon Rachid Sdiri, et relèvent notamment de vols, d'alcoolisations ou de retards d'intégration en soirée.

Ces deux observations par Patrick Malle et Rachid Sdiri permettent de conclure que la semi-liberté est bénéfique aux relations inter-détenus puisque les incidents internes sont rares, au point que cette thématique ne soit qu'anecdotique selon eux dans la réflexion sur les points d'amélioration de la semi-liberté. La petite taille joue sur cet aspect quand, comme au QSL de Grenoble, les détenus sont peu nombreux par chambre. En effet, d'après le premier surveillant du QSL, l'encellulement individuel est une priorité puisque les détenus se croisent ainsi le moins possible. Le format de la SL joue aussi beaucoup puisque les détenus ne sont présents que le soir, les chambres étant de plus fermées à clé à Grenoble. En fait, c'est l'accompagnement en journée qui est le plus important puisque les incidents qui interviennent en SL sont surtout extérieurs. Sur la question des relations entre les personnels, Patrick Malle a une vision claire qui sera développée en aval puisqu'elle sort de la thématique de la petite taille.

- Suivi des détenus

Cette thématique s'articule bien avec la précédente puisque sur la question des relations entre les personnels, qui pourraient être améliorées si les surveillants avaient moins de pression du fait d'un rapport détenus/surveillants plus faible, Patrick Malle est très clair[2] ; ce rapport n'évolue pas au QSL de Grenoble et de manière générale en semi-liberté puisque le nombre de surveillants est proportionnel à la taille de la structure. Le suivi des détenus par les surveillants n'est donc pas plus développé qu'en structure classique. Rachid Sdiri a été clair sur le fait que pour lui, le principal avantage de la petite taille est le sentiment plus humain qu'elle implique et le meilleur suivi des détenus[3]. Patrick Malle a fourni un témoignage qui diverge de cette interprétation. Les surveillants n'effectuent selon lui qu'un travail de surveillance, et la question du suivi des détenus est ainsi exogène à la taille de la structure. En effet, pour Patrick Malle, c'est l'accompagnement permis par les acteurs extérieurs au QSL qui induit la réussite du suivi des détenus et de la semi-liberté. Puisque cette thématique est indépendante de la petite taille, elle sera traitée dans la deuxième partie de présentation des résultats. En fait, les visions de Rachid Sdiri et Patrick Malle se rejoignent puisque Rachid

[1] Entretien avec Rachid Sdiri, Op.cit.
[2] Entretien avec Patrick Malle, Op.cit.
[3] Entretien avec Rachid Sdiri, Op.cit.

Sdiri mentionne aussi surtout les acteurs extérieurs sur la question de la petite taille. La vision du directeur du SPIP Isère vient donc compléter celle de Patrick Malle en ajoutant que c'est la petite taille qui permet aux acteurs extérieurs de mieux connaître et donc de suivre les détenus. De fait, leurs observations ne sont pas antagonistes.

- La SL comme solution à la surpopulation carcérale ?

Les deux personnes interrogées sont assez claires en ce qui concerne le développement de la semi-liberté comme réponse à la surpopulation carcérale. Pour Patrick Malle, il n'est pas utile de développer la SL en tant que telle puisqu'elle est mal utilisée aujourd'hui, notamment en ce qui concerne le suivi des détenus, qui n'est pas assez bon selon lui, faisant perdre son utilité à la mesure[1]. En effet, si le suivi n'est pas assez bon, rien n'assure que la réinsertion des semi-libres soit un succès, et ils risquent de récidiver après leur libération, rendant leur passage en SL inutile. Pour le directeur du CP de Grenoble-Varces, une cause de la surpopulation carcérale est exogène aux questions de taille ou de semi-liberté, et concerne le pouvoir des juges. Puisque c'est une réflexion exogène à la petite taille et même à la semi-liberté, bien qu'elle joue sur le sens de ces critères, elle sera traitée dans la seconde partie de présentation des résultats. Rachid Sdiri quant à lui partage le point que le développement des QSL et CSL n'est actuellement pas une solution viable au problème de surpopulation carcérale. La raison qu'il amène est simple : le sous-effectif. Avec un taux d'occupation de 66 % au QSL de Grenoble, il serait inutile de développer ce type de structure proche puisque la mesure ne fonctionne pas à plein régime[2]. L'observation sur le terrain amène à une interprétation bien différente. L'effectif théorique est bien de 36 places pour 20 chambres, et un nombre d'occupants moyen estimé à 25 par le premier surveillant. Ces chiffres ne respectent pas la règle de l'encellulement individuel, censée être la norme en semi-liberté. Ainsi, si le QSL semble sous occupé par rapport à l'effectif théorique, il est en réalité déjà en état de surpopulation par rapport au fait que la plupart des chambres soient doubles, voire triples dans certains cas. À la date du 20 juin 2022, seule une place femme est occupée, les trois autres chambres femmes étant, de fait, occupées par des hommes pour résoudre le problème de sureffectif masculin. La seule chambre pour mineur n'est pas occupée. Il est alors clair que le modèle grenoblois ne permet pas de résoudre la problématique de surpopulation carcérale. Si les 36 places ne sont pas occupées, on peut supposer que c'est par préférence des DPIP et de la JAP de ne pas davantage encombrer l'établissement, dont la capacité théorique est bien trop élevée par rapport à sa capacité effective.

---

[1] Entretien avec Patrick Malle, Op.cit.

[2] Entretien avec Rachid Sdiri, Op.cit.

En ce qui concerne le développement de nouvelles structures, Rachid Sdiri est optimiste vis-à-vis de la construction de SAS, notamment celui de Valence. Le directeur du SPIP Isère trouve ces établissements intéressants de par leur effectif ; 120 places en moyenne, allant de 90 à 180, pour des personnes à moins d'un un an de la sortie d'incarcération, et favorisant l'accompagnement des personnes détenues sans forcément aller vers de la semi-liberté. Cela semble indiquer que le critère de petite taille pourrait ne pas être si important dans les pistes de solution envisagées au problème de surpopulation carcérale, à moins que la petite taille soit définie comme correspondant à un effectif inférieur à 200 places, ce qui n'est pas le cas dans cette étude. Le développement des SAS ne signifierait toutefois pas le déclin de la semi-liberté puisque certaines structures, comme celle de Valence, prévoient d'intégrer un QSL à leur établissement, de 30 places en ce qui concerne Valence. La SL ne serait donc pas la mesure principale vectrice de changement mais serait complémentaire à d'autres aménagements. Rachid Sdiri développe sa réflexion sur un autre type de changement qui pourrait permettre de limiter la surpopulation carcérale, mais cette vision étant exogène à la petite taille et aussi à la semi-liberté, elle sera traitée dans la deuxième partie de présentation des résultats.

B - Une structure intégrée dans l'environnement local

L'intégration à l'environnement local correspond à l'adaptation de l'environnement aux nécessités de réussite de la détention en semi-liberté, ainsi que la cohabitation saine avec la population, les pratiques et activités locales. Le QSL de Grenoble est situé en plein centre-ville, à quelques minutes à pied ou en transports en commun de l'hypercentre et des autres secteurs d'activité. Ce n'est pas le cas de toutes les structures pénitentiaires. Le centre pénitentiaire de Grenoble-Varces par exemple est à l'extérieur de la ville, et il faut prévoir environ 30 minutes de bus pour y accéder depuis le centre-ville. C'est un endroit assez reculé des activités urbaines, c'est-à-dire des activités professionnelles et académiques. Il convient alors de voir en quoi l'emplacement du QSL de Grenoble et son activité influent sur l'intégration à l'environnement local en se posant la question de la réaction de la population locale et des opportunités que peut offrir le fait d'être situé en centre-ville.

- Les transports comme facteurs déterminants

Les deux personnes interrogées soutiennent le fait que l'avantage principal de l'intégration en centre-ville est la proximité des transports. Patrick Malle décrit le QSL de Grenoble comme un mal nécessaire dans une communauté, qui n'est « pas une verrue »[1]. Cet emplacement en centre-ville est primordial selon lui car

[1] Entretien avec Patrick Malle, Op.cit.

beaucoup de détenus n'ont pas les moyens de payer pour des transports en commun sur de longues distances, et il est essentiel que tout puisse se faire à pied notamment les rendez-vous professionnels. Pour Rachid Sdiri, le fait d'être en centre-ville est un facteur d'accessibilité puisque toutes les zones de la ville peuvent être atteintes facilement depuis le QSL de Grenoble via des transports abordables. On peut notamment noter la différence avec le QSL de Saint-Quentin-Fallavier, proche du centre pénitentiaire qui est à l'écart de tout. C'est un énorme inconvénient puisque pour le directeur du SPIP Isère, dans ce genre de cas « l'inscription professionnelle est impossible ». Aussi, en ce qui concerne les transports en commun et leur prix, le SPIP fournit justement des tickets de bus et de tramway aux détenus du QSL de Grenoble. La proximité entre le QSL et le SPIP (26 minutes à pied) représente alors un gros avantage qui ne pourrait se matérialiser si le QSL était situé à proximité du CP de Varces. Le facteur du transport est également particulièrement accommodant pour que les détenus puissent maintenir un lien avec la famille, souvent considéré comme primordial dans le cadre d'une détention en semi-liberté[1], puisque Grenoble est une plaque tournante du transport départemental, y compris pour se rendre dans des communes plus lointaines et retrouver ses proches. Selon Rachid Sdiri, le QSL de Grenoble est bien intégré dans son environnement local, le centre-ville, qui représente un facteur déterminant de la réussite de la semi-liberté en donnant l'occasion aux semi-libres de réintégrer plus facilement la société[2]. Le public carcéral correspond à une frange fragilisée de la société, faisant face à un sérieux besoin d'intégration. La localisation en centre-ville permet plus facilement cette intégration, notamment de par la proximité des partenaires associatifs, de soin ou de formation.

- La réaction de la population locale

Ce critère de réaction de la population a tendance à témoigner de la façon dont les gens perçoivent à priori le milieu carcéral. Pour Patrick Malle, un gros avantage du QSL de Grenoble est qu'il soit caché ; puisque c'est un ancien hôtel, sa structure n'est pas celle d'un établissement pénitentiaire et les gens ne devinent pas que c'en est un[3]. Seuls les habitants proches le savent. Selon le directeur du CP de Varces, ces derniers ont tendance à exprimer de la défiance vis-à-vis de l'implantation de structures d'application des peines pour deux raisons principales. La première est la crainte des évasions et des violences qui peuvent être commises à l'issue de celles-ci. La deuxième est la peur de dévaluation immobilière des biens des habitants ; en effet, la présence d'un établissement

---

[1] Cette affirmation sera nuancée dans la partie « spécialisation ».
[2] Entretien avec Rachid Sdiri, Op.cit.
[3] Entretien avec Patrick Malle, Op.cit.

pénitentiaire a tendance à faire baisser les prix de l'immobilier[1]. Ces appréhensions sont contrastées par la rareté des incidents avec l'extérieur et notamment la population locale comme le souligne Patrick Malle[2]. La majorité des incidents correspond à de l'ivresse ou de la prise de stupéfiants lors du retour au QSL de Grenoble, ce qui peut être source d'accrochages avec le personnel pénitentiaire. En ce qui concerne l'acceptation par la population, il n'existe pas pour le directeur du CP de Grenoble-Varces de corrélation entre l'emplacement de la structure et le fait que l'intégration permette l'acceptation. Cette acceptation ne varie pas en fonction de l'emplacement donc. Selon Rachid Sdiri[3], il n'y a pas d'hostilité particulière de la part de la population vis-à-vis du QSL de Grenoble. En général, lors de l'installation d'une structure, une peur du public pénal s'installe comme l'a précisé Patrick Malle. Pour le directeur du SPIP Isère, le QSL de Grenoble ne correspond pas à ce registre puisque ce genre de mesure d'aménagement de peine entraine peu d'instabilité. Selon lui, le QSL de Grenoble est donc bien intégré à son environnement local. Certaines difficultés persistent malgré tout quant à la perception du milieu carcéral. Lors de leur installation dans les nouveaux locaux administratifs du SPIP à l'Europole, place Robert Schuman à Grenoble, les personnels du SPIP se sont vus demander par leurs voisins de palier (un cabinet d'avocats), inquiets, s'ils allaient recevoir des détenus. La mission n'est pas toujours simple donc, mais le QSL de Grenoble remplit son objectif d'intégration.

C - Une structure non spécialisée

La spécialisation correspond à la différenciation des détenus en fonction de leur profil et de leurs compétences. Dans le cadre de la semi-liberté, la spécialisation peut prendre la forme d'une activité ou d'une formation particulières proposées aux semi-libres. Il convient de voir en quoi le QSL de Grenoble correspond ou non à une structure spécialisée de par la différenciation au recrutement en SL et les activités proposées, mais aussi de voir quelle place est donnée à la spécialisation par rapport à d'autres critères comme ladite nécessité de préservation des liens familiaux.

- Le QSL de Grenoble, une structure spécialisée ?

D'abord, en ce qui concerne le recrutement des personnes détenues, les deux personnes interrogées sont claires sur le fait que la sélection n'est pas particulièrement stricte ou contraignante au QSL de Grenoble. Le passage en semi-liberté est une démarche volontaire avec des détenus qui formulent eux-

---

[1] Ces localisations font-elles vraiment baisser les prix ?, *Le Figaro Immobilier*, 27 mars 2021 : en face des Baumettes à Marseille, à moins de 100 mètres, l'immobilier est dévalué de 40 %.
[2] Entretien avec Patrick Malle, Op.cit.
[3] Entretien avec Rachid Sdiri, Op.cit.

mêmes la requête, même si la demande peut leur être suggérée par des accompagnateurs. Ce modèle de volontariat est essentiel pour Patrick Malle puisque la semi-liberté correspond à la signature d'un contrat de confiance avec le détenu, et la confiance ne peut être établie si la détermination ne transparaît pas dans la démarche de la personne détenue[1]. S'il n'y avait pas de volontariat, il y aurait davantage d'incidents et surtout la SL serait moins utile, puisque rien ne garantirait que la personne détenue en SL fasse les démarches nécessaires pour sa formation et sa professionnalisation, malgré le fait qu'elle soit accompagnée. Pour accepter une personne en SL, il faut donc la connaître. C'est pourquoi plus de 9 fois sur 10, Patrick Malle suit les recommandations du SPIP Isère qui effectue un très important travail de suivi selon lui. Dans de rares cas, les demandes formulées par les détenus sont refusées, quand la personne est en dilettante ou que les procédures d'aménagement de peine précédentes se sont conclues par des échecs successifs. Patrick Malle précise aussi que certains profils ne peuvent se passer d'un passage en semi-liberté avant leur remise en liberté. C'est notamment le cas des personnes condamnées à la réclusion criminelle à perpétuité avec période de sûreté : le passage en CSL ou QSL est obligatoire pour ce type de profils. Au QSL de Grenoble, il n'y a pas de spécificité quant au type de profil carcéral reçu, il n'y a pas de différenciation en fonction du délit ou crime commis. À titre personnel, Patrick Malle aime privilégier les personnes présentant des difficultés de logement afin de leur offrir plus de possibilités de réinsertion pendant le temps de la SL en faisant du logement quelque chose dont elles n'ont pas à se préoccuper directement (bien que le but soit qu'elles trouvent des options de logement à l'extérieur avant la fin de leur passage en semi-liberté). Pour les personnes fragiles socialement qui n'ont pas réussi à finaliser leur projet à la fin de la période de SL, il est nécessaire selon Patrick Malle de les réincarcérer puisqu'elles ne sont pas prêtes à sortir. Selon Rachid Sdiri, la différenciation des détenus candidats est un des enjeux majeurs de la semi-liberté[2]. Quand le juge d'application des peines (JAP) est chargé par le procureur de trancher sur le placement en SL d'une personne, il saisit le SPIP qui va mener une enquête afin de déterminer la situation de la personne, notamment pour savoir si elle est sans domicile fixe par exemple. C'est à la suite de cette enquête que le JAP va rencontrer la personne en milieu ouvert puis rendre sa décision. Cette importance de l'appréciation des profils spécifiques et de la situation des détenus rejoint la thématique de l'intégration à l'environnement local, à propos de laquelle Patrick Malle soulignait l'importance de la prise en compte des moyens des détenus par rapport à leurs difficultés d'accès aux transports[3]. La différenciation est ainsi un enjeu transversal et très important. Au QSL de Grenoble, il n'y a pas non plus de différenciation en fonction du sexe de la personne ou de son âge. Le faible nombre de places prévues pour les femmes s'explique selon Patrick Malle par le fait qu'elles représentent

[1] Entretien avec Patrick Malle, Op.cit.
[2] Entretien avec Rachid Sdiri, Op.cit.
[3] Entretien avec Patrick Malle, Op.cit.

une proportion très limitée du public carcéral en général (entre 4 % et 5 %). S'il n'y a donc pas de sélection sur la base de critères spécifiques au QSL de Grenoble, chaque profil est cependant différencié des autres afin de déterminer quelle personne bénéficierait le plus d'une mesure de semi-liberté. En ce qui concerne les activités proposées au sein du QSL de Grenoble, la réponse de Rachid Sdiri est simple ; la structure n'est pas spécialisée[1]. Chaque détenu suit son chemin propre en fonction de son profil et de ses compétences. Celles-ci sont évaluées et les personnes mises en relation avec des partenaires notamment par la mission locale, vers laquelle le SPIP Isère dirige les personnes détenues.

- La spécialisation : à quel degré et à quel prix

Puisque le QSL de Grenoble n'est pas une structure spécialisée au sens de la spécificité des activités ou des profils des détenus, il convient de voir avec les personnes interrogées ce qu'elles pensent de la spécialisation de ce type de structure, de savoir si le QSL de Grenoble devrait donc l'être et aussi à quel prix. Sur la question de la spécialisation en termes de profils, une question qui ressort souvent est celle de la spécialisation par sexe. Patrick Malle considère cette question comme un non-sujet du fait que la population carcérale féminine soit trop faible (entre 4 % et 5 % de la population totale) pour que soient prévues des structures de SL spécifiques[2]. De plus, la mixité permet pour Patrick Malle de refléter ce à quoi la société correspond, et c'est justement l'objectif de la SL que de réintroduire les personnes détenues à la vie libre. Pour le directeur du SPIP Isère, ce n'est pas non plus un enjeu spécifique de l'aménagement de la peine, ne représentant une problématique tout au plus que le soir et en week-end[3]. Mais encore une fois, les chambres étant fermées à clé la nuit et non-mixtes au QSL de Grenoble, la question du sexe ne représente pas un enjeu important selon lui. Par rapport à la spécialisation en fonction de l'activité, Rachid Sdiri a travaillé de 2016 à 2019 auprès du CP de Ducos en Martinique, qui comprend notamment un QSL. Il est particulièrement bien placé pour parler de spécialisation dans le contexte de la semi-liberté puisque ce QSL était spécialisé dans les jardins maraîchers. Cette particularité est selon lui intéressante puisqu'elle permet de faire naître des vocations et de se former, mais elle n'est pas applicable à toutes les structures et tous les contextes. S'il est décidé que le QSL de Grenoble se spécialise dans un certain type d'activité, il est absolument nécessaire pour Rachid Sdiri que la proposition d'emploi qui en découle soit qualifiante ; la formation est essentielle, sans quoi la personne détenue en semi-liberté n'aura jamais de quoi prétendre à un emploi gratifiant à sa sortie de détention. C'est l'argument de la formation qui peut justifier une spécialisation poussée, au point que la différenciation des profils

[1] Entretien avec Rachid Sdiri, Op.cit.
[2] Entretien avec Patrick Malle, Op.cit.
[3] Entretien avec Rachid Sdiri, Op.cit.

justifie un éloignement du milieu d'origine. Selon le directeur du SPIP Isère, « s'éloigner c'est bien aussi » à condition qu'un gain réflexif en découle et que l'activité spécialisée proposée soit couplée à une formation, facteur de professionnalisation à la sortie. Patrick Malle a une vision encore plus tranchante à ce niveau. Pour lui, l'exigence de maintien des liens familiaux est aberrante du fait que certaines familles soient particulièrement toxiques ; il qualifie cette exigence de « vision émotionnelle basée sur rien », c'est-à-dire sur aucune assurance de résultat, au contraire quand des familles tirent davantage leurs membres vers la récidive que la réinsertion[1]. Patrick Malle prône la vision des pays nordiques à ce sujet qui possèdent des structures fortement spécialisées où l'activité exercée prime sur le maintien des liens. La spécialisation de l'activité est ainsi nécessaire pour lui, mais le sentimentalisme institutionnalisé injustifié empêcherait de prendre cette direction, alors que ce pourrait être un excellent moyen pour faire en sorte que les CSL et QSL permettent véritablement de lutter contre la récidive et de favoriser l'insertion professionnelle. Les DPIP interrogés ne voient pas comment la spécialisation pourrait être atteinte, et insistent sur l'importance du maintien des liens familiaux[2] à l'inverse de Patrick Malle. Selon Pierrette Poncela et Christina Medici[3], qui ont fourni une réflexion sur la semi-liberté en général et aussi spécifique au QSL de Versailles, la semi-liberté a du mal à lutter contre les addictions, notamment aux stupéfiants. Ce constat peut justement être expliqué par le fait que les détenus en SL replongent la journée dans des milieux familiaux ou amicaux avec forte emprise à la drogue, ce qui les empêche de se détacher de cette pratique. La spécialisation de l'activité voire dans ce cas par différenciation des profils justifiant l'éloignement des personnes pourrait de fait permettre de faire en sorte que la SL réponde au problème de la lutte contre les addictions. Le mauvais scénario serait toutefois que malgré un éloignement, la personne dépendante cherche elle-même de nouveaux réseaux locaux pour se procurer les substances qui lui manquent. C'est pourquoi l'éloignement *via* la spécialisation ne semble pouvoir fonctionner dans le cadre de cette lutte que si les structures extérieures d'accompagnement sont suffisamment développées pour permettre un suivi conséquent, autant médical que professionnel.

II - Les enjeux spécifiques au QSL de Grenoble

Certains enjeux soulevés par les personnes interrogées sont exogènes aux critères de petite taille, d'intégration dans l'environnement et de spécialisation, mais sont autant importants (voire plus ?) dans l'analyse de la semi-liberté à Grenoble et en général. Les thématiques qui seront traitées dans cette deuxième

---

[1] Entretien avec Patrick Malle, Op.cit.
[2] Entretien avec les DPIP, Op.cit.
[3] Poncela P., Medici C., La semi-liberté. Contours d'une sanction pénale multiforme et détour par le quartier de semi-liberté de Versailles, *Revue de science criminelle et de droit pénal comparé*, 2011.

partie de présentation des résultats sont la forme et le sens de la hiérarchie selon Patrick Malle, puis l'importance de l'accompagnement comme facteur majeur de réussite de la semi-liberté et enfin différents paradigmes qui, au-delà de la semi-liberté, empêchent de résoudre le problème de surpopulation carcérale.

A - La hiérarchie comme clé de voûte de l'harmonie au sein du personnel

Le climat délétère entre les surveillants, mentionné dans la partie « relations entre les détenus, relations entre les personnels », a été un point qui a impacté l'activité du QSL de Grenoble de manière particulièrement néfaste, comme le souligne le rapport du CGLPL de 2013. C'est donc une thématique très importante à laquelle ne répondent pas les trois points de Rescaled. Même la petite taille, qui est censée impliquer des équipes plus petites et des relations plus saines, n'a pas eu d'effet positif sur cette question.

Selon Patrick Malle, il s'agit avant tout d'un enjeu crucial de hiérarchie[1]. Quand un problème se manifeste au sein du personnel, c'est à la direction que revient le devoir de le régler. Certains agents de surveillance sont parfois trop stricts ; Patrick Malle souligne l'importance du savoir-être et de la bienveillance. Ce type de personnel parfois « psycho-rigide » peut instaurer une mauvaise ambiance au sein du personnel. Il suffit d'une unique personne dans l'équipe présentant ce genre de comportement pour que l'effet se fasse sentir, et parfois que le mal soit déjà fait. Pour Patrick Malle, le rôle premier du chef d'établissement est de faire appliquer les règles. Son devoir est d'effectuer un double contrôle afin de s'assurer qu'il n'y ait pas de faille dans la pensée et dans l'application des dispositifs, par le personnel pénitentiaire notamment. Patrick Malle a déjà dû régler ce genre de problème quand il était directeur du CSL de Corbeil et sait donc l'impact qu'une faille dans l'application peut avoir comme répercussion sur la vie de la structure de semi-liberté et la manière dont les détenus perçoivent l'autorité et le sens des règles. Le contrôle par le chef est primordial selon Patrick Malle afin que les équipes inhabituées ou récalcitrantes prennent le pli, et que ce soit par voie de conséquence aussi le cas pour les détenus. Il n'a pas relevé de problème au niveau du recrutement. Selon le directeur du CP de Varces, il est dans la nature humaine d'avoir besoin d'une hiérarchie. Les personnes retorses ont ainsi besoin d'être recadrées. Pour qu'une structure pénitentiaire comme le QSL de Grenoble fonctionne, le chef d'établissement doit posséder deux qualités : le caractère, c'est-à-dire qu'il doit être capable de prendre une décision et de l'assumer, et la technicité, soit la connaissance du métier, du droit. Pour Patrick Malle, un bon chef doit savoir tout faire au sein de sa structure mais s'entoure, délègue, fait la synthèse des éléments qu'il recueille et ensuite décide.

[1] Entretien avec Patrick Malle, Op.cit.

Patrick Malle parle même de « l'âme du chef »[1] : un caractère souvent inné, mais qui doit aussi se travailler par l'expérience et qui permet à la personne détentrice de l'autorité de prendre ses responsabilités et d'avoir du caractère face aux agents mordants. Et cette « âme » doit être complétée par la technicité ainsi que la bienveillance.

En fait, cette thématique de la hiérarchie et de l'autorité découle sur tous les types de structures pénitentiaires avec des équipes de surveillance et, si elle n'est pas spécifique à la semi-liberté, nécessite qu'on la prenne en compte. Les propos de Patrick Malle sont en réalité assez clairs ; si en 2013 la situation au QSL de Grenoble était telle que décrite dans le rapport du CGLPL, c'est que le chef d'établissement a été débordé par la situation. Au final, les critères de petite taille, d'intégration et de spécificité ne servent que peu quand la direction n'est pas assez forte pour prévenir ou guérir les problèmes au sein du personnel qui nuisent à l'évolution des détenus en semi-liberté.

B - La qualité de l'accompagnement comme facteur majeur

La question de l'accompagnement et du suivi des détenus en semi-liberté est primordiale puisque c'est de ce suivi que dépend l'insertion sociale et professionnelle des semi-libres.

Patrick Malle a été clair sur le fait que les surveillants n'étaient pas assez nombreux pour effectuer autre chose que des tâches de surveillance. Il est donc clair que pour lui, la mission de suivi des personnes détenues au QSL de Grenoble revient à la fois au SPIP Isère et aux associations, acteurs extérieurs essentiels. Pour le directeur du CP de Varces, un des avantages majeurs de la semi-liberté est que cette mesure offre un juste milieu entre l'incarcération et la sortie sèche. Mais elle exige, afin d'atteindre son objectif, que la prise en charge des détenus soit serrée[2]. Pour cela, le QSL doit pouvoir se reposer sur les structures extérieures susmentionnées. Quand les acteurs internes et externes parviennent à se coordonner avec les détenus, il est tout à fait possible qu'un semi-libre obtienne une possibilité de travail au bout d'un mois de semi-liberté. Quand cette coordination n'est pas effective, les détenus ont tendance à craquer au bout de 6 mois de semi-liberté à cause de la frustration que représente l'obligation du retour en prison. Quand tout se passe bien, c'est-à-dire quand le SPIP est présent, les associations aussi, et que la structure de SL est prête à accueillir une activité, il s'agit déjà d'une bonne avancée. Mais cette avancée peut être stoppée nette si ces propositions d'activités ou de formations ne séduisent pas assez de détenus. Pour qu'une activité soit mise en place, il faut des financements. C'est alors la JAP qui va évaluer la proposition et accorder ou non un financement. Seulement, même si elle s'avère être d'accord sur le principe, elle ne pourra valider une formation qui

[1] Ibid.
[2] Ibid.

n'attire que 4 détenus. Cette situation peut s'avérer très frustrante pour le personnel pénitentiaire qui souhaite mettre en place un bon suivi des détenus selon Patrick Malle, et il est très important que l'accompagnement se développe grâce à cette coordination entre structure de SL, SPIP, associations et JAP pour que la semi-liberté puisse véritablement aller au bout de sa mission[1].

Rachid Sdiri partage la vision de Patrick Malle sur l'importance des acteurs extérieurs, dont il dit que la petite taille leur permet d'être plus proche des détenus et donc d'effectuer un meilleur suivi. Si l'accompagnement est ainsi meilleur au sein d'une structure de petite taille, le témoignage de Patrick Malle est clair sur le fait que cela soit encore insuffisant pour aller au bout de la mission de la semi-liberté. Pour Rachid Sdiri, l'accompagnement doit être renforcé, mais c'est en fait le format même de la semi-liberté qui doit changer selon lui. Il prône un modèle de « semi-liberté de week-end »[2] qui n'est pas appliqué à cause d'un problème de budget m'a-t-il expliqué. Dans ce modèle, les personnes détenues resteraient chez elles toute la semaine et seraient incarcérées le week-end du vendredi soir au lundi matin. La semaine libre permettrait de répondre à l'enjeu de consolidation d'une vie sociale, familiale, professionnelle, qui correspond à la « normalité ». Le week-end le cadre carcéral serait présent et correspondrait à la peine et au sens de la peine, à la « nécessité d'amendement ». En effet selon Rachid Sdiri, la personne qui a commis un délit ou un crime doit faire œuvre d'amendement et réfléchir au sens de la peine, à la gravité de son passage à l'acte, à son impact sur les victimes, afin qu'elle en tire un « bénéfice réflexif » et ainsi prévenir la récidive. Si on punit pour le directeur du SPIP Isère, c'est pour faire comprendre la gravité du passage à l'acte, le tort que la personne a commis à la communauté, et pour que ce temps d'exécution de mesure judiciaire permette au détenu de réintégrer la communauté en évitant la récidive ; il y a un enjeu d'utilité pour la personne qui a commis l'acte mais aussi pour la société. L'emprisonnement est utile selon Rachid Sdiri pour montrer que la société met un coup d'arrêt dès qu'il y a violence de fait[3]. Ainsi, si la JAP accorde la SL c'est car elle veut s'assurer que le retour en milieu libre implique le moins de risque possible pour la société. L'accompagnement joue alors un rôle essentiel dans la diminution de ce risque quand il est couplé avec l'emprisonnement comme garde-fou. Si les règles du jeu ne sont pas respectées par l'individu en SL (s'il revient ivre à 18h par exemple) le retour à l'incarcération comme garde-fou peut être décidé immédiatement par le JAP ou le chef d'établissement. Ce modèle laisse toutefois en suspens la question de la frustration ; les détenus risquent d'avoir encore plus de mal à revenir s'ils sont libres toute la semaine. Aussi, cela impose un régime spécifique pour les violents conjugaux en SL qu'on ne peut laisser en liberté avant de s'assurer que leur réinsertion sociale et professionnelle se déroule bien et sans violence. La mesure devrait donc s'adapter de manière conséquente à différents profils. Dans tous les

---

[1] Entretien avec Patrick Malle, Op.cit.

[2] Entretien avec Rachid Sdiri, Op.cit.

[3] Ibid.

cas, l'accompagnement est le facteur majeur de réussite de la semi-liberté pour les deux personnes interrogées, et il est clair selon elles qu'il n'est actuellement pas assez poussé pour permettre l'atteinte des objectifs de la SL, surtout à cause d'un manque de budget qui empêche les structures d'organiser les activités et formations qu'elles souhaiteraient. Malgré tout, le personnel de surveillance interrogé souligne la qualité d'investissement du SPIP et notamment des DPIP, qui effectuent selon eux un gros travail d'accompagnement[1]. Ainsi, le manque d'accompagnement à Grenoble semble relever d'une dynamique générale plutôt que d'un manque d'investissement des acteurs locaux.

C - Des paradigmes de société qui cultivent la surpopulation carcérale

La surpopulation carcérale est l'un des problèmes majeurs que le projet Rescaled a pour objectif de résoudre via l'implantation de structures pénitentiaires de petite taille, intégrées dans l'environnement local et spécialisées. Cependant, pour les personnes interrogées dans le cadre de cette étude, ce ne sont pas les points du projet européen qui sont les plus importants à prendre en compte dans la tentative de résolution de ce problème. Patrick Malle et Rachid Sdiri mentionnent des paradigmes liés notamment à la perception par les magistrats et la société en général de ce à quoi la peine doit correspondre.

Selon Patrick Malle, les juges envoient trop de personnes en détention par rapport à ce qu'ont prévu la loi Taubira et la loi de programmation pour la justice. La loi n'est à son sens pas bien appliquée par la majorité des magistrats qui a tendance à trop incarcérer et à refuser des aménagements avant l'incarcération dure[2]. Patrick Malle y voit le problème de la trop importante capacité interprétative du juge, qui devrait selon lui n'être que « la bouche qui prononce les paroles de la loi » au sens de Montesquieu[3]. Dans une société où la jurisprudence et l'interprétation de la loi par le juge sont si importantes, cette vision n'est pas partagée par tous, même au sein de l'administration pénitentiaire. Pour Rachid Sdiri, la question n'est pas de limiter la capacité interprétative du magistrat mais de voir que sa culture conditionne son jugement, et qu'il faut du temps pour que les paradigmes changent[4]. Il rejoint en cela Patrick Malle sur le fait que les juges ont tendance à trop incarcérer. Selon le directeur du SPIP Isère, il faut limiter l'emprisonnement aux « seuls faits délictueux et criminels où il y a eu passage à l'acte violent » si l'on souhaite régler le problème de surpopulation carcérale. Les autres délits ou crimes (délits routiers, trafics de stupéfiants, escroqueries, etc.) ne devraient pas relever d'une peine d'emprisonnement. Ces actes pourraient être

---

[1] Entretien avec les DPIP, Op.cit.

[2] Entretien avec Patrick Malle, Op.cit.

[3] Montesquieu, *De L'esprit des lois*, 1748.

[4] Entretien avec Rachid Sdiri, Op.cit.

suivis d'une mesure de probation, avec un suivi judiciaire en milieu libre. En ce qui concerne la prise en charge des personnes prévenues, plutôt que de les incarcérer (30 % de personnes prévenues actuellement en détention en France, les chiffres sont les mêmes aux CP de Varces et Saint-Quentin-Fallavier), Rachid Sdiri pense qu'il faudrait réfléchir à les placer sous bracelet électronique, avec des heures de sortie très limitées (3-4 heures par jour). Mais Rachid Sdiri estime que « la société n'est pas prête » à cela. Dans certains pays la population carcérale décroît (Pays-Bas, pays nordiques, Allemagne). En France subsiste une volonté de punir par l'enfermement. Cette culture est très ancrée et selon le directeur du SPIP Isère, « les magistrats font partie de la société » : ils ont comme premier réflexe l'incarcération face à la réitération de délits comme les délits routiers. Grâce aux nouvelles lois mentionnées, cette culture « commence à frémir » selon Rachid Sdiri : « les magistrats commencent à l'avoir en tête », cette volonté législative qui représente un bouleversement pour certains. Les magistrats ont malgré tout souvent tendance à légitimer l'emprisonnement par la considération du tort causé aux victimes, et la nécessité de sanctionner fermement et fortement le passage à l'acte délictuel : pour Rachid Sdiri, les juges ont en tête la « nécessité que la réponse au passage à l'acte délictuel soit visible pour la société »[1]. Les lignes bougent donc, mais lentement.

Conclusion

L'objectif principal de cette étude a été d'évaluer la semi-liberté à Grenoble en la mettant en perspective avec les trois points de Rescaled : la petite taille, l'intégration à l'environnement local et la spécialisation. Des entretiens passés avec le directeur du centre pénitentiaire de Varces, le directeur du SPIP Isère, les DPIP et la visite du QSL de Grenoble et donc du retour de deux surveillants, il ressort que ces trois critères sont plus ou moins représentés par la nature et l'activité du QSL. En effet, cette structure est de petite taille, et son intégration en ville constitue un atout majeur, mais elle n'est pas vraiment spécialisée. La petite taille a pour objet de répondre à des enjeux auxquels elle ne suffit en réalité pas comme réponse. L'intégration est un facteur majeur de réussite en revanche. Les critères du projet européen de remodelage du système carcéral sont donc très importants pour saisir les enjeux qui contraignent l'activité de la semi-liberté à Grenoble et en général. Toutefois, ils ne sont pas les seuls critères qui influent sur les difficultés qui peuvent être rencontrées par les acteurs locaux.

Le QSL de Grenoble est un bon exemple de structure fonctionnelle, qui offre plus d'opportunités aux semi-libres grâce à son intégration dans l'environnement local en centre-ville ; ce n'est pas le cas de toutes les structures. Toutefois, le taux d'occupation théorique du QSL (66 %) est un indicateur majeur de la dissonance qui règne entre objectifs donnés et moyens accordés, car la structure ne respecte

[1] Ibid.

en fait pas la règle d'encellulement individuel. En l'état actuel de la qualité d'accompagnement, qui souffre d'une stimulation insuffisante malgré l'investissement conséquent du SPIP, le développement des structures de SL ne semble pas être la voie vers la résolution des problèmes auxquels Rescaled cherche à apporter une solution. Les personnes interrogées sont d'avis que la SL représente une très bonne initiative mais qu'il faut constater qu'elle n'accomplit pas sa mission autant qu'il serait possible de le faire, notamment à cause d'un problème de moyens, ou d'habitudes en ce qui concerne les activités et formations proposées, trop faiblement spécialisées, trop peu nombreuses, parfois pas assez soutenues par les acteurs extérieurs, et rarement suffisamment financées. Selon les DPIP, au-delà de la mesure en tant que telle, l'établissement de Grenoble est bon à raser. À l'issue de cette étude, il ne semble pas que les centres de semi-liberté et les quartiers de semi-liberté comme celui de Grenoble soient la solution que recherche Rescaled. Rachid Sdiri exprime davantage d'espoir à l'égard des structures d'accompagnement vers la sortie, qui auraient encore à faire leurs preuves mais qui présenteraient de belles promesses.

Section 2 - Les petits établissements pénitentiaires

A. Un essai de définition d'un établissement pénitentiaire de petite taille. L'exemple de la maison d'Arrêt de Chambéry

(Zoé BUZIO, étudiante à Sciences Po Grenoble, spécialité Politiques et pratiques des organisations internationale et en double diplôme avec l'Université du Québec à Montréal)

Ce chapitre vise à analyser les différents éléments qui contribuent à rendre un petit établissement pénitentiaire, un lieu de réinsertion efficace. Cela passe par un ensemble de facteurs tels qu'un fonctionnement centré sur la vie sociale, une détention plus digne pour les détenus et une meilleure qualité de travail pour les personnels pénitentiaires.

Ce travail s'organisera autour des trois principes promus par le projet Rescaled ayant pour quête ultime une société plus sûre, plus inclusive et plus durable. Pour se faire, nous allons nous focaliser principalement sur le cas de la Maison d'arrêt de Chambéry (Savoie). Cet établissement pénitentiaire dépend du tribunal de Chambéry et est sous la direction interrégionale des services pénitentiaires de Lyon. Il est situé à Chambéry, à proximité du centre-ville et est accessible rapidement à partir de la voie rapide urbaine. C'est un établissement relativement ancien puisqu'il date de 1936, mais de nombreux travaux de rénovation sont menés pour améliorer les conditions de détention et de travail. Le cas de cette Maison d'arrêt est intéressant puisqu'elle dispose de 53 places et entre, à ce titre, dans les critères de Maison de détention de petite taille définis par Rescaled sur lesquels nous reviendrons dans la partie suivante. Lors de ma visite en avril 2022, le taux d'occupation de la Maison d'arrêt de Chambéry était de 228 %. Au total, 223 personnes sont écrouées dans cet établissement dont : 121 prévenus et/ou détenus en Maison d'arrêt, 25 détenus dans le quartier de semi-liberté et 57 détenus sous surveillance électronique. Pour autant, l'établissement ne compte aucun matelas au sol. Une des spécificités de cette Maison d'arrêt est qu'entre 70 % et 80 % de sa population carcérale dispose du statut de prévenu. Les détenus sont sélectionnés dans le but de faire perdurer la bonne ambiance de l'établissement. Ainsi, il arrive que des transferts de détenus soient demandés si un profil est jugé trop agité.

La dernière visite du Contrôleur Général des Lieux de Privation de Liberté a eu lieu en septembre 2021, mais le rapport n'est pas encore paru. De ce fait, nous disposons uniquement, à ce jour, du compte rendu de la visite de mai 2013[1].

Pour avoir la vision la plus globale et complète possible, plusieurs entretiens semi-directifs et une journée d'observation à la Maison d'arrêt de Chambéry ont été réalisés. La prise de contact avec les différents intervenants s'est réalisée par

[1] Contrôleur général des lieux de privation de liberté, *Rapport de visite : Maison d'arrêt de Chambéry (73)*, 2013, p. 68).

courriel à partir des mois de février-mars 2022. Le contenu de cet envoi décrivait le projet mené et l'orientation des recherches. Parmi les interviewés, j'ai rencontré Dominique Verrière[1], secrétaire général de la direction inter-régionale du syndicat UNSA UFAP justice, de Lyon. Un entretien s'est déroulé le 22 mars 2022, dans son bureau situé dans les locaux de l'UNSA au 20 rue Pierre Semard, 69 007 Lyon. Cet échange a duré trois heures et a apporté des éléments généraux sur les conditions de travail des personnels pénitentiaires et les difficultés de l'administration pénitentiaire française. Un entretien, par téléphone, d'une durée de quarante-cinq minutes avec Michel Boulanger[2], directeur de l'association le Granier, responsable de l'accueil des familles avant les parloirs à la Maison d'arrêt de Chambéry, a eu lieu le 24 mars 2022. Son expérience associative et professionnelle en tant qu'ancien directeur de centre d'addictologie a permis d'éclairer plusieurs points concernant l'incarcération. Toujours dans cette optique de prendre contact avec les différents acteurs extérieurs de la Maison d'arrêt, un entretien téléphonique d'une heure dix avec Virgine Dubouchet[3], avocate et présidente de l'Association de Soutien et de Développement de l'Action Socio-culturelle et Sportive (ASDASS), s'est déroulé le 19 avril 2022. Cette discussion a été l'occasion d'aborder les activités qui sont proposées au sein de l'établissement.

Enfin, le 20 avril 2022, je me suis rendue à la Maison d'arrêt de Chambéry au 1, rue de Belledone, pour une journée d'immersion et d'observation. J'ai été reçue le matin de neuf heures à midi par le directeur adjoint Christophe Pamart[4]. Nous avons pu échanger sur le fonctionnement de l'établissement, le visiter et rencontrer divers acteurs du monde pénitentiaire : greffiers, surveillants. J'ai assisté, durant la matinée au quotidien d'un chef d'établissement pénitentiaire et à la gestion des crises qu'il peut être amené à rencontrer dans le cadre de ses fonctions. L'après-midi, j'ai été conviée à une Commission Pluridisciplinaire Utile (CPU) en présence du directeur d'établissement Frank Lamoline, d'une représentante du service psychiatrique, d'une Conseillère Pénitentiaire d'Insertion et de Probation (CPIP), de personnels de la régie et d'un surveillant.

Ainsi, ces recherches ont pour but de mettre en lumière, si effectivement la taille d'un établissement pénitentiaire a un lien de corrélation avec l'ambiance et les conditions de travail qui y règnent. L'étude est divisée en trois axes. La première partie s'applique à définir la notion de « petite taille » en fonction des caractéristiques qui sont propres à la Maison d'Arrêt de Chambéry. La seconde partie introduit la notion de « spécialisation » d'un établissement pénitentiaire en

[1] Entretien avec Dominique Verrière, secrétaire général de la direction interrégionale de Lyon, réalisé le 22 mars 2022 à Lyon (présentiel).

[2] Entretien avec Michel Boulanger, directeur de l'association Le Granier à Chambéry responsable de l'accueil des familles avant les parloirs, réalisé le 24 mars 2022, au téléphone.

[3] Entretien avec Virginie Dubouchet, présidente de l'ASDASS, association qui intervient à la Maison d'arrêt de Chambéry pour promouvoir les activités culturelles et sportives, réalisé le 19 avril 2022, au téléphone.

[4] Entretien avec Christophe Pamart, directeur adjoint de la Maison d'arrêt, réalisé le 20 avril 2022, à la Maison d'arrêt de Chambéry.

s'appuyant sur deux prismes que sont l'ambiance et les conditions de travail. La dernière partie ouvre le débat sur l'importance de l'intégration locale d'une prison.

I - Les établissements pénitentiaires de petite taille

Rescaled présente ainsi les établissements de petite taille : « Les maisons accueillent un nombre réduit de personnes. Cela permet d'établir une vie collective où chaque personne retrouve de l'autonomie. La « sécurité dynamique » est favorisée par la création de relations de proximité entre les personnels et les personnes détenues. »[1]

En réalité, la notion de « petite taille » pose un problème de définition. À quel nombre de détenus limite-t-on un établissement pénitentiaire de petite taille ? Est-ce la taille de l'établissement ou bien l'accompagnement dont disposent les détenus à l'intérieur qui va permettre un parcours de réinsertion restreignant le risque de récidive ?

« Les petites boutiques c'est toujours mieux. [...] C'est ce qu'on préconise aussi, c'est-à-dire que nous aussi on préférerait des établissements plus petits, à taille humaine, donc on était plutôt dans un ratio de 200-300 détenus maximum. [...] La définition d'établissement à taille humaine n'est pas une notion très claire. Montluçon c'est un bon exemple. Il y a trente personnes maximum, tout le monde y est bien là-bas. »[2]

« Une petite Maison d'arrêt c'est nettement mieux. »[3]

« Je suis persuadée que le petit établissement permet des relations humaines de meilleure qualité. Il n'y a que les établissements de petite taille qui permettent de faire un vrai travail d'accompagnement. La petite taille, c'est 200 détenus maximum. » [4]

« Comme le préconisait Otto Kellerhals, entre autres, la taille des établissements ne doit pas dépasser un seuil critique après lequel la « connaissance fine » de chaque détenu devient une difficulté. »[5] Lors de notre première rencontre avec les personnes en charge du projet Rescaled en France, notre groupe de recherche a interrogé ses représentants sur ce qu'on entendait par « petite taille ». Il nous a été répondu : une cinquantaine de détenus maximum, ce qui est très différent dans la pratique actuelle de l'administration pénitentiaire que nous connaissons aujourd'hui. La pensée à l'origine de cette recommandation est de permettre de créer un petit groupe pour lequel, il peut se construire une vie collective. Dans un tel projet, le rôle du surveillant est partie prenante de la structure. C'est le

[1] Rescaled, *État des lieux des prisons de petite taille, des expérimentations et des alternatives.* Fédération des associations réflexion-action prison et justice.
[2] Entretien avec Dominique Verrière. Op.cit.
[3] Entretien avec Michel Boulanger. Op.cit.
[4] Entretien avec Virginie Dubouchet. Op.cit.
[5] Citation de Otto Kellerhals dans Gontard, P.-R., *L'utilisation européenne des prisons ouvertes : L'exemple de la France* [Avignon], 2013.

surveillant qui est au contact quotidien avec les détenus et qui, au travers de ses interactions, participe à la réinsertion et au maintien du lien social. « D'un geste, d'un regard, d'un mot, d'un conseil, d'une écoute, d'une information, d'un acte secourable, il donne un contenu concret aux valeurs de sécurité, d'individualisation et de réinsertion. Il est apte, pour peu qu'il s'en donne la peine, à transformer les coursives en galeries drainantes d'exemples. Son état d'esprit, ses actes, ses paroles propagent des ondes négatives ou positives. »[1] La participation des surveillants à une telle entreprise partage un double enjeu. L'interaction est à la fois une richesse incontestable pour les détenus, mais c'est aussi faire participer le surveillant à un projet concret qui est le parcours carcéral du détenu, qui va donner du sens à ses missions. « Plus que jamais, il paraît important de permettre de revaloriser le sens de l'exécution de la peine en y associant plus largement les personnels pénitentiaires qui, pour une partie d'entre eux, ont parfois du mal à croire à la réinsertion ou aux moyens d'y parvenir efficacement. Ils pointent souvent du doigt – ce qui est une réalité – une offre d'activités ou de formations trop insuffisante qui fragilise le parcours d'exécution de peine. »[2] Ce projet est porté par l'ASDASS qui souhaite mettre en place des activités croisées entre les surveillants et les détenus. Cependant la mise en place d'un tel projet mérite une réflexion aguerrie car elle pourrait remettre en cause l'autorité du surveillant en mettant à l'épreuve la relation formelle que se doit d'entretenir le surveillant avec le détenu pour placer les limites. L'on peut craindre la charge de travail supplémentaire pour les surveillants dans un système carcéral où la pénurie de personnel surveillant demeure une réalité comme l'évoque Dominique Verrière dans son entretien :

« En 2015, selon la Cour des comptes le plafond de recrutement n'était pas atteint. Il se trouve qu'ils n'arrivent pas à recruter. »[3]

Cela soulève alors une interrogation concernant la difficulté de recrutement de surveillants pénitentiaires et ce, malgré un effort de l'administration pénitentiaire de rendre les postes attractifs à travers les opportunités d'évolution au long de la carrière professionnelle. Une première réflexion sur le sujet pourrait reposer sur la question de l'identité professionnelle : « Un premier problème « habite » la pénitentiaire, sinon l'inhibe, en tout cas pèse sur l'exercice des missions et le climat professionnel, c'est celui de son identité professionnelle et de la reconnaissance à laquelle elle aspire et qu'elle estime lui être refusée. »[4]

---

[1] Ministère de la Justice, Direction de l'administration pénitentiaire, *L'administration pénitentiaire, 1945, 1975, 2015. Naissance des réformes, problématiques, actualité,* Travaux et Documents, N° 84, 2015, p. 272.

[2] Bonis É., Derasse, N., Alix, J., Carpentier Y., Dantras-Bioy, H., Darsonville A., Hernandez L., Margaine C., Mbanzoulou P., Peltier, V., Roose M., Rubi, S. et Zabalza A., *Les longues peines,* [Research Report]. Mission de Recherche Droit et Justice ; Université de Bordeaux ; Université de Lille ; École Nationale d'Administration Pénitentiaire, 2020.

[3] Entretien avec Dominique Verrière. Op.cit.

[4] Pochard M., Les gardiens de prison. *Pouvoirs*, *135*(4), 2010, pp. 87-99.

Cette pénurie ne semble, pour autant, pas concerner la Maison d'arrêt de Chambéry composée de 50 surveillants. Un effectif qui selon le directeur adjoint de l'établissement est suffisant. Rappelons qu'un personnel suffisant est essentiel au bon fonctionnement d'une Maison d'arrêt. C'est d'ailleurs ce que rappelle le rapport publié en 2000 par l'Assemblée nationale. En effet, les problématiques engendrées par les sous-effectifs dans les établissements pénitentiaires sont reconnues comme étant préjudiciables à la fois aux conditions de travail des surveillants mais également à la détention des condamnés. « Il s'agit ici, une nouvelle fois, d'affirmer que le sous-effectif en personnel est un obstacle à toute évolution de la prison vers une mission d'insertion. Aucune réforme ne peut être valablement menée sans dégager auparavant les moyens budgétaires et humains adéquats. Dans des conditions de sous-effectif, il ne peut y avoir une écoute suffisante et une observation attentive des détenus. [...] C'est donc l'ensemble des conditions de détention qui souffre de cette pénurie : les postes « découverts » sont en priorité pris sur ce qui est considéré comme accessoire au regard des missions de la prison, à savoir sa mission d'insertion. »[1] La question des moyens et des coupes budgétaires est omniprésente. Quelle économie réalise-t-on lorsque la mission de réinsertion d'un détenu n'est pas accomplie ? L'absence de moyens dans l'exécution de la peine n'ouvre pas les portes à une réinsertion efficace et engendre, dans la plupart des cas, la récidive, dont la société paie les conséquences. La récidive engendre un coût global de police, de justice et d'incarcération. On entre dans une spirale infernale, qui finalement suscite davantage de coûts pour la société et déshumanise, de surcroît, le détenu.

Si comme nous l'avons dit en introduction, la Maison d'arrêt de Chambéry est surpeuplée à hauteur de 228 %, les conditions de travail pour le moins, ne semblent pas en pâtir. Le directeur adjoint atteste d'une bonne ambiance au sein de la maison d'arrêt et d'un taux d'absentéisme du personnel quasiment nul. Son expérience dans le pénitentiaire depuis 25 ans, notamment dans de gros établissements de sept cents places, rend intéressante l'analyse différenciée que Christophe Pamart tire entre les conditions de travail entre grosse et petite prison. J'ai pu constater les affirmations du directeur adjoint lors de ma visite de l'établissement.

« C'est le meilleur établissement, en termes d'ambiance, que j'ai fait. On peut se faire plaisir dans ce genre d'établissement. Il y a un bon état d'esprit dans la Maison d'arrêt et peu de violence. Cela est favorisé par la qualité de l'accueil des détenus mais aussi par l'ancienneté des agents. Ce sont des agents expérimentés qui ne sortent pas de l'école. Ils sont souvent à mi ou quart de carrière. Les détenus ciblés dangereux ne sont pas envoyés ici ou ils sont transférés. »[2]

Le personnel de surveillance était accueillant et la relation avec leur directeur était amicale. J'ai également pu remarquer, à travers les échanges entre le directeur et certains détenus, entre les surveillants et les détenus, une certaine

---

[1] Floch J. (2000, juin 28). *Rapport sur la situation dans les prisons françaises : Tome I (rapport)* [Officiel]. Assemblée nationale. https://www.assemblee-nationale.fr/rap-enq/r2521-1.asp.

[2] Entretien avec Christophe Pamart. Op.cit.

reconnaissance mutuelle de l'autre et un respect. C'est un des aspects qui m'avait été partagé par Michel Boulanger, directeur de l'association le Granier, lors d'un entretien qui a précédé ma visite à la Maison d'arrêt de Chambéry. Lorsque la question du rapport surveillant/détenu est survenue sur la Maison d'arrêt de Chambéry, il avait affirmé d'une voix sûre :

« Le relationnel est plutôt positif entre les surveillants et les détenus, via le rôle de la direction qui est très important. Je l'ai observé parce qu'on est juste en face [ndlr : ici, Monsieur Boulanger fait allusion aux locaux de l'association qui sont situés en face de l'entrée de la prison]. J'y suis entré, souvent. Chaque détenu est connu personnellement, il y a une vraie posture d'attention »[1]

Ce n'est d'ailleurs pas le seul à partager cette opinion sur l'ambiance de la Maison d'arrêt de Chambéry. Elle a été confirmée par Virginie Dubouchet.

« Humainement, c'est une Maison d'arrêt dont on n'a vraiment pas grand-chose à redire. Il y a une bonne ambiance au sein du personnel mais aussi entre le personnel et les détenus, malgré les difficultés architecturales. Ce sont des gens qui sont beaucoup dans l'empathie [...] La Maison d'arrêt de Chambéry est vieille, mais les gens sont côte à côte et c'est essentiel. Des liens de respect, des uns et des autres, se créent. »[2]

La petite taille de l'établissement semble alors, dans le cas de Chambéry, prendre tout son sens en favorisant les échanges entre les détenus, le personnel de surveillance et la direction. Le surpeuplement important de la Maison d'arrêt de Chambéry ne semble pas être un obstacle à la connaissance des détenus par le personnel pénitentiaire dans sa globalité. En assistant à la CPU, j'ai observé dans la plupart des cas de détenus présentés en commission, la connaissance d'éléments personnels sur ceux-ci par chaque membre de l'assemblée, une connaissance essentielle permettant de mettre en place une véritable individualisation de la peine et un suivi adapté.

La petite taille offre aussi une diversité dans les missions des personnels pénitentiaires, c'est ce qu'a affirmé Christophe Pamart en partageant son expérience de plomberie un dimanche à la Maison d'arrêt et c'est ce qui fait aussi selon lui la richesse du métier.

« Là, les gens font tout : il faut être polyvalent »[3]

Pour répondre à notre question concernant le nombre idéal de détenus que devrait héberger un établissement pénitentiaire, rappelons que RESCALED propose une Maison de détention avec 50 détenus. C'est un chiffre très attractif, mais sa réalisation semble pour le moins utopique, surtout si l'on s'attend à ce qu'elle soit en centre-ville avec le nombre de détenus actuel, en France. Cependant, un établissement pénitentiaire avec une population carcérale autour des 130 places, comme c'est le cas dans la Maison d'arrêt de Chambéry, semble être une bonne alternative. Il ne faut, pour autant, pas négliger l'importance du

[1] Entretien avec Michel Boulanger. Op.cit.
[2] Entretien avec Virginie Dubouchet. Op.cit.
[3] Entretien avec Christophe Pamart. Op.cit.

nombre de surveillants afin qu'une bonne ambiance règne dans l'établissement. Le choix des surveillants est alors un enjeu de taille. Leur ancienneté permet des relations plus apaisées au vu de leurs expériences du public carcéral.

II – La spécialisation des établissements

En quoi consiste la spécialisation et qui concerne-t-elle ? L'idée reçue veut que les Maisons d'arrêt ne soient pas concernées par la spécialisation car le détenu n'est pas amené à rester suffisamment dans l'établissement. Est-il légitime de prendre pour prétexte le court séjour des détenus pour se défaire des obligations de réinsertion ?

« Pour la spécialisation, cela concerne principalement les condamnés or ce n'est pas le public des Maisons d'arrêt. »[1]

Le projet Rescaled conçoit deux axes principaux à la spécialisation d'une maison de détention : « Le niveau de sécurité et les programmes d'activités et de formations proposés. Cet accompagnement individualisé permet de préparer la sortie en vue de la réinsertion. »[2]

La notion « d'accompagnement individualisé » rejoint celle d'individualisation de la peine qui est la condition à une réhabilitation du détenu. Cependant, les conditions budgétaires restrictives auxquelles est soumise l'administration pénitentiaire expliquent la pénurie de conseillers d'insertion et de probation (CPIP). Ces conseillers doivent traiter de nombreux dossiers et les délais de traitement ne sont pas toujours connus à l'avance. C'est le cas d'un détenu en Maison d'arrêt qui peut sortir du jour au lendemain. Ces difficultés ont de lourdes conséquences.

« On fait face à la montée des burn-out chez les administratifs soumis à la hiérarchie et la loyauté envers la direction et les CPIP qui doivent traiter beaucoup de dossiers. »[3]

Dès lors, il est essentiel de se remémorer que la mission première de la prison est de favoriser la réinsertion. La réinsertion « est l'horizon obligé de la peine privative de liberté »[4]. Historiquement, il convient de rappeler que la réforme Armor est une avancée majeure puisqu'elle pose le devoir de réhabilitation de l'établissement pénitentiaire comme obligation : « Elle résume une idée accessible, simple pour tous et non utopique, celle du reclassement. Plus qu'une polémique vaine, elle désigne un moyen de réinsertion du condamné à la charge de l'administration. »[5] Cependant, cette mission de réinsertion se heurte aujourd'hui à de nombreuses barrières qui expliquent que les taux de récidive sont de 62 % dans

---

[1] Entretien avec Michel Boulanger. Op.cit.

[2] RESCALED. *État des lieux des prisons de petite taille, des expérimentations et des alternatives* (p. 35). Fédération des associations réflexion-action prison et justice.

[3] Entretien avec Dominique Verrière. Op.cit.

[4] Bonis É., Derasse N., Alix, J., Carpentier Y., Dantras-Bioy H., Darsonville A., Hernandez L., Margaine C., Mbanzoulou P., Peltier V., Roose M., Rubi S. et Zabalza A., Op.cit.

[5] Ministère de la Justice, Direction de l'administration pénitentiaire, *L'administration pénitentiaire, 1945, 1975, 2015. Naissance des réformes, problématiques, actualité*, Op.cit.

les 5 ans qui suivent la libération et 32 % dans l'année qui suit. Comme le rappelle le rapport cité précédemment, « L'obligation de réinsertion est sans nul doute la mission pénitentiaire la plus difficile et délicate du XXIe siècle. Elle est aussi la plus prometteuse pour notre civilisation contemporaine. Elle fait écho au sens le plus ancien de la mission de justice, celle qui place le devoir d'humanité au même rang que celui de répression. »[1]

L'évolution de la justice, ces dernières décennies, se donne pour mission d'apporter consolation aux « victimes » et non plus de répondre à la société civile, l'essence de son existence. Il est possible de distinguer « la justice classique » de « justice restauratrice »[2], comme le démontre Lecomte : « la justice classique se focalise surtout sur la juste peine à infliger au coupable, tandis que la justice restauratrice se focalise sur les besoins de la victime et sur la responsabilité de l'agresseur pour réparer la blessure causée. » C'est ce dévoiement de la justice qui conduit à mener des politiques qui ne donnent pas les moyens au pénitentiaire. C'est ce que pointe Marie Dosé : « Peu importe que les instruments les plus importants contre la récidive demeurent les peines alternatives à l'emprisonnement et les aménagements de peine, peu importe que les prisons – « ces noviciats de la récidive » disait Tocqueville – soient connues pour être la meilleure école de délinquance [...] l'important est de réagir à l'émotion, d'épouser la colère populaire et de faire entendre un « plus jamais ça » que chacun, pourtant, sait parfaitement chimérique. » [3]

Il nous faut alors nous interroger sur les nombreuses barrières afin d'expliquer l'échec apparent des missions de réinsertion aujourd'hui. Il faut qu'opinion publique, société civile et administration pénitentiaire travaillent conjointement sur les besoins des détenus pendant sa privation de liberté pour être, par la suite, à même de réintégrer la société. Comme le rappelle Loïk Floch-Prigent, « Dans une prison moderne, une grande part du temps des détenus devrait être employée à préparer la réinsertion à travers des activités diverses : travaux, alphabétisation, langues, informatiques... [...] Ce n'est pas le cas aujourd'hui puisque la politique sécuritaire conduit au contraire à limiter les sorties de cellule et la présence de personnes extérieures. Les travaux universitaires montrent néanmoins que ces activités sont les seules chances d'assurer une bonne réinsertion des anciens détenus et ainsi de protéger véritablement la société. »[4]

Il semble alors essentiel de stimuler intellectuellement et socialement les détenus tout au long de leur détention, « Pour parvenir à cet objectif de réinsertion, il faut nécessairement que les personnes aient des occupations, des activités pour ne pas faire de la détention un moment d'oisiveté, d'absence de tout projet. [...] Pour que la peine ait du sens, il faut permettre une insertion par des formations et

---

[1] Ibid.

[2] Lecomte J, La justice restauratrice. *Revue du MAUSS*, *40*(2), 2012, pp. 223-235.

[3] Citation de Tocqueville dans Dosé, M., *Éloge de la prescription*. Éditions de l'Observatoire, 2021.

[4] Le Floch-Prigent, L., *Repenser la prison*, Michalon éditeur, 2020.

des emplois. […] Toutes les personnes condamnées n'ont donc pas accès à ces possibilités. »[1], c'est la raison même de l'existence de l'ASDASS créée en 1992, en tant qu'émanation des services pénitentiaires qui à l'époque n'avait pas d'action socio-culturelle et sportive. L'entretien avec Virginie Dubouchet, sa directrice, est l'occasion d'expliciter les objectifs, les missions et les domaines d'intervention de l'association.

« L'objectif est d'apporter aux détenus une fenêtre sur autre chose pendant la détention. Mais cela ne peut pas être l'outil principal de la réinsertion. On intervient beaucoup en soutien au service d'insertion et de probation. On travaille en collaboration avec les SPIP. »

L'existence même de l'ASDASS peut interroger car elle remplit un service d'intérêt général. En effet, elle est financée par des subventions du SPIP mais aspire à développer des partenariats avec des entrepreneurs qui pourront accompagner les détenus de manière différente. La création de l'ASDASS et de le Granier n'est qu'une illustration supplémentaire de l'absence de moyens attribués au pénitentiaire. La mission de service public que représentent la réinsertion et l'accompagnement des familles, dans le processus du choc carcéral, est abandonnée par les pouvoirs publics et déléguée à des associations. Cette tendance à la privatisation des services d'accompagnements des familles mais également des services sociaux est un phénomène observable à l'échelle européenne[2].

La nature de l'établissement : Maison d'arrêt pose la question de l'accompagnement effectivement mis en place, soulevée en début de partie. Le séjour en Maison d'arrêt n'étant pas censé se perpétuer, la mise en place d'accompagnement, de formation, d'activité semble superflue. « Une première différence fondamentale tient au type d'établissement : maison d'arrêt ou établissement pour peine. En maison d'arrêt, la brièveté du séjour qui est en principe la règle rend difficile toute action de formation professionnelle. […] Paradoxalement, ce sont pourtant les condamnés aux plus courtes peines qui devraient le plus pouvoir bénéficier d'actions de réinsertion. […] La vie en cellule, comme dans les maisons d'arrêt, sans accès à une salle d'étude, est peu propice au suivi d'une scolarité, en particulier quand la cellule est occupée par plusieurs détenus. De même, l'accès au matériel pédagogique est assuré de façon variable. Il est en principe fourni par les établissements, sur leur budget, en fonction des demandes des formateurs. »[3] Lors de ma visite à la prison de Chambéry, j'ai interrogé le directeur adjoint sur la durée moyenne du séjour d'un détenu dans l'établissement. Il semblerait qu'aucune statistique ne soit tenue sur ce point à ce jour. Dès lors, il pourrait être pertinent de recourir à ce critère comme outil d'aide à la décision afin de projeter

---

[1] Bonis É., Derasse N., Alix J., Carpentier Y., Dantras-Bioy H., Darsonville A., Hernandez L., Margaine C., Mbanzoulou P., Peltier V., Roose M., Rubi S. et Zabalza A., Op.cit.

[2] Klopp A.-M., De la réclusion à l'inclusion. La sortie de prison en Europe. *Revue du MAUSS*, *40*(2), 2012, pp. 185-194.

[3] Floch J., « Rapport sur la situation dans les prisons françaises : tome I (rapport) ». *Assemblée nationale*, 2020.

un programme de formation type sur cette durée. De fait, les détenus en situation de courte peine sont tout particulièrement fragilisés lors de leur réinsertion, dans la mesure où ils sont coupés de la vie dehors pour une période succincte et qu'ils sont confrontés à « la limitation d'action du SPIP du fait du temps réduit d'incarcération. »

Il devient essentiel, pour ces profils, de limiter la césure entre l'extérieur et l'intérieur. Ainsi, « si la prison devient un lieu où des relations sociales fortes sont possibles, alors oui, les personnes incarcérées se trouveront dans les meilleures conditions pour pouvoir reprendre leur vie en main. »[1]

De manière générale, Virginie Dubouchet observe, elle, une lacune dans le système de réinsertion à l'échelle nationale.

« Le problème dans la réinsertion, ce sont les moyens qui sont mis à disposition. On mène une politique de réinsertion d'abattage. Si on veut qu'un détenu retrouve sa place dans la société, il lui faut un accueil digne. Il faut des activités avec un vrai but, de qualité, mais on n'a pas le temps, pas les moyens et le personnel nécessaire. Il faut du contenu et un suivi du détenu. La réinsertion est possible si l'on développe des projets avec une véritable prise en charge. Aujourd'hui, c'est quelque chose de très décousu. »[2]

Des activités culturelles et sportives sont proposées à la Maison d'arrêt de Chambéry telles que du yoga et des activités autour de la médiation animale. Elles sont très bénéfiques pour les détenus. En effet, « [L]es activités, qualifiées ou non, qui s'effectuent en plein air au contact de personnes en souffrance ou d'animaux ont des effets très positifs sur le quotidien des personnes détenues et ouvrent des perspectives pour la sortie. »[3] Lors de mon entretien avec le directeur de l'association le Granier, ce dernier semble affirmer une diversité dans les activités aux détenus :

« La direction met en place beaucoup d'activités. Il y a des enseignements avec des profs des écoles, des activités de formation, de loisir, de sport. Il y a un réel souci que ça avance avec les moyens du bord »[4]

Pour autant, le directeur adjoint considère que cela n'est pas suffisant.

« Le travail pénitentiaire fait défaut. »[5]

La Maison d'arrêt de Chambéry est dotée d'une salle de classe, la plus grande pièce de l'établissement comme me l'a précisé Monsieur Pamart lors de la visite, d'une bibliothèque évoquée par Madame Dubouchet lors de notre entretien et d'un terrain de sport. Une enseignante de l'éducation nationale est présente à l'établissement toute la semaine, excepté lors des vacances scolaires. Au moment

---

[1] Cugno A., Prison : Ce n'est pas la peine d'en rajouter. *Revue du MAUSS*, *40*(2), 2012, pp.25-34.

[2] Entretien avec Virginie Dubouchet. Op.cit.

[3] Klopp A.-M., De la réclusion à l'inclusion. La sortie de prison en Europe. *Revue du MAUSS*, *40*(2), 2012, pp.185-194.

[4] Entretien avec Michel Boulanger. Op.cit.

[5] Entretien avec Christophe Pamart. Op.cit.

de ma visite, l'établissement propose une formation aux métiers du bâtiment animée par une association, qui emploie huit détenus. Ils sont responsables des travaux de rénovation dans l'établissement tels que la restauration des douches, le rafraichissement de la peinture… La direction de la Maison d'arrêt s'appuie sur dix auxiliaires responsables de la laverie, du ménage, de l'alimentation. Ce sont de véritables appuis à la direction. Ils sont personnellement connus et les postes sont prisés. Dans le cas de la Maison d'arrêt de Chambéry, ils semblent investis dans leurs tâches et les prennent très au sérieux. J'ai eu connaissance d'un événement particulièrement illustrateur. L'établissement pénitentiaire de Chambéry fonctionne en régie. Ainsi, toute la production alimentaire est réalisée sur place par deux auxiliaires sous l'autorité d'un personnel pénitentiaire. Lors d'un congé maladie de ce dernier, le directeur adjoint leur a confié la mission de gérer la production en cuisine sur une semaine, de manière autonome, pour un bilan tout à fait positif. Le fonctionnement en régie est particulièrement intéressant dans ce cas-là, car il permet de proposer des postes aux détenus et de donner plus de libertés dans la gestion de l'établissement notamment en matière alimentaire. Christophe Pamart l'affirme d'ailleurs :

« Le point fort de l'établissement, c'est la cuisine. On a de très bons retours des détenus et des anciens détenus. »[1]

Sur la question de la spécialisation, nous avons donc abordé, le suivi du détenu dans son parcours de détention, les activités et les formations. Mais une spécialisation des surveillants ne garantirait-elle pas un meilleur accompagnement ?

« On est pour un surveillant acteur. Comme il se fait à Varennes-le-Grand dans la direction inter-régionale de Dijon. Un véritable suivi du détenu est mis en place, on attitre les détenus aux surveillants. Les surveillants sont également spécialisés. […] S'il n'y a pas de spécialisation chez les surveillants, c'est pour des raisons économiques, cela coute trop cher au système. »[2]

« S'il y avait plus d'effectif, un travail autour de la réinsertion de meilleure qualité, pourrait se faire. Il faudrait développer les formations des surveillants sur les thématiques de la médiation et de la communication non violente et les mettre en œuvre. »[3]

Comme en dispose la fiche métier Surveillant pénitentiaire de l'ENAP, « Le surveillant pénitentiaire veille au bon ordre et à la sécurité de l'établissement, des personnels et des détenus […] Le surveillant pénitentiaire est l'interlocuteur privilégié des personnes détenues. Il participe activement à leur parcours de détention. »[4] La fonction première des surveillants est alors aussi bien la surveillance que l'accompagnement du détenu vers la réinsertion. Pour autant, le choix de vocabulaire pose question. Il indique une mission de surveillance, qui,

---

[1] Ibid.

[2] Entretien avec Dominique Verrière. Op.cit.

[3] Entretien avec Virginie Dubouchet. Op.cit.

[4] *Surveillant pénitentiaire*. (11/11/2016). ENAP. https://www.enap.justice.fr/surveillant-penitentiaire.

bien que légitime, ne constitue certainement pas aujourd'hui la mission la plus valorisante de la profession. C'est ce que critique Marcel Pochard en citant Claude D'Harcourt : « [C]omme le dit si judicieusement et avec la hauteur de vue qui le caractérise Claude d'Harcourt, le directeur sortant de l'administration pénitentiaire, ce sont les personnels pénitentiaires « qui, finalement, transforment la sanction pénale en expérience concrète… Le sens de la loi (et en l'occurrence le sens de la peine) n'ira jamais plus loin (mais ira aussi loin) en humanité, en efficacité et en intelligence que ce que l'administration en aura elle-même compris ». Et c'est bien là l'immense défi final qui pèse sur les personnels de la pénitentiaire, et où les enjeux sont les plus forts. On imagine les efforts que cela implique en termes de formation, de qualité des recrutements, d'encadrement, de suivi, de déontologie… »[1]

Nous avons précédemment évoqué l'importance des activités et du rôle du surveillant dans le processus d'incarcération, mais d'autres outils se sont développés ces dernières années dans l'optique d'harmoniser les lois carcérales à l'échelle européenne. En janvier 2006, sont parues les règles pénitentiaires européennes (RPE) qui promeuvent six grands principes autour desquels devrait reposer une incarcération. Elles ont été adoptées par 47 pays du Conseil de l'Europe et montrent les « bonnes pratiques professionnelles et méthodes d'organisations »[2] à embrasser. À la suite de la publication des RPE, la France a adopté ses propres mesures qui ont donné naissance à des textes de loi. L'ensemble de ces lois élargissent, redéfinissent et légifèrent le rôle du surveillant à travers l'article 13 de la loi n° 2009-1436 du 24 novembre 2009 pénitentiaire n° 2009-1436 du 24 novembre 2009, qui dispose que : « Les personnels des services pénitentiaires d'insertion et de probation sont chargés de préparer et d'exécuter les décisions de l'autorité judiciaire relatives à l'insertion et à la probation des personnes placées sous-main de justice, prévenues ou condamnées. À cette fin, ils mettent en œuvre les politiques d'insertion et de prévention de la récidive, assurent le suivi ou le contrôle des personnes placées sous main de justice et préparent la sortie des personnes détenues. »[3] À partir de 2008, on a vu apparaître les premiers mouvements de labellisation. « L'objectif de cette démarche est de porter une appréciation indépendante sur la qualité des procédures et pratiques professionnelles d'un établissement pénitentiaire afin de les valoriser. […] Cela permet aux établissements pénitentiaires de faire reconnaître la qualité et la rigueur de leur dispositif en matière d'accueil des arrivants. »[4]

---

1 Citation de Claude D'Harcourt dans Pochard, M., Les gardiens de prison. *Pouvoirs*, *135*(4), 2010, pp.87-99.

2 *Labellisation du circuit arrivant.* http://www.justice.gouv.fr/prison-et-reinsertion-10036/la-vie-en-detention-10039/labellisation-du-circuit-arrivant-21364.html.

3 https://www.legifrance.gouv.fr/.

4 *Labellisation du circuit arrivant.* justice.gouv.fr. http://www.justice.gouv.fr/prison-et-reinsertion-10036/la-vie-en-detention-10039/labellisation-du-circuit-arrivant-21364.html.

La Maison d'arrêt de Chambéry dispose elle-même de labellisation de son quartier arrivant et sortant. Il est difficile, dans ce cas, d'analyser si ces mesures ont un impact sur la vie de la Maison d'arrêt de Chambéry. Lors d'un échange informel avec une surveillante de l'établissement pénitentiaire, elle m'a affirmé que la labellisation du quartier sortant/arrivant ne changeait pas son quotidien de travail, mais que le titre permettrait à la hiérarchie de toucher une prime. Pour autant, au vu du cahier des charges[1] conséquent pour le processus de labellisation, on peut faire l'hypothèse que c'est une volonté de la Maison d'arrêt d'améliorer les conditions d'entrée et de sortie du détenu.

Le dernier point défendu dans cette partie s'attarde sur la lourdeur du système qui n'affecte pas seulement les établissements pénitentiaires mais tous les services publics et à toutes les échelles. C'est en réalité un reflet de notre société qui transforme toutes tâches en procédures administratives. De fait, si la taille de la Maison d'arrêt semble propice à l'établissement d'une relation durable entre détenu et surveillant, le poids de l'administration pénitentiaire rend difficile l'investissement des surveillants dans le parcours pénitentiaire du détenu. C'est ce qu'observe Virginie Dubouchet, dans le cas de la Maison d'arrêt de Chambéry, c'est que la force de proposition pour les activités provient principalement des bénévoles de l'ASDASS. Elle justifie ce phénomène par le fait que :

« Le personnel est entravé par la lourdeur du système. »[2]

La formation du surveillant aux diverses thématiques que sont, le sentiment d'isolement du détenu, la prévention suicide, le choc carcéral, la communication non violente, est un outil essentiel pour eux. Cependant, l'allègement de la pression hiérarchique induite par l'administration pénitentiaire et des procédures carcérales pourrait permettre aux surveillants de devenir de vrais acteurs de la réinsertion.

III - L'intégration locale

C'est en 1974 à la suite d'émeutes dans des maisons centrales qu'a lieu la première rencontre d'un groupe de travail institué par le Ministère de la Justice, dédié à la question de la place des lieux de Justice sur le territoire. Parmi les penseurs du projet, on note : « Une vingtaine de membres parmi lesquels des architectes, des magistrats, des médecins, un psychologue, un directeur régional de l'administration pénitentiaire, un directeur de prison, un ingénieur des ponts et chaussées, une assistante sociale et un éducateur. »[3]. Deux aspects sont pris en compte : promotion de la vie en communauté à l'intérieur pour préparer les détenus à la réinsertion et implantation locale de l'établissement et sa conception

[1] Cahier des charges disponible sur le site http://www.justice.gouv.fr/prison-et-reinsertion-10036/la-vie-en-detention-10039/labellisation-du-circuit-arrivant-21364.html.

[2] Entretien avec Virginie Dubouchet. Op.cit.

[3] Salle G., How We Got from Prisons Located in Cities to City-like Prisons : A Relationship Between Metamorphoses and Contradictions. *Politix*, *97*(1), 2012, pp. 75-98.

architecturale. Les comptes rendus de ces commissions vont se positionner en faveur des milieux ouverts. « Il ne paraît pas sain de recourir, par une sorte de réaction de pudeur, à la solution de l'éloignement de la prison par rapport à la ville. Équipement public "à part entière", elle doit être au contraire intégrée dans le tissu urbain. Une implantation au voisinage immédiat des agglomérations semble, en effet, de nature à réduire les tendances au rejet, tout en permettant au personnel pénitentiaire de rester au contact de la vie urbaine. Cette solution présente en outre l'avantage de réduire l'acuité, souvent considérable, que revêt le problème des moyens de transport desservant la prison. »[1]. La deuxième commission qui se réunit prend place lorsque Monsieur Badinter est Garde des Sceaux dans les années 1980. Robert Badinter milite pour l'humanisation de la détention. Cette deuxième commission postule alors que : « la prison doit être considérée comme un équipement public à part entière et, de ce fait, a naturellement sa place dans la cité. »[2]

Les conclusions, de ces deux commissions successives, sont en accord avec le projet Rescaled qui établit les Maisons de détention comme : « Intégrées localement, les maisons jouent un rôle économique, social et culturel au sein de leur territoire d'implantation. Elles proposent des services partagés avec les habitants. »[3] L'intégration d'un établissement pénitentiaire répond alors à plusieurs critères co-existants et complémentaires. Une intégration urbaine, avec une prison comme dynamique économique et sociale locale, mais aussi accessible facilement pour la visite des familles et l'intervention d'acteurs extérieurs, comme les CPIP et les bénévoles d'associations.

L'implantation locale est un des enjeux de la nouvelle prison intelligente anglaise, projet qui prévoit d'inclure la « population » locale et carcérale au projet. Ainsi, l'objectif de la structure est de « créer des milliers d'emplois pour les communautés locales et voir des millions investis dans les routes et les infrastructures locales, tout en réhabilitant des milliers de délinquants et en assurant la sécurité du public. »[4] Ce projet a pour vocation d'inclure pleinement la prison dans la ville. C'est un moyen d'assurer la vie sociale du détenu, en l'impliquant dans des projets externes et en lui offrant la possibilité d'entrer en contact avec des personnes extérieures à la détention. C'est aussi, faire participer la population locale à la réhabilitation et à la préparation à la sortie du détenu. Confronter la population locale à la réalité carcérale semble être un bon moyen de faire évoluer la mentalité de l'opinion publique. Cependant l'implantation de prisons en centre-ville pose un problème en France. En effet, comme le souligne

---

[1] Ibid.

[2] Ibid.

[3] Rescaled. *État des lieux des prisons de petite taille, des expérimentations et des alternatives,* Op.cit., p. 35.

[4] Babineaux M., *La Grande-Bretagne obtient la première prison « intelligente » sans barreaux aux fenêtres ni gadgets pour réduire la criminalité - Tech Tribune France.* Fr.techtribune, 05/03/2022.

Claude D'Harcourt dans son article, « La tradition française est marquée par la tentation périodique de reléguer la prison hors de la cité, alors qu'une pensée républicaine devrait intégrer la prison au cœur de la société »[1].

« Il y a quand même un mouvement d'exclusion de ces établissements de la ville. C'est le syndrome NIMBY : not in my back yard »[2]

« Les Maisons d'arrêt en centre-ville sont détruites au profit de gros centres de détention à l'extérieur. Donc c'est bien que ces petits établissements se maintiennent. »[3]

« Il y a eu des projets de prisons ouvertes qui n'ont jamais vu le jour parce qu'on ne veut pas voir de prisons en plein centre-ville. La prison c'est ce qu'on ne veut pas voir. »[4]

Pourtant, historiquement, les établissements pénitentiaires étaient situés au cœur de la ville. Aujourd'hui la construction en ville n'est pas de circonstance. Si la question du coût du foncier peut se poser, l'opposition forte de l'opinion publique, quant à la construction de prison en centre-ville, semble demeurer l'explication principale. Pour paraphraser Molière, « [Eloignez cette prison] que je ne saurais voir, par de pareils objets les âmes sont blessées et cela fait venir de coupables pensées »[5]. Cela explique donc que les centres que l'on retrouve en centre-ville datent d'avant la seconde guerre mondiale. C'est le cas de la Maison d'arrêt de Chambéry construite en 1936. L'établissement est situé à proximité de la voie rapide urbaine et à proximité des accès d'autoroute. Ainsi, elle est facilement accessible en voiture. La gare est située à 1,4 kilomètre de la Maison d'arrêt soit 18 minutes à pied en moyenne. C'est d'ailleurs un atout selon Bernard Boulanger, bénévole pour le Granier qui accueille les familles.

« On a de la chance, notre Maison d'arrêt est quasiment en ville. L'accès est plutôt facile en voiture avec un hôtel bon marché pas très loin, un système de bus urbain, situé à 15 minutes à pied de la gare »[6]

Finalement, les politiques successives de construction de places supplémentaires ont conduit à, comme le dit Henry Masse, préfet et ancien directeur de l'administration pénitentiaire : « [faire sortir] la prison de la ville, tandis que les anciens lieux de détention, souvent proches des juridictions, n'ont pas été transformés en centre de semi-liberté, ce qui eût apporté une réponse complémentaire en cœur d'agglomération. Les visites (familles, proches, visiteurs, associations) et l'accès aux services contribuant à préparer la sortie (santé, Pôle emploi...) ont été rendus plus difficiles par l'éloignement des agglomérations. [...] Un des enjeux est désormais de rapprocher le parcours carcéral de la ville. »[7] L'emplacement est

[1] D'Harcourt, C., Le système pénitentiaire est-il réformable ? *Le journal de l'école de Paris du management*, *74*(6), 2008, pp. 19-26.
[2] Entretien avec Michel Boulanger. Op.cit.
[3] Entretien avec Christophe Pamart. Op.cit.
[4] Entretien avec Virginie Dubouchet. Op.cit.
[5] Molière, *Le Tartuffe*, 1669.
[6] Entretien avec Michel Boulanger. Op.cit.
[7] Par Henry Masse dans Le Floch-Prigent L., *Repenser la prison*, Michalon éditeur, 2020.

un élément essentiel à la réinsertion car il permet de faciliter l'accès à l'établissement à divers acteurs. En effet, comme le rappel le rapport de l'Assemblée nationale, « Les établissements implantés en zone rurale peuvent avoir du mal à faire venir des enseignants »[1]. Il est difficile de faire venir des bénévoles en zone rurale qui sont plus difficiles d'accès. L'ASDASS, en complément de son intervention sur la Maison d'arrêt de Chambéry, agit au centre de détention d'Aiton (Savoie) mais a du mal à trouver des bénévoles disponibles pour se rendre dans cet établissement étant donné son éloignement d'un centre-ville. Or, rappelons que la réinsertion passe par l'intervention d'acteurs extérieurs, quels qu'ils soient : « Si, durant le temps de réclusion, qui est aussi un temps d'exclusion, les contacts avec le monde extérieur, et en particulier avec la société civile, au nom de laquelle une personne détenue est privée de sa liberté, sont coupés, les chances de retrouver une place dans cette société se minimisent. » Si la difficulté de se rendre sur les territoires ruraux est réelle pour les intervenants associatifs, elle l'est d'autant plus pour les familles. Or, comme le rappel tous deux Michel Boulanger et Virginie Dubouchet, le lien familial participe pleinement à la réhabilitation du détenu.

« *On considère qu'accueillir les familles c'est participer pleinement à la réinsertion, au maintien du lien social entre intérieur et extérieur et prévenir la récidive* »[2]

« L'intégration locale facilite le maintien des liens. Le maintien du lien familial est, à mon sens impératif, à la fois pour le détenu, mais aussi pour la famille. Ceux qui vivent à l'extérieur vivent aussi la peine. Pour eux aussi, c'est un sacré combat. C'est un peu une double peine. Moi, je favoriserais plus le lien que la formation, même si c'est important. Le lien c'est quelque chose d'existentiel. C'est ce qui nous rattache à ce qu'on a, sans lui on ne peut pas se reconstruire. »[3]

Cette notion de « double peine » est revenue plusieurs fois dans les entretiens réalisés. Comme l'affirme Dominique Verrière et Michel Boulanger, il ne faut pas oublier que le choc carcéral est vécu par tous.

« Les familles sont aussi pénalisées par l'incarcération, c'est une double peine »[4]

Pour autant, si les acteurs associatifs rencontrés sont profondément favorables au maintien du lien familial, car il est vu comme une condition à la réussite de la réinsertion, il se peut qu'il soit une entrave à cette perspective. La question du rapprochement familial apparaît aussi comme un frein pour penser la prison de demain. Dans la perspective d'une prison réhabilitante, le détenu devrait pouvoir choisir le lieu où effectuer sa peine en ayant connaissance des formations et des

---

[1] Floch J. (2000, juin 28). *Rapport sur la situation dans les prisons françaises : Tome I (rapport)* [Officiel]. Assemblée nationale. https://www.assemblee-nationale.fr/rap-enq/r2521-1.asp.

[2] Entretien avec Michel Boulanger. Op.cit.

[3] Entretien avec Virginie Dubouchet. Op.cit.

[4] Entretien avec Michel Boulanger. Op.cit.

activités mises en place par les différents établissements et non être attitré à une Maison de détention pour des allégations de juridiction compétente et de rapprochement familial, qui pourraient lui être nocives. En effet, dans certains cas, c'est le cadre familial qui a poussé le détenu au comportement déviant. C'est ce sur quoi insiste Dominique Verrière durant l'entretien.

« Le rapprochement familial, pour moi ce n'est pas l'alpha et l'oméga, parce qu'il arrive régulièrement que les familles soient aussi des freins. Ça arrive souvent. »[1]

Cependant, l'emplacement de la prison et sa taille peuvent également jouer contre les établissements pénitentiaires, comme le rappelle le rapport de l'Assemblée nationale : « Les petites maisons d'arrêt présentent aussi souvent l'inconvénient d'offrir des activités en nombre très limité. Étant généralement situées en centre-ville, elles ne disposent pas toujours de locaux, de cours de promenade ou d'équipements sportifs suffisants. »[2] Ce sont des faiblesses auxquelles n'échappe pas la Maison d'arrêt de Chambéry.

« Ici, c'est tout petit, il y a un bâtiment principal. »[3]

« La Maison d'arrêt de Chambéry est un vieux bâtiment, on fait avec ce qu'il y a, c'est-à-dire pas grand-chose. On est vite à l'étroit. On est contraint par les contraintes architecturales, on ne peut pas pousser les murs. »[4]

Le problème résulte principalement dans le fait que les prisons, qui demeurent dans les centres-villes aujourd'hui, sont obsolètes car leur construction remonte au 20e siècle pour les plus récentes. Le discours politique dominant visant à construire plus de places de prisons est pertinent s'il ouvre des prisons établies en centre-ville avec des architectures pensées pour la réinsertion. C'est-à-dire, construire des établissements dotés de salles de classe, d'activités, de gymnases offrant la possibilité d'accueillir un maximum de projets culturels bénéfiques à la réinsertion future du détenu.

Conclusion

D'après les recherches menées et les rencontres avec les différents intervenants sur la Maison d'arrêt de Chambéry, une maison de détention[5] de petite taille, dont la situation géographique est proche du centre-ville, semble plutôt propice à l'établissement d'une vie carcérale favorable à la réinsertion. Le même constat a d'ailleurs été dressé par le rapport de l'Assemblée nationale en 2000 : « Comme cela a déjà été dit, personnels et détenus s'attachent à louer le fonctionnement des

[1] Entretien avec Dominique Verrière. Op.cit.
[2] Floch J. (2000, juin 28). *Rapport sur la situation dans les prisons françaises : Tome I (rapport)* [Officiel]. Assemblée nationale. https://www.assemblee-nationale.fr/rap-enq/r2521-1.asp.
[3] Entretien avec Christophe Pamart. Op.cit.
[4] Entretien avec Virginie Dubouchet. Op.cit.
[5] Terme favorisé par le projet Rescaled.

établissements, de taille moyenne, situés en centre-ville. Cela a pu être constamment vérifié au cours des visites effectuées et il faut y insister. La qualité des relations qui se nouent dans ces établissements autorise leur bon fonctionnement, même quand ils connaissent des conditions difficiles en termes de confort, de locaux ou d'installation. » [1]

S'agissant de la construction de nouvelles places de prisons annoncée dans la majorité des programmes électoraux et défendue par la plupart des politiques, cela doit se faire si la volonté est de remplacer les places existantes souvent vétustes, de par l'ancienneté des prisons française. C'est ce pour quoi milite Patrice Molle, préfet et ancien directeur de l'administration pénitentiaire : « Il convient toutefois également de construire des places supplémentaires de prison, mais avec des objectifs bien précis : remplacer celles qui sont trop vétustes et, surtout, profiter de ces quelques nouveaux établissements pour mettre en place des petites unités (150 à 200 places au maximum au lieu de 600 actuellement) […] Ces nouveaux bâtiments, à taille humaine, aux règles de fonctionnement plus souples, aux dispositions sécuritaires allégées, orientés en priorité vers la préparation à la sortie, constitueraient une démonstration bienvenue de cette volonté novatrice d'une approche aussi personnalisée que possible »[2]. 200 places maximum c'est ce qu'ont recommandé Dominique Verrière ou Virginie Dubouchet, Rescaled en prévoit 50. La question de la petite taille est sensible, mais le fonctionnement de la Maison d'arrêt de Chambéry avec 121 détenus présente une organisation prometteuse quant à la réhabilitation des détenus. On devrait, en complément, travailler davantage sur l'aide à la sortie du détenu avec une prise en compte de tous les paramètres sociaux (logement, travail, santé)[3] et, pourquoi pas, un accompagnement plus structuré une fois sorti des murs de la prison. Pour cela, des moyens doivent être mis à disposition des SPIP pour leur permettre d'avoir les effectifs nécessaires au suivi des dossiers.

Pour autant, l'incarcération et les peines de privation de liberté doivent rester des exceptions et tout doit être fait pour éviter le choc carcéral qui dans de nombreux cas ne ferait qu'empirer les situations et les pérenniser. « Le développement des solutions alternatives à l'incarcération doit absolument être considéré comme une priorité par le ministère de la Justice. C'est dans ce développement que réside incontestablement la solution au problème du surencombrement dans les maisons d'arrêt. Il faut bien entendu, pour cela, une véritable volonté politique, assortie des moyens budgétaires adéquats. Mais il importe également d'accomplir un effort pédagogique en direction de l'opinion publique : les solutions alternatives sont des sanctions au même titre que l'incarcération. Il ne s'agit pas, en effet, de faire croire que la petite et moyenne délinquance, principalement concernée

---

[1] Floch J. (2000, juin 28). *Rapport sur la situation dans les prisons françaises : Tome I (rapport)* [Officiel]. Assemblée nationale. https://www.assemblee-nationale.fr/rap-enq/r2521-1.asp.

[2] Par Patrice Molle dans Le Floch-Prigent, L., *Repenser la prison*, Michalon éditeur, 2020.

[3] Malle P., *Le processus de labellisation des sortants de prison : Les courtes peines désavantagées* [Mémoire, Bordeaux], 2018.

par ces mesures, reste impunie. Il faut, dès lors, insister sur le caractère profondément déstructurant des courts séjours en prison qui ne peuvent prévenir la récidive et qui, trop souvent même, l'induisent. »[1]

La mise en place de peines alternatives et la construction de structures plus adaptées méritent l'établissement d'un plan d'action public sur le long terme, qui n'a, jusqu'à nos jours, pas pu être mené. L'acculturation et la communication avec l'opinion publique pourraient être la clé pour accompagner notre société tout entière sur un chemin plus propice à l'acceptation de la deuxième chance, dans un contexte où nous sommes « confrontés à des politiques « populistes » soutenues par les médias qui ont pour effet d'insécuriser l'opinion publique »[2]. Et, d'ainsi, construire des peines, non pas pour punir, mais pour sanctionner (privation de liberté mais sans souffrance) et réhabiliter car c'est bien là, le rôle de la justice. La question des moyens attribués à l'administration pénitentiaire et du coût global de la peine doit être analysée. Au-delà des détenus, qui en sont les premières victimes, tout le monde en souffre. Ce n'est donc pas seulement une double peine ici, car l'absence de moyens touche le personnel pénitentiaire, les familles, et la société dans son ensemble avec potentiellement les futures victimes de la récidive. « À ne pas voir que la prison devrait désormais avoir le statut de l'exception parce que telle est sa fonction – être la peine ultime –, on s'obstine à lui donner des fonctions qu'elle ne peut remplir, on lui demande d'être l'outil par excellence pour réinsérer ceux qui ne vivent pas selon la norme. »[3]

---

[1] Floch J. (2000, juin 28). *Rapport sur la situation dans les prisons françaises : Tome I (rapport)* [Officiel]. Assemblée nationale. https://www.assemblee-nationale.fr/rap-enq/r2521-1.asp.

[2] Klopp A.-M., De la réclusion à l'inclusion. La sortie de prison en Europe. *Revue du MAUSS*, *40*(2), 2012, pp.185-194.

[3] Cugno A., Op.cit.

B. *Les relations entre surveillants et personnes détenues dans les petits établissements pénitentiaires : une solution contre les violences intra carcérales ? Étude de cas de la maison d'arrêt de Gap*

(Sinoûne Lucas, Etudiante à Sciences Po Grenoble et à l'Université libre de Bruxelles, Master Criminologie)

« *Gap, pour un surveillant, c'est idéal. Et puis... de Gap, quand t'as fait Gap, en tant que surveillant, Digne, Gap, Digne, tu peux pas faire autre chose. Tu peux pas aller... t'as pas de retour en arrière, c'est pas possible. Je pourrais pas. Je me mettrais en dépression. En arrêt. Ah oui, oui. Parce que t'as un relationnel avec les détenus [et] avec l'administration qui se passe bien, voilà.* »

Un surveillant de la maison d'arrêt de Gap, 12 avril 2023.

Le lundi 19 avril 2021, lors d'une visite au centre pénitentiaire de Bordeaux-Gradignan, le garde des Sceaux Éric Dupond-Moretti signe les *Principes du surveillant pénitentiaire, acteur incontournable d'une détention sécurisée* avec les représentants nationaux des organisations syndicales des personnels de surveillance. Selon le ministre de la Justice, « cette charte concrétise un engagement pris devant les personnels pénitentiaires visant à réaffirmer publiquement qu'ils ne doivent pas être considérés comme des porte-clefs mais comme des acteurs incontournables d'une détention sécurisée préparant activement la réinsertion des détenus »[1]. Ces principes visent donc à une redéfinition du métier de surveillant pénitentiaire, mais aussi à sa valorisation auprès de l'opinion publique.

Parmi ces principes, la relation entre surveillant et personne détenue est considérée comme "déterminante". Fondée sur l'autorité, l'écoute, l'observation et la responsabilité, afin que la prise en charge puisse être adaptée, elle doit, *in fine*, réduire les violences et renforcer une sécurité dynamique. Dès lors, le surveillant pénitentiaire devient un acteur majeur de la détention. Mais concrètement, qu'est-ce qu'un surveillant pénitentiaire ?

Selon l'ENAP (École Nationale de l'Administration Pénitentiaire), les missions des surveillants pénitentiaires correspondent à « la garde et la surveillance des personnes confiées par les autorités judiciaires, et participent à la mission de réinsertion[2] ». Les qualités nécessaires renvoient à des qualités humaines, une rigueur, une stabilité, un sens de l'écoute, une impartialité, des aptitudes au travail de jour et de nuit, ainsi que des connaissances juridiques et techniques enseignées pendant la formation à l'ENAP[3]. Ces missions et qualités requises sont donc bien loin de l'image que l'on peut se faire d'un surveillant pénitentiaire, du "maton" qui ouvre et ferme des portes, et se ferme lui-même à toutes interactions sociales. En réalité, le surveillant pénitentiaire ne peut se limiter à de faibles interactions,

---

[1] Ministère de la Justice, "Principes du surveillant pénitentiaire : communiqué de presse", 19/04/2023.

[2] ENAP, "*Surveillant pénitentiaire*". Https://www.Enap.justice.fr/surveillan-pénitentiaire.

[3] Ibid.

attitude susceptible d'entraver certaines relations sociales avec les personnes détenues. Sans dialogue entre les deux parties, la distance sociale ne cesse de grandir. Et les conséquences sont certaines. L'absence de communication débouche sur des rapports sociaux fracturés, marqués par de la méfiance et du négativisme[1], et même, pire, par un « principe d'hostilité généralisé dans lequel chacun devient pour l'autre un ennemi potentiel, un étranger »[2], et ne peut qu'aboutir à de la violence. Il est important de préciser ici que la violence est inhérente à la prison puisque la société est elle-même violente, et que la prison n'en est que le reflet. Ainsi, « la question est de résoudre la violence non pas par essence de la prison mais sa violence par excès. »[3] Les relations sociales, par le dialogue et l'écoute, sont alors un moyen de limiter cette violence. Selon Aristote, « L'homme est un être sociable ; la nature l'a fait pour vivre avec ses semblables. » Il serait donc naturellement impossible pour qui que ce soit de ne pas interagir avec autrui, même lorsque l'on est limité dans sa liberté de mouvement. Il est nécessaire pour toutes et tous de pouvoir entretenir des relations avec autrui, au risque de voir se développer une certaine frustration qui peut mener à la violence, voire à des troubles mentaux. En effet, l'isolement social a de réelles conséquences négatives sur les individus, jusqu'à voir l'espérance de vie diminuer de manière significative[4]. Pour Antoinette Chauvenet, la logique sécuritaire détermine deux modes d'organisation en détention : l'isolement et la séparation[5].

Personnes détenues et surveillant(e)s devraient donc entretenir ce lien social, inhérent à l'être humain. Mais en plus d'une relation avec les personnes détenues, les surveillant(e)s doivent également entretenir une relation avec leur hiérarchie. Dans le programme de recherche PAROLES (Programme d'Analyse, de Recherche et d'Observation sur la Liberté d'Expression des Salariés) du CNRS et de la CFDT de 1991, les conditions du dialogue social au sein de l'administration pénitentiaire sont analysées. La recherche montre que le personnel pénitentiaire est « placé sous la double tutelle des règles et des détenus (...) », et que « plus encore qu'un droit, la parole apparaît comme un besoin, d'abord individuel, qui trouve néanmoins encore rarement sa voix, parfois par crainte de la hiérarchie, parfois par doute quant au sort qui serait réservé aux avis donnés. »[6] Et les risques peuvent avoir de fortes conséquences sur la qualité du travail du surveillant en

---

[1] Vanderstukken O., Garay D., Benbouriche M. et Moustache B., Professionnels de la psychiatrie et de la pénitentiaire, le poids des représentations sociales : penser une articulation sans collusion ni clivage. *L'information psychiatrique*, 91, 2015, pp. 676-686.

[2] Chauvenet A., Privation de liberté et violence : le despotisme ordinaire en prison. *Déviance et Société*, 30, 2006, pp.373-388.

[3] ENAP, CIRAP, *La sécurité dynamique : enjeux et perspectives pour les prisons françaises*, sous la direction de Brie G. et Mayol J.-P., 2021.

[4] Observatoire de la prévention, "*L'isolement social, un important facteur de risque de mortalité prématurée*", Dr Martin Juneau, 03/05/2017.

[5] Ibid.

[6] Garioud G., Jonas I. « La parole aux oubliettes », *Droit et société*, GRASS-IRESCO-CNRS, Paris, 1993.

question, mais aussi sur toute la structure et ses acteurs. Ainsi, « démotivation, désaffection, absentéisme, sont des réponses fortement développées chez le personnel face au manque d'écoute généralisé dont il s'estime victime. »[1] Toutes les relations sociales dans l'établissement carcéral sont donc importantes pour favoriser un environnement qui limite les violences.

L'idée serait alors de repenser le système carcéral, afin de résoudre ce problème de violence généralisée dans les prisons françaises. Plusieurs réponses ont d'ores et déjà été apportées par l'ENAP et le CIRAP, autour de la sécurité dynamique. « La sécurité dynamique signifie que les simples gardiens de prison sont formés et encouragés à établir de bons rapports personnels avec les détenus, à les connaître et à les comprendre individuellement, à les aider à résoudre leurs problèmes, et à engager un dialogue constructif avec eux. (…) » [2]

Afin de mettre en place cette sécurité dynamique, plusieurs moyens ont été présentés par l'ENAP et le CIRAP, le plus connu étant le "Module de Respect", inspiré de l'Espagne et de son "Respeto" de 2015. Il se caractérise notamment par une responsabilisation et une autonomie de la personne détenue afin de diminuer les violences en détention, mais cherche également à revaloriser les métiers pénitentiaires. Ce Module de Respect repose sur plusieurs principes fondamentaux : volontariat, système infra-disciplinaire d'évaluation, nombre d'heures d'activité obligatoire, activités animées par des détenus et/ou personnels, absence d'auxiliaire et donc la répartition sur tous, une commission de détenus, des règles de vie d'application stricte, et, enfin, une "équipe technique" (ou "commission de suivi et d'évaluation") interne au module qui se veut pluridisciplinaire.

Ce module de Respect est encore marginal en France, même s'il se développe de façon régulière désormais. En effet, en 2021, seulement quatre établissements pénitentiaires sur les 187 existants l'avaient mis en place, dont un dans lequel les personnels et personnes détenues ne connaissent pas la commission, et un autre dans lequel les acteurs ne sont pas formés à cette pratique[3]. Pourtant, force est de constater que : « la qualité de la relation entre personnels pénitentiaires et personnes détenues a un effet direct et mesurable sur le niveau de violence au sein des établissements. »[4]. Depuis, toutefois, de nouveaux établissements l'ont mis en œuvre et de nombreux projets allant dans ce sens sont en cours.

Une autre manière de favoriser cette sécurité dynamique passe par la médiation en contexte professionnel pour la gestion de la crise relationnelle. Cette médiation possède plusieurs dispositifs de mise en œuvre, qui vont des formations partagées aux médiations animales et relationnelles, en passant par une expression collective qui se fonde sur une relation positive. Le médiateur se trouve être une

---

[1] Ibid.

[2] ONUDC, « *Manuel sur la sécurité dynamique et le renseignement pénitentiaire* », série de manuels sur la justice pénale, Nations Unies, New York, 2015.

[3] ENAP, CIRAP, « *La sécurité dynamique : enjeux et perspectives pour les prisons françaises* », Op.cit.

[4] Ibid.

personne détenue “facilitatrices” aux pratiques de médiation. Grâce à un cadre formel et contraignant pour les médiateurs et les médiés, la violence, sous toutes ses formes, est écartée.

Et si, au niveau national, on travaille à la qualité des établissements pénitentiaires et à ce qu'ils proposent, on retrouve les mêmes préoccupations à l'échelle européenne. Dans les Règles pénitentiaires européennes (RPE), là encore, on parle de l'importance « des espaces relationnels entre agents et détenus, de la singularité de chacun, des capacités à s'ouvrir à l'autre, de la langue et de son usage, de la propension à l'écoute », qui « s'inscrit (...) au cœur de cette vision du métier de surveillant (...) »[1]. Pourtant, la majeure partie des établissements pénitentiaires actuels ne peuvent se le permettre, les surveillant(e)s restant encore des inconnus pour les personnes détenues et inversement. En cause, la taille des établissements qui serait bien trop grande pour favoriser la création de liens et générer une véritable affinité entre tous les acteurs. En plus de ne pas permettre la création de lien social, les grands établissements ont du mal à remplir leurs obligations, objet des condamnations émises par la CEDH (Cour européenne des droits de l'Homme) contre la France, pour traitements inhumains et dégradants (violation de l'article 3)[2].

Et si la solution à tous ces maux n'était qu'une question d'architecture ? Et si la solution venait avec la création de petites structures ? C'est ce que défend notamment l'organisation internationale RESCALED, créée en mai 2021. « Les établissements les mieux notés par les personnes détenues et les personnels étaient ceux à la taille considérée la plus “humaine”, soit avec un nombre de détenus limité et un taux d'encadrement important (Johnson et al., 2011). »[3]

La maison d'arrêt de Gap, qui compte 28 personnes détenues (10 prévenus et 18 condamnés) au 12 avril 2023, serait donc l'exemple type de ces petites prisons. En 1735, s'ouvre la maison de la charité de Gap, qui devient dès 1795 une prison départementale des Hautes-Alpes (05). Elle dépend de la direction interrégionale des services pénitentiaires de Marseille (Bouches-du-Rhône). Du fait de son ancienneté, l'établissement est aujourd'hui vétuste, raison pour laquelle en 2010, il figurait sur la liste des établissements pénitentiaires susceptibles de fermer, liste diffusée par le ministère de la Justice.[4] Cependant, les rénovations n'ont cessé de se succéder : en 1999, la cuisine est mise aux normes ; en 2000, le toit est refait ; un an plus tard vient le tour des escaliers ; en 2002, ce sont les façades qui sont rénovées ; et en 2006, on assiste à une restructuration de la zone administrative. Deux ans plus tard, de gros travaux sont engagés pour un investissement de 1,4

[1] Denans J. et Léon J., Violence en prison : une perspective clinique auprès des surveillants pénitentiaires. *Bulletin de psychologie*, 545, 2016, pp. 331-343.

[2] OIP, “*Conditions inhumaines de détention et surpopulation carcérale : suivi de la condamnation de la France par la CEDH*”, 9/12/2022.

[3] RESCALED, Fédération des Associations réflexion-action, prison et justice, résumé.

[4] CGLPL, *Maison d'Arrêt de Gap (Hautes-Alpes)*, du 11 au 13 avril 2011.

million d'euros[1] afin de transformer les anciens dortoirs en cellules de deux ou trois personnes maximum. L'établissement sera finalement retiré de la liste des établissements devant fermer, « en raison du coût des escortes qui devraient être mises en place pour conduire les personnes écrouées dans d'autres établissements de la région, et des délais de déplacement dans une zone d'accès difficile en période hivernale, notamment dans sa partie Est. »[2]

La maison d'arrêt de Gap (740 m d'altitude) s'est donc sauvée grâce à sa position géographique : éloignée des grandes villes (180 km de Marseille et 100 km de Grenoble) et relativement difficile d'accès. L'établissement est en plein centre-ville, dans une zone d'habitations et de commerces. Elle se trouve à proximité des différents lieux judiciaires avec lesquels elle travaille (la préfecture, le tribunal judiciaire ainsi que le commissariat de police) qui se trouvent à moins de 400 mètres[3] de distance. Pour vingt-huit personnes détenues, on retrouve vingt-quatre surveillant(e)s, soit un rapport de presque un pour un. Ici, à l'inverse des grands établissements, il est presque impossible que les différents acteurs restent des inconnus les uns pour les autres. Aujourd'hui, l'établissement accueille uniquement des détenus hommes (le quartier femme ayant fermé en 2009).

À ce stade, plusieurs hypothèses se présentent. Tout d'abord, grâce à une bonne relation entre hiérarchie et surveillant(e)s qu'elle favorise, ainsi qu'au nombre réduit de personnes détenues, n'est-il pas juste de voir dans la petite structure le moyen de limiter les tensions carcérales et d'améliorer, par là même, les relations entre surveillant(e)s et personnes détenues ? Il n'est peut-être pas non plus utopique de voir dans les établissements de taille modeste, la possibilité de recréer non seulement une vie en société, mais la société elle-même, pour qu'à leur sortie, les personnes détenues ne se sentent pas perdues et que ce retour à la vie civile ne devienne pas une violence. Une manière de limiter la peur de l'après.

De plus, sans une refonte de la formation de surveillants, il n'est pas simple pour ces derniers de remplir les deux pans de leur métier, à savoir sécurité et réinsertion. Et si le manque de temps et de moyens vient s'ajouter à cette difficulté, il y a surtout risque de voir les surveillant(e)s privilégier l'aspect sécuritaire de leur métier, ce qui ne peut que détériorer leurs relations avec les personnes détenues et faire émerger un surcroît de violence. À l'inverse, l'espace plus détendu que permet le petit établissement, laisse le temps aux surveillant(e)s d'effectuer ces deux missions. Ils peuvent ainsi mieux accompagner les personnes détenues et rendre leur détention plus acceptable, voire plus sereine, et limiter ainsi la violence du lieu. Enfin, la gestion d'un petit groupe favorise elle aussi une gestion qualitative en donnant plus de temps à l'instauration d'un réel lien social, nécessaire à toute personne vivant en société.

Il nous faut donc poser la question de savoir dans quelle mesure la petite taille d'un établissement pénitentiaire favorise le relationnel au travers du dialogue et

[1] "Pourquoi la maison d'arrêt a pu être maintenue", *Le Dauphiné Libéré*, 28/07/2012.
[2] CGLPL, Op.cit.
[3] Ibid.

de l'écoute entre surveillant(e)s et personnes détenues afin de limiter les violences carcérales ?

Le propos de cette enquête est de montrer que le petit établissement pénitentiaire permet de prévenir et de limiter les violences au sein de la prison, notamment en développant la qualité relationnelle entre les surveillant(e)s et les personnes détenues, au travers de différents aspects qui facilitent ce lien social. La petite maison d'arrêt de Gap, par sa localisation, sa structure et son architecture, permet de garder des liens familiaux et amicaux pour les personnes détenues, de conserver un équilibre de vie pour les agents, de faciliter les interactions entre les différents corps de métier à l'intérieur de la structure, de faciliter la circulation d'informations, de proposer de nombreuses activités (sportives, artistiques, professionnelles, etc.), mais surtout, elle donne du temps aux surveillant(e)s dans la pratique de leur métier, ce qui contribue à approfondir les liens avec les personnes détenues et à favoriser une bonne réinsertion. Tout cela va dans le sens d'une limitation des tensions et d'une prévention de la violence au sein même de la prison. Malgré tout, la petite maison d'arrêt des Hautes-Alpes possède ses propres difficultés qui peuvent limiter ces objectifs de régulation de la violence, notamment le travail d'équipe entre les surveillant(e)s, la féminisation du métier, la juste distance difficile à borner, ou encore son impossibilité à accueillir le Module Respect.

Ces résultats ont été obtenus grâce à une enquête qui s'appuie sur des données empiriques recueillies lors de deux jours d'entretiens et d'observation. Le 12 avril 2023, une journée d'observation a permis de découvrir l'établissement de la maison d'arrêt de Gap. Elle s'est poursuivie par différents entretiens. Le premier de ces entretiens, enregistré, s'est déroulé avec un surveillant, celui-là même qui a permis la visite de l'établissement. De retour sur les lieux l'après-midi, les entretiens se sont poursuivis avec celui du directeur de la maison d'arrêt de Gap, Monsieur André Maniez, ainsi que de la directrice adjointe, Madame Edith Locatelli. Cet entretien commun a été effectué sans enregistrement, à leur demande. Ce seront les deux seuls interrogés qui ne seront pas anonymisés lors de cette enquête. S'en est suivi un entretien avec un autre surveillant, qui lui a été enregistré. L'enquête s'est prolongée le lendemain, le 13 avril 2023, au SPIP (Service Pénitentiaire d'Insertion et de Probation) de Gap. Ce sont deux autres entretiens qui ont eu lieu, tous deux enregistrés. Le premier s'est déroulé avec l'ancien gradé de la maison d'arrêt de Gap, et le second avec une CPIP (conseillère pénitentiaire d'insertion et de probation). Ces enregistrements d'entretien ont pour objectif de retranscrire fidèlement les propos de chacun afin de ne pas déformer certaines paroles. Il est important de préciser que les différents entretiens menés sont des entretiens consentis. Ils dépendaient d'un volontariat, et ne donnaient donc pas le choix des personnes à interroger. Les interviewé(e)s n'étaient pas connu(e)s avant l'entrée dans les lieux, mais directement dans les locaux, venaient ceux qui le désiraient. Cette absence de choix des interviewé(e)s peut être considérée comme une limite, mais aussi comme une neutralité sociologique.

Ainsi, il s'agira dans un premier temps d'analyser la maison d'arrêt de Gap comme établissement pénitentiaire qui, par sa petite taille, favorise la sécurité dynamique. Dans un second temps, il nous faudra montrer les difficultés inhérentes à un petit établissement, difficultés qui ne se posent pas ou peu dans ceux de taille plus importante.

I – Un établissement qui favorise la sécurité dynamique

1. L'importance de la localisation

1.1 L'entretien des liens familiaux et amicaux pour les personnes détenues

La maison d'arrêt de Gap est située au cœur des Alpes. Une géographie qui la rend difficile d'accès. Sur ces routes de montagne, les trajets peuvent s'avérer longs. Ainsi, pour atteindre la sous-préfecture du département, en l'occurrence Briançon qui, avec ses 1300 mètres d'altitude (la plus haute ville d'Europe), il faut compter entre une heure quinze et une heure trente de route de Gap qui n'est pourtant qu'à 91 kilomètres de distance - aucune autoroute n'ayant vu le jour pour des raisons de financement, de complexité et de préservation d'un environnement qui fait la réputation et la richesse des Hautes-Alpes, mais qui rend les liaisons avec les autres départements souvent compliquées.

La maison d'arrêt de Gap est centrale pour le département. Sa disparition rendrait difficiles les visites des familles/ami(e)s aux personnes détenues, comme nous le dit l'un des surveillants de l'établissement : « *Pour le maintien des liens familiaux, je pense qu'il y a besoin de garder des petites maisons d'arrêt. Après, si, par exemple, on devait regrouper Gap [et] Digne, sachant qu'on a quand même une population qui vient de Briançon, pour aller... je ne sais pas où... je sais pas, je vais dire Sisteron. (...) Briançon-Sisteron, ça fait une trotte quoi.* »

En effet, le trajet entre Digne-les-Bains et Briançon est de 139 kilomètres, soit environ deux heures et quart ; une distance qui peut s'avérer difficile pour l'entourage des personnes détenues et devenir un véritable handicap - financier notamment, mais aussi en termes de temps - et qui risque de dégrader les liens avec la personne détenue. Lors de ma visite de l'établissement, j'ai pu voir une femme avec deux petites filles d'environ 6 et 10 ans venir rendre visite à une personne détenue. À la fin de son parloir, elle a immédiatement demandé un nouveau rendez-vous pour la semaine suivante, preuve s'il en est, que le maintien des liens est nécessaire, tant pour les personnes détenues que pour leur famille. Un gage certain d'équilibre pour les personnes détenues. Par définition, la prison ne doit priver la personne incarcérée uniquement de sa liberté de mouvement, et non des relations avec sa famille et/ou ami(e)s.

Mais en quoi ce non-maintien des liens peut-il influer sur les violences intra carcérales ? Quand les liens sont maintenus de façon régulière, cela permet aux personnes détenues de ne pas être constamment dans l'attente d'un hypothétique parloir. Et la proximité de la maison d'arrêt et des habitations de la ville permet justement cette régularité d'échanges. Des visites régulières, telles qu'un rendez-vous ponctuel, permettent de rythmer positivement la vie des personnes détenues. *A contrario*, si les liens avec l'extérieur se distendent, il y a risque de frustration et de colère chez les personnes détenues, ce qui ne peut que favoriser la possibilité de violences.

De plus, ces parloirs sont source de discussion entre surveillant(e)s et personnes détenues, et favorisent ainsi leurs relations, comme en témoigne l'un des surveillants lorsqu'il imite des interactions avec des personnes détenues : *« Alors ça a été ton parloir ? », tu vas le voir, « Tiens t'as parloir demain », ou non « t'as parloir 't'à l'heure. », on les met en place « hé bon parloir ». Des p'tits gestes comme ça, c'est, c'est tout con. »*

1.2 Un cadre de vie qui favorise une stabilité pour les surveillant(e)s

Outre qu'une localisation efficace favorise le bien-être des personnes détenues, elle engendre également un bon équilibre pour les surveillant(e)s. Ainsi, lors de la question sur les points positifs et négatifs du métier de surveillant à Gap, l'un d'eux a-t-il évoqué l'importance du cadre de vie, « *(...) Et tout c'qui est heu... cadre de vie. T'as un beau cadre.* » Une qualité d'environnement qu'une ville comme Gap est visiblement en mesure d'offrir aux surveillant(e)s.

Une localisation au cœur des montagnes qui permet également au personnel pénitentiaire de découvrir et pratiquer certaines activités, notamment sportives, sources d'équilibre : « *Parce que j'fais d'la rando maintenant, hein. J'suis passé côté mer, parce que j'suis de la Bretagne, ça c'est... Tu devrais faire (...)* »

Un bien-être des surveillant(e)s qui, lui aussi, influe sur une limitation des violences intra carcérales. Comme le rappelle l'ancien gradé de la maison d'arrêt de Gap : « *Alors le plus important c'est, voilà. C'est déjà qu'un agent prenne son service dans de bonnes conditions. Il faut toujours laisser (...) ses problèmes personnels à la porte, surtout quand on est dans un milieu comme la prison quoi hein, voilà. On laisse ses affaires personnelles à la porte, on rentre dans de bonnes conditions (...) Moi personnellement, je viens pour me la faire crème comme on dit hein. Je viens pas pour me prendre la tête toutes les cinq minutes. Moi, il faut que ça roule quoi (...) si y a un problème, on le règle tranquillement, mais il est hors de question que je me tabasse tous les jours quoi. Je suis pas payé pour taper quoi, c'est pas le but du jeu quoi.* »

Des conditions de travail favorables pour les surveillant(e)s qui se mesurent à l'aune d'un faible turn-over. Et lorsqu'il y a rotations, c'est seulement lorsque les agents partent à la retraite. Mme Locatelli affirme que cette stabilité permet d'apaiser les tensions au sein de l'établissement, mais apporte aussi une vie plus équilibrée aux agents. Gageons, également, que cette stabilité permet de renforcer les relations sociales entre surveillant(e)s et personnes détenues, de créer d'autres liens capables d'ouvrir à la connaissance de l'autre. Une base qui ne peut que favoriser le dialogue et l'écoute.

2. Un établissement à taille humaine qui facilité les liens relationnels entre tous les acteurs

2.1. Une sécurité par le lieu

L'établissement pénitentiaire gapençais est un établissement à taille humaine. Cette caractéristique lui permet d'être un lieu sécuritaire, sans nécessité une forte sécurité matérielle. Ainsi, l'établissement compte seulement six portes activées à distance, la majorité s'ouvrant avec des clés. Une sécurité matérielle qui peut être vécue comme une violence, rendre les personnes anxieuses, et violentes elles-mêmes. Une sensation de moindre stress que seul un petit établissement paraît en mesure de proposer comme nous le rappelle la CPIP : « *Tout ce carcan sécuritaire, qui est dans les plus gros établissements, on l'a moins. Donc on a moins ce ressenti de pesanteur, et quelque part bah c'est une violence hein, quand on vit dans un univers clos, peu de lumière, enfin voilà, des odeurs, des cris... Chose qui a quand même moins dans un petit établissement.* »

Lors de la visite de l'établissement, une des infirmières a précisé que la taille du lieu lui permettait de se sentir en sécurité parce qu'il y a toujours une personne à proximité. L'infirmerie se trouve au rez-de-chaussée, dans le même couloir que la salle de repos des surveillant(e)s, soit environ cinq mètres de distance. Quant aux bureaux de la hiérarchie, ils se trouvent également au rez-de-chaussée, à environ trente mètres de l'infirmerie. Tout le monde est alors très accessible. « *Il faut que nous, on se sente en sécurité quand on travaille (...)* », nous dit un surveillant, évoquant le stress qui peut, d'une part altérer la qualité de son travail, et d'autre part être ressenti par les personnes détenues elles-mêmes.

Un petit établissement peut donc favoriser les relations sociales par la proximité de ses différents espaces qui le composent. L'un des surveillants précisera également que la petite structure permet de rendre possible un plus grand nombre de mouvements, et de « *prendre le temps pour voir chaque poste* ». Ainsi, la salle de repos des surveillant(e)s se trouvant à une porte de la cuisine où certaines personnes détenues travaillent, les agents pouvant alors rendre visite de façon régulière aux personnes détenues en cuisine.

2.2. Des informations qui circulent vite

Si les personnes peuvent se déplacer rapidement dans toute la structure du fait de sa petite taille, les informations, elles aussi, sont rapidement transmises. Selon l'une des infirmières, les informations passent « *tout de suite* » entre les concernés. Cette rapidité des échanges renvoie à une bonne communication qui favorise une prise en charge de qualité des personnes détenues. Et même s'il n'y a pas de requête de la part d'une personne détenue concernant un problème médical, l'infirmière peut aller la voir si un ou une surveillante lui a fait part d'une crainte. De plus, la réponse est quasi immédiate lorsqu'il y a véritablement problème. En effet, s'il y a urgence, la proximité de l'établissement avec l'hôpital local (moins d'un kilomètre) permet d'évacuer la personne concernée en 30 minutes.

Pour Mme Locatelli, l'"*ambiance humaine*" et la "*gestion à taille humaine*" permettent de voir plus facilement lorsque les personnes détenues ne vont pas bien. Elles se livrent plus facilement parce qu'il y a moins de relais, ce qui permet une gestion directe des problèmes et une diminution des tensions, les personnes détenues n'étant pas dans l'attente.

Grâce à cette petite taille, l'ensemble des personnes de la structure est donc rapidement au courant des problèmes de chacun. Elle favorise l'écoute des personnes détenues, une meilleure compréhension de leurs problèmes, la possibilité de les soutenir et d'interagir avec eux.

Des informations qui circulent vite et qui permettent d'éviter certaines démarches administratives, qui peuvent s'avérer contraignantes pour les agents, comme l'évoque l'un des surveillants « *(...) je pense que si demain je devais aller toquer à la porte de Monsieur Maniez ou de Madame Locatelli, ils me recevraient... (...) je pense pas qu'il y ait besoin de faire un courrier en trois exemplaires, machin, six mois avant...* »

2.3. Une sécurité par les acteurs

La maison d'arrêt de Gap est un établissement où les acteurs se sentent bien, notamment en ce qui concerne les relations qu'ils entretiennent avec les différents acteurs de la structure. À plusieurs reprises, les personnes interrogées ont souligné l'importance que représente une bonne relation avec la hiérarchie, notamment un des surveillants :

- « Et pour vous, qu'est-ce qui vous paraît [être] le plus important dans le métier de surveillant pour que le métier puisse s'effectuer dans les meilleures conditions ?

- Ça serait... dialogue hiérarchie-détention quoi. Enfin, sur.... personnel de surveillance. »

Et force est de constater que cette bonne relation, toujours d'après les surveillants, se retrouve dans l'établissement pénitentiaire de Gap : « *Relations humaines, B, pas mal. Que ce soit avec la direction... tac* » ; « *Ici, ça commence un petit peu à... moi, quand je suis arrivé, je trouvais que c'était... c'était vachement... chacun à travailler un peu dans son coin. Je trouve que là, ça commence un petit peu à... à discuter entre les services. Là, par exemple, euh bah... la semaine dernière, j'ai fait un CAP avec la JAP, c'était sympa.* » À la maison d'arrêt de Gap, les surveillant(e)s ont donc la possibilité de pouvoir participer aux commissions d'application des peines, qui peut s'avérer importante pour ces agents afin de mieux connaître les personnes détenues, mieux appréhender leurs problématiques, etc., chose qui n'est pas forcément le cas partout : « Les surveillants considèrent d'ailleurs que leur absence des commissions d'application des peines est regrettable puisque ce sont eux qui, en prison, « connaissent le mieux les détenus », à travers ce face à face quotidien[1]. »

Ce ressenti s'explique aussi par la disponibilité d'une hiérarchie qui n'hésite pas non plus à demander l'avis des personnels de surveillance, reconnaissant que ce sont eux qui sont le plus en contact avec les personnes détenues, comme l'explique l'un des surveillants :

- « (...) est-ce que vous vous sentez écouté et légitime quand vous faites remonter une information ?
- Ah, ah, ah, là ouais. Là, oui. Parce que Monsieur Lavaux [prédécesseur de Mme Locatelli] cherchait des gens pour travailler comme auxi, la première fois, il est venu nous voir "*Est-ce que vous pensez à untel, untel, untel ?*", "*Oui, non.*", alors qu'avant, ils décidaient par eux-mêmes, sachant que c'est nous qui sommes en contact en permanence, on sait qui est qui, quoi. »

Pourtant, certains ouvrages contredisent ce propos, mettant en avant une hiérarchie quelque peu frileuse : « (…) le poids et l'immobilisme de la hiérarchie considérée comme peu encline aux changements et fermée à la concertation avec le personnel de base[2]».

Là encore, nous touchons du doigt l'importance de relations saines entre les différents acteurs de la structure, une relation de confiance qui permet aux surveillant(e)s de se sentir dans de bonnes conditions de travail, et se voir comme des acteurs utiles, condition *sine qua non* pour être motivé et s'investir dans son travail, comme en témoigne l'ancien gradé : « *Si c'est pas toi qui a fait une découverte dans une cellule, si c'est pas toi qui a... ben, eh ben... valorise ton agent. Tu lui dis : "Putain franchement beau boulot, c'est bien, c'est bien mon gars. Franchement, t'as assuré aujourd'hui." Et il est content le mec, et il va recommencer à faire ces fouilles de cellules, à faire son... voilà. Si tu lui dis "Ah ouais t'as trouvé ça ? Ouais, ouais, c'est bien.", "J'écris chef ?", "Non, non, c'est pas la peine", et tu t'attribues toute la gloire, ça peut pas marcher.* »

À la maison d'arrêt de Gap, la grande majorité des surveillant(e)s ont entre quinze et vingt ans d'ancienneté. Une forte expérience du milieu qui leur permet d'être reconnus par le métier, qui facilite leur activité et leur confère une certaine légitimité, notamment auprès des détenus. « *Ça vient avec l'expérience,* explique l'un des surveillants. *Ouais. C'est l'expérience qui fait ouais, ouais. Parce que moi au départ, j'suis de la campagne (...). Quand t'es à Fresnes et que le mec, il te parle le verlan, le langage, leur dialecte, je comprenais pas trop et p'tit à p'tit,*

---

[1] Chauvenet A., Benguigui G., Orlic F., « Les surveillants de prison : le prix de la sécurité. », *Revue française de sociologie*, 1993, p.360.
[2] Garioud G., Jonas I., Op.cit.

voilà. » Mais il précise « *Mais tout ça, on l'apprend pas à l'école, ça, c'est sur le terrain hein, d'accord ? C'est sur l'expérience.* »

À cela s'ajoute un effectif d'agents pénitentiaires adapté à la structure et au nombre de personnes détenues, caractéristique des petites prisons : vingt-quatre surveillant(e)s pour une trentaine de personnes détenues à la maison d'arrêt de Gap ; vingt surveillant(e)s[1] pour un nombre similaire de personnes détenues à Digne-les-Bains[2], tandis que dans la plus petite prison de France, à Saint-Pierre-et-Miquelon, « Parfois, il y a plus de surveillants que d'incarcérés »[3]. Cet effectif est un point important, que soulignent les surveillants :

- « Qu'est-ce que vous aimeriez changer dans le métier de surveillant ?

- Ici, rien. Mais ailleurs bah… des tâches plus p'tites et plus de surveillants, c'est tout. C'est tout.

- Ici au niveau de l'effectif, du coup, c'est…

- Ah on est bien, on est bien, ah oui, oui, que ce soit surveillants, que ce soit détenus, on est bien. Y a un bon ratio (...). »

Un effectif suffisant offre aux surveillant(e)s la possibilité d'un travail qualitatif et supprime en partie l'absentéisme, problème qui accentue les tensions par une surcharge de travail du personnel en place : « *C'est pour ça qu'ici,* confie un surveillant... *travailler bien, donc les collègues ils restent, là, y a pas d'absentéismes au niveau des surveillants, y a pas d'absentéisme, très très peu, donc heu, donc t'as beaucoup de repos, t'as une qualité de travail, une qualité de vie qu'on peut pas mesurer.* »

3. Un petit établissement : un gain de temps, donnée précieuse pour une bonne réinsertion

3.1. Les surveillant(e)s : enfin disponibles pour les personnes détenues dans le dialogue et l'écoute.

Pour M. Maniez et Mme Locatelli, l'objectif premier de leur métier est de limiter la récidive « *Si un seul ne revient pas, c'est déjà gagné* ». Selon eux, les grands établissements, par leur trop grande capacité d'accueil et le manque d'effectif trop souvent avéré, ne sont pas en capacité de permettre une réelle réinsertion des personnes détenues, l'une des missions, pourtant, des surveillant(e)s. À l'inverse, pour Mme Locatelli, les petites structures laissent du temps aux agents pénitentiaires d'effectuer et leurs missions de garde et de surveillance, et celle de réinsertion, chose devenant possible grâce au temps disponible. M. Maniez parle même d'un certain "paternalisme".

---

[1] CGLPL, Maison d'Arrêt de Digne (Alpes-de-Haute-Provence), du 10 au 13 mars 2014.

[2] OIP, "*Maison d'arrêt de Digne*".

[3] Ouest-France, "*A Saint-Pierre-et-Miquelon, la plus petite prison de France*", Valérie Parlan, modifié le 22/03/2016 à 17h50.

Cette réinsertion passe par une communication accrue entre les surveillant(e)s et les personnes détenues qui se trouve, de fait, limitée dans les grands établissements, comme le précise l'ancien gradé :

- « Et du coup est-ce que vous pensez que, ben, une petite structure peut permettre de favoriser ce genre de (...) d'espace de dialogue ?

- Oui. Oui. Oui, oui, oui, parce que tu peux le faire. On peut le faire, t'es pas... t'as le temps de le faire. Si t'aimes ton métier, t'as le temps de le faire. Sur une grosse structure, ben les copains, ils courent. Ils courent. Voilà, ils sont payés au kilomètre. Voilà ils courent, ils courent, à la fin, ils sont fatigués, ils sont par réceptifs. Ils leur tardent que d'une chose, c'est de se barrer (...) »

Ces moments de dialogue entre surveillant(e)s et personnes détenues peuvent parfois permettre à ces dernières de se trouver de nouveaux objectifs, de retrouver espoir et par là même, une raison de ne pas récidiver, comme nous l'explique ce même gradé « *(...) leur donner des pistes. Ça paraît futile peut-être qu'on prend du temps à parler, peut-être que tu penses que c'est complètement futile ce que tu fais, mais à un moment donné, il y a une phrase que tu vas sortir et qui va faire mouche. Il va la capter et il va peut-être s'en sortir grâce à ça quoi. Ça tient des fois à rien hein, à rien.* » Des petits riens qui vont peut-être motiver la personne détenue à tout faire pour favoriser sa sortie, jusqu'au respect des règles et l'évitement de la violence au sein de la structure.

Favoriser le dialogue avec les personnes détenues peut également leur permettre de mieux appréhender leur vie à l'intérieur des murs, de répondre à leurs questions, à leurs peurs. Une manière de les rassurer et de leur éviter des moments de frustration et de tension, comme l'explique l'ancien greffier de Gap « *Et là, et là on leur répondait, sur les grosses structures, peut-être une semaine ou quinze jours après. On les recevait, mais pendant ce laps de temps, ben les détenus, ils cogitent, ils comprennent pas. Gap, le détenu m'écrivait le matin, je le recevais le matin. Je lui disais "Ben voilà : qu'est-ce que tu ne comprends pas sur ta situation, voilà ce qui va se passer" (...)* »

3.2. Le temps à disposition est mis à profit

Par définition, les grands établissements comprennent de plus grands espaces, et donc, de plus grandes distances à parcourir pour aller d'un côté à l'autre. Conséquence : une perte de temps pour le personnel, qui aurait pu être mis à profit à la réinsertion des personnes détenues, principal objectif de la prison. C'est ce que souligne l'ancien gradé : « *Y a tout : y a Aix Luynes 1, Aix Luynes 2, il y a les IRIS, il y a les PREJ, il y a les... y a tout ; C'est devenu une usine ! Presque, il faut se trimballer avec un véhicule. Et on le voit. Moi, je le voyais sur les extractions judiciaires : pour envoyer mes gars au greffe chercher un détenu, on avait un timing quoi. Le temps d'atteindre, de traverser toutes les... la structure, les grilles, les postes de garde, on arrivait fatalement en retard. C'est trop grand, c'est trop grand. Et je vous explique même pas les Baumettes. Moi qui ai connu les Baumettes historiques, il y a les Baumettes 1, les Baumettes 2, les Baumettes 3. C'est une usine à gaz. Là, on fait plus de la réinsertion, là.* »

À l'inverse, les petites structures peuvent mettre à profit le temps qui n'est pas passé à courir et le destiner à d'autres tâches, comme la communication ou encore l'observation de certaines personnes détenues pour anticiper des violences et/ou des problèmes chez les usagers - notion que nous pourrions rattacher à celle de « travail de prévention des désordres »[1] - comme l'explique l'un des surveillants « *Si on voit, le mec il a, je sais pas, (...) il dit "bonjour surveillant", et là c'est "ouais, mmh", ou il reste couché, c'est qu'y a un truc, donc on peut aller le voir.* »

3.3. Les activités : des personnes détenues occupées sont des personnes qui n'ont plus le temps pour s'adonner à la violence

« "L'occupation" d'un maximum de détenues est un gage d'absence de désordre en prison. » [2]

Le temps dont les acteurs disposent peut également favoriser la mise en place d'activités, et permettre à certaines personnes détenues de trouver un intérêt pour un corps de métier, d'extérioriser leur colère, leur peur, à travers une pratique artistique, ou encore d'apprendre et se remettre à niveau. Pour la conseillère pénitentiaire, « *Plus une personne va être occupée, plus elle pourra résoudre ses besoins et ses problématiques, ses difficultés, d'avoir des réponses* ». Comme le précisent certains surveillants ainsi que le directeur et la directrice adjointe, les personnes occupées sont des personnes qui "laissent les autres tranquilles". L'occupation devient par ailleurs une source de discussion entre les personnes détenues et les surveillant(e)s, comme le dira l'un deux : « *C'est justement avec ceux qui sont occupés et tout ça que... que j'ai plus de facilité à discuter. (...) Bon après les inoccupés ouais, c'était... leur but, c'était de nous embêter le plus possible.* »

C'est ainsi qu'au sein de la maison d'arrêt de Gap, on retrouve quatre personnes détenues qui se forment aux métiers du bâtiment, cinq qui suivent une formation de cuisine avec le GRETA (groupement d'établissements publics locaux d'enseignements) ainsi qu'un cuisinier. Ce sont presque 40 % des PPSMJ qui travaillent au sein de l'établissement.

Hors formations, certaines activités sont mises en place afin d'apaiser les personnes détenues et extérioriser leurs émotions, telles que le yoga ou l'art-thérapie, comme le précise l'un des surveillants « *Il y avait une psychologue PEP, projet d'exécution des peines là. Y avait... pareil. Y avait... une infirmière, une SPIP. Et eux, en fait, ils exprimaient leur violence. Au départ, donc, ils ont mis [un] groupe de parole et puis ils faisaient du dessin et on avait vu l'évolution quand même en... pour eux en parlant, en... Au départ, les dessins étaient très*

---

[1] Chauvenet A., Benguigui G., Orlic F., Op.cit. p. 354.
[2] Ibid.

très sombres, et au fur et à mesure que ben... ils échangeaient, bah les dessins, ils étaient quand même... un peu plus de couleur ». Une nouvelle fois, ces activités permettent aux personnes détenues et aux surveillant(e)s de trouver de nouveaux sujets sur lesquels débattre et à ces derniers, de mieux connaître les personnes détenues, de mieux comprendre leurs problématiques en vue de leur apporter l'aide nécessaire.

Des activités qui, selon la CPIP, permettent surtout d'apporter cette aide jusqu'à leur sortie de l'établissement : « *Donc en gros prendre les racines, que la personne elle soit pas oisive, ça, c'est très important. Et puis trouver des choses qui puissent... être valorisantes pour elle. Et puis des espaces, voilà : faire du sport euh, les groupes de parole, enfin voilà, tout ce qui peut être mis en place pour les personnes, ça me paraît très important pour pas qu'elles sortent pire que ce qu'elles ne sont entrées.* »

II – Les difficultés auxquelles peut être confronté le petit établissement

1. La difficulté de trouver une juste distance dans la relation surveillants-personnes détenues

1.1 Les pratiques langagières et familières

« Faut être autoritaire, faut être juste. Autoritaire, mais être juste. On est pas copains, on doit pas être copains. Faut qu'on garde quand même la... la distance. »

Un surveillant de Gap, le 12 avril 2023.

À l'inverse de l'anglais qui n'utilise que le *you* afin de définir l'autre, le français est plus subtil, avec une distinction entre le “tu”, familier, et le “vous”, soutenu. Il n'est pas toujours aisé de savoir quand utiliser quoi, et le milieu carcéral n'y échappe pas. À l'ENAP, les élèves surveillant(e)s apprennent à employer le “vous” constamment. Pourtant, dans la pratique, les habitudes sont différentes.

Selon certains acteurs de la structure, le tutoiement n'est pas un problème. Il peut être utile pour faciliter la proximité relationnelle entre les agents pénitentiaires et les personnes détenues, et permettre la confession de ces dernières. Une plus forte accessibilité à l'autre qui limite là encore la violence. « *On peut en venir même au tutoiement, c'est pas dérangeant à partir du moment où chacun reste à sa place. Il peut m'appeler par mon prénom, ça me dérange pas. On peut se serrer la main lorsqu'il descend en promenade ça me dérange pas.* » (Ancien gradé de la maison d'arrêt de Gap).

Toute la complexité réside dans cette juste distance à garder entre les deux parties, thèse que nous pouvons retrouver dans certains ouvrages : « L'absence de règles communes sur le rapport au détenu oblige chaque professionnel à construire lui-même sa propre position concernant le rapport à l'autre. Il leur semble difficile de trouver une juste distance relationnelle avec les personnes détenues (...)[1] » ; « L'apprentissage des relations humaines et de la "bonne distance" est considéré par les surveillants comme la formation de base du métier[2] ».

Pour la CPIP, ce tutoiement est un réel problème, car même si l'environnement est une prison, c'est avant tout le lieu de travail des personnels : « *Mais ce que j'ai pu remarquer avec d'autres personnalités, c'est qu'il y a l'utilisation du tutoiement, donc moi, c'est une chose que, pour moi, c'est pas possible de tutoyer une personne détenue, parce qu'on intervient dans un cadre professionnel. Qu'une personne puisse nous appeler par notre prénom... pareil, c'est quelque chose qui me heurte et on est soumis quand même à un code de déontologie très clair avec des règles très claires et un petit établissement, bah ça favorise justement une certaine déformation.* »

1.2. La difficulté de ne pas enfreindre certaines règles

« (...) appliquer les textes c'est créer le risque de désordres, ne pas les appliquer c'est se mettre en faute et risquer de se faire sanctionner.[3] »

Une relation trop proche avec les personnes détenues peut également entraîner des perceptions biaisées, et faire agir les personnels pénitentiaires d'une manière qui pourrait mettre en danger certaines personnes, comme l'explique la CPIP :

- « Avec le regard que je peux porter vu que ça intervient sur différents, et j'ai vu différents établissements... bah quand c'est petit, y a justement ce défaut où la proximité fait que on passe entre guillemets sur quelque chose de plus familial et convivial, hein, dans le jargon. Ça peut être un danger hein, quand même. Moi, je trouve que c'est un danger d'avoir une trop grande proximité avec les personnes.
- Et du coup, ce serait quoi les dangers pensés de, d'une trop grande proximité ?
- Le premier faux pas, donc la collusion, plus. Voilà, que le détenu, euh, de par la proximité, demande une toute petite chose hein qui peut paraître anodine, et qui pourrait être le début d'un engrenage vers de la corruption. »

Mais en pratique, la réalité peut être bien plus complexe. Ainsi, les liens sociaux qui ont pu se créer entre les surveillant(e)s et les personnes détenues peuvent parfois permettre de désamorcer certaines situations complexes et conflictuelles, évitant, ou du moins limitant, la violence. C'est ce qu'explique de nouveau la CPIP, qui modère ses propos « *Et en même temps, je pense que ça*

[1] Vanderstukken O., Garay D., Benbouriche M. et Moustache B., Op.cit.
[2] Chauvene, A., Benguigui G., Orlic F., Op.cit.
[3] Ibid, p.358.

évite beaucoup de situations de conflit, ça permet d'éviter beaucoup de tensions aussi, cette proximité avec les personnes, parce qu'on reste des êtres humains. »

L'ancien gradé donnera un exemple type de ce genre de situation : *« Le problème, c'est que, quand ça se passe sur les cours de promenade euh... quand c'est sur Gap, bien qu'on n'ait pas le droit de le faire, comme on connaît les personnes, ben il m'est arrivé de rentrer sur les cours bien qu'on n'a pas le droit de faire, pour notre sécurité. (...)* »

2. Le travail d'équipe entre surveillant(e)s : une donnée qui importe

2.1. Les tensions entre agents

Se retrouver en effectif réduit de 24 personnes permet de créer des affinités, une solidarité entre toutes et tous. Comme le rappelle le rapport du ministère de la Justice sur les principes du surveillant pénitentiaire : « Le surveillant agit dans un collectif : la solidarité entre les surveillants, l'esprit d'équipe (...) sont réaffirmés[1] ». Lorsqu'un agent ne peut pas être disponible, un autre peut le remplacer. Ils peuvent également se soutenir mutuellement, et créer des liens très forts entre eux, comme l'explique l'un des surveillants : « *Quand on a fait... le repas avec les collègues, là, (...) les femmes de collègues disaient "Mais heu, on dirait des vieux couples", parce que ça fait plus d'un an qu'on est ensemble, on sait comment il est untel, comment il est untel, ils savent comment je suis, donc heu, là par exemple j'ai eu des soucis avec ma famille, tout ça, ils viennent tout de suite : "ça va pas [surnom] ?", tout ça, ouais, c'est, voilà. »*

Mais toute relation sociale peut avoir ses moments de tension. Les surveillant(e)s n'y échappent pas. Un état de fait exacerbé quand il s'agit de petits établissements. Monsieur Maniez et Madame Locatelli ne disent pas autre chose. Ils expliquent que, parfois, c'est même entre surveillant(e)s qu'il y a le plus de problèmes. *A contrario*, dans les grands établissements, le plus grand espace fait que les relations sont forcément plus "diluées" ; les gens se voient beaucoup moins et ont moins le temps.

Comme l'explique l'un des surveillants, afin que les tensions ne se répercutent pas dans leur travail avec les personnes détenues, il est nécessaire de "*crever l'abcès*" : *« C'est comme pour tout hein, dans la vie de couple, tout ça, faut agir tout de suite. Heu... le collègue à la porte je me suis engueulé, pendant une demi-heure, une heure on s'est fait la gueule, mais après on en a reparlé, et ça va mieux, c'est bien (...) »*

Ce même surveillant évoque également le risque de contrôle du travail entre surveillant(e)s dans les petites structures. *« Et heu, encore dans une petite structure comme ça, comme c'est passif, y a pas grand-chose à faire, les gens vont s'occuper des affaires des autres (...) »* Une tendance qui peut altérer

---

[1] Ministère de la Justice, "Principes du surveillant pénitentiaire : communiqué de presse", Op.cit.

l'activité des personnes qui se sentent épiées, avec le risque de ne plus trouver légitime certaines de leurs initiatives. C'est ce qu'évoque un autre surveillant *« j'étais rentré dans la cellule et on avait pris une bonne heure pour discuter. Et bah il y avait les collègues qui tournaient autour de moi là, pour voir si tout allait bien, ce que je faisais, tout ça. Il a fallu que je me justifie après. Ouais, ouais. Et maintenant, tout ce que je veux faire... si par exemple, je veux voir quelqu'un là-bas dans une cellule et tout ça, ben je... je justifie. »* Bien que les manières d'agir de certain(e)s puissent favoriser une sécurité dynamique, d'autres peuvent ne pas y adhérer et faire preuve de méfiance vis-à-vis de ceux qui les pratiquent.

Des situations qui peuvent donner lieu à des conflits entre professionnels pénitentiaires et qui rejaillissent sur l'ensemble du personnel et de l'équipe, créant un climat de malaise, y compris chez ceux qui ne sont pas directement impliqués, comme l'évoque l'un des surveillants : *« En fait des fois, c'est de se retrouver au... au milieu d'un conflit entre deux autres surveillants quoi. Voilà. Des fois, je pense que dans des équipes y a... ça s'entend pas forcément très très bien et quand on se retrouve au milieu de ces deux personnes-là, bah c'est compliqué quoi. Moi, j'ai pas envie de prendre ni parti ni pour l'un, ni pour l'autre »*

2.2. Surveillant(e)s : les enjeux de la féminisation du métier

« *Moi, je suis content que... et tout le monde. Les statistiques le prouvent, que la femme en détention homme a toute sa place, oui.* »

Ancien gradé de la maison d'arrêt de Gap, 13 avril 2023.

Le milieu carcéral, reflet de la société, se féminise, notamment depuis les années 1990, ce qui n'est pas sans conséquences. Que ce soit la direction, les surveillants, la CPIP ou encore l'ancien gradé, toutes et tous admettent que les surveillantes ont apporté quelque chose de nouveau dans le système carcéral, un "*apaisement*". Selon le directeur et la directrice adjointe, il y aurait moins de problèmes lorsqu'il y a des surveillantes. Elles seraient plus respectueuses. Les femmes seraient "meilleures" pour désamorcer les conflits, le "rapport de force" étant moins présent chez elles. La CPIP reprend ce même terme : « *(...) enfin moi, de ce que j'ai pu voir hein, de mes collègues et en tant que [ancienne] surveillante, c'est : on va toujours trouver des moyens dérivés pour mettre fin à des incidents. Si y a conflit, si y a tension euh, on va avoir tendance à pas aller au clash quoi. Alors je sais pas si ça c'est dû, peut-être parce que, le personnel féminin, intérieurement, enfin voilà, c'est peut-être quelque chose de sociétal. Nous, on est moins dans le rapport de force, et cetera.* »

Pourtant, cette féminisation du métier ne convainc pas tout le monde, notamment les surveillants hommes, comme l'explique l'ancien gradé : *« Et il est vrai que ma femme* [surveillante] *quand elle est arrivée sur Tarascon... ouf... des Gaulois quoi. Le pire ça été à Gap hein. Ah ouais. Heureusement qu'ils sont tous partis tous ces vieux cons, des Gaulois quoi, des... vraiment des bourricots quoi hein. Réfractaires aux femmes, "Vous fauchez nos places."... moi j'étais vénère hein. Honnêtement, je supportais pas quoi.* » Il précisera que ce sexisme est bien plus présent dans les petites structures que dans les plus grandes. Une féminisation qui pourrait donc entraîner des tensions au sein des équipes de surveillance jusqu'à altérer le travail de chacun. Une femme peut ne pas se sentir légitime, ne pas se sentir "à sa place", tandis qu'un homme peut se sentir observé, pas "lui-même", comme le fera remarquer l'un des surveillants :

- *« Y a une solidarité ouais.*
- *Et ça change pas par rapport aux différences d'âge et de sexe ?*
- *.... Aïe, aïe, aïe, aïe, aïe, le sexe ça me dérange un peu. Bah, on est que des mecs et heu... j'en ai parlé avec Madame Locatelli et bon... Bah j'ai un langage assez cru, et assez direct, et c'est... je pourrais pas être comme je suis si j'avais une femme dans l'équipe. C'est tout, autrement professionnellement les nanas elles bossent bien (...) Et bon, c'est un milieu de mecs ici quand même. Surveillant, c'est un milieu de mecs, comme les militaires, pareil, c'est assez macho, quelque part, un peu hein. Ça se féminise, mais... »*

Mais comme nous le montrent certains ouvrages, ce sexisme ne serait pas dû exclusivement à la petite taille des établissements, mais serait inhérent au métier lui-même. Ici, nous pouvons nous appuyer sur la citation d'une surveillante, lors de l'enquête menée en 1997 par Georges Benguigui et François Orlic : « Je pense pas que je sois très bien perçue par mes collègues masculins. Pour mes collègues masculins je suis une sociale, je fais trop de social.[1] »

Un métier de surveillant qui nécessite une solidarité entre tous ses agents, que la mixité pourrait, aux dires de certains, venir modifier, voire altérer, jusqu'à mettre en danger la cohésion du groupe et, *in fine*, abîmer les relations avec les personnes détenues.

3. Les limites d'un petit établissement concernant les nouveautés de la sécurité dynamique

3.1. Impossibilité d'adaptation du Module de Respect à l'échelle de la petite structure

La maison d'arrêt de Gap n'est pas adaptée à certains régimes de sécurité dynamique, notamment le Module de Respect. Selon le directeur et la directrice adjointe, il ne serait pas adaptable à la structure de Gap, qui s'avère trop petite. Par comparaison, le centre pénitentiaire de Villefranche-sur-Saône a obtenu son Module de Respect en 2020. Ce module se trouve au troisième étage de l'aile B

[1] Malochet G., « Les surveillants de prison : marges du travail, travail sur les marges », in *Idées économiques et sociales*, 158, 2009, pp. 42-49.

et concerne soixante-cinq personnes détenues[1] sur environ sept-cents que comporte la structure[2]. Ce régime, qui fonctionne grâce à un système à points, ne peut effectivement pas fonctionner sur la petite structure de Gap, pour plusieurs raisons. Tout d'abord, la maison d'arrêt de Gap ne possède que deux étages : le premier étage possède quatorze cellules en détention classique, tandis que le deuxième abrite trois cellules de semi-liberté[3] (actuellement en rénovation). Il ne peut donc y avoir "d'étage Module de Respect". De fait, le système de points ne peut lui non plus fonctionner. En effet, où irait une personne détenue qui aurait perdu tous ses points s'il n'y a pas d'étage dédié ?

Mais, en réalité, c'est la maison d'arrêt de Gap tout entière qui devient "Module de Respect" : si une personne détenue n'a pas un comportement adéquat, elle sera transférée aux Baumettes. C'est d'ailleurs ce qui est arrivé avec un surveillant : « *Bah, si ça peut aller loin, on fait un CRP. Après, c'est le directeur qui fait remonter et le mec, il est transféré. Ça peut aller là. Une fois, j'ai eu ça. J'étais pas fier. Donc heu je... le mec ça tombe bien, il a été transféré.* »

Par ailleurs, et selon Monsieur Maniez et Madame Locatelli, la structure de Gap n'a pas besoin de ce Module de Respect, l'établissement favorisant dans son entièreté une sécurité dynamique. D'après eux, « *les choses sont faites en sous-marin* », et les personnes détenues auraient peut-être même plus de liberté qu'en contexte de Module de Respect, au vu du nombre d'activités qui leur sont proposées.

3.2. Ne pas institutionnaliser certaines prérogatives : et si la liberté d'agir était plus efficace que son obligation ?

L'aspect communicationnel du métier de surveillant est évoqué dès l'entrée à l'école. Selon l'ENAP, dans les qualités requises pour un agent pénitentiaire, nous trouvons « de réelles qualités humaines, (...) un sens de l'écoute, (...)[4] » Des compétences relationnelles, donc. Les surveillants, eux-mêmes, pensent être des surveillants-acteurs sans même avoir suivi la formation : « *Bah, surveillant acteur, c'est ce qu'on fait tous. On le fait tous ici. (...) parce qu'on a le temps.* » Un témoignage qui met l'accent, non pas sur une redéfinition du métier, qui est intrinsèquement un métier social, mais sur une nécessité d'obtenir plus de moyens. Ici encore, nous pouvons nous appuyer sur la suite de la citation de la surveillante de l'enquête de Benguigui et Orlice de 1997, qui insiste sur le pan social du métier, inhérent à celui-ci : « Mais je fais pas de social du tout, je fais mon boulot, ni plus ni moins. Je fais mon boulot. Le social… C'est vrai que le

---

[1] Le Progrès, "*Module respect au centre pénitentiaire : une expérience "très positive"* ", Dorothée Robine, 23/02/2021 à 19h00.
[2] OIP, "*Centre pénitentiaire de Villefranche-sur-Saône*".
[3] OIP, "*Maison d'arrêt de Gap*".
[4] ENAP, "*Surveillant pénitentiaire*". Op.cit.

gars qui va venir me raconter son histoire avec sa femme et sa fille, ben s'il a envie de me la raconter, je le laisse me la raconter.[1] »

Pour l'ancien gradé, cette notion de surveillant-acteur est encore une fois discutable, car tout(e) surveillant(e) est acteur/actrice « *ça fait partie de nos attributions, mais je veux dire : on croit inventer des trucs qui... on pense révolutionner un petit peu le truc mais c'est pas parce qu'on invente un mot, on invente une fonction, que ça va tout régler. Non, non. Reprenons les choses à leur base en fait hein, ce qui est important, ben voilà : c'est la petite maison d'arrêt parce qu'on peut faire de la réinsertion.* »

Au centre pénitentiaire d'Orléans-Saran, le dispositif de surveillant-acteur est mis en place depuis 2021, et tous les agents ont été formés à ce dispositif. Pour Mohamed-Amine, jeune homme incarcéré pour une affaire de stupéfiants, insiste sur les bienfaits du dispositif « Ça change tout », « Ça participe à une bonne détention : les surveillants sont là pour nous aider, pour les démarches, les papiers… Ils nous conseillent, nous convoquent quand ils remarquent qu'on n'est pas bien. Ils voient si on a un problème et prennent le temps de discuter avec nous. Ils sont à l'écoute [2]». Parmi les surveillant(e)s de Gap, aucun n'a suivi cette formation. Pourtant, selon les dires des différentes personnes interrogées, les tâches dont parle Mohamed-Amine sont effectuées par les surveillant(e)s [3]de Gap, qui n'auraient donc pas besoin de cette formation pour effectuer les tâches requises en tant qu'agents. Elles seraient donc bien inhérentes au métier, et leur application dépendrait alors plus des moyens mis en œuvre que d'une revalorisation du métier en lui-même.

---

[1] Malochet G., Op.cit.

[2] 20 Minutes, *Prison : « On n'est pas là que pour ouvrir des cellules », Comment le rôle des surveillants évolue*, Thibaut Chevillard, 03.03/2023, 15h02.

Chapitre IV
Des quartiers spécialisés pour des approches différenciées : le cas des quartiers pour femmes

Section 1. La maison d'arrêt pour femmes de Lyon-Corbas : dynamiques et enjeux d'un quartier spécifique au sein d'un établissement pénitentiaire

(Ambre POUCLET, étudiante à Sciences Po Grenoble, spécialité Politiques et pratiques des organisations internationales)

La Maison d'Arrêt pour Femmes (MAF) de Lyon-Corbas est un quartier spécialisé pouvant héberger jusqu'à soixante détenues au sein d'un centre pénitentiaire de plus de neuf-cents détenus. La prison de Lyon-Corbas a été inaugurée en 2009 et a regroupé trois établissements en un seul. Aujourd'hui, la MAF fait face à un taux de surpopulation de 105 % alors que le quartier hommes affiche une saturation de 138,3 %[1]. En plus du quartier femmes et des quartiers hommes, le centre pénitentiaire de Lyon-Corbas possède un quartier arrivant et un quartier isolement : ces quatre bâtiments sont dirigés par un comité de direction composé de quatre membres. Ce centre de détention a fait l'objet de deux rapports CGLPL depuis sa mise en fonctionnement : un premier en 2009 dès son ouverture et un deuxième en 2014. Ce dernier rapport pointe du doigt des dysfonctionnements flagrants, notamment concernant la surveillance, tout en mettant en exergue des avancées majeures qui interviennent après le premier compte rendu de 2009. La MAF est au centre de notre étude de terrain, puisqu'avec ses soixante détenues elle se rapproche de ce qui pourrait être catégorisé comme un établissement pénitentiaire de petite taille selon l'ONG Rescaled. Cette ONG européenne a pour but de remettre les trois piliers suivants au cœur des enjeux de la détention : la petite taille, la spécialisation (niveaux de sécurité et activité) et l'ancrage dans l'environnement local[2]. La détention des femmes est une étude très spécifique qui conduit à interroger des dynamiques et des enjeux bien différents de ceux soulevés par la détention masculine puisque les femmes sont soumises à des problématiques liées à leur genre et à leur place à la fois dans la famille et au sein de la société. Les difficultés rencontrées en détention sont exacerbées dès lors que les détenues se retrouvent dans un quartier où elles se connaissent toutes plus ou moins.

Les questions qui ont guidé ce travail de recherche ont tourné autour de la problématique de la petite taille d'une structure pénitentiaire et des différents enjeux qui en découlent, du point de vue de l'incarcération des femmes, une incarcération bien différente de celles des hommes. Quelles sont les dynamiques intrinsèques à la détention féminine dès lors qu'elles se connaissent toutes à divers

---

[1] Observatoire International des Prisons. Maison d'arrêt de Lyon-Corbas.

[2] Les Ateliers du CIRAP, 2022. *ENAP* [https://www.enap.justice.fr/les-ateliers-du-cirap].

degrés ? Quels rôles jouent les surveillantes et les intervenants extérieurs dans la vie quotidienne des détenues ? Quelle place pourrait avoir la mixité dans un imaginaire de maison-prison ? Ces différents questionnements ont été à la base de notre étude qui s'est construite grâce à des entretiens effectués avec des professionnels de l'administration pénitentiaire et des intervenants extérieurs.

Notre terrain d'étude qui se base sur la MAF du centre pénitentiaire de Lyon-Corbas a mis du temps à s'ouvrir. La difficulté majeure a été de trouver des personnes à interroger puisque de nombreuses portes restaient fermées. De plus, il m'est arrivé de rencontrer des professionnels de l'administration pénitentiaire très peu réceptifs à ma demande. Par ailleurs, la détention des femmes est un sujet qui reste beaucoup moins étudié que celui de la détention des hommes. Corinne Rostaing le dit avec justesse : « Les prisons sont [...] généralement considérées, selon le tropisme masculin, comme des institutions masculines ».[1] De ce fait, les ouvrages, thèses et articles que l'on peut trouver sur la détention traitent pour la très grande majorité de la détention des hommes, ou bien le genre du détenu n'est pas spécifié dans l'article. J'ai donc pu effectuer cinq entretiens et ai eu accès à d'autres entretiens menés par des étudiants de mon séminaire. Mon premier entretien s'est déroulé avec Mme Joëlle Bruge, en date du 21 avril 2022, par zoom, d'une durée d'une heure. Mme Bruge est bénévole au sein de l'association Club Informatique Pénitentiaire (CLIP) et intervient à la maison d'arrêt de Corbas environ une demi-journée par semaine pour donner des cours d'informatique à des détenus femmes ou hommes. Le deuxième entretien a été réalisé avec Mme Arlette Chadebec le 03 mai 2022, par téléphone, d'une durée de vingt-cinq minutes. Mme Chadebec est bénévole chez Auxilia depuis 2012 et donne des cours de Français Langue Etrangère (FLE) et d'espagnol aux détenues femmes. Le troisième entretien s'est déroulé en deux temps avec Mme Emma Miah-Nahri. La première partie a eu lieu le 16 mai 2022 et la deuxième, le 23 mai 2022, d'une durée de vingt minutes chacune. Mme Miah-Nahri est la directrice de la MAF de Lyon-Corbas. Elle est rentrée dans l'administration pénitentiaire en 2009 et a commencé par travailler à l'Établissement Pour Mineurs (EPM) de Meyzieux. Mon quatrième entretien s'est déroulé avec M. Nathan Rousseau, le 31 mai 2022, via zoom, d'une durée de trente-cinq minutes. Nathan Rousseau est étudiant à Lyon et intervient plusieurs fois par semaine à la MAF pour donner des cours de français en tant que bénévole au sein de l'association Solidari'Terre. Enfin, mon dernier entretien s'est déroulé avec Mme Marie-Odile Theoleyre, en date du 30 juin 2022, d'une durée de vingt-six minutes. Mme Theoleyre est une ancienne magistrate et intervient aujourd'hui au sein de l'association Companio créée en 1992 qui accompagne les personnes sortant de détention afin de les aider à retrouver une place dans la société.

[1] Rostaing C., 2021. « La non-mixité des établissements pénitentiaires et ses effets sur les conceptions de genre : une approche sociologique », *in* Bretschneider F., Claustre J., Heullant-Donat I. et Lusset É. (éd.), *Enfermements. Volume III : Le genre enfermé. Hommes et femmes en milieux clos (XIIIe-XXe siècle)*, Paris, Éditions de la Sorbonne, pp. 33-52.

Nous verrons d'abord la spécificité du public féminin en détention (I), puis la question de la surveillance au sein d'un petit établissement pénitentiaire (II), et enfin la problématique de l'emplacement de la MAF (III).

I- La spécificité des femmes en détention

1. Un public particulier

La détention des femmes fait l'objet de dynamiques de fonctionnement bien différentes de la détention des hommes. De fait, les femmes se caractérisent par des besoins, des vulnérabilités et des demandes particuliers qui se trouvent exacerbés en détention. Ces différences concernent non seulement le quotidien en prison, mais aussi le rapport avec la direction, les surveillantes et les autres détenues. Mme Miah-Nahri tente d'expliquer ces particularités : « Ça demande énormément d'énergie [...]. C'est très envahissant la prise en charge des détenues femmes. Déjà elles verbalisent plus que les hommes [...], il y a le fait qu'on est sur un public avec de grosses problématiques et puis un public féminin entre elles. C'est vraiment une ambiance très particulière la détention MAF, avec des tensions entre détenues. [...] Tout ce qui peut se jouer en malsain dans des rapports de femmes, on le trouve exacerbé en détention. »[1] La détention féminine requiert donc une attention particulière et des adaptations quotidiennes puisque ces rapports « malsains » influent directement sur le comportement des détenues et leur rapport à la vie en détention. En effet, lors de notre entretien, Mme Bruge a fait une réflexion sur l'absence de certaines détenues en promenade. Elle expliquait que quelques détenues préféraient ne pas aller en promenade plutôt que de subir des discussions ou des papotages qui allaient alimenter les inimitiés ou les rivalités entre elles. Dès lors, ces dynamiques féminines doivent être prises en compte dans l'organisation interne de la prison et une adaptation à ces problématiques doit être considérée. Alors que les hommes vont plus avoir tendance à régler les problèmes dans l'instantanéité, les femmes jouent de rivalité, de pression et autres prises de pouvoir afin d'asseoir leur domination sur les autres. Mais ces rapports conflictuels entre femmes sont possibles justement du fait de leur petit nombre, qu'elles se connaissent toutes plus ou moins selon Mme Miah-Nahri. Cet aspect de la petite taille se doit donc d'être étudié afin que le revers négatif de la faible quantité numérique de détenues ne porte pas préjudice aux détenues elles-mêmes qui pourraient être plus à même de s'isoler à cause des hostilités sous-jacentes. Nathan Rousseau explique aussi qu'il y a beaucoup de conflits entre les murs de la prison, mais que dans sa salle de cours cela peut être bien différent : « Il y a des groupes c'est impressionnant, elles s'entendent grave bien, elles font que rigoler ensemble [...], elles s'entraident aussi [...], elles se soutiennent mutuellement. »[2]

[1] Entretien avec Mme Miah-Nahri, directrice de la MAF, en date du 16 mai 2022 par téléphone.
[2] Entretien avec M. Nathan Rousseau, en date du 31 mai 2022 par zoom.

Au-delà des conflits, les détenues femmes sont victimes d'un isolement bien plus affirmé que les hommes. Mme Miah-Nahri explique qu'il y a plus de parloirs pour les détenus hommes tandis que de leur côté, les femmes ont peu de visites. Par ailleurs, la directrice de la MAF met en avant la problématique des enfants. Des relais enfant/parent viennent accompagner les enfants dans le cadre des visites, mais il subsiste des détenues qui sont très isolées avec aucune visite et aucun parloir. Le fait de contrevenir à une loi est socialement beaucoup moins toléré pour une femme que pour un homme selon Laure Anelli[1], ce qui conduit les hommes à très vite couper les liens lorsque leur compagne franchit les murs de la prison. Conséquence ou non de cet isolement, les femmes semblent par ailleurs être plus investies au sein des activités proposées et de la vie quotidienne de la prison selon la grande majorité des personnes interrogées. Mme Miah-Nahri affirme : « La différence, c'est que les détenues femmes sont plus volontaires pour les activités, elles y adhèrent beaucoup plus facilement que les détenus hommes. » Mme Bruge suit la même idée : « Une des motivations principales, [...] chez les hommes, c'est de gagner des remises de peine supplémentaires, mais chez les femmes c'est essentiellement de sortir. »[2] Elle poursuit :

« Certaines sont très motivées, puis d'autres, un peu moins, il y en a beaucoup qui s'accrochent, qui aiment bien progresser et apprendre de nouvelles choses. »[3] Arlette Chadebec préfère nuancer : « Je dirais que c'est assez variable, en général je pense que les femmes sont plus assidues, mais ça, je dois le tempérer avec les deux années que nous venons de vivre autour du covid, il y a eu moins d'intérêt pendant cette période mais aussi parce que parfois on ne pouvait pas se rendre dans les bâtiments. Sinon les hommes sont peut-être moins assidus, se découragent peut-être plus vite. »[4] Nathan Rousseau quant à lui propose une tout autre version des faits : « L'intérêt je dirais qu'il est le même, voire même peut-être un peu plus à l'avantage des hommes, [...] vu qu'ils sont beaucoup moins dans le relationnel, [...] ils sont hyper à l'écoute, ils sont hyper motivés, ils ont envie d'apprendre. »[5] Ce dernier expliquait aussi que les détenus hommes qu'il avait en cours avaient en général honte des délits commis. Cette assiduité dans les études peut donc être expliquée par une volonté profonde de sortir avec de meilleures intentions. La motivation semble donc différente entre les détenues femmes et les détenus hommes.

Outre ces particularités spécifiques au public féminin, le Comité Européen pour la Prévention de la Torture et des peines ou traitement inhumains ou dégradants (CPT) affirme que l'infériorité numérique des femmes pose divers problèmes aux administrations pénitentiaires, ce qui amène à un traitement moins

[1] Observatoire International des Prisons. La solitude des femmes détenues. https://oip.org/analyse/la-solitude-des-femmes-detenues/.
[2] Entretien avec Mme Joëlle Bruge, en date du 21 avril 2022, par zoom.
[3] Ibid.
[4] Entretien avec Mme Arlette Chadebec, en date du 03 mai 2022, par téléphone.
[5] Entretien avec Mr Nathan Rousseau, Op.cit.

favorable par rapport à celui des détenus hommes.[1] Cependant, lors de mes différents entretiens j'ai plutôt noté une attention particulière portée aux femmes du fait de leur petit nombre. Nous reviendrons sur cette question dans la partie sur la surveillance.

2. La question de la mixité

Le rapport du CPT de 2015 estime que « Les femmes placées en milieu carcéral devraient [...] être hébergées dans des locaux qui sont physiquement séparés de ceux occupés par les hommes détenus dans le même établissement. »[2] La loi pénitentiaire de 2009 précise que « Les hommes et les femmes sont incarcérés dans des établissements distincts ou dans des quartiers distincts d'un même établissement. »[3] Pourtant, ce principe de non-mixité qui s'est instauré progressivement après l'Ancien Régime n'est pas mis en place de la même façon dans tous les établissements carcéraux de France. À titre d'exemple, à Bordeaux, la maison d'arrêt de Gradignan fait l'expérience d'ateliers de travail mixtes[4] tandis qu'à la MAF de Lyon-Corbas, les détenues femmes et les détenus hommes n'ont même pas le droit de se croiser dans les cours de promenade. Toutefois, Mme Miah-Nahri explique que depuis quelque temps, certaines activités se basent sur un principe de mixité, mais selon elle, ce principe mis en place en milieu carcéral relève d'enjeux très complexes : « Moi je l'ai connu la mixité sur l'EPM[5] […], et même sur Corbas on l'a mise en place sur certaines activités qui sont mixtes. Ce que l'on voit avec le recul, c'est que quand ce sont des activités ponctuelles, finalement la mixité ne fonctionne pas trop trop mal, par contre quand on est sur des activités plus régulières, où on mélange le public femme et homme, il y a plein d'autres choses qui rentrent en jeu, notamment sur ce qui va être les relations homme/femme, etc., et ça complique quand même la prise en charge. La travailler de manière encadrée sur des activités, ça prend sens, après, aller au-delà […] on n'est pas prêts je pense. »[6] Mme Bruge semble partager la même vision des choses : favoriser un quotidien en non-mixité, avec des moments de vie carcérale mixtes mais encadrés : « Je pense que ça, ça posera des problèmes. Là, il existe des moments, des manifestations, ou il existe par exemple des spectacles où ils vont ensemble, où il y a à la fois des hommes, des femmes quelques fois [...] quand il y a par exemple un concert, là les hommes et les femmes qui sont

---

[1] *« Les femmes en prison »,* Rapport du Comité européen pour la prévention de la torture et des peines ou traitements inhumains ou dégradants (CPT), janvier 2018.
[2] Ibid.
[3] Disposition reprise dans le décret n° 2013-368 du 30 avril 2013 relatif aux règlements intérieurs types des établissements pénitentiaires, titre 1er, « Dispositions communes à tous les établissements pénitentiaires », chapitre 1er, « L'arrivée », article 1er
[4] Perragin C., *Mixité en prison, le premier test.* 3 septembre 2016.
[5] Établissement pour mineurs de Meyzieu où Mme Miah-Nahri a exercé avant d'être affectée à la MAF de Corbas.
[6] Entretien avec Mme Miah-Nahri, Op.cit.

volontaires, qui ont demandé et qui ont été autorisés à y aller sont mélangés. [...] L'ambiance est quand même plus tranquille chez les femmes tel que c'est. Après, qu'il y ait une mixité pas constante mais de temps en temps, au contraire, pourquoi pas. »[1] Alain Montigny, directeur du SPIP du Rhône, déplore une mauvaise gestion de la mixité, mais surtout une mixité lue dans un seul sens. Il ne trouve pas cela logique qu'il puisse y avoir des surveillantes femmes chez les détenus hommes mais pas l'inverse. Selon lui, c'est la peur des violences sexistes et sexuelles qui prédomine et il regrette que cette peur n'aille que dans un sens.[2]

II- Établissement de petite taille et encadrement des détenues

Dans son rapport de janvier 2018, le CPT recommande globalement que « les administrations pénitentiaires abandonnent le type d'hébergement à grande capacité en faveur d'unités de vie plus petites. »[3] Ce même comité ajoute au sujet des femmes : « des unités de vie plus petites permettent une approche mieux adaptée à leurs besoins spécifiques. »[4]

1. Vers une surveillance plus « humaine »

« La prison est traversée par le conflit central très dur, structurel et irréductible entre ceux qui ne rêvent que de sortir et ceux qui sont payés pour les en empêcher. »[5] Ce conflit dont parlent Chauvenet, Orlic et Benguigui fait l'objet d'une attention particulière au centre pénitentiaire de Lyon-Corbas, où le dernier rapport CGLPL datant de 2014 relatait déjà dans son introduction d'un comportement peu professionnel de certains agents[6]. Ce problème de surveillance est beaucoup pointé du doigt par les intervenants extérieurs qui remarquent une tendance flagrante chez les surveillants des quartiers hommes de ne pas prendre en compte les demandes des détenus. Joëlle Bruge relate comment se déroulent ses interventions : « La salle de cours est en bas au sous-sol, les détenus sont sur trois niveaux, donc en bas au sous-sol on a un surveillant qui doit appeler les surveillants des étages et les surveillants des étages sont chargés d'aller les chercher dans les cellules. Ils ont quatre-vingts cellules, donc il faut les chercher. L'appel pose déjà des problèmes du fait qu'ils sont nombreux, qu'ils ne connaissent pas vraiment les détenus, parce qu'en plus ils changent, il y a un

[1] Entretien avec Mme Joëlle Bruge, Op.cit.
[2] Entretien effectué par Marie Antonelli avec Alain Montigny, le 05/05/2022, d'une durée de 50 minutes, au local du SPIP.
[3] « Les femmes en prison », Rapport du Comité européen pour la prévention de la torture et des peines ou traitements inhumains ou dégradants (CPT), janvier 2018.
[4] Ibid.
[5] Chauvenet A., Orlic F. et Benguigui G., *Le monde des surveillants de prison,* Paris, Presses universitaires de France (Sociologies), 1994. *Formation Emploi*. 1996. Vol. 54, n° 1, pp. 80-81.
[6] *Rapport de visite : Maison d'arrêt de Lyon-Corbas*, CGLPL, ministère de la Justice. Décembre 2014.

roulement de surveillants donc ils les connaissent pas. [...] Il y en a qui sont obligés de se battre chez les hommes pour pouvoir descendre en activité parce que le surveillant soit il les a pas trouvés, soit il les appelle pas, il a pas envie de les appeler, c'est selon son humeur. »[1] Chez les femmes, du fait de leur petit nombre, ce problème n'existe quasiment pas selon Joëlle Bruge : « Le grand établissement que nous connaissons, Corbas, il manque énormément de personnel de surveillance, donc quelquefois nous n'avons pas d'activités parce qu'il n'y a pas de surveillants : ça ne se passe pas dans le bâtiment des femmes, la plupart du temps c'est toujours les mêmes surveillantes, elles sont là. »[2] Cependant, Nathan Rousseau propose une vision plus contrastée en racontant une anecdote où une surveillante n'a pas voulu emmener une détenue en cours sous prétexte que cette même détenue « l'avait fait chier »[3] trois jours plus tôt. Laure Anelli et Marie Crétenot pointent du doigt cette incapacité de l'administration pénitentiaire à garantir l'accès aux activités à tous les détenus, alors que la loi pénitentiaire du 24 novembre 2009 prévoit que « toute personne condamnée est tenue d'exercer au moins l'une des activités qui lui est proposée »[4]

Mme Miah-Nahri, directrice de la MAF, avance le fait que les surveillantes ont plus de temps pour observer, discuter avec les détenues. Selon elle, être sur une petite équipe permet aussi aux surveillantes de se transmettre les informations afin d'avoir une meilleure connaissance du public accueilli.[5] À la MAF, il existe une équipe de surveillantes dédiées, comme dans tous les quartiers spécifiques de l'établissement, mais ce n'est pas le cas chez les hommes. Par ailleurs, un dispositif de surveillantes actrices est mis en place par l'administration dans le but de donner plus de sens aux missions des surveillantes, ce qui leur permet d'avoir une bonne maîtrise de la situation de chaque détenue. La notion de surveillance « plus humaine » est revenue à de nombreuses reprises dans les différents entretiens que j'ai pu effectuer. Le fait d'avoir un petit nombre de détenues permet une surveillance à échelle humaine et donc un lien plus fort entre détenues et surveillantes. Ces dernières ne sont plus là dans le seul but de garantir la sécurité, mais deviennent aussi des piliers fondamentaux pour le bien-être des détenues afin de leur garantir un mode de vie plus serein et plus apaisé. La présence du quartier nurserie en est l'exemple phare. Christelle Rotach explique que : « Les personnels pénitentiaires sont bien évidemment amenés à intervenir quotidiennement auprès des enfants. Leur rôle est double : ils remplissent à la fois une mission de sécurité et une mission d'observation renforcée. »[6] Par ailleurs, sur la question

[1] Entretien avec Mme Joëlle Bruge, Op.cit.
[2] Ibid.
[3] Entretien avec Mr Nathan Rousseau, Op.cit.
[4] Texte adopté n° 336 - Projet de loi, modifié, par l'Assemblée nationale, pénitentiaire. https://www.assemblee-nationale.fr/13/ta/ta0336.asp.
[5] Entretien avec Mme Miah-Nahri, Op.cit.
[6] Rotach C., *Les enfants auprès de leur mère incarcérée*, Érès, 2003.

de la sécurité, la directrice de la MAF reconnaît que : « C'est certainement plus facile à gérer un petit nombre de personnes qu'un grand nombre. »[1]

2. Entre intervenants extérieurs et direction

L'établissement pénitentiaire de Lyon-Corbas est dirigé par quatre directeurs et directrices que Emma Miah-Nahri décrit : « On a plutôt une bonne équipe, après la difficulté sur Corbas c'est que c'est une énorme structure avec beaucoup de flux de détenus donc [...] déjà il faut avoir les quatre directeurs ensemble en continu c'est pas forcément le cas. [...] et même à quatre il y a une charge de travail qui est assez conséquente et finalement on a l'impression de gérer énormément d'urgences et de pas avoir suffisamment de temps pour être sur le travail de fond. »[2] L'enjeu de la direction devient alors conséquent dans une grosse structure comme Lyon-Corbas. Une coordination des uns et des autres semble délicate puisque chacun est concentré sur son propre quartier qui lui demande beaucoup d'énergie. La directrice de la MAF estime qu'il est nécessaire, mais compliqué, d'harmoniser les pratiques en fonction des différents quartiers spécifiques. Les intervenants extérieurs indiquent plutôt une absence de contact avec la direction mais de liens assez forts avec les CPIP et le directeur du SPIP.

Ces intervenants extérieurs prennent une place très importante à la MAF de Lyon-Corbas puisqu'ils développent une relation de confiance et de proximité avec les détenues, ce qui leur permet de prévenir en cas de changement de comportement ou d'humeur chez les incarcérées. Liliane Chenain explique que : « Les visiteurs de prison, citoyens bénévoles, par leur présence, renouent le lien social rompu par l'incarcération et permettent de construire un pont entre le dedans et le dehors. »[3] Mme Bruge insiste sur le côté humanisant des bénévoles : « Avoir des relations humaines avec les gens, ne pas être enfermés entre quatre murs, c'est vraiment l'essentiel pour garder une humanité, une dignité. »[4] Mais la place et le rôle que doivent garder ces intervenants extérieurs sont difficiles à baliser. Arlette Chadebec préfère de son côté conserver des rapports maître/élève et maintenir une scission entre elle et les détenues malgré des liens plutôt chaleureux. La notion de bénévole est alors très intéressante : les intervenants se retrouvent en milieu pénitentiaire par motivation et plaisir et non par la contrainte d'un emploi. Nathan Rousseau insiste sur cette notion de bénévolat : « Quand t'es en prison t'as vraiment cette relation de détenu, de personne qui travaille dans la prison, que t'as pas avec un intervenant extérieur. Nous on vient, on est complètement indépendants de ça, [...] je suis pas payé par des gens pour être là tous les jours. Si j'ai pas envie de venir un jour, je viens pas, et du coup je pense que vraiment elles se sentent beaucoup plus libres et elles savent qu'on n'a pas

---

1 Entretien avec Mme Miah-Nahri, Op. cit.

2 Ibid.

3 « Des intervenants extérieurs pour changer la prison ». *Revue Projet*.

4 Entretien avec Mme Joëlle Bruge, Op.cit.

d'impact sur ce qu'elles vivent le reste du temps. »[1] Mme Theoleyre revient elle aussi sur cette notion de liberté lors des entretiens avec les personnes en situation de réinsertion : « Je pense que les gens ils se sentent plus libres, ils se confient plus facilement, quelquefois on les a en entretien et ils nous disent : « Oh, ça je l'ai pas dit à l'avocat mais bon… », ils nous disent à nous des choses qu'ils ne disent pas forcément ni à l'institution, ni à leur avocat. Ils sont en confiance. »[2]

Mme Bruge explique que les femmes ont des emplois du temps très remplis, bien plus chargés que les hommes ce qui pourrait être expliqué selon elle par le fait qu'elles sont jusqu'à dix fois moins nombreuses que ces derniers au sein de leur quartier.[3] Les rapports deviennent plus aisés et les interventions sont facilitées. M. Rousseau, de son côté, explique qu'avec les femmes un véritable suivi est possible puisqu'elles ont cours quasiment tous les jours, toute l'année.[4] Une prise en charge des détenues organisée s'avère donc possible à la MAF grâce à une équipe dédiée permise par le faible nombre de détenues.

Pour illustrer la proximité intéressante entre les intervenants extérieurs et les détenues, j'ai pu remarquer que Nathan Rousseau employait le terme « filles » pour parler des détenues au lieu d'utiliser des termes plus impersonnels tels que « détenues » ou « personnes incarcérées », comme cela a pu être le cas pour les autres personnes interrogées.[5]

III- Réinsertion, intégration et localisation

1. Les enjeux de l'emplacement d'un établissement pénitentiaire

Selon G. Salle, « La prison c'est avant tout un ensemble architectural qu'il faut placer et intégrer dans un environnement. »[6] Cette question de l'intégration locale d'un établissement pénitentiaire est au cœur des interrogations de Rescaled. Selon Alain Montigny, directeur du SPIP, l'objectif est qu'aujourd'hui les établissements soient bien intégrés dans leur environnement, mais c'est bien souvent impossible au regard du prix ou des riverains.[7] De nombreuses difficultés peuvent donc découler d'un centre de détention qui ne serait pas établi à proximité d'une ville : isolement, éloignement familial, réinsertion, peines aménagées, etc. Joëlle Bruge s'insurge contre le fait qu'on éloigne les centres pénitentiaires des centres villes, empêchant ainsi un lien familial stable et facile : « Bah oui c'est absolument important. Il y en a certains qui n'en ont pas, soit [...] parce que leur famille est trop loin, les transports sont pas faciles, sont chers, c'est une honte de pas

[1] Entretien avec M. Nathan Rousseau, Op.cit.
[2] Entretien avec Mme Marie-Odile Theoleyre en date du 30 juin 2022 par zoom.
[3] Entretien avec Mme Joëlle Bruge, Op.cit.
[4] Entretien avec M. Nathan Rousseau, Op.cit.
[5] Ibid.
[6] Salle G., How We Got from Prisons Located in Cities to City-like Prisons : A Relationship Between Metamorphoses and Contradictions. *Politix*. 12 avril 2012. Vol. 97, n° 1, pp. 75-98.
[7] Entretien effectué par Marie Antonelli avec Alain Montigny, Op.cit.

pouvoir leur permettre de voir leur famille. »[1] Arlette Chadebec semble partager le même avis, mais plus concernant la réinsertion et l'emploi : « Tout dépend des activités, du travail qu'on va leur faire faire quoi. Il faut effectivement qu'il y ait quand même [...] quelque chose qui puisse les employer. [...] Pour moi c'est comme pour les établissements pour personnes âgées, pour moi ça doit être en centre-ville. »[2]

Toutefois, construire un centre pénitentiaire en centre-ville pose des problèmes conséquents selon la directrice de la MAF. Le centre est alors plus souvent soumis à des projections venant de l'extérieur et peut s'avérer plus nuisible au niveau du bruit pour les riverains. Par ailleurs, Mme Miah-Nahri ne pense pas qu'un établissement de petite taille soit mieux accepté par les populations locales. Selon elle, les riverains se focalisent sur les termes de prison et d'établissement pénitentiaire, et non sur la notion de petite taille. Un établissement de petite taille sera bien évidemment moins nuisible au niveau du bruit et sûrement moins soumis aux projections venant de l'extérieur, mais la mobilisation des riverains pour empêcher la construction d'un centre de détention reste inévitable selon la directrice de la MAF. Pourtant, certaines communes voient d'un œil favorable l'arrivée d'une prison sur son territoire car cela est aussi vecteur d'une activité économique et d'emplois selon l'enquête effectuée par Yann Thompson.[3]

Malgré un attrait de quelques villes pour la construction de prisons sur leur territoire, ces dernières souhaitent quand même que cette construction soit en lointaine périphérie. Cependant, pour G. Salle, ce n'est pas la solution idéale : « Il ne paraît pas sain de recourir, par une sorte de réaction de pudeur, à la solution de l'éloignement de la prison par rapport à la ville. Équipement public « à part entière », elle doit être au contraire intégrée dans le tissu urbain. Une implantation au voisinage immédiat des agglomérations semble, en effet, de nature à réduire les tendances au rejet, tout en permettant au personnel pénitentiaire de rester au contact de la vie urbaine. Cette solution présente en outre l'avantage de réduire l'acuité, souvent considérable, que revêt le problème des moyens de transport desservant la prison. »[4]

2. Le cas de Lyon-Corbas

Le centre pénitentiaire de Lyon-Corbas a été construit en 2009 dans une zone périphérique de Lyon, près d'un boulevard. Le rapport CGLPL de la même année souligne les difficultés d'accès au centre par les transports en commun. En effet, les lignes de bus ne fonctionnent pas les dimanches et jours fériés alors que si les familles travaillent, elles peuvent rendre visite aux détenues principalement ces

[1] Entretien avec Mme Joëlle Bruge, Op.cit.
[2] Entretien avec Mme Arlette Chadebec, Op.cit.
[3] Enquête France Info. Pourquoi certaines communes rêvent d'accueillir une prison (et d'autres en font des cauchemars), 2017. *Franceinfo.*
[4] Salle G., Op.cit.

jours-là. Mme Miah-Nahri explique tout de même que la direction de l'établissement essaye d'établir des dialogues avec les mairies pour mettre en place un réseau de transports en commun plus adapté pour accéder au centre de détention. Mme Bruge témoigne : « C'est une horreur, le centre est à l'extérieur dans la banlieue, les moyens de transport sont les plus rares possibles, il y a deux terminus dans la ligne de bus, le premier terminus il est avant la maison d'arrêt, ce qui fait que les bus qui viennent à la maison d'arrêt sont très rares, sur une ligne de bus qui met une heure à faire son trajet, c'est très très mal desservi. C'est un mépris total de la population qui vient visiter les détenus. »[1] Nathan Rousseau confirme : « Nous on y va en TER, ensuite tu dois marcher vingt minutes pour y aller, vraiment t'es au milieu de nulle part [...]. Pour y accéder c'est vraiment une galère. »[2] Marie-Odile Theoleyre insiste : « C'est trop loin, c'est loin, c'est beaucoup trop loin. J'ai essayé une fois d'y aller en autobus, il y en a un par heure, c'est hallucinant. [...] c'est vraiment une zone pas très hospitalière. »[3]

Toutefois, Alain Montigny explique que Lyon-Corbas c'est mille détenus, donc trouver un emplacement pour un établissement accueillant autant de personnes demeure un défi.[4]

Avec ses soixante détenues, la Maison d'Arrêt pour femmes de Lyon-Corbas peut être considérée comme un établissement de petite taille. Ses dynamiques internes, sa gestion et le rapport des détenues entre elles reflètent un fonctionnement bien différent du quartier homme qui concentre plus de neuf-cents détenus. On retrouve dans la détention féminine, tous les rapports sociaux exacerbés, ce qui en rend la gestion extrêmement difficile puisque les rapports interpersonnels peuvent régulièrement prendre le pas sur le fonctionnement global du quartier. En revanche, la faible quantité numérique de détenues permet un travail de fond à la fois pour les surveillantes, pour la direction, mais aussi pour les intervenants extérieurs. Ces derniers jouent un rôle phare dans la construction du rapport des détenues à l'incarcération car ils leur permettent de garder un lien avec l'extérieur, lien bien différent de ce qu'elles peuvent construire avec le personnel de l'administration pénitentiaire. Les intervenants extérieurs sont des points clefs du quotidien des détenues.

La question de la mixité est peut-être trop facilement rejetée par l'administration pénitentiaire alors qu'elle peut relever un intérêt particulier pour certaines activités des détenus et détenues. L'incarcération se projette déjà dans l'après, préparant les détenues à leur réinsertion dans la société qui se trouve être mixte. Par ailleurs, les détenues femmes sont bien plus sollicitées en termes d'activités que les détenus hommes, et ce grâce à leur petit nombre, mais aussi par leur motivation en général plus affirmée que les hommes. Cette motivation peut être restreinte par les surveillants et surveillantes, mais on remarque une surveillance

---

[1] Entretien avec Mme Joëlle Bruge, Op.cit.
[2] Entretien avec M. Nathan Rousseau, Op.cit.
[3] Entretien avec Mme Marie-Odile Theoleyre, Op.cit.
[4] Entretien effectué par Marie Antonelli avec Alain Montigny, Op.cit.

tout de même plus « humaine » et bienveillante du côté des femmes puisque l'équipe pénitentiaire est stable et a plus de temps pour procéder à un travail de fond avec les écrouées.

L'emplacement d'un centre de détention est un enjeu majeur, puisque son intégration locale va influer sur la réinsertion des détenus et l'isolement familial dont sont plus souvent victimes les femmes. Cependant, le projet d'un nouveau centre pénitentiaire est très susceptible d'être victime d'un fort rejet des riverains alentour.

Section 2. La mixité dans les établissements pénitentiaires. Entre état des lieux et volonté de réalisation à travers le projet RESCALED

(Léa VISIÈRE, étudiante à Sciences Po Grenoble, spécialité Carrières administratives et judiciaires)

En France, au 1er août 2016, 3,5 % de la population pénale écrouée était des femmes, selon les chiffres du ministère de la Justice.[1] Le nombre de détenues reste reste minoritaire et constant, car depuis les années 1980, le pourcentage de femmes détenues dans les prisons françaises n'a jamais dépassé les 4,5 % de la population carcérale. [2]

Les lieux de privation de liberté sont des institutions, encore aujourd'hui, particulières du fait de leur organisation monosexuée. En effet, au sein des prisons en France, l'enfermement se veut être distinct entre les hommes et les femmes. Ainsi, les femmes sont détenues entre elles alors que dans le même temps, les hommes sont emprisonnés entre eux.

La fin de la Seconde Guerre mondiale a marqué, pourtant, un tournant dans le développement de la mixité dans notre société. Avant cet événement historique, de nombreuses fonctions étaient accessibles par le seul biais du sexe. « La Police nationale, jusqu'à une date récente (1935 à Paris et 1968 à l'échelle nationale), illustrait de manière hyperbolique le principe anthropologique de division sexuelle du travail, en rabattant la compétence policière sur la seule appartenance de sexe : les femmes ne pouvaient pas être policiers parce qu'elles étaient des femmes. Inversement, les hommes pouvaient sans condition de diplôme passer le concours de gardien de la paix, sous réserve d'avoir la taille et la santé requise ». Par ces mots, Geneviève Pruvost dans son article intitulé « Anatomie politique, professionnelle et médiatique des femmes dans la police » publié dans la revue *Cahiers du genre*, montre une mixité difficile à obtenir dans les institutions françaises, mais qui s'est tout de même démocratisée par la suite.[3]

En 2015, 62 % des agents de la fonction publique sont des femmes selon la direction générale de l'administration et de la fonction publique.[4]

La mixité dans le personnel de l'administration pénitentiaire est issue d'une histoire complexe. À l'origine, la mixité a été mise en place pour répondre à des besoins organisationnels. « Depuis 1988, l'Administration Pénitentiaire organise un concours commun aux deux sexes pour le recrutement des directeurs

---

[1] « Les femmes détenues », site justice.gouv.fr, [en ligne], http://www.justice.gouv.fr/prison-et-reinsertion-10036/les-personnes-prises-en-charge-10038/les-femmes-detenues-10023.html, page consulté le 30 septembre 2022.

[2] « Femmes détenues », site de l'Observatoire international des prisons, [en ligne], https://oip.org/decrypter/thematiques/femmes-detenues/, page consultée le 20 juin 2022

[3] Pruvost G., « Anatomie politique, professionnelle et médiatique des femmes dans la police », police », *Cahiers du genre,* n° 42, 2007, pp. 43-60.

[4] « Fonction publique forte féminisation sauf dans les emplois de direction », site vie-publique, publique, [en ligne], https://www.vie-publique.fr/en-bref/271629-fonction-publique-forte-feminisation-sauf-dans-les-emplois-de-direction, page consultée le 30 septembre 2022.

d'établissements. Aujourd'hui, la parité est souvent atteinte, voire dépassée, dans les nouvelles promotions ». C'est ainsi que Guillaume Malochet, dans son article intitulé « Des femmes dans la maison des hommes » met en exergue la féminisation du personnel de l'administration pénitentiaire, surtout au sein des équipes de direction.[1] En octobre 2021, 20 femmes et 2 hommes sont entrés à l'École Nationale de l'Administration Pénitentiaire (ENAP) pour une formation de deux dans le but de devenir directeur des services pénitentiaires, soit une grande part de femmes.[2] Grâce aux chiffres donnés par l'ENAP, nous pouvons constater que le nombre de femmes admises est plus représenté dans ce concours. Cependant, il est important de nuancer le propos en tenant compte des différentes promotions, mais aussi des autres concours possibles et qui affichent, parfois, un taux de féminisation moins élevé.

Malgré la féminisation du corps des personnels de l'administration pénitentiaire, l'enfermement des détenus lui se fait toujours de manière monosexuée. Dans une société mixte comme la nôtre actuellement, cette vision peut nous amener à nous poser certaines questions.

Dans le cadre du projet RESCALED, œuvrant pour une évolution du milieu carcéral en faveur d'établissement pénitentiaire de petite taille, mieux implantés dans les territoires et spécialisés, la question de la mixité se révèle incontournable. Ainsi, tout au long du travail de recherche, de nombreuses questions ont animé mes littératures, mais aussi mes échanges avec les différents professionnels rencontrés. Ainsi, serait-il possible de mettre en place une réelle mixité dans les établissements pénitentiaires, s'apparentant au prototype des maisons de détention du projet Rescaled ? Serait-il possible de voir cohabiter des hommes et des femmes dans un même lieu de détention ? Si oui, par quels moyens ? Serait-il possible d'offrir dans les lieux de privation de liberté une approche comparable à la vie hors des murs ? Quels en sont les enjeux ?

Notre démarche a été de collecter un maximum d'informations pendant le travail préalable à l'écriture dans le but de confronter ces dernières et de les interroger. Nous avons mené des entretiens avec différents professionnels de l'administration pénitentiaire, que ce soient des chefs d'établissements, ou encore des professionnels en poste au sein de direction interrégionale des services pénitentiaires, notamment celle de Marseille, mais aussi des personnels des services pénitentiaires d'insertion et de probation, ici une conseillère pénitentiaire d'insertion et de probation (CPIP) en milieu fermé au sein de la maison d'arrêt de Pau. Le panel de professionnels de l'administration pénitentiaire interrogé permet de pouvoir confronter des visions qui, en fonction des postes occupés, se montrent différentes voire divergentes. De plus, nous avons pu mener des entretiens semi-

---

[1] Malochet G., « Des femmes dans la maison des hommes. L'exemple des surveillantes de prison », *Travail, genre et sociétés,* n° 17, 2007, pp. 105-121.

[2] *Directeurs des services pénitentiaires.* (2016, novembre 16). ENAP. https://www.enap.justice.fr/directeurs-des-services-penitentiaires.

directifs avec des professionnels spécialistes de la question pénitentiaire et du milieu carcéral, notamment une sociologue.

Les divers documents utilisés pour la réalisation de cet article scientifique, s'ajoutant aux différents entretiens menés, sont disponibles et peuvent être consultés au sein de la bibliographie. Des ouvrages majeurs y sont présents comme les recherches menées par Corinne Rostaing notamment son livre *Une institution dégradante : la prison.*[1]

Forte de ces données exploitées, la présentation d'un état des lieux de la mixité en prison nous semble incontournable afin de comprendre les obstacles majeurs au développement de la mixité dans les établissements pénitentiaires au sein de notre système actuel. Pour finir, on tentera de prouver que le projet Rescaled avec l'ensemble de ces caractéristiques peut être un environnement favorable au développement des interactions entre les femmes et les hommes en milieu fermé.

I - La mixité, de nos jours, dans les lieux de privation de liberté

La mixité en prison se voit être un concept encore flou à notre époque. Imaginer que des hommes et des femmes puissent cohabiter dans un lieu de privation de liberté semble impossible pour grand nombre au sein de l'opinion publique. Pourtant, cette séparation au sein des établissements pénitentiaires n'a pas toujours été de rigueur.

Aujourd'hui, au regard du nombre insuffisant de structures réservées aux femmes détenues, une maison centrale à Rennes et une maison d'arrêt à Versailles, ces dernières se retrouvent dans des quartiers spécifiques au sein de prisons pour hommes. Cependant, malgré le fait que femmes et hommes soient mélangés dans la structure, une opacité règne entre les deux espaces. Depuis 2009, la situation tend à évoluer, mais avec beaucoup de difficultés.

Section 1 : Un enfermement monosexué de rigueur dans nos prisons

Aujourd'hui, lorsque nous nous intéressons aux chiffres présents sur le site du ministère de la Justice au sujet des personnes détenues en France, nous pouvons constater que, hormis les chiffres globaux, ces derniers sont généralement classés grâce au genre et au centre de détention. En détention, la stricte séparation des sexes concernant l'hébergement est le maître mot, d'où ces statistiques disponibles.

Les lieux de privation de liberté sont des institutions particulières du fait de leur organisation monosexuée, dernière institution instaurant cette stricte séparation dans notre société, actuellement mixte. Dans les prisons, les femmes sont détenues entre elles alors que dans le même temps, et souvent dans le même

[1] Rostaing C., *Une institution dégradante, la prison,* Paris, Gallimard, « NRF Essai », 2021.

établissement, mais dans d'autres bâtiments, les hommes sont emprisonnés entre eux.

La non-mixité des établissements pénitentiaires est le résultat d'une histoire particulière au sein de laquelle l'enfermement n'a pas toujours été pensé de manière monosexuée. Mélodie Renvoisé, au sein d'un article intitulé « Histoire de la non-mixité en prison » paru par le biais de *Métropolitiques*, met en avant l'histoire de la séparation des sexes dans les lieux de privation de liberté, tout en mettant en exergue que cette barrière, imposée entre les sexes, n'a pas toujours été de mise.[1] En France, pendant l'Ancien Régime, période qui s'étend du règne de François Ier jusqu'au tournant de 1789, les hommes et les femmes, ainsi que les enfants étaient tous détenus ensemble. Il est important de souligner que la peine de prison, comme nous la considérons aujourd'hui, n'existait pas sous l'Ancien Régime. Effectivement, des lieux de privation de liberté étaient effectifs et ces derniers, étaient définis selon le ministre Malesherbes, en 1776, comme « souvent plus cruels que la mort »[2].

Avec l'apparition du premier Code pénal en 1791, l'emprisonnement devient une peine. Le Code pénal réforme les principes de l'enfermement et tente d'en finir avec les conditions des lieux de privation de liberté de l'Ancien Régime. Une séparation entre les détenus, les femmes et les hommes, les majeurs et les mineurs, les condamnés et les prévenus se met donc en place. La séparation sur le caractère du sexe des individus dans les prisons devient donc une évidence et l'est toujours.

Aujourd'hui, notre institution fonctionne toujours de la même manière avec une impossibilité pour les femmes et les hommes de se côtoyer au sein des établissements de privation de liberté. Cependant, en 2009, la loi pénitentiaire marque une évolution au sujet de la mixité. La législation intègre la possibilité d'organiser des activités socioculturelles, des ateliers ou encore des formations en mixité.

Section 2 : Une mixité devenue légale au fil du temps mais toujours restreinte

La stricte séparation des sexes en prison et le nombre restreint de femmes incarcérées par rapport au nombre d'hommes rendent complexe le recours aux activités, aux ateliers, aux formations et parfois même au travail d'auxiliaire pour ces dernières. Les femmes incarcérées sont donc face à nombre d'inégalités dans leur vie quotidienne à la faveur des hommes qui représentent au 1er janvier 2018, 96,3 % des écroués.[3]

Depuis la loi dite pénitentiaire du 24 novembre 2009, il est possible pour les chefs d'établissements, à titre dérogatoire et sous réserve « du bon maintien de

[1] Renvoisé M., « Histoire de la (non-)mixité en prison », *Métropolitiques,* 7 décembre 2020.
[2] Lambert, A.-S. (s. d.). La Bastille ou « l'enfer des vivants » ? *BnF.*
[3] « Chiffres clés de l'administration pénitentiaire », Site justice.gouv.fr, [en ligne], http://www.justice.gouv.fr/prison-et-reinsertion-, page consultée le 30 septembre 2022

l'ordre et de la sécurité »[1], de mettre en place des activités socioculturelles, des ateliers ou encore des formations en mixité. Cette mixité conditionnée a été pensée comme un moyen de répondre aux inégalités auxquelles font face les détenues. L'exemple du centre pénitentiaire de Bordeaux- Gradignan est parlant à ce sujet. À la suite de la fermeture de l'atelier du quartier femmes du centre pénitentiaire de Bordeaux-Gradignan, la direction interrégionale des services pénitentiaires, avec l'enthousiasme du chef d'établissement, Monsieur Philippe Andouard à cette époque, décide de tester un dispositif d'ateliers mixtes. Ainsi, les femmes se retrouvent au sein de l'atelier dédié à l'origine aux hommes et ont une table réservée dans le but d'accomplir les tâches qui leur sont données. [2]

Cependant, il est important de noter que ces projets de mixité sont, malgré leur autorisation en 2009, ponctuels et marginaux. L'observatoire international des prisons, dans un article intitulé « Vers davantage de mixité », met en exergue l'insuffisance des pratiques mixtes en prison en soulignant notamment que seulement « 3,7 % de l'ensemble des activités réalisées en détention l'ont été en mixité », en 2018.[3]

Un rapport de 2016 de la Contrôleure Générale des lieux de privation de liberté, Madame Adeline Hazan, fait un état des lieux de l'expérimentation d'ateliers en mixité mise en œuvre au sein du centre pénitentiaire de Bordeaux-Gradignan et elle relève quelques limites à la mixité :

- « Cette seconde zone héberge les femmes détenues classées ainsi que les hommes classés à l'atelier couture dont la localisation par rapport à ces dernières reste bien compartimentée. » [4]
- « Elles n'ont pas la possibilité de circuler dans la première zone, elles ne peuvent pas communiquer avec les travailleurs hommes ni se rendre à un autre poste. » [5]
- Propos d'une détenue rapportés au sein du rapport : « On parle de mixité, mais on n'est pas mélangés, on n'a pas le droit de les regarder ou de leur parler. [...] C'est une bonne chose la mixité, mais en fait, on est encore entre nous, on ne peut pas se déplacer dans l'atelier, même à la pause les hommes ne viennent pas.

---

[1] Loi n° 2009-1436 du 24 novembre 2009 pénitentiaire (1), 2009-1436 (2009).

[2] « Enquête sur l'atelier de travail mixte hommes-femmes du centre pénitentiaire de Bordeaux-Gradignan », Site du Contrôleur général des lieux de privation de liberté, [en ligne], https://www.cglpl.fr/2016/enquete-sur-latelier-de-travail-mixte-hommes-femmes-du-centre-penitentiaire-de-bordeaux-gradignan/, page consultée le 15 septembre 2022.

[3] « Vers davantage de mixité ? », Site de l'Observatoire international des prisons, [en ligne], https://oip.org/analyse/vers-davantage-de-mixite/, page consultée le 19 juin 2022.

[4] « Enquête sur l'atelier de travail mixte hommes-femmes du centre pénitentiaire de Bordeaux-Gradignan », Site du Contrôleur général des lieux de privation de liberté, [en ligne], https://www.cglpl.fr/2016/enquete-sur-latelier-de-travail-mixte-hommes-femmes-du-centre-penitentiaire-de-bordeaux-gradignan/, page consultée le 15 septembre 2022.

[5] Ibid.

C'est comme si on avait déplacé l'atelier chez les hommes, mais qu'on restait entre femmes. » [1]

La cheffe d'établissement du centre pénitentiaire de Riom, met en exergue cette dynamique de séparation des sexes malgré les ateliers en mixité : « Le constat est le même, même sur les activités socioculturelles effectivement il y a deux groupes qui se créent de fait et il n'y a pas forcément d'échanges là où ça fonctionne le mieux c'est au niveau du centre scolaire qui organise la rédaction du journal interne de l'établissement et là comme c'est du travail collaboratif il y a plus d'échanges et de travail réellement commun, c'est vraiment la seule activité où il y a de l'interaction entre les personnes ».

Enfin, la crise du coronavirus a mis un frein au développement, déjà complexe, de la mixité dans le cadre de la loi pénitentiaire du 24 novembre 2009. La conseillère pénitentiaire d'insertion et de probation en milieu fermé à la maison d'arrêt de Pau explique que les ateliers et formations en mixité ont connu un réel frein à cause de la pandémie mondiale et que ces derniers reprennent lentement.

II - Les obstacles rencontrés à la mise en place de la mixité

Aujourd'hui, dans les établissements pénitentiaires français, la mise en place de la mixité rencontre d'importants obstacles. Certes, la question de la mixité a pris une nouvelle dimension lors de la loi pénitentiaire du 24 novembre 2009. Cependant, les craintes, les résistances, mais aussi les difficultés semblent toujours d'actualité.

Section 1 : Des obstacles structurels

Les lois et l'architecture des établissements pénitentiaires sont source d'obstacles pour la mise en place d'une mixité effective.

Au sujet de la législation, les hommes et les femmes dans les lieux de privation de liberté ne doivent pas pouvoir entrer en contact. Ainsi, les deux sexes vivent en autarcie les uns des autres, sauf dans le cas d'ateliers et d'activités socioculturels pouvant être mis en place, selon la volonté du chef ou de la cheffe d'établissement, depuis la loi pénitentiaire du 24 novembre 2009.

Les règlements de l'administration pénitentiaire ne vont pas vraiment dans le sens de la mixité. En effet, le chef d'établissement du centre pénitentiaire de Bordeaux-Gradignan explique que « l'hébergement à la SAS était mixte par définition parce qu'on n'avait pas, on avait sur le même étage des clés de cellules hommes et des cellules femmes, il n'y avait pas de séparation physique seulement on empêchait les hommes et les femmes d'aller ensemble dans les cellules, là depuis quelques semaines on a mis des grilles à la demande de notre

[1] Ibid.

administration pour matérialiser la séparation homme femme. Donc on ne va pas aller sur une mixité en hébergement parce qu'au contraire, on nous demande de matérialiser par des grilles la structure d'accompagnement vers la sortie, ça a été fait ».

Dans leur construction, aussi, les établissements pénitentiaires font obstacle à la mise en place de la mixité. Lors de la construction, tout est fait pour respecter l'article D248 du code de procédure pénale qui stipule que : « Lorsque des quartiers séparés doivent être aménagés dans le même établissement pour recevoir respectivement des hommes et des femmes, toute disposition doit être prise pour qu'il ne puisse y avoir aucune communication entre les uns et les autres ».[1] Les femmes sont donc dans un bâtiment à part, isolées du reste de l'établissement et souvent éloigné. Nous avons pu le constater à la maison d'arrêt de Pau lorsque le directeur nous a présenté le plan de l'établissement.

La structure des bâtiments, facteur d'obstacle dans la mise en place de la mixité, joue pourtant un rôle important dans le développement de cette dernière. La directrice d'établissement du centre pénitentiaire de Riom, depuis janvier 2019, souligne que la création récente de ce bâtiment, inauguré en 2016, permet de nombreuses activités, en mixité pour certaines, alors que ce n'est pas possible dans d'autres établissements plus anciens. Ainsi, au centre pénitentiaire de Riom, le rez-de-chaussée est dédié aux ateliers ou aux salles de classe.

Les lois encadrant le système pénitentiaire, son fonctionnement au quotidien, mais aussi les normes architecturales concernant les prisons, sont de véritables obstacles pour insérer de la mixité. Cependant, les difficultés structurelles ne sont pas les seules.

Section 2 : Des obstacles circonstanciels

La mixité n'est pas seulement difficile à mettre en place à cause d'effets structurels, mais c'est aussi dû à des dynamiques inhérentes aux contextes et aux situations. Dans les lieux de privation de liberté, la formation des personnels, mais aussi la question, voire la crainte de la sexualité sont deux facteurs importants à la réticence de la mixité.

Le personnel pénitentiaire est moteur dans le fonctionnement d'un établissement. Personnel de direction, personnel de surveillance ou encore travailleurs sociaux des services pénitentiaires d'insertion et de probation, chacun présente un rôle primordial dans la vie de l'établissement pénitentiaire, mais aussi auprès des personnes détenues. Ainsi, l'implantation de la mixité dans les établissements passe forcément par ces acteurs.

Le personnel de surveillance reste, de manière générale, réticent à la mixité. La directrice du centre pénitentiaire de Riom, amène une analyse générationnelle

---

[1] « Article D248 – Code de procédure pénale », Site Légifrance, [en ligne], https://www.legifrance.gouv.fr/loda/article_lc/LEGIARTI000006515844/2000-06-16, page consultée le 20 juin 2022.

concernant cette crainte : « Les personnels d'un certain âge qui ont connu ces détentions strictement cloisonnées y sont réticents parce que c'est une évolution qu'ils ont du mal à suivre. La question de la femme en détention aussi de manière globale est souvent un sujet d'inquiétude pour les personnels de surveillance quel que soit le grade ou la fonction de ces dames en détention. Il y a toujours la représentation féminine de la faiblesse, du manque de force qui fait que le personnel de surveillance masculin se doit de porter secours à ces femmes fragiles qui sont en détention, il y a encore beaucoup ces clichés, et les personnels plus jeunes sont beaucoup moins dans cette dynamique-là, ils sont beaucoup plus ouverts à tenter des expériences nouvelles. C'est des gens qui aussi d'un point de vue sociétal ont été élevés avec certainement plus d'égalité entre les hommes et les femmes que des anciens surveillants qui ont encore reçu une éducation avec un peu de clichés, l'homme travaille la maman au foyer qui élève les enfants. Sur les jeunes générations, c'est des choses qui se voient beaucoup moins [...] chez les jeunes surveillants ça pose beaucoup moins de questionnement ».

La sociologue interrogée dans le cadre de nos discussions sur le projet RESCALED a tenu à mettre en exergue le fait que « Les résistances sont du côté souvent des personnes de surveillance, ce qu'on a vu et observé à plusieurs reprises, [...] et les directions ne sont pas toujours fortes ou suffisamment armées pour s'opposer à des positions syndicales ou à des surveillants qui forment des groupes de pression sur les directions ».

Plusieurs personnes interrogées pendant nos entretiens semi-directifs ont donc mis en exergue l'importance de la formation pour améliorer la mise en place de la mixité. La cheffe d'établissement du centre pénitentiaire de Riom pense « qu'il faudrait plus axer sur la formation des personnels qui n'est pas habitué à gérer cette mixité parce que la pluridisciplinarité, elle existe déjà du fait surtout au CP de Riom ».

La question de la sexualité est, elle aussi, un obstacle. Certains acteurs du milieu carcéral ne seraient pas favorables à l'insertion de la mixité dans les établissements pénitentiaires, car « tout de suite les personnels vont dire, et même les personnes détenues, mais surtout les personnels, vont par exemple dire mixité ça entraîne automatiquement des problèmes de sexualité entre les personnes détenues » à en croire les mots de la sociologue interrogée. Pendant l'entretien, la sociologue nous explique que les personnels de surveillance justifient leurs réticences à la sexualité en expliquant qu'ils ne « sont pas là pour être, comment dire, des mateurs, des personnes qui voilà, on ne veut pas soumettre à notre regard des personnes en train d'avoir des relations sexuelles, mais on voit bien que derrière il y a autre chose, la prison c'est la punition et que c'est pas normal pour les personnels qu'on puisse avoir des relations sexuelles alors que normalement le droit n'interdit pas la sexualité ».

Pour certains chefs d'établissements, une crainte importante s'est fait ressentir vis-à-vis de la mixité au vu des problèmes sexuels qu'elle pourrait engendrer. La sociologue a pu nous expliquer qu'il y a une prise de responsabilité énorme faite par les directions sur les cas de violences sexistes et sexuelles qui amènerait même à un grossissement des problèmes de l'administration pénitentiaire notamment en matière de sexualité.

La question de la sexualité est très présente chez les personnels de surveillance. Un surveillant syndiqué à l'Union Nationale des Syndicats Autonomes, explique qu'il a « tendance à préférer que les nanas restent avec des filles ».

L'administration pénitentiaire et les acteurs du milieu carcéral omettent un biais important, l'homosexualité en prison qui amènerait pourtant au même risque au sujet de la sexualité. Avoir des craintes face à la sexualité en prison en ne prenant pas en compte toutes les formes de sexualité peut nous amener à nous interroger face à l'administration pénitentiaire.

Les échanges effectués avec les professionnels ont pu mettre en exergue, le rôle de la formation des personnels et la crainte de ces derniers à la mise en place de la mixité, ce qui peut constituer un véritable frein. Souligner les obstacles structurels et circonstanciels semble être une démarche primordiale pour tenter de comprendre les peines et de trouver des solutions. Le projet Rescaled ne pourrait-il pas en être une ?

III - Et le projet Rescaled dans tout ça ?

Originaire de Belgique, le projet Rescaled a pour but de repenser la détention en faveur de la réinsertion des personnes détenues en promouvant des « maisons de détention ». Ces nouveaux établissements sont pensés comme étant de petite taille avec une attention particulière accordée à leur intégration géographique, et ils seraient « différenciés selon le niveau de sécurité et les programmes d'activités les plus adaptés aux personnes détenues ». [1]

Après un lancement à l'international débuté en 2019, Rescaled est dorénavant un projet européen regroupant bon nombre de pays comme la France, les Pays-Bas, la Norvège, le Portugal et la Belgique. Plus récemment, Malte et la Finlande ont rejoint le mouvement.

Au regard des traits caractéristiques du projet Rescaled, de nombreux points nous amènent à penser que ce dernier serait un bon terrain d'exercice pour la mise en place de la mixité entre les détenus.

Section 1 : Le projet Rescaled : s'adapter à une vie hors-les-murs mixte aujourd'hui.

Notre société actuelle est mixte et il est difficile de comprendre pourquoi nos établissements de privation de liberté sont toujours monosexués, malgré l'évolution présentée par la loi du 24 novembre 2009. Corinne Rostaing met en

---

[1] « Rescaled : un mouvement pour une détention à petite échelle », Site de la Fédération Des Associations Réflexion-Action, Prison et Justice, [en ligne], https://farapej.fr/RESCALED-Un-mouvement-pour-une-detention-a-petite-echelle, page consultée le 30 septembre 2022.

exergue ce paradoxe lors d'un entretien mené par Radio France pour l'émission intitulée *Femmes en prison : En finir avec la double peine,* « On voit bien que c'est un système à bout de souffle. Dans la société civile, nous sommes en mixité. On ne comprend pas bien pourquoi aujourd'hui un hôpital est mixte et propose les mêmes soins aux hommes et aux femmes, et pourquoi on ne proposerait pas la même chose en prison. On ne propose pas encore de cellules mixtes, mais au moins qu'on propose les mêmes activités et le même traitement ! Car aujourd'hui encore, on voit bien qu'on n'a fondamentalement pas les mêmes objectifs pour les hommes que pour les femmes ». [1]

Le projet Rescaled par ses ambitions de petite taille, d'intégration dans les territoires, mais aussi de spécialisation en fonction des personnes détenues permettrait de calquer la vie carcérale sur le monde extérieur favorisant la réinsertion, mais aussi la mixité.

La mise en place de la mixité serait favorisée par des établissements à l'image de ceux présentés par le projet Rescaled.

En effet, la spécialisation des structures permettrait de différencier les niveaux de sécurité en fonction des condamnations et des besoins des détenus, mais aussi d'offrir des activités plus adaptées. En ce sens, on peut imaginer que dans certains bâtiments, la mixité peut être totalement mise en place sans crainte pour la sécurité. Cependant, la conseillère pénitentiaire d'insertion et de probation en milieu fermé insiste sur l'importance que nous devrions apporter à l'élaboration d'un profil. Selon elle, certaines condamnations, comme celles pour violences sexistes et sexuelles ou celles en lien avec des violences dans le cadre intrafamilial, doivent amener à des réserves lorsqu'il est question de vie en mixité. Il est, tout de même, important de souligner qu'une partie de la population carcérale pourrait avoir accès à un enfermement en mixité grâce à la spécialisation du projet Rescaled.

L'intégration dans les territoires que propose le projet Rescaled favoriserait aussi une meilleure adaptation à la vie hors les murs. Au-delà d'une mixité entre les sexes en interne, il serait possible de créer de la mixité entre les acteurs et d'impliquer les acteurs locaux dans la vie des maisons de détention, une démarche bénéfique pour la réinsertion et l'approche en mixité.

L'ancienne directrice du SAS de Marseille et la cheffe au département de l'exécution des peines expliquaient qu'elles étaient en faveur de la mixité dans les lieux de privation de liberté et qu'il faudrait même « aller plus loin faire venir des gens de l'extérieur parce que si on part sur un modèle de petite structure implantée au cœur des villes si c'est implanté au cœur des villes ça veut dire que c'est absorbé par la communauté de la ville donc tout ce qui s'y fait doit pouvoir, enfin pourquoi pas je dis n'importe quoi mais un atelier de fitness avec mémère qui sort son chien tous les matins depuis son immeuble et qui vient en détention faire son atelier de fitness avec d'autres détenus, bon si elle veut bien sûr ».

---

[1] *Femmes en prison, en finir avec la double peine,* Radio France, 18 septembre 2020, podcast, 56 minutes, [en ligne].

Selon d'autres chefs d'établissements interrogés, il serait plus judicieux de faire l'inverse, c'est-à-dire de pouvoir faire sortir les détenus de manière plus facile, car selon eux, la réinsertion se joue à l'extérieur. Le chef d'établissement de la maison d'arrêt paloise partage cet avis « Moi je verrais plutôt le contraire, que ce soient les détenus qui sortent plutôt que le public qui rentre parce que le but c'est quand même de réinsérer, ou de participer, ou de tenter de réinsérer les personnes détenues. Si vous faites venir des personnes de dehors à la prison, elles savent forcément où elles mettent les pieds par contre si vous faites sortir des détenus c'est un public et des personnes lambdas ».

Qu'importe le sens par lequel l'ouverture se fait, cette dernière semble primordiale autant pour la réinsertion des détenus que pour l'entretien de la mixité et des liens avec notre société mixte.

Enfin, la petite taille des établissements est le pilier complémentaire pour travailler sur un milieu carcéral au plus proche de la vie hors les murs. Faire des établissements pénitentiaires de petite taille pourrait permettre une meilleure connaissance, que ce soit entre les détenus, entre le personnel, mais aussi entre les détenus et les personnels.

De plus, la petite taille semble être la seule option pour garantir un encellulement individuel, primordial aujourd'hui, si nous voulons développer une mixité réelle dans nos établissements et ainsi permettre aux détenus de se réapproprier une vie comme celle qui se poursuit à l'extérieur.

Section 2 : Le projet Rescaled : la garantie d'un encellulement individuel

L'encellulement individuel au sein des établissements pénitentiaires est loin d'être un concept nouveau. Dès 1875, l'encellulement individuel figure dans les textes de loi.

L'article 716 du code de procédure pénale dispose que « les personnes mises en examen, prévenus et accusés soumis à la détention provisoire, sont placées au régime de l'emprisonnement individuel de jour et de nuit » [1] alors que dans le même temps l'article 716 prévoit des exceptions au respect de ce dernier en disant que : « il ne peut être dérogé à ce principe qu'à raison de la distribution intérieure des maisons d'arrêt ou de leur encombrement temporaire ou, si les intéressés ont demandé à travailler, en raison des nécessités d'organisation du travail. »[2]

Au regard de la « surpopulation systémique »[3] et des plans de construction des établissements, l'encellulement individuel semble impossible.

---

[1] « Article 716 du Code de procédure pénale », site Légifrance, [en ligne], https://www.legifrance.gouv.fr/codes/article_lc/LEGIARTI000021332469/, page consultée le 20 juin 2022.

[2] Ibid.

[3] « L'OIP et Amnesty International appellent à un plan national d'urgence contre l'indignité en prison », site de l'Observatoire national des prisons, [en ligne], https://oip.org/communique/loip-et-amnesty-international-appellent-a-un-plan-national-durgence-contre-lindignite-en-prison/, page consultée le 20 juin 2022.

Le chef d'établissement de la maison d'arrêt de Pau explique qu'avec une mise en service en 1861, l'établissement ne permet pas de garantir l'encellulement individuel au vu de son architecture proposant quatre à six places de couchages par cellules.

Avec un taux d'occupation qui avoisine les 124 % en moyenne dans les années 1990, la surpopulation carcérale n'est pas un phénomène récent au sein de l'administration pénitentiaire. La surpopulation carcérale est un vrai frein à l'encellulement individuel.

La cheffe d'établissement du centre pénitentiaire de Riom explique que malgré la mise en service récente de l'établissement, au cours de l'année 2016, et avec des plans qui prévoyaient l'encellulement individuel, ce dernier se voit dépourvu, à cause de la surpopulation carcérale. Certaines cellules ont dû être doublé, ce qu'elle explique dans le passage suivant « Malheureusement nous avons comme la majorité des maisons d'arrêt, une surpopulation a géré alors qui est bien moindre que dans d'autres établissements de l'inter région ou d'ailleurs mais néanmoins nous avons des matelas au sol et nous devons gérer cette promiscuité qui est à l'origine pas prévue au sein de l'établissement car nous sommes un établissement récent qui était vraiment prévu pour assurer l'encellulement individuel et il y avait que quelques cellules à la marge qui était doublées à l'origine, l'histoire et le fonctionnement de l'établissement ont fait qu'il a fallu doubler d'autres cellules pour assurer un couchage décent aux personnes détenues ».

Selon les chiffres du ministère de la Justice, le quartier maison d'arrêt pour homme du centre pénitentiaire de Riom, présente une densité carcérale de 110,4 % au 1er janvier 2022.[1]

Cependant, l'encellulement individuel est indispensable pour la mise en place de la mixité dans les établissements pénitentiaires comme présenté dans un avis relatif à la question publié au journal officiel le 23 avril 2014, dans lequel la contrôleure générale des lieux de privation de liberté explique que : « L'encellulement individuel vise à offrir, à chaque personne incarcérée, un espace où elle se trouve protégée d'autrui et où elle peut donc ainsi préserver son intimité et se soustraire, dans ce lieu, aux violences et aux menaces des rapports sociaux en prison. L'encellulement individuel est une garantie de la réinsertion ultérieure et concourt au caractère effectif des droits fondamentaux. »[2]

De manière générale, l'encellulement individuel est de rigueur pour la protection des droits fondamentaux et notamment le respect des normes

---

[1] « Statistiques de la population détenue et écrouée », site justice.gouv.fr, [en ligne], http://www.justice.gouv.fr/prison-et-reinsertion-10036/les-chiffres-clefs-10041/statistiques-de-la-population-detenue-et-ecrouee-34271.html, page consultée le 30 septembre 2022.

[2] « Sur l'encellulement individuel dans les établissements pénitentiaires (avis du 24 mars 2014) », site du Contrôleur général des lieux de privation de liberté, [en ligne], https://www.cglpl.fr/2014/sur-lencellulement-individuel-dans-les-etablissements-penitentiaires-avis-du-24-mars-2014/, page consultée le 10 septembre 2022.

européennes, mais avec la mise en place de la mixité, ce dernier semble être un impératif au regard de la majorité des personnes interrogées pendant les entretiens semi-directifs et qui présentent une position en faveur de la mixité.

« Alors je pense que sur des petites structures avec des détenus choisis entre guillemets et un encadrement spécifiquement formé pourquoi pas, mais après, je pense qu'il faut quand même respecter l'encellulement individuel ou en tout cas ne pas faire des cellules mixtes, je pense qu'on ne pourrait pas aller jusque-là » comme l'expliquait la directrice de l'établissement de Riom.

Dans le même sens, la conseillère pénitentiaire d'insertion et de probation expliquait que, selon elle, un encellulement mixte ne serait pas viable et l'encellulement individuel semblait être de rigueur, sauf pour les couples incarcérés comme le nuançait la sociologue interrogée.

Ainsi, le projet Rescaled et ses maisons de détention présentent un avantage particulier pour permettre, en France, la mise en place de la mixité dans les lieux de privation de liberté.

Conclusion

Pour conclure, la mixité, aujourd'hui, est un défi au sein de l'administration pénitentiaire. La loi pénitentiaire de 2009 est une preuve de prise de conscience de la part de l'administration pénitentiaire et des pouvoirs publics sur la problématique de la mixité dans les établissements et *in fine* sur la question de l'enfermement monosexué. Cette séparation entre les sexes entraîne bon nombre d'inégalités, que ce soient des inégalités de traitement, d'accès aux infrastructures, pour n'en citer que quelques exemples, mais cette stricte barrière peut aussi laisser des séquelles dans la vie future des individus.

Les réticences envers la mixité sont pourtant encore nombreuses tant de la part des personnels, qui selon la génération font face à des craintes, mais aussi ont un avis critique sur les questions de la sexualité au sein des établissements pénitentiaires.

Les craintes, du personnel ou de l'opinion publique et politique, ne sont pas les seuls obstacles, mais l'architecture ou encore la formation des personnels ont un important rôle à jouer. La mixité dans les établissements pénitentiaires passerait obligatoirement par une formation des personnels plus poussée sur les questions de genre, d'inégalités des sexes et des besoins essentiels des individus de côtoyer le sexe opposé, en tout cas c'est ce qu'il ressort de nombreux échanges.

Le projet Rescaled semble pouvoir répondre aux problématiques posées par la mixité grâce à différents biais. Pour commencer, axer la construction et l'architecture sur des petits établissements se révèlent être un pilier pour la mise en place de la mixité au sein des établissements pénitentiaires, permettant ainsi de favoriser et de rendre obligatoire l'encellulement individuel, encore aujourd'hui trop marginalisé.

L'intégration dans les territoires permettrait de coller au plus proche de la vie à l'extérieur des murs. Pour une réinsertion favorisée, il semble nécessaire de développer la mixité et de répondre à ce que notre société est à l'extérieur d'une prison : une société dans laquelle les hommes et les femmes se rencontrent chaque jour dans n'importe quels lieux de l'espace public, que ce soit à l'école pour les plus jeunes, ou encore au travail, mais aussi dans les institutions de la République comme à l'hôpital.

La sécurité n'est pas une fatalité dans les établissements pénitentiaires et, force de nos nombreux entretiens, la majorité d'entre eux prouvent qu'introduire de la mixité ne va pas de pair avec l'introduction d'insécurité au sein des murs. La mixité permettrait même l'apaisement des corps et une diminution de la violence si on en croit les paroles de certains personnels interrogés. De nombreuses personnes rencontrées dans le cadre du travail le soulignent, en passant du centre pénitentiaire de Riom à celui de Bordeaux-Gradignan, il n'y a pas d'incident à cause de la mixité : « non on n'a pas eu d'incidents », au sujet de la mise en place des grilles au sein de la SAS de Bordeaux-Gradignan ou encore « Nous on a pu constater qu'on n'avait eu aucun incident sur les activités mixtes », propos recueillis auprès de la cheffe d'établissement du centre pénitentiaire de Riom.

Entre diminution de la taille des établissements, intégration dans des territoires dynamiques et spécialisation des lieux, les conditions semblent pouvoir être réunies grâce aux spécificités du projet Rescaled pour mener à bien une expérience en termes de mixité.

Section 3. Violence et dynamiques sociales dans les cours de promenade : Étude sociologique en maison d'arrêt pour femmes

(Line ROUSSEAU, étudiante à Sciences Po Grenoble, spécialité Méditerranée et Moyen-Orient)

Les travaux scientifiques relatifs aux relations entre violence et emprisonnement sont principalement centrés sur les rapports interpersonnels se jouant au sein des établissements pénitentiaires[1]. La nature des actes violents entre détenus ou en lien avec les surveillants est effectivement particulièrement documentée — bien qu'elle se heurte à une pluralité de cas individuels, n'amenant pas nécessairement à la conclusion d'une dimension générale de la brutalité en prison. Certaines raisons de cette violence (en excluant l'état psychique de chaque détenu qui, autrement, mènerait davantage à une étude d'ordre psychologique) ont également pu être analysées à travers diverses recherches en sciences sociales : c'est en ces faits qu'il a été remarqué que le système carcéral est en lui-même générateur de conflits en son sein, dans le sens ou « la prison rend nerveux, irritable, angoissé, agressif et stressé »[2]. En d'autres termes, l'institution est auteure de faits violents, mais est aussi un espace propice à leur genèse. Pourtant, une distinction est fréquemment faite entre violences institutionnelle et interpersonnelle, comme s'il était possible de traiter l'une sans prendre en considération l'autre. Et même lorsque le lien est explicitement établi, dès lors qu'il est attesté que « la violence légale du cadre carcéral est l'un des facteurs essentiels des violences en prison »[3], les recherches faites sur le sujet ne permettent pas d'attester de l'impact implicite de l'institution dans les rapports entre individus, à partir de l'analyse de ces derniers notamment.

Ainsi, il peut être intéressant d'étudier la complexité des violences commises, leurs différences de natures, ainsi que les interactions qui en sont à l'origine. De ce fait, l'objet de recherche étant particulièrement large, il sera question d'étudier les actes violents au sein d'un espace précis de la vie quotidienne en milieu pénitentiaire pour en limiter l'observation qui, autrement, s'avèrerait trop audacieuse et vaste. Dans le cas de cette étude, le terrain choisi pour l'enquête ethnographique concerne la cour de promenade, autrefois surnommée « promenoir dc la prison »[4] et définie comme « un espace de liberté résiduelle » permettant aux détenus de marcher à l'air libre[5]. Elle représente un lieu de rencontres entre

---

[1] Kaminski D., « Violence et emprisonnement », *Revue de science criminelle et de droit pénal comparé* (N° 2), 2013, pp. 461-474.

[2] Chauvenet A., Rostaing C. et Orlic F., *La violence carcérale en question*, Presses universitaires de France, « Le Lien social », 2008.

[3] Ibid.

[4] Reynaud-Bertrand C., *Le carcéral, désir d'humanité et changement révolutionnaire*, La prison des Archives parlementaires et des archives départementales du Nord (1789-1799), Histoire EHESS, 2016.

[5] Vacheret M., « Relations sociales en milieu carcéral. Une étude des pénitenciers canadiens », *Déviance et Société* (Vol. 26), 2002, pp. 83-104.

détenus, où les violences s'y jouent ainsi plus fréquemment — ce qui facilite dès lors l'observation de celles-ci. Les interactions sont directes, rendues possibles et favorisées par une zone dédiée et consacrée à la mise en contact physique des individus incarcérés ; en somme, la balade dans une cour de promenade est une activité garantie à tous les détenus, privilégiant la distraction au moyen d'échanges entre les personnes. Elle est également révélatrice de la vie au sein de l'établissement pénitentiaire, étant donné qu'une part importante de détenus refuse de la pratiquer (cette dernière étant facultative). À noter aussi que pour le travail de recherche, les brutalités interpersonnelles se produisant majoritairement en maison d'arrêt, du fait d'un taux de surpopulation carcérale relativement marqué et d'une sécurité moins encadrée qu'en centre de détention notamment, il fut propice de mener cette observation ethnographique au sein de ce type d'établissements. Au 1er décembre 2022, la maison d'arrêt retenue pour l'étude comptait 1001 écroués détenus pour une capacité d'accueil de 688 individus, sa surpopulation carcérale s'élevant ainsi à 145,5 %[1].

Comment donc la cour de promenade en maison d'arrêt est-elle un espace qui réunit et en même temps fait dialoguer différentes formes de violence ?

La prison, ou plutôt l'acte de restreindre un individu dans ses libertés par l'enfermement, génère une brutalité institutionnelle amenant à l'accroissement, voire à l'apparition nouvelle de violences sociales, c'est-à-dire importées par les détenus et le personnel pénitentiaire. Ainsi, la cour de promenade, dans son objectif de « faire passer le temps » *via* la possibilité qu'elle offre de pouvoir (ou non) se balader, est possiblement vecteur de la violence causée par l'institution, impactant par la suite les interactions qu'auront les individus au sein de cet espace. De par leur perception symbolique de la cour de promenade (et plus généralement de la prison), il y aurait donc pour les détenus un effet opportun à user de la violence, en vue du fait qu'ils aient connaissance de l'interaction que cherche à contraindre l'institution, notamment par la soumission des personnes incarcérées à une structure imposée dont les modalités sont strictes et clairement définies. En somme, la supposition résulterait dans l'idée que les détenus conçoivent les instants vécus dans les cours de promenade comme une extension de l'institution qui enferme, et non, au contraire, comme une activité mise à leur disposition pour leur permettre de se rencontrer « à l'extérieur ». Cette perception amènerait ces derniers à défier l'ordre institutionnel par la production de violence, aussi bien envers le personnel pénitentiaire que vis-à-vis de leurs codétenus. Plus largement, on pourrait penser qu'il s'agit pour les individus incarcérés de renverser les principes mêmes de l'utilité de la balade, ainsi que l'utilisation pensée d'un lieu comme celui de la cour de promenade. Cela leur permettrait d'y imposer un fonctionnement social nouveau, une conception tout autre des interactions, où

---

[1] « Statistique des établissements et des personnes écrouées en France au 1er décembre 2022 », *ministère de la Justice, Direction de l'Administration pénitentiaire (DAP),* p.30.

certaines normes communes pourraient être négligées aux dépens d'un ordre établi par les détenus eux-mêmes.

Pour aller plus loin, il fut pertinent, lors de l'élaboration du projet de recherche, de penser à l'intérêt d'une potentielle étude cette fois sous le prisme de l'incarcération en quartier femmes, auprès de détenues. Dans divers travaux, une distinction liée au genre en ce qui concerne les violences institutionnelles — amenant à une hiérarchisation et une organisation sociale spécifique, que l'institution tend à créer et à perpétuer — a pu être analysée au sein d'établissements pénitentiaires : « en détention homme, on parlera de violences infra-genre par lesquelles les hommes démontrent par l'homophobie le besoin de faire triompher une image fantasmée de la virilité », tandis que, « en détention femme, on parlera de violences inter-genre exercées par l'institution en tant qu'elle constitue un organe de pouvoir créé par et pour des hommes, infligé aux femmes par indifférence pour la portion congrue qu'elles représentent dans la population pénale »[1]. Dit autrement, une différence s'opère quant à la façon dont est reçue l'institution et l'ordre social qui y est rapidement établi entre les sujets la constituant ; il semble possible, par une recherche empirique fondée sur l'observation, de témoigner d'un traitement spécifique infligée aux femmes incarcérées, ainsi que des méthodes et dynamiques d'enfermement propres au sexe féminin[2]. La prison en tant qu'espace et source de violences, relativement différent selon le genre étudié, devrait donc avoir des répercussions sur les sujets qui sont à l'origine et/ou font l'objet de brutalités en son sein. En considérant l'institution comme ayant un impact sur les rapports entre individus, il serait probable d'analyser des causalités de violences différentes entre hommes et femmes, tout comme la nature de ces dernières, leur réception et gestion par l'administration pénitentiaire, mais aussi leurs conséquences, en vue de l'influence particulière de la prison selon le genre visé. S'il existe bel et bien « un cloisonnement sexué particulièrement fort au sein des prisons de femmes et [donc] par conséquent la constitution d'un entre-soi féminin plus exclusif »[3], cela devrait présenter des effets et conséquences relativement différentes entre le quotidien, plus généralement la vie, des détenus et détenues. Autrement dit, s'il est possible de constater des variations dans le traitement de la violence en fonction du sexe étudié, ce contraste devrait être tout aussi observable entre hommes et femmes dans un lieu clos comme celui de la cour de promenade, pourtant élaboré de la même manière entre les deux quartiers — en termes de règlement à suivre, consignes de sortie en promenade, méthodes d'intervention par le personnel pénitentiaire en cas d'incidents, constitution architecturale de la cour... Outre donc l'hypothèse selon laquelle un ordre

---

[1] Gaillard A., « Regard sur le genre et les violences en milieu carcéral », *Revue des droits de l'Homme* (n° 8), 2015.

[2] Rostaing C., « La non-mixité des établissements pénitentiaires et ses effets sur les conceptions de genre : une approche sociologique », *Enfermements. Volume III*, Collection Homme et Société, Éditions de la Sorbonne, 2017, pp. 33-52.

[3] Ibid.

particulier se construirait entre les individus au sein de cet espace (ces derniers en étant d'ailleurs à la source), une seconde idée suppose l'existence d'un fonctionnement social propre aux femmes détenues dans la cour de promenade, en comparaison avec les dynamiques que l'on pourrait retrouver en quartier hommes.

Du fait d'une variété de travaux de recherche sur la thématique de la violence en milieu carcéral, il n'est guère possible de dresser de ces derniers une liste exhaustive. Cependant, il convient de noter que les principaux appuis sur lesquels est fondée cette étude sont ceux tirés de *La violence carcérale en question*[1]. L'ouvrage rend possible la compréhension des différentes formes, causes, manifestations et conséquences de la violence en prison, tout comme les mesures de prévention et de gestion de celle-ci ; un fondement empirique tend également à rendre plus clairs les facteurs explicatifs des faits violents commis, à savoir les dynamiques de pouvoir entre individus et tensions sociales existantes, les conditions de vie spécifiques à l'incarcération mais permet aussi de concevoir l'institution comme étant l'une des sources au fondement de violences produites entre ses membres. En ce qui concerne désormais les recherches sur la cour de promenade, ces dernières sont peu nombreuses. Il semble cependant important de retenir que cette zone peut être appréhendée comme un espace de socialisation où se développe « l'entre-soi carcéral entre ses membres », ces derniers adoptant un langage verbal et corporel commun comme marqueur de reconnaissance[2] ; le sentiment d'occuper un espace qui leur est réservé, à l'abri d'une intervention quotidienne du personnel pénitentiaire (qui ne s'opère en cour de promenade qu'en cas d'urgence), leur permet de construire des rapports spécifiques entre eux. Cet apport est cependant nuancé par le fait que la donne semble pouvoir être toute autre : en vue de l'importance que lui portent ses membres, la cour de promenade peut tout aussi bien être un instrument de sanction dont usent les surveillants lorsque le comportement d'un détenu est jugé par ces derniers comme étant inadapté. Comme indirectement constaté, il n'a donc pas encore été question pour le moment d'étudier la violence en prison sous le prisme des dynamiques se jouant en cour de promenade ; là est ainsi l'une des principales contributions de ce papier de recherche. Ensuite, les travaux menés sur le sujet de la violence en quartier femmes permettent de mieux cerner la spécificité du contexte carcéral féminin, notamment avec l'ouvrage *La relation carcérale. Identités et rapports sociaux dans les prisons pour femmes* : en explorant les processus d'adaptation, mécanismes de solidarité, tensions et conflits propres au quartier femmes, l'auteure développe un raisonnement selon lequel la prison façonne les identités de celles qu'elle détient entre ses murs, les amenant à des contraintes particulières

[1] Chauvenet A., Rostaing C. et Orlic F., Op.cit.

[2] Jaspart A. et Solini L., *« Promenade » : De l'étude d'un quartier mineurs par sa cour*, Varia, 2016.

auxquelles elles se voient confrontées dans leurs interactions quotidiennes[1]. À préciser que les études en détention femmes sont également rares, en vue du fait que l'effectif de détenues soit minime par rapport au nombre d'hommes incarcérés, celles-ci ne représentant que 3,2 % de la population carcérale totale au 1er mai 2023[2] ; l'invisibilisation de cette proportion de femmes dans le domaine de la recherche a d'ailleurs été théorisée par une approche sociologique, afin d'en comprendre plus amplement le sens[3]. En somme, l'apport tangible du projet réside principalement dans la singularité d'une analyse de la violence au sein d'une zone particulière en maison d'arrêt, qui plus est par la conduite d'une enquête en détention pour femmes. D'ailleurs, il est à préciser que le non-recours à une comparaison entre masculin et féminin dans cette étude est justifiable de plusieurs manières : d'abord, par une contrainte-temps imposée pour la réalisation du mémoire, ne permettant pas de mener à bien une observation suffisante entre les cours de promenade de deux maisons d'arrêt. Également car les travaux sur le sujet de la violence, bien que nullement pensé à partir d'une étude de la cour de promenade, sont particulièrement développés sous l'angle de la détention hommes — ce qui peut tendre à favoriser exceptionnellement l'intérêt porté aux dynamiques retrouvées en quartier femmes. Enfin, en vue d'une connaissance scientifique déjà portée par certains travaux, mettant ainsi en évidence les disparités genrées de la prise en charge en milieu carcéral (comme précisé antérieurement), il peut sembler que la comparaison ne soit pas assez pertinente dans un projet de recherche de cette ampleur. Ce travail justifie donc l'intérêt d'une étude auprès de détenues, spécifiquement dans la cour de promenade, par l'argumentation développée précédemment ainsi que les potentiels apports à tirer du papier, comme mentionnés ci-dessus.

Afin de répondre à la problématique de recherche, par la vérification des suppositions avancées, une étude qualitative fut réalisée auprès de la maison d'arrêt pour femmes de Lyon-Corbas, aussi abrégée MAF. Il est à noter qu'un recours à la pseudonymisation des personnes rencontrées lors de l'enquête fut jugé préférable par l'auteure. Enfin, la MAF retenue pour l'étude ayant une supposée capacité d'accueil de 70 places, il a été possible de constater, à intervalle entre les deux observations réalisées, une hausse significative du nombre de personnes incarcérées au sein de l'établissement de Lyon-Corbas ; passant ainsi de 83 détenues incarcérées à 86 au total entre le 31 mars et le 14 avril 2023, sans y inclure 3 femmes en cours d'hospitalisation lors de cette période. Deux interventions furent donc réalisées à ces deux dates pour mener à bien l'enquête de

[1] Rostaing C., *La relation carcérale. Identités et rapports sociaux dans les prisons de femmes*, PUF, 1997.

[2] *Statistique des établissements et des personnes écrouées en France au 1er mai 2023*, Direction de l'Administration pénitentiaire, Bureau de la donnée (DAP/SDEX/EX3), ministère de la Justice.

[3] Rostaing C., « La non-mixité des établissements pénitentiaires et ses effets sur les conceptions de genre : une approche sociologique », *Enfermements. Volume III*, Collection Homme et Société, Éditions de la Sorbonne, Op.cit., pp. 33-52

terrain, associant dialogues avec des membres de l'administration pénitentiaire et observation ethnographique. Au total, trois entretiens semi-directifs ont été réalisés à l'aide d'une grille de questions prédéfinie. Leur retranscription s'est faite à partir de notes à la main, en vue de l'impossibilité d'enregistrer au sein de l'établissement. La première entrevue fut effectuée en groupe, auprès du responsable ainsi que de l'adjointe de la MAF, M. Moreau et Mme Alaoui (31 mars) ; le deuxième entretien fut mené en compagnie de Yasmine, surveillante pénitentiaire en détention femmes (14 avril) ; le dernier ayant été réalisé par échanges écrits auprès de Mme Martin, directrice stagiaire à la maison d'arrêt. Parallèlement, l'étude s'est vue enrichie par une observation ethnographique d'un total de 6 heures du terrain choisi ; les dynamiques de la cour de promenade en détention classique de la MAF furent ainsi examinées à partir de deux points d'observation, à savoir le sas donnant vers la cour et la salle de surveillance promenade réservée au personnel pénitentiaire — située au premier étage, permettant d'avoir une vue globale sur les détenues. Le lieu est composé en son centre d'un terrain de basket-ball et de sanitaires clos dans le coin gauche du fond. Chaque détenue a le droit à deux promenades, le matin et l'après-midi, d'une durée de 1h30 chacune, chaque jour. Les autres quartiers de la MAF de Lyon-Corbas (nurserie, quartiers disciplinaires et d'isolement) sont également dotés d'une cour qui leur est propre.

Dans un premier temps, la cour de promenade sera appréhendée comme un espace ayant pour vocation première de permettre à différents acteurs d'interagir (I) : du fait qu'un contact leur soit permis car facilité par une zone spécifique dédiée à leur rencontre, les détenues participent à une même vie sociale, où le recours à la violence est donc éventuellement envisagé par ces dernières en vue de la panoplie d'interactions dont elles peuvent user. Également vecteur du traitement spécifique imposé aux femmes incarcérées, cet espace offre un cadre propice à la mise en œuvre des méthodes d'encadrement particulières choisies par l'institution sur les sujets qui la composent (II) ; la vision du féminin en prison génère une forme de violence sociale dont les détenues sont la cible. Enfin, il s'agira d'analyser la cour de promenade comme une zone permettant aux femmes incarcérées d'exprimer leur résistance face à l'ordre institutionnel établi, notamment par l'occupation voire l'accaparement de l'espace (III).

I — La cour de promenade : Un espace de mise en relation des détenues, promoteur des interactions interindividuelles

1. Reproduction de l'espace social et nécessité d'encadrement

Comme énoncé précédemment, la cour de promenade, outre sa fonction évidente qui est celle de permettre aux détenues de « prendre l'air » — bien que celle-ci s'avère fortement limitée, ces dernières étant cloisonnées au sein d'une structure fermée et ce même lorsqu'elles sont dites « à l'extérieur » —, a pour objectif principal leur mise en contact. Précisément, il s'agit d'un environnement physique défini au sein duquel les individus interagissent, établissent des relations et de fait participent à des dynamiques sociales par la proximité qui leur est permise : il offre des opportunités de rencontre, d'échange et de partage. La cour de promenade peut ainsi être définie comme un espace social spécifiquement conçu dans le but de faciliter les interactions et de socialiser ses acteurs. En leur permettant de vivre collectivement par le biais d'un espace qui leur est dédié, les détenues se voient vraisemblablement participer à une vie sociale qu'elles ne connaissent pas (ou peu) lorsqu'elles sont seules (ou simplement par paire) en cellule. Autrement dit, c'est par la reproduction et la mise en place d'espaces sociaux à l'intérieur des murs de la prison qu'elles peuvent agir ensemble, envers ou avec les autres comme c'est ordinairement le cas en société dite « libre ». C'est donc à travers la panoplie d'interactions dont les détenues peuvent user que le conflit - soit l'essor d'un différend par une divergence d'intérêts/d'opinions, des différences de personnalité, une communication inefficace, un enjeu matériel ou encore par un ressentiment accumulé[1] - peut aboutir, amenant dans certains cas à une confrontation violente (de tout ordre) entre ces dernières. En ces faits, la mise en contact des détenues n'est permise par l'institution que dans certaines limites, fixées notamment selon les règles pénitentiaires européennes du *bon ordre* en détention[2]. Avant même d'ailleurs de penser à ses mesures d'intervention, l'administration se doit de prévenir les violences, interactions qui constitueraient ici un débordement à l'ordre établi en milieu carcéral[3]. Il y a donc violence de la part des détenues lorsque ces dernières décident de ne pas respecter les normes pénitentiaires en vigueur. Cette forme d'interactions dans la cour de promenade peut se traduire par des confrontations verbales (insultes notamment), des brutalités physiques ou encore des abus psychologiques (par le harcèlement)[4]. Outre d'ailleurs son caractère d'engrenage, il semble que la violence s'intensifie par l'ampleur qu'elle prend dans la relation conflictuelle entre les individus :

« S'il y a une violence en cour de promenade, c'est qu'il y avait déjà une querelle entre les deux personnes. Souvent ça a commencé la veille, ça s'insulte entre les cellules, ça se parle mal. » – *Yasmine*

Et s'il n'est guère possible d'identifier les profils de celles à l'origine d'actes violents, des causes globales sont tout de même observées par le personnel en charge de la surveillance en détention : les profils pénaux de femmes initialement violentes, en situation de dépendance (consommation de stupéfiants notamment)

---

[1] « Rivalités de groupes, clans, trafic, consommation de stupéfiants, jalousie (histoire d'amour et d'amitiés), situation pénale… » – *Mme Martin.*

[2] Règles pénitentiaires européennes, « Partie IV : Bon Ordre », *Editions du Conseil de l'Europe*, p. 24.

[3] « On a un affichage obligatoire dans la prison ; les détenues sont prévenues des risques de violence à leur entrée ; il y a aussi des numéros verts. Sinon, on encourage chacune à en parler pour prendre des décisions après. » – *Mme Alaoui.*

[4] « Les incidents violents sont quotidiens. Les violences sont physiques et verbales (également jet de nourriture, urine, excrément, gel douche…). » – *Mme Martin.*

ou encore atteintes de pathologies liées à la psyché sont généralement constatés comme tels[1]. Il paraîtrait également que les jeunes détenues soient plus enclines à faire acte de brutalité — idée soutenue par les surveillantes lors du constat fait de la dégradation du matériel dans les espaces communs en détention femmes[2]. En ce qui concerne les facteurs qui conduiraient une personne à être identifiée comme potentielle cible de violence, il semble qu'ils soient similaires à ceux défendus précédemment, bien que plus facilement décelables selon le personnel :

« Les victimes par contre c'est plus facile de les identifier : ce sont des profils vulnérables. Les observations régulières qu'on mène permettent de les déceler assez rapidement. Ça peut être lié au psyché, à la consommation de stupéfiants, au tempérament, à l'aspect physique » – *Mme Alaoui*

Il y a donc convergence entre les éléments qui feraient qu'une détenue soit susceptible de provoquer de la violence ou, au contraire, prédisposée à en être victime. Si l'on s'en tient aux discours tenus par les membres de l'administration pénitentiaire, ces facteurs semblent être similaires à ceux retrouvés auprès des hommes incarcérés[3]. Pourtant, il semble qu'une cause soit ajoutée par l'ensemble du personnel en détention femmes pour comprendre le déclenchement d'un conflit, à savoir l'aspect émotionnel des détenues dû à l'expression de leurs sentiments :

« La jalousie et la perversion sont généralement des causes évidentes de violences à la MAF. Contrairement à des situations de crise, les sentiments des unes et des autres ne se raisonnent pas. » – *Mme Alaoui*

Ici, il est possible de percevoir un phénomène social théorisé par la recherche qui tend à mettre en lumière le renversement d'un ordre de pratiques sexuelles normatives (retrouvé à l'extérieur des murs de la prison) : « les femmes détenues attestent qu'elles jouissent d'une indépendance entre elles quant à la capacité à aimer ou à pratiquer ce qu'elles veulent à l'abri des diktats de la norme hétérosexuelle ; l'homosexualité y est facilement vécue comme une pratique substitutive des rapprochements charnels devenus impossibles dans un univers monosexué »[4]. Il y a donc, comme facteur supplémentaire expliquant l'usage de la violence, celui qui émanerait des effets liés au modelage d'une sexualité nouvelle, à laquelle les détenues s'adonneraient. Les affects qui découlent de leurs relations intimes (par amitié ou amour) influenceraient les comportements qu'elles adoptent, amenant certaines à recourir à la brutalité. De fait, les actes de

---

[1] « Les femmes auteures de violences sont les profils pénaux violents initialement, les détenues toxicomanes également mais il n'y a pas de profil type, elles peuvent toutes être concernées par la violence. » – *Mme Martin.*

[2] « Il manque beaucoup d'appareils de la salle de musculation, comme vous pouvez le voir sur les places manquantes indiquées par des petites croix. Pas parce qu'ils s'abîment au fil du temps, mais parce qu'il est dégradé, souvent par les plus jeunes. Ce sont les jeunes qui sont les plus violentes. » – *Mme Alaoui.*

[3] Chauvenet A., Rostaing C. et Orlic F., Op.cit.

[4] Gaillard A., « Regard sur le genre et les violences en milieu carcéral », *Revue des droits de l'Homme* (n° 8), 2015.

violence entre détenues présentent des impacts sur les membres du personnel[1], en vue des difficultés rencontrées pour faire respecter l'ordre établi :

« On procède à beaucoup de séparations, mais on ne peut pas toujours tout observer. On effectue une fouille par jour pour chaque détenu. Le problème c'est qu'une violence en engendre une autre. C'est une histoire sans fin. » – *Mme Alaoui*

La cour de promenade, tenue loin de la portée des surveillantes qui ne peuvent y agir qu'en cas d'incidents importants, est ainsi appréhendée comme un espace où le contrôle par l'institution n'est pas total[2] ; la frustration peut également se retrouver entre membres du personnel, par le ressenti d'une gestion lacunaire des situations conflictuelles — observations infructueuses[3], loupé dans l'équipement des surveillantes[4], échec des manipulations techniques de l'individu violent[5]. Ce caractère impénétrable renforce auprès des détenues l'idée symbolique d'un lieu qui leur serait exclusivement réservé, au sein duquel elles auraient un champ d'action particulièrement libre, en contradiction avec l'idée même de la prison et de la peine d'enfermement. Cependant, il ne s'agit pas de considérer la relation entre femmes incarcérées et personnel pénitentiaire sous son aspect purement antagoniste : la violence et la gestion de celle-ci ne sauraient passer de façon linéaire entre ces sujets. Les rapports entretenus entre détenues et surveillantes sont également faits de négociation et de coopération pour permettre une adaptation des mesures prises en cas de brutalités commises :

Il faut toujours vouvoyer [la détenue] dans une situation de crise, où il faut de l'ascendant. C'est nécessaire d'adapter son comportement, son vocabulaire et sa gestuelle… En fait, il faut avoir une posture tout à fait neutre vis-à-vis d'elles, pour éviter les débordements. Dans des situations où je fais du cas par cas et que je reçois des détenues dans mon bureau, je peux me permettre de les tutoyer. Ça aide à avoir leur attention. On s'adapte au profil de la personne. – *Mme Alaoui*

---

1 « Les violences entraînent davantage de gestion à risques, une exposition plus importante à des risques hétéros agressifs, ce qui peut entraîner de la fatigue, des absences, voire des arrêts maladie. » – *Mme Martin.*

2 « J'interviendrais bien, mais on n'est pas assez. Il faut être plusieurs pour entrer dans la cour de promenade, et c'est seulement en cas d'incidents graves. C'est [la situation décrite] pas le plus important dans l'immédiat. » – *Mme Alaoui sur une détenue consommant du cannabis en cour de promenade.*

3 « Il y a zéro observation, on a un vrai souci de communication entre les membres du personnel. On aurait dû être tenu au courant de cette prise de bec. » – *M. Moreau.*

4 « Mais les gars refusent de s'équiper, ils me disent "pas besoin, pas besoin". Alors je les laisse faire, et voilà où on en arrive [en parlant d'un autre incident violent entre personnel/détenu]. » – *Surveillant du MAH.*

5 « Je vois qu'il y a trop de mauvaises habitudes. Elle me dit "je les pousse"... Ça veut dire qu'elle les surveille de loin. » – *Mme Alaoui sur la gestion des détenues par les surveillantes*

2. Revendication identitaire et formation de groupes au sein de la cour

Il y a, dans la notion d'espace social, un principe de distance qui séparerait les acteurs, positionnés selon leur dotation en capital : en vue de la convoitise par chacun des positions dominantes, il s'agirait alors d'un espace de luttes où chaque interaction traduirait ce besoin de distinction entre les individus[1]. La cour de promenade, en tant qu'environnement propice aux interactions entre détenues, permet à chacune de forger et de revendiquer son identité par un principe de différenciation sociale auprès d'autrui. Dit autrement, il s'agit du processus par lequel un individu cherche à affirmer ses caractéristiques propres (culturelles, ethniques, religieuses, sexuelles…) et sa biographie (histoire personnelle, expériences vécues) par leur reconnaissance et leur légitimation au sein d'un groupe particulier : « l'identité est ainsi la conscience sociale que l'individu a de lui-même, mais dans la mesure où sa relation aux autres confère à sa propre existence des qualités particulières »[2]. La revendication identitaire est d'ailleurs d'autant plus un enjeu de représentation au sein de la prison car elle est un moyen pour ses acteurs marginalisés, également sous-représentés en détention femmes, de faire valoir leur existence. Les raisons interpersonnelles sont diverses : les détenues peuvent chercher, par l'expression de leur identité, à reconstruire leur estime de soi (en vue du fait qu'elles soient souvent considérées sous le prisme du délit qu'elles ont commis[3]), à maintenir un sentiment d'appartenance à un groupe (cette nécessité résultant de la sensation d'isolement et de déconnexion sociale rencontrée depuis leur enfermement) pouvant déboucher sur des dynamiques communautaires et une certaine pression sociale (par un conformisme aux normes et attentes du groupe afin de faire valoir une identité, un statut et un territoire communs[4]), ou encore à établir leur position au sein des rapports de force et hiérarchies sociales imposées en cour de promenade[5]. L'espace social est donc marqué par le besoin de se distinguer socialement, ce qui peut favoriser la formation de groupes : il fut effectivement possible d'observer, lors de la première intervention au sein de l'établissement de Lyon-Corbas, un clivage entre détenues au sein de l'espace, notamment par une répartition spatiale qui semblait s'élaborer sur le positionnement de chacune autour d'une prise de partie à une affaire interne

---

[1] Jourdain A., Naulin S., « Chapitre 4. Théorie de l'espace social », in *La sociologie de Pierre Bourdieu*, Armand Colin, « Cursus », 2019, p. 99.

[2] Fischer G.-N., « Chapitre 7. L'identité sociale », in *Les concepts fondamentaux de la psychologie sociale*, Dunod, « Psycho Sup », 2020, p. 237.

[3] Réaction passive d'une détenue impliquée dans une affaire criminelle face au conflit engendré par une codétenue, pour maintenir un calme relatif et préserver son image en période d'examen judiciaire et de jugement. – *Observation, 31 mars.*

[4] Isolement physique d'un couple de deux détenues dans la cour, occupant le même espace lors de ma seconde intervention – *Observations, 31 mars et 14 avril.*

[5] « Celles qui ont du caractère font du trafic, mais elles ne ciblent pas les fortes, plutôt celles qui ont un faible tempérament. On a une aile plus calme que l'autre. Les plus embêtantes ne sont pas là pour le moment. » – *Yasmine.*

donnée. Plus précisément, elles se forment au sein de groupes élargis, par pair ou ont recours à l'isolement (et de fait marchent seules dans la cour). Cependant, bien que le processus de différenciation sociale pratiquée par chaque détenue s'opère généralement de façon passive par les discours, les actions ou encore les symboles distinctifs, il est parfois question d'une revendication identitaire – individuelle ou collective – par l'usage de la violence dans la cour de promenade. Le recours au conflit pour affirmer son identité sociale peut notamment s'expliquer par des dynamiques de rivalités et de compétitions au sein de l'espace pour des ressources limitées[1], des privilèges ou la reconnaissance d'un statut. Dans d'autres cas, la perception d'une menace peut conduire les détenues à réagir par des comportements violents, comme moyen de défense pour faire valoir leur pouvoir de protection[2]. Enfin, l'usage du conflit peut permettre à certaines détenues de construire leur identité sociale par antagonisme. En d'autres termes, un individu use parfois de la violence comme moyen de démarcation face au reste du groupe, afin de défendre symboliquement sa différenciation.

Ainsi, la cour de promenade, par son ambition de reproduction de l'espace social, permet de mettre physiquement en relation les détenues au sein d'un environnement commun afin qu'elles puissent interagir et donc participer à une vie collective, celle-ci s'avérant cependant encadrée par le contrôle de l'institution — lui-même limité par l'existence d'interactions interindividuelles à caractère violent. C'est notamment par la défense d'une identité sociale et par la formation de groupes sociaux que la cour de promenade est parfois encline à des conflictualités, voire à des actes de violence, entre les détenues. Cependant, les raisons de la brutalité au sein de cet espace ne peuvent être réduites comme émanant pleinement des choix faits (par les détenues elles-mêmes) d'user ou non de la violence : la cour de promenade est également un cadre permettant à l'institution d'imposer sa perception de la femme incarcérée, générant de fait une forme de violence symbolique à l'égard de cette dernière.

---

[1] « J'étais en promenade, je suis allée aux toilettes pour cacher un morceau de sh*t sous une serviette. En la soulevant, je me suis coupé la main et je saignais. Les autres détenues l'ont vu et ont dit que j'avais une lame. Tout le monde s'en est mêlé parce que la vieille Mme X avait essayé de voler mon sh*t dans les toilettes et je ne l'avais pas laissé faire. Je sais que vous m'avez entendue me vanter par la fenêtre d'avoir réussi à cacher ma lame. J'ai tout inventé pour faire peur à Mme X. » – *Compte rendu d'incident d'une détenue.*

[2] « Elle m'a menacée, elle m'a même obligée à écrire un courrier. Elle a dit sinon ça toucherait mon fils et moi. Elle a dit que c'est des gens qui s'en chargeront. [...] Je lui ai juste dit "va fumer ton joint ça te détendra". » – *Détenue à Mme Alaoui.*

II — Un cadre propice à l'application des méthodes d'encadrement : conception et gestion de la femme incarcérée par l'institution

1. Stigmatisation genrée de la détenue violente

Par sa mission de mise à l'écart *via* l'enfermement, la prison est objectivement considérée comme une institution violente en vue de la représentation faite de celles et ceux qu'elle tient entre ses murs[1]. Selon le délit commis, une personne incarcérée sera reçue, perçue et traitée différemment par l'institution[2]. Plus encore, il semblerait qu'un processus de stigmatisation par la prison elle-même tende à influer les méthodes d'encadrement spécifiques à la détention femmes : « la séparation des sexes contribue à produire des "organisations genrées", c'est-à-dire non neutres du point de vue des identités sexuées, s'appuyant sur des conceptions codifiées du masculin et du féminin, qu'elles contribuent à reproduire »[3]. Les femmes incarcérées, qui représenteraient dès lors une catégorie de détenus stéréotypés en raison de leur sexe, se verraient imposer des normes de genre préétablies auxquelles le milieu carcéral tenterait de les conformer. Différentes de celles retrouvées dans la société, la prison fait valoir (par un traitement spécifique des détenues) sa représentation des identités sexuées qu'elle a elle-même redessinée. La stigmatisation de la femme incarcérée serait en outre davantage marquée lorsqu'il s'agit de la considérer sous l'optique de ses comportements violents, qu'il s'agisse du délit commis ou de la conflictualité dont elle use dans ses rapports avec les autres, dans la cour de promenade notamment. Il ne faut cependant pas penser la conception du féminin comme unanime : bien qu'il y ait dans tous les cas stigmate, les stéréotypes de la femme incarcérée ne sont pas les mêmes au sein de l'ordre institutionnel. Certains membres de l'administration pénitentiaire rencontrés à la MAF, souvent celles et ceux exerçant des fonctions de direction, conçoivent les détenues comme particulièrement violentes dans les actes commis (qui expliqueraient de fait leur incarcération), plus encore que les hommes[4] ; il s'agirait cependant d'actions indépendantes, rarement mises en relation avec des facteurs externes. À l'inverse, pour les surveillantes pénitentiaires, les causes d'incarcération des femmes seraient davantage dues à des sources d'influence plus importantes :

« Il y [en] a beaucoup qui sont là à cause d'hommes, à cause d'une forme de soumission ou d'un *go fast*, par amour, et eux sont en liberté. Y a aussi des femmes qui se sont battues, dans le sens de défendues, pour elle ou un enfant, et

---

[1] Chauvenet A., Rostaing C. et Orlic F., Op.cit.

[2] Kaminski D., Op.cit., p. 463.

[3] Rostaing C., « La non-mixité des établissements pénitentiaires et ses effets sur les conceptions de genre : une approche sociologique », *Enfermements. Volume III*, Collection Homme et Société, Éditions de la Sorbonne, Op.cit., pp. 33-52.

[4] « Les hommes sont moins soutenants que les femmes. Aussi parce que les femmes sont souvent incarcérées pour des faits plus graves, ce qui crée des ruptures familiales nettes. » – *Mme Alaoui.*

c'est elles qui se retrouvent là pour des affaires de violences. Les femmes subissent plus que les hommes en prenant des responsabilités très jeunes, de femme et de mère. » – *Yasmine*

Cette catégorisation du féminin, par l'intériorisation de sa figure de femme et de mère, mais également la causalité faite de sa dépendance sentimentale à l'égard d'un homme, conduit à réduire la détenue à un rang de victime d'un tout plus grand, où ses actes sont inconscients car hors de sa portée de décider par et pour elle-même. Il y a néanmoins consensus sur les causes de violence engendrées au sein du milieu carcéral. Sous l'analyse des dynamiques en cour de promenade, les actes de brutalité interpersonnels sembleraient s'expliquer par le caractère sensible des femmes, en proie à des émotions et des sentiments qu'elles ne peuvent pas toujours contrôler, à la différence des stéréotypes faits du masculin :

« Il n'y a pas d'histoire d'amour chez les hommes.

– Oui, y a moins de jalousie.

– Un homme, le lendemain [d'un conflit], il s'excuse. Une femme, elle prévoit sa vengeance et t'écrit des courriers… Elle élabore son plan en dix-huit étapes. Elles sont chiantes les femmes, elles se plaignent tout le temps d'habitude. » – *Conversation entre Mme Alaoui et M. Moreau*

Parce qu'il est prévu un comportement particulier des femmes détenues selon la stigmatisation qui en est faite (souvent pensée par comparaison avec la perception du masculin), les méthodes d'encadrement de l'institution se verront adaptées, de manière générale ou qu'il s'agisse plus précisément des mesures prises en cas de violences dans un lieu comme la cour de promenade.

2. Face au féminin, ajustement de la prison et de son traitement institutionnel

En analysant la conception subjective de la femme incarcérée par l'institution, renforçant sa stigmatisation genrée et ce particulièrement au sein de la prison, il semble pertinent de comprendre les conséquences que ce processus peut engendrer dans la politique adoptée auprès des détenues. C'est effectivement par le principe d'étiquetage social que s'opère la soumission des personnes incarcérées à des formes de traitement inégalitaires entre hommes et femmes, infligées au moyen de mesures prises par le personnel pénitentiaire. Il est possible de parler dans ce cas-ci de violence symbolique car exercée par l'institution, entité dominante qui impose ses normes, valeurs et croyances au reste de la société par un processus de légitimation[1]. Comme vu précédemment, cette violence indirecte peut prendre la forme de discours par les membres de l'administration, mais s'observe également dans leurs pratiques de gestion des détenues conflictuelles en cour de promenade :

[1] Palheta U., Violence symbolique et résistances populaires. Retour sur les fondements théoriques d'une recherche, in *Penser les pratiques d'enseignement après/avec Bourdieu : quels héritages pour les jeunes chercheurs en éducation ?*, Varia, 2015.

Chez les hommes, lorsqu'il y a refus au quartier de détention on passe directement les menottes, ça prendrait trop de temps sinon, ils sont bien plus nombreux. Là [à la MAF], on a plus de temps pour discuter, rappeler les règles de l'établissement. On privilégie le dialogue, le calme. – *Mme Alaoui*

Comme indiqué, il existe avant tout une disparité de traitement évidente entre hommes et femmes en raison de la faible proportion que représentent les détenues dans la population carcérale ; étant donné leur nombre limité, il est plus envisageable pour les membres de l'administration d'ajuster les mesures prises à leur égard car davantage de temps leur est accordé. Mais ici, ce sont aussi les normes sociales ainsi que les attentes liées aux comportements féminins en matière de maîtrise de soi et de non-violence qui orientent les manières d'agir du personnel ; ce dernier semble de fait plus enclin à la résolution pacifique des conflits en favorisant l'apaisement, la discussion entre surveillantes et surveillées. Après, en ce qui concerne l'application des règles pénitentiaires formellement établies, censée être la même entre hommes et femmes, il semblerait que le recours aux sanctions alternatives soit davantage envisagé pour les détenues violentes en cour de promenade :

On pense davantage aux alternatives qu'au disciplinaire, aussi parce qu'on n'a pas beaucoup de place et plus de temps pour dialoguer avec les détenues. Notre politique privilégie le traitement des violences graves, donc surtout physiques ; les trafics sont importants aussi. On a des solutions privilégiées au cas par cas. On ne peut pas faire de généralités. – *Mme Alaoui*

C'est ainsi que l'institution peut décider de tenir les détenues « dites problématiques à distance [de la cour de promenade], sanction permise par la distribution des cellules, agencées de part et d'autre de la coursive »[1] ; il s'agit souvent de compromis trouvés avec les détenues elles-mêmes pour éviter de recourir à une procédure disciplinaire en interne de la prison[2]. Cependant, lorsque l'acte commis par la détenue est jugé trop important (selon l'ordre de grandeur donné aux infractions violentes[3]), les punitions institutionnelles qui s'ensuivent sont souvent appréhendées (par le personnel pénitentiaire) comme étant appliquées plus strictement qu'en détention hommes :

Lorsqu'il est question de violences (surtout physiques), le recours à la sanction disciplinaire est quasi automatique. Les femmes étant moins nombreuses que les hommes, le passage en commission de discipline est plus rapide et les réponses apportées aux fautes commises sont plus sévères (pas en ce qui concerne les violences mais par exemple pour la détention d'objets interdits), ce qui

---

[1] Jaspart A. et Solini L., Op.cit.

[2] « On sanctionne aussi plus informellement : il peut y avoir retrait de promenade, seulement sur l'accord de la détenue car ce n'est pas une mesure juridique légale, et en échange on lui évite la rédaction d'un compte rendu d'incident. » – *Mme Alaoui.*

[3] « Il y a une commission discipline où les rapports les plus graves sont traités et discutés pour prendre des mesures. On priorise les violences physiques et verbales envers le personnel, puis les violences physiques entre détenues. » – *Mme Alaoui.*

s'explique par le nombre conséquent d'incidents en détention chez les hommes et leur nombre plus important. – *Mme Martin*

Il y a donc paradoxe entre la volonté de recourir aux sanctions alternatives — lorsqu'une interaction violente entre détenues se produit — et l'application stricte des mesures disciplinaires selon la violence commise. Cette contradiction s'explique par plusieurs mécanismes sociaux : l'appréhension des comportements féminins peut être influencée par des stéréotypes de genre, comme vus précédemment, qui associent traditionnellement la violence à la masculinité. Par conséquent, le personnel pénitentiaire semble enclin à traiter la brutalité des femmes avec plus de calme. Cependant, lorsqu'un incident violent en vient à être considéré par les membres de l'administration comme une menace pour le maintien de l'ordre — en vue de sa gravité —, la sanction qui en découle est stricte ; cette volonté de dissuasion, qui passe par la ferme application des règles pénitentiaires, s'explique par les conceptions genrées de chacun(e) et de ce qui est attendu socialement du comportement féminin.

Ainsi, la violence symbolique exercée par l'institution auprès des détenues permet de mieux cerner les comportements individuels et les relations interpersonnelles : la conception stéréotypée des femmes incarcérées, entretenue par les membres de l'administration pénitentiaire, conduit à leur stigmatisation genrée. La réception sociale des actes de violence en prison est donc différente selon le sexe de l'individu. C'est en ces faits que la cour de promenade, en tant qu'espace social, est vectrice de la domination normative que l'institution tente d'imposer à ses sujets : un traitement différencié des actes commis en son sein a pour impact de construire l'identité de genre des détenues selon des attentes sociales particulières. Elles peuvent donc être amenées à s'y conformer ou, au contraire, choisir de résister face au processus de stigmatisation dont elles sont victimes. Cette désobéissance des détenues à l'égard de l'institution peut de nouveau être observée du point de vue des dynamiques sociales dans les cours de promenade.

III – Appropriation de la cour de promenade par les détenus : Mode de résistance face à l'institution

1. Affirmation de soi au dépend de l'autorité institutionnelle

D'après une recherche empirique sur le sujet, le conflit en détention se produit car il est alimenté par une volonté des personnes incarcérées à contester les règles de l'institution[1]. Afin de renverser les codes sociaux que l'ordre s'emploie à leur imposer (par le biais de ses agents), certaines détenues peuvent avoir tendance à adopter des attitudes inverses, dirigées notamment contre la représentation physique qu'elles ont de l'institution, à savoir le personnel pénitentiaire. Par refus de se conformer aux attentes et aux stéréotypes de genre prescrits, ces dernières

[1] Mathieu L., Compte rendu de : Rostaing Corinne. La relation carcérale : identités et rapports sociaux dans les prisons pour femmes, *Revue française de sociologie*, 1998, pp. 799-803.

cherchent à échapper à la catégorisation simpliste de leurs attitudes en optant pour des comportements étiquetés comme déviants, c'est-à-dire qui tendent à s'écarter de la norme sociale[1]. Le recours au conflit, voire à la violence, est de fait explicable dans le sens où ce type d'interaction peut être conçu par les détenues comme un moyen radical et efficace pour préserver leur identité auprès de l'institution. Afin de transgresser ces normes, autrement dit pour s'écarter des conventions sociales en matière de genre, elles font notamment usage de comportements hypersexualisés, marqués par ce qui serait socialement attribué au masculin. De nouveau, la cour de promenade est un terrain propice à l'exercice des formes de contestations rencontrées ; les détenues se servent (de manière consciente ou non) de la stigmatisation institutionnelle pour générer des interactions conflictuelles. Cette désobéissance à l'ordre établi se traduit généralement par des attitudes disruptives telles que le refus d'obéissance ou la défiance à l'autorité[2]. Parfois même, des actes de violence physique peuvent être directement orientés à l'égard des surveillantes[3]. À noter que ce phénomène est aussi observable en détention hommes et présente donc également un enjeu pour les surveillants[4]. Enfin, outre les normes sociales imposées par l'institution, d'autres facteurs externes liés au milieu carcéral sont à prendre en compte concernant l'incitation à la violence des détenues sur le personnel. La surpopulation en détention notamment est une source de frustration, aussi bien pour les surveillantes que les surveillées, et engendre donc des conséquences internes au sein de la prison[5].

2. Formation d'un ordre social nouveau, par l'occupation de l'espace

Autrement que par la simple volonté individuelle de contester les règles institutionnelles, les détenues peuvent chercher à redéfinir ces dernières[6]. Pour se faire, il semble qu'une forme de résistance symbolique s'opère à l'égard de l'ordre établi par une dynamique de cohésion sociale. Il s'agit plus exactement de l'état de solidarité au sein d'un groupe donné, fondé sur des liens sociaux, normes

[1] Riutort P., « Contrôle social, normes et déviance. Respecter ou enfreindre la règle ? », dans : *Premières leçons de sociologie*, Paris, Presses universitaires de France, 2013.

[2] « J'ai eu mon rendez-vous, théoriquement je dois ressortir. » – *Refus d'une détenue de remonter en cellule au niveau du sas promenade.*

[3] « Une voulait nous tuer encore récemment. Elle a essayé dans le sas de promenade. On a tapé l'alarme, mais ce n'est que quatre minutes après que le renfort est venu nous aider. Quatre minutes, c'est un record. Ce sont des hommes qui sont venus en renfort. » – *Mme Alaoui.*

[4] « Mais les gars refusent de s'équiper, ils me disent "pas besoin, pas besoin". Alors je les laisse faire, et voilà où on en arrive [évoque un incident violent détenu/surveillant. » – *Conversation entre surveillant(e)s pénitentiaires au Mess.*

[5] « On est montée [effectif] avec des profils psychologiques et quelques-uns liés au terrorisme, donc 3 en plus, de 83 à 86. Plus celles qui sont hospitalisées actuellement, on est autour des 89 détenues [pour une capacité d'accueil de 70 places]. Et pourtant on a 3 sorties… Et la semaine prochaine, on a l'arrivée d'un nouveau-né prématuré. » – *Mme Alaoui.*

[6] Mathieu L., Compte-rendu de Rostaing Corinne. La relation carcérale : identités et rapports sociaux dans les prisons pour femmes, *Revue française de sociologie*, 1998, pp. 799-803.

communes ainsi que des valeurs partagées, permettant aux individus de fonder leurs relations sur un sentiment de coopération voire d'appartenance[1]. Il y aurait ainsi l'expression d'une résistance commune des personnes incarcérées face à l'autorité de l'institution, quelles que soient les raisons individuelles de chacune, afin de résister à l'ordre coercitif auquel elles sont toutes soumises. Cette cohésion est avant tout discernable dans le soutien que les détenues ont entre elles lorsque la représentation de l'ordre (soit les membres du personnel) s'immisce dans leurs interactions :

Une détenue est interpellée via le microphone pour sortir de promenade. Elle a levé les mains en l'air et a dit vers les cellules de celles à qui elle s'adressait : « on m'a dit de sortir ! » Elle s'est ensuite cachée derrière le panier de basket-ball où elle a de nouveau été interpellée par une surveillante. La détenue derrière laquelle elle se cachait a alors crié : « elle est rentrée déjà ! » Elle a fini par rentrer en cellule après avoir ri avec la détenue qui l'a couverte. – *Observation, 14 avril*

Plus encore, pour manifester leur ressentiment face à la situation de détention dans laquelle elles se trouvent, les détenues s'approprient les espaces communs du milieu carcéral, tels que la cour de promenade. D'abord, par une occupation stratégique de l'espace, que les surveillantes ne sont pas toujours à même de comprendre et ce malgré la procédure d'observation qu'elles y mènent[2]. Ensuite, par une transgression des règles pénitentiaires formellement établies. Il est entre autres possible de mentionner spécifiquement la consommation par les détenues de substances illicites dans la cour de promenade[3], rendue possible par le trafic interne à la prison qui s'opère entre autres par le biais des sanitaires de ce même espace. Les personnes incarcérées connaissent donc avec détail l'agencement de la cour, également ses manquements (angles morts pour la surveillance) et de fait orientent leurs comportements selon des stratégies spatiales. Ces mécanismes permettent de témoigner de l'occupation réfléchie et minutieuse d'un espace comme celui de la cour de promenade, qui plus est ayant la spécificité d'être tenu à l'écart de l'intervention des surveillantes (si ce n'est en ultime recours) : elles imposent à leur tour des normes et comportements - que l'institution qualifierait de déviants - comme admissibles et hors d'atteinte.

En réponse donc aux contraintes normatives – en matière de genre – dictées par l'institution, les détenues font usage de modes de résistance afin de faire valoir leur identité propre. Pour manifester leur refus d'obéissance et une certaine forme

[1] Avenel C., « La "cohésion sociale" : de quoi parle-t-on ? Clarifier le concept pour consolider un nouveau modèle d'action », dans : Jean-Yves Guéguen éd., *L'année de l'action sociale 2015. Objectif autonomie*. Dunod, « Hors collection », 2014, pp. 119-136.

[2] « Ce que je n'ai jamais compris en cour de promenade, c'est pourquoi les détenues tournent toujours dans le sens inverse des aiguilles d'une montre, jamais le contraire. C'est pareil chez les hommes. » – *Yasmine.*

[3] Une femme, du côté avant-droit de la cour de promenade, consommait du cannabis entre les jambes de sa camarade pour ne pas être vue (angle mort pour la surveillance). – *Observation, 31 mars.*

de défiance à l'autorité, elles peuvent adopter des comportements perturbateurs, menant alors à des interactions conflictuelles, parfois violentes, avec les membres du personnel pénitentiaire. Plus encore, à partir d'une dynamique de cohésion sociale, les femmes incarcérées cherchent à transgresser les règles institutionnelles, en s'appropriant notamment les espaces communs de la prison qui sont mis à leur disposition ; la résistance symbolique de leur coopération passe ainsi par l'usage de comportements ordinairement étiquetés par autrui comme étant déviants.

Conclusion

À travers sa reproduction de l'espace social, la cour de promenade réunit et fait dialoguer différentes formes de violence employées par un ensemble d'acteurs divers. Il existe une corrélation inéluctable entre ces dernières : les comportements interpersonnels à caractère conflictuel, la violence symbolique exercée par l'institution ainsi que les modes de résistance face à l'autorité présentent des dynamiques d'interdépendance dont l'analyse est essentielle à leur compréhension. Les interactions violentes entre détenues au sein d'une zone où la vie sociale y est privilégiée expliquent une gestion particulière des conflits par le personnel pénitentiaire : celle-ci s'opère selon une logique normative (faite de normes et d'attentes sociales) qui oriente les décisions des individus à partir de la représentation qu'ils se font du féminin et plus précisément de la femme incarcérée. Le traitement stigmatisé infligé aux détenues peut conduire certaines à des modes de résistance face à l'ordre établi, afin d'échapper à la catégorisation genrée de leurs comportements, et ce notamment par l'appropriation des espaces en milieu carcéral. Par sa fonction de mise en relation, la cour de promenade tend à favoriser les interactions entre individus, pouvant parfois conduire ces derniers à user de la violence. Elle est également un espace où l'autorité coercitive impose ses normes sociales, notamment sa conception du féminin en prison et de fait les mesures spécifiques qui doivent être prises à son égard. Si la politique institutionnelle se voit contestée, la cour de promenade peut être appropriée par les détenues pour tenter d'y faire appliquer des principes ordinairement qualifiés de déviants.

Afin de développer les apports de recherche sur le sujet, il paraît pertinent de s'intéresser à la spécificité de chaque espace social (du milieu carcéral) dans l'expression des différentes formes de violence abordées précédemment. Autrement dit, étudier de manière complémentaire des lieux tels que la cour de promenade, le parloir ou encore les salles dédiées aux activités pourrait permettre de discerner les particularités que chacun de ses environnements offre — par leur mise en relation d'une pluralité d'acteurs. Enfin, en vue des contraintes liées à la réalisation de ce travail de recherche, n'ayant de fait permis d'y recourir, l'apport de témoignages de détenu(e)s aurait également pu être apprécié.

Chapitre V
Les structures d'accompagnement vers la sortie (SAS) : une révolution pénitentiaire engagée ?

Section 1. La SAS de Poitiers. Un modèle de réintégration et de resocialisation des détenus à la société

(Pauline CHATAIL-RIGOLLEAU, titulaire du Bachelor de Sciences Po Grenoble et étudiante à Sciences po Paris, master Politique publiques – spécialité sécurité/défense)

La structure d'accompagnement vers la sortie (SAS) de Poitiers propose un cas d'étude intéressant de l'application et de la mise en œuvre concrète de la philosophie des SAS. La structure, ouverte depuis juillet 2020, a une capacité de 70 places, réparties entre semi-liberté ou placement extérieur (30 places) et sassistes (40 places), dont le reliquat de peine est inférieur à deux ans. La SAS de Poitiers accueille d'autre part un public mixte, puisqu'on y trouve un quartier femmes d'une capacité de 5 places. L'établissement est situé en ville, à l'emplacement de l'ancienne prison de la Pierre-levée, qui est devenue dès 2012 un centre de semi-liberté.

Appréhender la structure de Poitiers invite à engager une réflexion sur les ambitions et la philosophie des SAS, notamment autour du sens qu'on accorde à la peine et de la lutte contre la récidive. La structure projette un nouvel idéal type : elle ne se pense ni comme un quartier de désencombrement des maisons d'arrêt ni comme un simple quartier de préparation à la sortie (QPS). Au contraire, elle projette un réel objectif de réintégration et re-socialisation de l'individu à la société. Il est donc intéressant de se questionner sur les implications pratiques de cette nouvelle philosophie de l'enfermement. Comment cette stratégie est-elle mise en œuvre, quels acteurs implique-t-elle et quelles leçons peut-on en tirer en termes de sens donné à la peine et d'accompagnement vers la sortie du public carcéral ? Comment la SAS de Poitiers appréhende-t-elle la re-socialisation des détenus et leur réadaptation à la société ?

Dans le cadre de ce travail de recherche, quatre entretiens semi-directifs à distance ont été réalisés avec des acteurs liés au fonctionnement et à la mise en œuvre du projet SAS : la Cheffe d'établissement du Centre pénitentiaire de Poitiers Vivonne, Karine Lagier, qui a porté le projet de SAS sur Poitiers, le directeur adjoint stagiaire du Centre pénitentiaire de Poitiers-Vivonne, Romain Granies, et qui gère notamment la direction de la SAS, la Directrice pénitentiaire d'insertion et de probation du SPIP de la Vienne (antenne de Poitiers) Coralie Charron, et le Sous-directeur du pilotage et du soutien des services au sein de l'administration pénitentiaire, Edouard Thieblemont. Une visite de la SAS de Poitiers a également été réalisée le jeudi 20 avril 2022 entre 10h et 13h, qui a également été le temps d'entretiens informels avec différents agents du personnel administratif, de l'Unité sanitaire et des surveillants de la structure.

Nous analyserons tout d'abord la mise en œuvre d'un accompagnement spécialisé et soutenu (partie 1), qui implique des acteurs et des champs de compétence divers. Puis, nous appréhenderons l'effectivité de la réalisation d'un régime d'autonomisation et de responsabilisation (partie 2), axé sur la mise en œuvre d'un projet de réinsertion motivé et soutenu par la fréquence et la diversité des interactions sociales. Enfin nous engagerons une réflexion sur l'implication du modèle des SAS dans la conception de l'environnement carcéral (partie 3), notamment au regard de l'interaction dedans-dehors et l'intégration de la structure à l'environnement urbain.

I – La mise en œuvre d'un accompagnement spécialisé

L'accompagnement des personnes détenues est au cœur du projet SAS. En effet selon la doctrine SAS : « la prise en charge renforcée et individualisée au sein de ces structures doit permettre à ce public de mieux préparer leur sortie de détention dans l'objectif de prévenir le risque de récidive »[1]. Cet accompagnement renforcé est d'autant plus important au regard du public accueilli au sein de la SAS, dont la sélection repose notamment sur un « besoin d'accompagnement soutenu » puisque ce sont « des personnes peu mobilisées sur leur projet de sortie et/ou qui ne disposent pas de ressources propres suffisantes (...) alors que les problématiques identifiées par le SPIP requièrent l'intervention soutenue d'un tiers (Exemple : problématiques addictives, accès aux droits sociaux) »[2].

L'accompagnement mis en place au sein de la SAS implique ainsi une diversité d'acteurs qui travaillent en collaboration et s'étend sur des champs distincts (allant de l'accompagnement à la réinsertion professionnelle, au réapprentissage des codes de la société en passant par un soutien psychologique ou suivi addictologique des personnes).

1.1. Un accompagnement collaboratif et collectif, pensé autour d'une équipe SAS

Les entretiens réalisés dans le cadre de ce travail ont mis en évidence une dimension collective et collaborative de l'accompagnement des détenus, qui s'exprime concrètement par la constitution d'une véritable équipe SAS, organisant et pilotant la réintégration de l'individu à la société. Les acteurs mobilisés englobent les conseillers pénitentiaires d'insertion et de probation (CPIP), les surveillants, les personnels de santé de l'US (Unité Sanitaire), les éducateurs, le professeur de sport ainsi que les partenaires extérieurs (notamment dans le cadre

---

[1] Direction de l'Administration pénitentiaire, *Doctrine relative aux structures d'accompagnement vers la sortie (SAS)*, 2021.

[2] Ibid.

des organismes sociaux et associatifs), et travaillent en collaboration et en parallèle à l'organisation d'activités.

Les surveillants sont ainsi présentés comme des acteurs centraux de l'accompagnement vers la resocialisation et la réintégration des détenus : ils « observent en permanence les détenus, ils les connaissent bien »[1]. Cette vision s'inscrit dans une politique de revalorisation du métier de surveillant menée depuis 2018 et portée par la Direction de l'Administration Pénitentiaire. Celle-ci s'accompagne d'une « refonte du modèle sécuritaire, (où) la mission institutionnelle de garde serait donc articulée à celle de réinsertion des personnes détenues » et dans laquelle « le maintien de l'ordre interne serait exercé de telle manière qu'il permettrait également de donner du sens à la peine d'emprisonnement »[2]. À la SAS de Poitiers, le profil des surveillants a notamment été adapté à ces nouvelles ambitions : « chaque surveillant doit porter une activité sportive, culturelle ou de loisir, être capable d'accompagner un détenu en permission »[3]. Le surveillant entretient d'autre part avec les détenus une relation de proximité, qui vise à « mettre en évidence les évolutions de comportement, de les évaluer, et surtout de s'installer pour les personnes détenues comme un référent moral »[4]. Le recrutement des surveillants traduit par ailleurs ce changement d'appréciation de leur fonction : sont privilégiées les personnes sensibilisées aux objectifs du projet SAS, ayant déjà l'expérience de quartiers spécifiques (comme les régimes « Respecto » ou quartiers arrivants qui mobilisent leur capacité d'évaluation) et qui sont investis dans le milieu associatif, sportif ou culturel, afin qu'ils soient force de proposition pour organiser des activités au sein de la structure. Les surveillants participent également à l'accompagnement à la réinsertion du détenu au travers de leurs interactions fréquentes avec un autre acteur central, les conseillers pénitentiaires d'insertion et de probation (par une politique de binomage CPIP-surveillant).

Les CPIP jouent un rôle central dans l'évaluation de la personne détenue, dans la définition du parcours de détention à la SAS adapté ainsi que dans la définition et réalisation du projet de réinsertion. Ils mettent en œuvre « une évaluation très poussée, très structurée (...) pour pouvoir évaluer et adapter le programme d'insertion au public et à ses besoins »[5]. Actuellement, deux CPIP sont affectés exclusivement sur la SAS, ce qui traduit cette volonté de mettre en œuvre une prise en charge personnalisée, et sont chargés chacun de 25 détenus (environ 15 semi-libres ou placement extérieur et 10 sassistes). En effet, les dossiers SAS sont très chronophages, puisqu'ils nécessitent des entretiens longs et réguliers :

[1] Entretien à distance avec K. Lagier, 21/03/2022, 15h30-16 h30.
2 Icard V., Vers une conciliation entre sécurité et droit en prison ? Questionner la sécurité dynamique, *Déviance et société*, 2016/4 (Vol.40), pp. 433-456.
[3] Entretien à distance avec K. Lagier, Op.cit.
[4] Entretien à distance avec R. Granies, 28/04/2022, 9h30-11 h30.
[5] Entretien à distance avec K. Lagier, Op.cit.

« l'objectif est qu'il y ait un accompagnement individualisé et soutenu de ce public-là »[1].

La prise en charge et l'accompagnement du détenu dans la SAS sont le fait d'une diversité d'acteurs et se conçoivent comme un processus, un parcours progressif. Tout d'abord, une phase d'évaluation de 4 à 6 semaines se met en place à l'arrivée du détenu dans la SAS. L'évaluation est réalisée par différents intervenants : leur CPIP attitré, la psychologue, l'éducatrice spécialisée, l'Unité sanitaire et les surveillants. Cette phase est ponctuée d'ateliers collectifs avec des intervenants extérieurs, principalement orientés autour de l'insertion professionnelle (comme pôle emploi ou la mission locale). Les sassistes rencontrent également un conseiller mobilité, des assistantes sociales. Ils choisissent un atelier de découverte (par exemple sur la médiation animale, la peinture, le théâtre, la musique, le jardin ou autour de la citoyenneté). Il s'agit d'une phase qui permet à la fois de « les observer, les évaluer et en même temps leur donner toute l'information dont ils auront besoin »[2] pour préparer leur réinsertion à la vie extérieure. Cette première étape est suivie d'un temps d'échange sur la personne et de définition des axes de travail. C'est dans ce cadre qu'une ordonnance cadre va être proposée à la juge d'application des peines, permettant l'octroi de 30 permissions de sortie aux sassistes sous accord du SPIP et qui seront utilisées autour des axes de travail identifiés lors de la phase d'évaluation.

1.2. Un accompagnement qui recouvre une pluralité de domaines

L'accompagnement proposé à la SAS est pluriel, puisqu'il est à la fois professionnel, social, psychologique et médical.

Les conseillers pénitentiaires d'insertion et de probation (CPIP) coordonnent les diverses dimensions de l'accompagnement vers la réhabilitation des personnes détenues. Le rôle du conseiller pénitentiaire est déterminant lorsqu'on prépare la sortie et qu'on veut limiter la récidive : « il identifie les risques et essaie de les désamorcer en travaillant dessus »[3]. Les CPIP sont formés sur l'entretien motivationnel, afin de travailler sur la dynamique de changement. Ils sont chargés de proposer au sassiste un accompagnement adapté à leur évaluation, en « orientant le détenu à travailler davantage sur ses compétences sociales, sur l'insertion professionnelle, sur l'obtention de son permis de conduire, sur l'intégration de la loi »[4].

Ensuite, penser la réinsertion et la réhabilitation sociale passe nécessairement par une prise en compte du médical (Vasseur, 2012). L'implantation du SAS de Poitiers s'est accompagnée de l'aménagement à l'intérieur de l'établissement d'une unité sanitaire. Le programme développé par l'Unité Sanitaire (US) est

---

[1] Entretien à distance avec C. Charron, 13/05/2022, 10h30-12 h00.
[2] Ibid.
[3] Ibid.
[4] Ibid.

centré autour de la réhabilitation psychosociale, donc très adapté au public sassiste. L'objectif est « l'insertion dans la société des personnes atteintes de troubles psychiques sévères et leur rétablissement »[1]. L'accompagnement proposé par l'US s'inscrit dans les approches capacitaires, c'est-à-dire cherchant à renforcer les compétences et le pouvoir d'agir des personnes. L'unité sanitaire de la SAS de Poitiers est composée d'une assistance sociale, de deux infirmiers, d'un ergothérapeute et d'un psychomotricien à plein temps. Elle accueille également à mi-temps un neuropsychologue, un psychiatre et un cadre de santé (souvent un infirmier qui s'occupe de l'organisation des soins et du travail de l'équipe), ainsi qu'un médecin généraliste mais qui intervient en équivalent 0,3 temps plein. Elle propose une prise en charge somatique, de psychiatrie générale ainsi que pour les problématiques addictives.

1.3. Évaluer la qualité de l'accompagnement : une réflexion sur les critères de petite taille et de spécialisation portés par Rescaled

Les conditions de détention traduisent une volonté d'autonomisation et de rupture avec la détention classique. La SAS de Poitiers offre à cet égard une piste de réflexion sur le critère de petite taille, une des trois pistes de réflexion mobilisées par Rescaled pour penser les maisons de détention. L'établissement peut accueillir jusqu'à 70 détenus, une « taille humaine », selon la Cheffe d'établissement du Centre pénitentiaire de Poitiers Vivonne Karine Lagier, bien que la structure n'en accueillait, au 13 mai 2022, que 50 (dont 23 sassistes). La SAS correspond donc bien à un modèle de petite structure, comme appréhendé par Rescaled, et permet de rendre compte et d'évaluer les bénéfices d'une telle configuration. Les entretiens réalisés dans le cadre de ce travail de recherche s'accordent sur les atouts de la petite taille : « une meilleure connaissance de la population pénale, (...) un esprit d'équipe entre les agents, puisqu'ils sont souvent en contact les uns avec les autres, (...) également une plus grande proximité avec l'encadrement, et enfin une facilité de mise en place de certains projets en termes de rapidité, car il y a moins d'intermédiaires »[2], bien que les grosses structures aient l'avantage d'une force de travail et d'une capacité de mobilisation du public carcéral plus importante qui peut potentiellement attirer davantage de partenaires extérieurs.

La petite taille permet, d'autre part, des relations de pro-sociabilisation et de réintégration entre les détenus : elle facilite l'adhésion dans le cadre des activités, et permet un "effet d'entraînement". La taille de la structure joue également un rôle déterminant dans la cohésion entre détenus, notamment lors des événements de vie (comme le décès d'un proche, comme cela a été le cas en février 2022 à la SAS), où on observe des dynamiques positives de soutien entre les détenus[3].

[1] Entretien à distance avec K. Lagier, Op.cit.
[2] Entretien à distance avec R. Granies, Op.cit.
[3] Ibid.

Toutefois, pour appréhender la question de la taille adéquate des structures d'accompagnement vers la sortie, il faut dépasser un raisonnement en termes purement numériques. La petite taille n'est rien sans un ratio d'accompagnement adapté, que ce soit tant au niveau des CPIP que des surveillants. La comparaison de la SAS avec le centre pénitentiaire de Poitiers Vivonne est frappante : à la SAS évoluent en permanence 4 surveillants pour potentiellement 70 détenus (avec un effectif de 50 en mai 2022), alors qu'à Vivonne pour le même nombre de détenus on ne compte qu'un surveillant. De même, il y a 2 CPIP, acteurs centraux de l'accompagnement vers la sortie des détenus, affectés à la SAS pour 70 détenus, alors qu'à Vivonne le ratio est plutôt d'un CPIP pour 120 dossiers en milieu fermé.

Un raisonnement en termes de ratio d'accompagnement permet d'envisager la détention d'un point de vue qualitatif. Ce travail d'accompagnement individualisé est d'autant plus important dans des structures comme la SAS de Poitiers, car le public auquel on s'adresse est difficile et présente une dangerosité sociale (notamment un risque de récidive important).

D'autre part, la qualité de l'accompagnement dépend également du temps de détention. Dans le cadre des SAS, le critère qui s'applique est un reliquat de peine inférieure à 2 ans. Ce dernier mobilise le second prisme d'analyse de Rescaled, la spécialisation, ici pensée en termes de temps de détention restant à effectuer. Or, ce qui ressort de l'expérience de la SAS de Poitiers c'est que la durée de prise en charge influence directement la qualité de l'accompagnement, et donc l'effectivité de la réintégration et resocialisation de l'individu à la société. Les entretiens réalisés auprès de Romain Granies (direction du SAS) et Coralie Charron (Directrice pénitentiaire d'insertion et de probation) mettent en évidence que l'affectation de personnes avec un reliquat de peine de moins de 6 mois complique la prise en charge du public et ne permet pas de mettre en place la progressivité du parcours. L'enjeu est déterminant : sélectionner des détenus avec des reliquats de peine supérieurs permet à l'équipe SAS (au CPIP, à l'US et aux agents) de « mettre en place des activités (...), de pouvoir observer les personnes détenues, d'avoir un temps suffisant pour les évaluer et les accompagner »[1], même s'il est également important de noter qu'un temps de détention trop important à la SAS nuit à l'efficacité du dispositif et peut même freiner l'adhésion du détenu.

Toujours en termes de spécialisation, la SAS accueille un public avec des profils différents, avec les sassistes issus de maison d'arrêt, qui sont « plus jeunes, immatures et moins autonomes dans leurs démarches » et ceux de centre de détention, qui correspondent à des « personnes plus posées, un peu plus âgées et avec des projets de réinsertion plus lourds en raison de l'importance de leur durée d'incarcération »[2]. L'accompagnement développé à la SAS doit nécessairement s'adapter à la pluralité des profils.

---

[1] Ibid.
[2] Ibid.

Ainsi, évaluer la qualité de l'accompagnement mis en œuvre dans la SAS suppose une réflexion sur la petite taille, la disponibilité des acteurs encadrant cette réinsertion et la spécialisation dans la sélection des profils et la stratégie de resocialisation portée par rapport aux détenus.

Ainsi, la resocialisation et la réadaptation des individus à la société s'opèrent tout d'abord au travers d'un accompagnement soutenu et individualisé auprès du sassiste. Elle implique une pluralité d'acteurs, qui travaillent en collaboration à proposer des ateliers et un parcours de réinsertion adapté au détenu. L'accompagnement est pluriel et englobe tant la vie sociale, la professionnalisation que le médical, et il est orienté vers la recherche d'une prise en charge effective et individualisée.

II – Un régime d'autonomisation et de responsabilisation

La mise en œuvre de la réintégration des individus à la société passe par un régime de responsabilisation et d'autonomisation. Les détenus sont mis au cœur de leur parcours de réinsertion, par la valorisation de la motivation personnelle et la mise en œuvre d'un projet de réinsertion motivé. Cette autonomisation est d'autre part accompagnée, encadrée et soutenue par le développement de liens sociaux forts (notamment entre détenus, et auprès de leur famille). Toutefois, il est nécessaire d'engager une réflexion critique sur les obstacles à la mise en œuvre de cette réinsertion autonome des détenus.

2.1. Mettre le détenu au cœur de sa réinsertion

Le projet de réinsertion et de resocialisation porté par les structures d'accompagnement vers la sortie s'inscrit dans une optique d'autonomisation et de responsabilisation des détenus. Ces derniers sont pensés comme acteurs centraux de leur réintégration dans les valeurs de la société. Ainsi, la sélection des sassistes est déterminante et repose sur la motivation et l'adhésion au programme de prise en charge. Ils doivent montrer leur capacité à « s'investir dans les activités, dans leur réinsertion et dans leur parcours thérapeutique »[1]. Une implication forte du détenu est demandée par les agents, et si un détenu intègre le SAS, mais ne respecte pas la logique de la structure, reste isolé et ne travaille pas sa réinsertion, alors un retour sur Vivonne peut être envisagé.

Les sassistes doivent porter un projet de réinsertion motivé, qui sera mis en œuvre avec l'accompagnement du CPIP, qui coordonne l'autonomisation du détenu dans ses démarches. Cette autonomisation passe par la socialisation, l'apprentissage ou le réapprentissage progressif des règles de vie en société : traverser sur les passages piétons, prendre les transports en commun, payer ses impôts, ouvrir un compte bancaire entre autres. L'objectif est de limiter le plus

[1] Ibid.

possible l'anxiété que peut induire la sortie de détention pour certains publics, éloignés des logiques de la société actuelle[1]. Par exemple, lors de l'entretien du 21 avril 2022, Mme Lagier a évoqué le cas d'un détenu qui n'avait pas connu l'euro et auquel il a fallu expliquer comment payer en euros afin de préparer sa sortie[2]. L'autonomisation se pense nécessairement par l'apprentissage et la réadaptation aux usages et normes, pratiques ou informels de la société.

L'autonomisation progressive des détenus passe, d'autre part, par un régime de confiance. En effet, la réadaptation de l'individu à la société passe par l'octroi de permissions de sortie, qui impliquent un potentiel risque d'évasion (ce qui signifie dans le cas de la SAS Poitiers que la personne ne rentre pas à la structure à l'issue de sa permission). L'autonomisation se développe nécessairement en parallèle d'une politique de sanctions adaptées, dépendant du type d'infraction considéré et décidées autour de commissions disciplinaires et pouvant aller jusqu'au rapatriement au Centre pénitentiaire de Vivonne. Les relations entretenues entre les détenus et les surveillants sont « apaisées et reposent sur le désengagement des violences »[3]. Ce dernier est pensé au travers d'une sécurité dynamique, développée dans le cadre des interactions sociales entre surveillants et détenus. Cela s'exprime très concrètement au regard de l'architecture de la SAS de Poitiers : il n'y a ni filets anti-hélicoptères, ni barreaux aux fenêtres. La sécurité repose donc sur l'observation et l'interaction quotidienne avec les détenus.

L'autonomisation des détenus est enfin travaillée au travers du règlement intérieur de l'établissement[4] : lever à heure fixe, entretien des cellules et des lieux communs, prise de repas en commun, accès libre à la cour de promenade et autonomisation dans l'organisation de l'emploi du temps. Par exemple, dans le cadre de l'unité sanitaire, l'autonomisation des détenus est appréhendée par la gestion de leurs propres rendez-vous médicaux à l'US.

2.2. *Réintroduire les liens sociaux*

L'autonomisation et la sociabilité des détenus passent d'autre part par la réintroduction des liens sociaux. En effet, la détention constitue souvent une période de désocialisation, où les individus restent globalement isolés. La SAS de Poitiers offre trois axes d'analyse pour penser le rôle des liens sociaux dans la réintégration à la société, à la fois en termes de mixité de genre, de liens familiaux et de liens surveillants-détenus.

Tout d'abord, la SAS de Poitiers accueille un public homme et femme, qui interagissent en permanence (même si le quartier des femmes est séparé de celui

[1] De Beaurepaire C., « La vulnérabilité sociale et psychique des détenus et des sortants de prison », *Revue du MAUSS*, vol. 40, no. 2, 2012.

[2] Entretien à distance avec K. Lagier, Op.cit.

[3] Ibid.

[4] Document interne, K. Lagier, *Présentation de la Structure d'Accompagnement vers la Sortie de Poitiers*, 2022.

des hommes) que ce soit lors des repas, des ateliers, des activités collectives. Cette mixité de genre au quotidien constitue un axe de travail intéressant lorsqu'on réfléchit à un régime de socialisation adapté à la réinsertion en prison. En effet, cette mixité participe « au retour progressif de l'individu à la vie en collectivité (...) parce que la vie à l'extérieur est mixte et qu'elle permet, surtout pour les personnes détenues de sexe masculin, de réapprendre le rapport à la femme, au corps féminin, le contrôle du désir »[1]. La mixité permet ainsi une réadaptation à la société et une réappropriation des interactions avec l'autre.

D'autre part, dans la SAS de Poitiers la famille est pensée au cœur du processus de réinsertion. Elle est considérée comme un « facteur de protection (et joue un) rôle pro-social » [2]essentiel. Selon Lila Kazemian et Thomas P. LeBel, la famille est un facteur de protection déterminant face au risque de récidive, puisqu'ils affirment que « la majorité des ex-détenus ont ressenti que l'appui de leur famille a largement contribué à leur éviter de retourner en prison »[3]. La famille doit être pensée au cœur du processus de réintégration sociale. L'espace famille (qui regroupe 6 box de parloirs, un espace enfants et un espace aérien) est notamment imaginé, au sein de la SAS de Poitiers, comme lieu d'interactions riches dans le parcours du détenu. Son aménagement intérieur est particulièrement intéressant à analyser. Il reprend les codes et la symbolique d'un milieu ouvert : avec des box de parloirs ouverts, où les personnes peuvent circuler librement, ce qui facilite l'échange avec les autres familles et l'association R qui intervient en soutien. Il y a également un espace famille extérieur où les « détenus peuvent cuisiner avec leur famille (...) et profiter de l'air libre »[4]. Les box de parloir sont lumineux, équipés d'un micro-ondes, d'une cafetière, d'une bouilloire. Il y a aussi en son sein un box de jeux pour les enfants, très coloré. L'espace parloir est donc pensé comme un véritable lieu d'échange et de sociabilités. Toutefois, il est utile de noter que la SAS de Poitiers n'est pas pourvue d'une UVF (Unité vie familiale), comme c'est le cas au centre pénitentiaire de Vivonne, projet avorté, et qui limite pour les détenus la possibilité de retrouver « une vie familiale normale »[5].

Ensuite, les interactions quotidiennes entre détenus participent également au projet de réintégration à la société. Ils prennent forme autour d'une socialisation visant à préparer la sortie : « tout part du mieux vivre ensemble. Il faut que les gens puissent être ensemble, vivre au quotidien ensemble. Il faut qu'à partir du moment où les portes des chambres sont ouvertes le matin que les personnes soient ensemble »[6]. Les conflits sont considérés au sein de la SAS comme des

---

[1] Entretien à distance avec R. Granies, Op.cit.
[2] Ibid.
[3] Kazemian L. LeBel P.T,. « 11. Réinsertion et sorties de délinquance », Marwan Mohammed éd., Les sorties de délinquance. La Découverte, 2012.
[4] Entretien à distance avec R. Granies, Op.cit.
[5] Ibid.
[6] Entretien à distance avec K. Lagier, Op.cit.

éléments ordinaires de la vie en incarcération, inhérents à la socialisation des détenus et à la vie en collectivité, et ils appellent à un règlement à l'amiable.

Enfin, les interactions quotidiennes détenus-surveillants participent également à ce réapprentissage de la vie en société, de l'autonomisation. Les surveillants sont pensés au sein de la SAS de Poitiers comme des acteurs hybrides : mi-éducateurs mi-surveillants. Ils accompagnent les détenus à l'extérieur dans leurs démarches de préparation à la sortie, comme par exemple découvrir l'espace de la ville, aller prendre le bus, se rendre à la préfecture, au CHU, aller voir un spectacle, aller à la médiathèque.

Ainsi, l'autonomisation progressive des détenus prend appui sur une resocialisation, et le développement/approfondissement d'interactions sociales quotidiennes, que ce soit auprès des autres détenus, hommes ou femmes, des surveillants ou de la famille.

2.3. Une autonomisation limitée

Malgré l'ambition de la SAS d'encourager l'autonomie et la socialisation des détenus aux normes de la société, on voit émerger des forces internes qui entravent et limitent ce processus d'autonomisation, notamment au regard de la précarité et vulnérabilité du public accueilli.

En effet, malgré la capacité d'accueil de 70 places, la SAS de Poitiers n'offre que 7 postes d'auxiliaires aux détenus : 3 auxiliaires maintenance nettoyage et espaces verts, 3 auxiliaires cuisiniers et un auxiliaire cantine et buanderie[1]. Cela peut avoir des conséquences directes sur la situation de ces personnes au sein de la structure et révèle des disparités et vulnérabilités importantes au sein du public. La SAS accueille des « personnes indigentes, ce qu'on voit notamment par rapport au faible volume de cantine, ce qui est problématique parce que ça complexifie par la suite leurs démarches »[2]. Par exemple, un détenu qui connaît des difficultés financières peut ne pas pouvoir ouvrir de compte bancaire, parce qu'il n'a pas les fonds minima requis. La vulnérabilité du public peut donc constituer un frein à la réinsertion.

Il est donc intéressant d'engager une réflexion sur la prise en compte de la précarité et de la vulnérabilité sociale du public accueilli, notamment au regard des ambitions de réadaptation à la société du projet SAS, et sur les dispositifs pouvant être mis en place pour y répondre. Cette question de la prise en compte des personnes indigentes, ne peut, d'autre part, pas être appréhendée sans considérer le critère de taille de la structure, central dans la réflexion du programme Rescaled, et qui conduit à un nombre limité de postes de travail au sein de l'établissement.

---

[1] Document interne, K. Lagier, *Présentation de la Structure d'Accompagnement vers la Sortie de Poitiers*, Op. cit.

[2] Entretien à distance avec R. Granies, Op. cit.

III – Repenser l'environnement carcéral

La logique des structures d'accompagnement vers la sortie invite à repenser l'environnement carcéral. La SAS de Poitiers témoigne d'un décloisonnement et d'une porosité entre dedans et dehors. La construction et l'implantation du SAS de Poitiers s'est d'ailleurs en partie inspirée des modèles de prison ouverte dans le nord de l'Europe et au Canada, notamment au regard de leur conception du régime de vie et de la socialisation par la vie collective[1].

3.1. L'entrée du dehors dedans

Le décloisonnement de l'espace carcéral dans la SAS s'exprime tout d'abord avec l'intégration du dehors dans le dedans. Les intervenants extérieurs sont au cœur du parcours sassiste, au travers de l'organisation d'ateliers au sein de la structure en collaboration avec le SPIP. Par exemple, sont proposés aux détenus de la SAS un atelier "vie quotidienne" animé par la Mission Locale (86), un atelier "Éducation à la Citoyenneté" en partenariat avec Kurioz Poitiers, un atelier travail (d'information collective) animé par Pôle Emploi, ou encore un atelier hébergement (co-organisé animé par le SIAO 86 et Audacia 86). Ainsi, l'accompagnement spécialisé mis en œuvre par le SPIP intègre directement des partenaires extérieurs qui participent à la resocialisation et réintégration de l'individu dans la société.

3.2. L'appropriation du dehors par le monde carcéral

La réadaptation et la préparation de la sortie au sein de la SAS de Poitiers passent également par l'immersion des détenus dans le monde extérieur. Cela prend forme au travers de l'octroi de nombreuses permissions de sortie au titre des ordonnances cadres, gérées par le Directeur des services pénitentiaires d'insertion et de probation. Ces permissions de sorties permettent « d'aménager un suivi individuel dedans dehors » pour la personne détenue[2]. Cette politique de proximité avec l'extérieur pensée au sein de la SAS implique nécessairement des enjeux de sécurité, notamment par rapport au risque d'évasion. C'est pourquoi la sélection des profils est cruciale, et la SAS ne doit pas devenir un simple quartier de préparation à la sortie ou un moyen de désengorger les maisons d'arrêt[3]. Le choix de profils adéquats détermine la réussite du parcours du sassiste, et il doit s'orienter nécessairement sur « un public qui présente un faible risque d'évasion, une nécessité d'accompagnement vers la sortie de la délinquance et qui ont aussi une capacité à vivre en collectivité »[4].

---

[1] Entretien à distance avec K. Lagier, Op.cit.

[2] Ibid.

[3] Entretien à distance avec R. Granies, Op.cit.

[4] Entretien à distance avec K. Lagier, Op.cit.

L'emplacement même de la SAS de Poitiers témoigne d'une réflexion plus large sur l'articulation dedans-dehors : il prend place sur l'ancien centre de semi-liberté, et mêle des régimes sassistes et aménagés. La SAS de Poitiers est donc fondamentalement pensée comme une structure hybride, où les détenus suivent un parcours qui les oriente du régime fermé à un aménagement de peine, toujours dans une optique de préparer progressivement la réintégration de l'individu à l'environnement extérieur. Pour autant, il est intéressant de noter que la présence de ces deux régimes (ouvert/fermé) et les interactions quotidiennes entre ces deux publics au sein de la structure, tend à créer de la confusion tant pour les détenus, notamment lors de leur arrivée à la SAS (selon le témoignage d'une surveillante pendant la visite de la SAS du 20 avril) et pour les agents[1], en particulier autour de la compréhension de l'ordonnance cadre (qui octroie des permissions de sorties moins souples qu'un aménagement de peine).

L'accompagnement par les CPIP illustre cette même logique. En effet, pour des raisons pratiques de proximité géographique, il a été décidé que la SAS de Poitiers relèverait du SPIP milieu ouvert (accolé à la structure), et non du SPIP milieu fermé situé à Vivonne. La SAS de Poitiers apparaît ainsi véritablement comme un régime à part, et qui articule constamment les logiques milieu ouvert-milieu fermé. Le même CPIP suit par ailleurs le détenu tout au long de son parcours à la SAS, qu'il soit sassiste ou qu'il ait obtenu un aménagement de peine.

3.3. Une structure intégrée au tissu économique et urbain de Poitiers : penser la détention en ville

La localisation de la SAS de Poitiers traduit une réflexion sur l'implantation stratégique géographique des lieux de privation de liberté. La structure est pensée dans la ville et en interaction avec les espaces urbains (à savoir, les différentes structures d'accompagnement, pôles administratifs et les réseaux de transport). L'idée d'une implantation urbaine de la structure est notamment mise avant dans la doctrine : « les implantations privilégiées pour les (...) SAS répondent à un cahier des charges favorisant une localisation en zone urbaine ou périurbaine afin de faciliter l'accès aux divers acteurs sociaux participant à la sortie du public hébergé (milieu associatif, retour à l'emploi, au logement, etc.) »[2].

Penser une structure d'accompagnement vers la sortie au cœur des villes est nécessaire pour mener à bien ses objectifs de resocialisation et réintégration à la société. La proximité géographique du SPIP et de la SAS permet tout d'abord, une prise directe sur la structure et facilite « la communication avec les autres services, le personnel, (ainsi que) le suivi des personnes »[3]. La position urbaine de la structure permet également une proximité avec les organismes sociaux, les entreprises, les centres de formation. Les détenus en permission de sortie

[1] Entretien à distance avec R. Granies, Op.cit.

[2] DAP, *Doctrine relative aux structures d'accompagnement vers la sortie (SAS)*, Op.cit.

[3] Entretien à distance avec C. Charron, Op.cit.

bénéficient d'un accès facilité au réseau de transport. Par exemple, depuis la SAS de Poitiers, les détenus peuvent se rendre à la gare en 20 minutes, par le bus. Ils sont également à proximité de Pôle Emploi, de la CAF (Caisse d'Allocations Familiales), de l'AFPA (Agence pour la formation des professionnels adultes), des alcooliques anonymes, du CSAPA (centre de soins, d'accompagnement et de prévention en addictologie). L'accès privilégié à ces structures permet aux détenus de prendre en charge leur propre réinsertion, et d'obtenir des outils à proximité pour préparer au mieux leur sortie.

La SAS de Poitiers interroge d'autre part sur l'importance des réactions des populations locales et des politiques pour mener à bien de tels projets. Si la structure a obtenu des réactions très favorables de la part de la société civile, avec notamment de « nombreuses visites d'élus, du maire de Poitiers, de députés, de sénateurs, des autorités administratives et judiciaires, du préfet, (...) des universitaires, des soignants, (ainsi que) de directions d'hôpital »[1] et qui s'explique par l'histoire et l'ancienneté du bâtiment (auparavant maison d'arrêt et centre de semi-liberté), il est intéressant de voir comment dans son fonctionnement interne la structure appréhende son rapport au monde extérieur. En effet, une attention particulière est portée par la direction de la SAS quant aux nuisances, notamment sonores, des différentes activités organisées, des possibles troubles de voisinage occasionnés, ainsi qu'une vigilance quant à l'image renvoyée par la structure à la société. Par exemple, le directeur de la SAS expliquait qu'il est délicat d'organiser des concerts dans la cour de promenade de la SAS, du fait de la proximité des logements et parce que ça contribue à renvoyer une image de la prison « où on joue de la musique, où on chante (...) et l'opinion publique n'attend pas ça d'une prison »[2].

L'expérience de la SAS de Poitiers témoigne ainsi de du caractère crucial de l'acceptabilité par l'opinion publique d'une telle philosophie, axée sur l'articulation dedans-dehors la resocialisation et la réintégration progressive à la société, et de la façon dont la direction s'empare concrètement de cette préoccupation.

Ainsi, la SAS de Poitiers se construit comme une structure nécessairement interdépendante de l'extérieur, qui s'imbrique avec lui tant de manière formelle (avec l'organisation d'ateliers, les permissions de sortie, etc.) qu'informelle (notamment au regard des pressions sur l'image renvoyée au voisinage).

Conclusion

La SAS de Poitiers témoigne d'un changement fondamental pour appréhender le sens de la peine. Elle s'inscrit dans une optique de resocialisation et de réintégration de l'individu à la société. Les détenus font l'objet d'un accompagnement poussé et individualisé, adapté à leur profil et à leur projet de réinsertion. Cet accompagnement implique des acteurs divers (des associations, les conseillers

[1] Entretien à distance avec K. Lagier, Op.cit.
[2] Entretien à distance avec R. Granies, Op.cit.

pénitentiaires d'insertion et de probation, les surveillants, des éducateurs, des psychologues, et les agents de l'unité sanitaire) et se met en œuvre sur des sujets et des approches différentes (en termes d'insertion professionnelle, d'intégration sociale, d'éducation, de régularisation administrative, de santé). L'expérience de la SAS de Poitiers permet de développer une d'analyse critique du critère de petite taille proposé par Rescaled, qui facilite notamment les interactions entre les publics et avec les agents. Toutefois, il faut nécessairement penser la petite taille en relation avec la qualité de la prise en charge fournie (notamment au regard du ratio agents-détenus). La réintégration des individus à la société prend d'autre part forme au travers d'un régime d'autonomisation et de responsabilisation, qui repose sur la confiance et des liens sociaux fréquents et diversifiés. Dans le modèle de la SAS de Poitiers, le détenu est acteur de la mise en œuvre de sa réinsertion sociale, au travers de laquelle il réapprend progressivement l'autonomie. Enfin, l'expérience de la SAS engage une réflexion sur le décloisonnement de la dichotomie dedans-dehors dans le milieu carcéral. Il incite au contraire à penser les interactions entre ces deux milieux, tant par l'organisation d'ateliers au sein de la structure par des partenaires extérieurs, que par la réappropriation du milieu urbain dans le cadre de la réalisation du projet de réinsertion (notamment au travers des ordonnances cadres) et dans l'intégration géographique de la structure au tissu économique de la ville. Ainsi, l'expérience de la Structure d'Accompagnement vers la Sortie de Poitiers offre des axes de réflexion intéressants et complémentaires avec le programme Rescaled, tant en termes de petite taille (donc d'accompagnement personnalisé et adapté), de spécialisation (au travers de la sélection des profils, ayant un reliquat de peine de moins de deux ans, volontaires, une faible dangerosité et ayant besoin d'accompagnement pour préparer leur réinsertion) et l'intégration à l'environnement local (au travers de la proximité géographique de la SAS des différents acteurs associatifs et institutionnels, et par la porosité qu'elle envisage entre milieu ouvert et milieu fermé).

Section 2. La SAS des Baumettes : réinventer les fins de peine

(Paule GARRIGUES, étudiante à Sciences Po Grenoble, spécialité Carrières administratives et judiciaires)

La Structure d'accompagnement vers la Sortie (SAS) des Baumettes ouvre ses portes en 2018. D'abord nommée de QPS (Quartier de Préparation à la Sortie), elle est renommée SAS suite à l'adoption du Plan Pénitentiaire de la Garde des Sceaux Nicole Belloubet qui consacre la création de ces structures inédites. La SAS de Marseille-Baumettes est la première à avoir été mise en place en France. Son ouverture précède l'arrivée de la doctrine officielle des SAS, publiée en 2022. Elle constitue donc une expérience inédite de création d'un nouveau mode de détention axé quasi exclusivement sur la réinsertion des détenus.

L'expérience de la SAS des Baumettes permet d'interroger de multiples façons le projet de maison de détention porté par Rescaled, dont elle questionne et mobilise les trois axes centraux : la petite taille, la spécialisation et l'intégration aux territoires. Cependant, cette structure amène aussi à s'interroger sur d'autres dimensions de l'enjeu carcéral français : comment voir la peine de prison, entre volonté de punition et chance de réhabilitation ? Quel rôle pour les personnels, au-delà de la fonction de surveillance ? Comment accompagner les détenus en leur donnant les capacités d'éviter la récidive ?

À travers des échanges avec les acteurs de la SAS et de l'administration pénitentiaire, j'ai voulu explorer le fonctionnement, les avantages et les défis d'une telle structure. Cependant, j'ai été confrontée à de réelles difficultés d'accès à mon terrain d'enquête : la direction de la SAS et du centre pénitentiaire n'ayant pas accepté de me recevoir pour entretiens, je n'ai pas pu me rendre sur place. Mes sollicitations auprès d'autres acteurs comme les SPIP ou les syndicats des personnels de surveillance sont restées sans réponse. La difficulté d'accès au terrain a constitué un frein certain dans la réalisation et l'approfondissement de cette étude. Malgré tout, j'ai pu réaliser une série d'entretiens semi-directifs avec l'ancienne directrice de la SAS, des membres de la Direction interrégionale des services pénitentiaires (DISP) et de la Direction de l'Administration Pénitentiaire (DAP). Des échanges avec les personnels travaillant aux Baumettes m'ont permis d'accéder à une documentation interne riche en informations. Les SAS constituent à l'heure actuelle, du fait de leur caractère récent, un sujet encore peu exploré. Parmi les premiers travaux s'y consacrant, on peut citer le mémoire réalisé par Hatem Tallédec Ramdani, étudiant à l'EHESS, proposant une ethnographie de la SAS de Marseille[1]. Quelques articles, publiés dans la revue Dedans-Dehors, apportent aussi informations et réflexions sur la SAS des Baumettes. L'objectif de cette étude est donc de contribuer, à sa mesure, à la production de connaissances et de questionnements sur la SAS de Marseille. Mon enquête m'a permis de me rendre compte que la création des SAS traduit une

[11] Hatem Tallédec Ramdani, *Ethnographie d'une structure d'accompagnement vers la sortie, sortie*, Mémoire de master, EHESS de Marseille, 2021.

volonté de repenser à la fois la peine, la relation aux personnes détenues et la prison en tant que telle. C'est à ces trois aspects que nous nous intéresserons ici.

I - Repenser la peine

La création des SAS a pour objectif de proposer aux détenus une expérience de fin de peine différente de celle qu'ils auraient pu vivre en maison d'arrêt. La nature de la peine de prison et de ce qu'elle doit apporter au détenu dans une SAS apparaît comme plutôt novatrice. Cette volonté de repenser la peine se matérialise d'abord à la SAS des Baumettes dans le choix du profil des détenus.

a. Une forme de spécialisation : sélectionner les détenus

À la SAS des Marseille, les détenus ne font pas l'objet d'une affectation arbitraire relevant uniquement des critères classiques d'affectation comme la situation géographique. Ils sont au contraire rigoureusement sélectionnés en fonction de leur profil. La décision d'orienter un détenu depuis la détention classique vers la SAS se fait par une commission pluridisciplinaire unique. On y trouve des personnels de la SAS, ainsi que du quartier hommes de la maison d'arrêt d'où vient le détenu. Celui-ci est reçu en entretien par un personnel de surveillance et un CPIP de la SAS. Ces entretiens permettent d'évaluer son profil ainsi que sa volonté d'implication dans processus d'aide à la sortie[1].

La SAS de Marseille n'accueille pas de public féminin. Ne sont accueillis à la SAS que des hommes, dont le reliquat de peine est inférieur à deux ans. En 2020, 50,29 % des détenus de la SAS avaient entre vingt-cinq et quarante-six ans. La majorité sont condamnés pour des infractions liées aux stupéfiants, viennent ensuite les personnes condamnées pour des infractions sur les personnes, puis sur les biens[2].

L'objectif à la SAS des Baumettes est de faciliter la réinsertion de détenus ayant un fort risque de récidive et cumulant des fragilités sociales et économiques. Sont donc choisis des détenus n'ayant pas d'emploi ou de logement à leur retour à la vie libre, ou n'ayant aucun projet de sortie. Lors d'un entretien en visioconférence j'ai pu rencontrer Madame Aurore Cayssials, ancienne directrice de la SAS de Marseille et l'interroger sur cet aspect de son fonctionnement : « Si on pouvait résumer, la SAS c'est un accompagnement individualisé renforcé, pour des gens présentant des risques de récidive élevés […]. L'objectif, c'était de vraiment d'aller chercher les plus ancrés dans la délinquance pour essayer, avec

---

[1] Direction de l'Administration Pénitentiaire, Direction Interrégionale des Services Pénitentiaires de Marseille, *Rapport d'activité de l'année 2022 du Centre Pénitentiaire de Marseille*. 2022.

[2] CRES PACA. « Accompagnement à la sortie au centre pénitentiaire de Marseille-Baumettes, Aurore Coulon-Gaillard » (conférence), 2021.

un mode de prise en charge un peu plus renforcé, de travailler avec eux sur tous les volets, santé, emploi... » [1]

Cette vision se retrouve aussi à l'échelle du Juge d'Application des Peines (JAP). Interrogé par Charline Becker pour la revue *Dedans-Dehors*, Morgan Donaz-Pernier, travaillant notamment à l'affectation et l'octroi des permissions de sortie déclarait : « A la SAS nous ciblons volontairement les personnes les plus compliquées à gérer : les personnes ayant pu manifester des problèmes de comportement en détention, présentant des facteurs de risque de réitération, et nécessitant un accompagnement renforcé et soutenu »[2].

S'exprime ici cette volonté de repenser la peine qui semble caractériser les SAS. En effet, au lieu d'accorder, comme en détention classique, les avantages et les régimes de détention les plus souples aux détenus considérés comme les plus méritants, on les accorde ici aux détenus ayant un parcours compliqué.

D'autre part, la forte logique d'intégration veut que ne soient choisis que des individus ayant vocation à sortir sur Marseille et ses environs. Suite à l'aval de la DISP au cours de l'année 2021, des détenus venant d'autres maisons d'arrêt et centres de détention du département des Bouches-du-Rhône peuvent être affectés à la SAS des Baumettes. Ainsi pour l'instant un détenu du centre de détention de Digne ainsi que cinq venant de la maison d'arrêt d'Avignon ont pu intégrer la SAS de Marseille.[3].

Les détenus de la SAS des Baumettes sont volontaires pour participer à ce programme de détention inédit. La discipline repose sur cette logique : de trop nombreux écarts provoqueraient le renvoi en détention normale, sans aucune possibilité de réintégrer la SAS. Les détenus sont donc sélectionnés sur leur capacité à s'adapter à une vie en collectivité renforcée, ainsi que sur le fait qu'ils présentent une probabilité d'évasion faible. L'enjeu sécuritaire est aussi assuré par la signature d'un contrat, ainsi qu'a pu me l'expliquer Madame Carole Chevalier, cheffe du département des métiers concernant les SPIP en milieux ouvert et fermé à la DISP de Marseille : « Il y a une charte d'engagement qui est présentée quand la personne candidate et qui est signée quand la personne intègre. Donc la personne s'engage à un certain nombre de choses, notamment le respect des lieux et le respect des autres, codétenus et personnels »[4].

Pour Madame Chevalier « c'est l'essence même de la structure qu'il y ait un minimum d'adhésion »[5]. La logique de la SAS des Baumettes repose

---

[1] Entretien avec Mme Cayssials en visioconférence (1 h), réalisé le 11/04/2022 et conduit avec Léa Visière.

[2] Becker C., « Structure d'Accompagnement vers la Sortie : de la théorie aux pratiques », *Dedans Dehors*, n° 114, mars 2022.

[3] Direction de l'Administration Pénitentiaire, Direction Interrégionale des Services Pénitentiaires de Marseille. *Rapport d'activité de l'année 2022 du Centre Pénitentiaire de Marseille*. 2022.

[4] Entretien avec Mme Chevalier en visioconférence (1 h), réalisé le 11/04/2022 et conduit avec Léa Visière.

[5] Ibid.

véritablement sur l'idée d'un détenu volontaire et engagé, acteur de sa réinsertion. On retrouve cette perspective dans la doctrine qui évoque comme composante du socle commun des SAS « la réceptivité de la personne et sa motivation au changement ». Cependant, la doctrine offre un point de vue moins strict sur le caractère volontaire de l'affectation en SAS. Elle stipule en effet que « le consentement de la personne détenue n'est pas requis. Cependant, afin de ne pas mettre en échec son intégration dans le dispositif, il convient de rechercher son adhésion. » Elle ajoute aussi que « la réceptivité de la personne et sa motivation au changement » constituent une partie intégrante du socle commun sur lequel repose la prise en charge.

Cette perspective de l'administration centrale a pu m'être confirmée lors d'une rencontre à la DAP. J'ai alors pu échanger en visioconférence avec Madame Patricia Théodose, adjointe à la sous-direction de l'insertion et de la probation. Interrogée sur cette thématique de l'affectation et du consentement, elle expliquait :

« C'est vrai que le consentement de la personne n'est pas requis, ce qui est assez nouveau aussi dans notre façon de penser les dispositifs. Enfin, c'est pas parce que le consentement n'est pas requis qu'il ne va pas falloir obtenir l'adhésion à un moment donné. [...] tout le travail là ça va être en premier rang sans doute le travail du SPIP, pour travailler cette question de l'adhésion parce que ça va être moteur. On sait que des fois d'une décision qui peut paraître être une contrainte pour la personne on peut en tirer quelque chose de très positif. En tout cas c'est le pari qu'on fait. »[1]

Ici aussi apparaît une volonté de repenser l'objectif de la peine de prison, n'étant plus conçue comme une simple punition subie, mais comme une opportunité de changement dont le détenu est le moteur et l'acteur central. L'objectif porté par la SAS des Baumettes est de replacer le détenu au cœur de son projet de sortie et de réinsertion, dont il a la charge avec l'aide et l'accompagnement des personnels et des dispositifs de l'établissement.

Cependant, certains acteurs de la SAS n'adhèrent pas entièrement à l'idée d'une spécialisation de la structure autour du profil des détenus. Lors de l'échange avec Carole Chevalier à la DISP, celle-ci a exprimé des réserves vis-à-vis d'une sélection trop poussée. Ainsi par exemple, sélectionner les détenus en fonction de l'infraction commise lui semblait réducteur et parfois inadapté à bonne prise en charge des publics :

« La spécialisation je suis pas sûre, d'accord ? [...] Le fléchage qu'on va faire, les QPR pour les radicalisés, [...] une structure pour les violents conjugaux... C'est trop simple, en fait, c'est trop simpliste comme approche des publics. Quelqu'un qui est violent conjugal, [...] il peut avoir des problématiques complètement différentes de son voisin qui est là pour les mêmes choses. C'est pareil pour les AICS. C'est pour ça que moi la spécialisation je suis pas fan, parce que

[1] Entretien avec Mme Théodose réalisé en visioconférence (1 h), le 20/04/2022, et conduit avec Esther Paillon.

ça va stigmatiser des méthodes de prise en charge qui sont pas forcément adaptées à tout le monde. »[1]

La spécialisation apparaît donc comme un enjeu ambivalent et comme un défi particulier qui se pose aux structures d'accompagnement vers la sortie. Sélectionner les profils pour faire évoluer la conception de la peine de prison et pour assurer le meilleur fonctionnement de la structure semble efficace sur la SAS des Baumettes, mais une sélection trop poussée comprenant notamment une spécialisation des établissements quant au profil des détenus pourrait manquer de pertinence.

b. Une offre culturelle développée

L'offre culturelle, riche est variée, est un autre moyen pour la SAS des Baumettes de repenser la nature de la peine de prison. L'accès très développé à la culture constitue un élément central de la prise en charge des détenus de la SAS de Marseille. Ainsi sur l'année 2021 les « sassistes » des Baumettes ont pu bénéficier d'ateliers de jardinage, de cuisine, de théâtre, de philosophie, de création radiophonique, de rédaction d'un journal « dedans dehors » et de slam. Leur ont été proposées des sorties voile et escalade, ainsi qu'une sortie de nettoyage des plages et une visite au théâtre. Ces activités sont supervisées par le SPIP du département, et organisées par des associations locales. Le surveillant moniteur de sport est en charge de l'organisation d'activités sportives hors des murs de la prison, notamment des sorties de randonnée et de VTT[2].

La SAS de Marseille se caractérise donc par une profusion d'activités culturelles. Cet accès massif à la culture, et à certaines activités dites « de loisir », invite à s'interroger sur le rapport à la peine mis en avant au sein des SAS. Dans un contexte politique qui fait la question sécuritaire un enjeu central et surinvesti, dans lequel les propositions de certains candidats à l'élection présidentielle de 2022 vis-à-vis du monde pénitentiaire se limitaient souvent à l'ouverture de milliers de places supplémentaires et à une logique de punition, la mise en place de SAS proposant de telles activités pour rythmer et donner un sens à la peine semble presque à contrecourant. À titre d'exemple, au cours de la dernière élection présidentielle, des candidates comme Marine Le Pen et Valérie Pécresse proposaient comme politique pénitentiaire l'ouverture de 20 000 nouvelles places de prison. Le retour des peines planchers figurait sur le programme de trois candidats et la candidate du RN déclarait « Il n'existe en réalité que deux types de peines qui peuvent être comprises par les délinquants et les criminels : les amendes ou la prison ferme »[3]. Dans ce contexte, la création et l'ouverture des SAS apparaissent comme en rupture. S'il existe évidemment une offre culturelle

---

[1] Entretien avec Mme Chevalier, Op.cit.

[2] Ibid.

[3] Bienvault P., « Présidentielle 2022 : police et justice, les programmes des candidats à la loupe ». *La Croix*. 04/04/2022.

proposée aux détenus des centres pénitentiaires classiques, la SAS des Baumettes se démarque en en faisant un aspect essentiel et obligatoire de la détention. S'affranchissant dans une certaine mesure des logiques purement punitives, la SAS tente ainsi de proposer une vision novatrice de la peine.

c. *Le travail pénitentiaire et la formation*

Le dernier aspect permettant d'interroger le rapport à la peine dans la SAS est celui de l'équilibre entre travail pénitentiaire et formation. En effet, les détenus de la SAS n'ont pas accès au travail d'atelier proposé aux détenus de la détention classique des Baumettes 2. Leurs sont proposés dix postes d'auxiliaires rémunérés, répartis entre les deux bâtiments H et G et chargés de l'entretien et de la logistique de ces deux espaces. Plus que le simple travail pénitentiaire, c'est la formation professionnelle en lien avec l'extérieur qui est mise en avant au sein de la SAS, telle que développée par la doctrine qui fait de « l'insertion sociale et/ou professionnelle, ainsi que le développement du capital social »[1] l'un des trois piliers du programme.

Grâce à l'association « Lieux Fictifs » dix détenus bénéficient par exemple d'une formation dans l'audio-visuel. De même, l'objectif de l'ouverture d'un restaurant au sein de la SAS, « Les Beaux Mets », en partenariat avec l'association Départ La Table de Cana, est aussi de proposer aux détenus une formation dans les métiers de la restauration. Le but final est de former une équipe de treize détenus sur une formation de trois mois. Pôle Emploi et la Mission Locale étant présents dans la structure, les formations offertes s'accompagnent d'une aide à la recherche d'emploi à la sortie.

Outre les formations évoquées plus haut, l'Éducation nationale est aussi présente sur la SAS des Baumettes. La formation scolaire semble essentielle pour permettre aux détenus une réinsertion efficace : une maîtrise du socle des acquis scolaires, du français mais aussi de l'outil informatique apparaît comme centrale pour réussir à trouver un emploi à la sortie. Cette offre s'inscrit dans l'idée prônée par la doctrine d'accompagner le détenu dans le « développement de ses capacités propres pour éviter la réitération de son comportement délinquant. »[2]

Ainsi à la SAS des Baumettes l'administration pénitentiaire fait le choix de ne pas proposer à la majorité des détenus un poste de travail rémunéré mais plutôt une formation, qui leur permettra d'obtenir un poste à la sortie. Il s'agit encore une fois d'une vision novatrice de la peine : le but n'est pas ici d'occuper le temps des détenus en les faisant travailler, mais de les former avec l'objectif de la sortie. Ce fonctionnement s'inscrit dans la logique d'une détention orientée dès le départ vers le retour dans le monde libre, et la réinsertion au sein de celui-ci.

---

[1] DAP/SDSP. « Doctrine des structures d'Accompagnement vers la Sortie (SAS) ». 08/12/2021.

[2] Ibid.

II - Repenser la relation aux détenus

La SAS des Baumettes traduit aussi une volonté de repenser la relation aux personnes détenues. Cette évolution se fait d'abord grâce à la petite taille de la structure.

a. Questionner la petite taille

La SAS des Baumettes comprend cent-une places réparties en deux quartiers. Le premier, appelé « Bâtiment H », de vingt et une places, partage le bâtiment du centre de semi-liberté. On y trouve onze cellules doubles dédiées aux détenus de la SAS. Ce quartier est dédié à l'accueil et à l'évaluation des détenus, dans le but d'établir leur profil. Le deuxième quartier, le « Bâtiment G », de quatre-vingts places, est dédié à l'exécution de la peine des détenus de la SAS. Quatorze cellules doubles se trouvent au rez-de-chaussée et vingt-six cellules elles aussi doubles au premier étage.

Le nombre de places pouvant ouvrir dans une SAS varie de manière importante. Ainsi lors d'une rencontre à la DISP, évoquant les projets de SAS sur l'inter région, Madame Carole Chevalier m'a brièvement présenté le projet de SAS du centre pénitentiaire de Toulon-La Farlède : « À la SAS de Toulon-La Farlède on est sur une structure de cent quatre-vingts places, c'est énorme »[1].

L'objectif final du projet SAS est d'obtenir 2 100 places réparties sur le territoire. Au moment de la rédaction de cet article, selon Philippe Blosseville, chef du Bureau Gestion des Détentions à la Direction de l'administration pénitentiaire, rencontré en entretien : « on est à 291 places précisément disponibles et on est à 73,8 % de taux d'occupation exactement »[2].

Se pose donc ici la question de la petite taille. Un établissement de cent-une places peut-il être considéré comme un « petit » établissement ? Les SAS, qui peuvent accueillir jusqu'à 180 sont-ils des petites structures ?

Les critères du projet Rescaled concernant le concept de maison de détention stipulent qu'un établissement de petite taille comprend cinquante places ou moins. La SAS des Baumettes n'entre donc pas dans cette catégorie, ayant le double de places. Cependant, pour les personnels travaillant ou ayant travaillé sur la structure, il s'agit véritablement d'un petit établissement. Ainsi, lors d'une rencontre avec l'ancienne directrice de la SAS Madame Aurore Cayssials, elle décrivait l'établissement ainsi : « C'est une petite structure. Quatre-vingts, cent places, c'est vraiment une structure à taille humaine »[3].

---

[1] Entretien avec Mme Chevalier, Op.cit.

[2] Entretien avec M.Blosseville réalisé en visio-conférence (1 h), le 20/04/2022 et conduit avec Esther Paillon.

[3] Entretien avec Mme Cayssials, Op.cit.

De même, dans une interview accordée à Feriel Alouti pour le journal local MarsActu alors qu'elle exerçait en tant que directrice de la structure, Madame Cayssials avait expliqué, évoquant les détenus : « Ici, je les connais tous »[1].

La dimension humaine, l'établissement de relations de confiance apparaissent souvent pour les personnes que j'ai pu interroger comme étant au cœur de l'idée de SAS. Ainsi, interrogée sur ce qui lui semblait être les atouts principaux de la petite taille des SAS, Madame Carole Chevalier expliquait :

« Dans une SAS, tout le monde se connaît, tout le monde se côtoie au quotidien. Et donc c'est beaucoup plus facile de percevoir l'authenticité des choses et des comportements que dans une grosse machine où un surveillant a en charge quatre-vingts ou cent personnes, où un CPIP a en charge quatre-vingts ou cent personnes. Où on passe son temps à faire le minimum exigé de sa fonction et pas à échanger, à observer, à discuter avec les autres intervenants. Donc forcément, le maillage il est beaucoup plus resserré. [...] Ça crée aussi des relations de confiance entre les professionnels qu'ils soient pénitentiaires ou intervenants extérieurs, et [...] des relations de confiance de ces professionnels avec les publics. »[2]

L'objectif porté dans la SAS de Marseille et servi par sa petite taille semble donc être d'améliorer et d'apaiser les relations entre les professionnels et aussi entre le personnel et les détenus. Si les SAS ne constituent pas une solution au problème de la surpopulation qui frappe les maisons d'arrêt, elles sont un lieu où tout est mis en place pour que ce défi, qui exacerbe les tensions entre les acteurs, ne se pose pas. En effet, interrogée en 2020 à ce sujet, Madame Cayssials assurait : « Pas une [place] de plus. Ici, on ne mettra jamais de matelas au sol »[3].

En effet, l'un des risques les plus importants auquel font face les SAS est celui d'être utilisées comme un moyen de désencombrer des maisons d'arrêt surpeuplées. Madame Valérie Hazet, cheffe du service des métiers à la Direction de l'Administration Pénitentiaire (DAP), rencontrée lors d'un entretien en visioconférence, accorde une grande importance à cet enjeu. Elle déclare en effet :

« La SAS n'a pas pour objet de répondre à l'enjeu de la surpopulation. Bien sûr [...] chaque place doit être une place utile. Nous cherchons à les utiliser au mieux. On est très intéressés par le public maison d'arrêt [...] c'est ceux-là qu'on va aller chercher et qui seront mieux pris en charge que lorsqu'ils sont à 140 % ou à 200 %. [...] Le fait d'avoir des SAS rattachées à des structures aussi surencombrées, c'est une vraie chance. Ça fait baisser la surpopulation de l'établissement, mais surtout ça leur permet de préparer leur sortie dans de bien meilleures conditions. Donc oui, mais je voudrais vraiment pas qu'on ait le raccourci de penser que c'est un

[1] Mme Cayssials citée par Alouti F., « À la SAS des Baumettes, les détenus préparent leur sortie un pied dedans, un pas dehors ». *Marsactu* (blog), 3 mars 2020.

[2] Entretien avec Mme Chevalier, Op.cit.

[3] Entretien avec Mme Cayssials, Op.cit.

moyen de désencombrement rapide, c'est pas ça. Ça y participe évidemment, mais ce n'est pas l'objectif premier. »[1]

Ainsi, si les SAS ont pour conséquence finale de participer au désencombrement des maisons d'arrêt, l'administration centrale insiste particulièrement sur l'importance de ne pas les utiliser dans ce but. L'objectif d'une SAS doit être l'accompagnement à la réinsertion des détenus et non pas la lutte contre la surpopulation.

Cependant, la SAS des Baumettes a été confrontée à ce travers. En effet, avec une maison d'arrêt dont le taux d'occupation atteignait les 145 % au premier juillet 2019 selon l'Observatoire International des Prisons[2], la tentation d'utiliser les places libres au sein de la SAS pour lutter contre cette surpopulation reste forte. Ainsi, cité dans l'article « Structure d'Accompagnement vers la Sortie : de la théorie aux pratiques » de Charline Becker, un rapport d'inspection datant de 2020 faisait les constats suivants quant à certains détenus affectés à la structure : « Personne non marseillaise n'ayant pas de projet sur Marseille, quantum de peine très court ne permettant pas d'investir le dispositif, profils relevant de la délinquance organisée avec plusieurs évasions au cours de l'exécution de la peine ».

Ce rapport concluait qu'il s'agissait de cas de « désencombrement des quartiers hommes sur la SAS ne respectant pas les critères d'orientation fixés par l'administration pénitentiaire et mettant à mal l'équilibre de la structure ». Si Charline Becker explique que cette situation s'est résorbée depuis, pour ne trouver maintenant à la SAS que des profils correspondants à la logique de l'établissement[3], cette situation reste l'un des défis essentiels de la SAS de Marseille.

b. *Surveillance et sécurité*

La SAS des Baumettes traduit aussi une volonté de repenser la relation entre les détenus et les surveillants. La création de la SAS amène en effet les personnels pénitentiaires à s'interroger sur le rôle que doit y jouer le surveillant, et sur les façons de faire évoluer cette fonction. La doctrine SAS s'accompagne d'une fiche de poste du personnel de surveillance à la SAS, ayant pour objectif de guider la formation des personnels destinés à travailler au sein d'une telle structure. Elle suit aussi la signature par le ministre de la Justice Éric Dupont-Moretti de la charte des « Principes du surveillant pénitentiaire, acteur incontournable d'une détention sécurisée ». Celle-ci a pour objectif de revaloriser le métier de surveillant et de reconnaitre ses multiples dimensions au-delà de celle de « porte-clef » évoquée

---

[1] Entretien avec Mme Hazet réalisé en visio-conférence (1 h), le 20/04/2022 et conduit avec Esther Paillon.

[2] Becker C., « « Adieu Baumettes » : retour sur une opération de communication ». *oip.org* (blog). 18 octobre 2019.

[3] Becker C., « Structure d'Accompagnement vers la Sortie : de la théorie aux pratiques », Op.cit.

par les syndicats. L'objectif donné dans cette charte est de reconnaitre les surveillants pénitentiaires comme « des acteurs incontournables d'une détention sécurisée préparant activement la réinsertion des détenus »[1].

Au sein de la SAS de Marseille, un groupe de travail pluridisciplinaire a été créé pour lancer une réflexion par les acteurs de la SAS sur la façon d'exercer leur rôle de surveillant de manière adaptée à la structure. Cette réflexion est accompagnée par la sociologue de la DISP et la psychologue du SPIP[2].

Patricia Théodose explique ainsi cette évolution du métier de surveillant dans une SAS : « [Le rôle du surveillant de SAS] vise aussi à s'inscrire en en complémentarité de l'action du SPIP avec un travail pluridisciplinaire […] un travail d'observation renforcée. Ça s'inscrit pleinement dans la visée, qui est celle de l'administration pénitentiaire, de faire évoluer le métier de surveillant. Il y a une charte du surveillant-acteur qui a été signée récemment. On a donc un caractère sécuritaire qui est moins prégnant que dans d'autres établissements, aussi bien pour la structure d'ailleurs que pour la surveillance physique des personnes. »[3]

Comme évoqué plus haut, les personnes sélectionnées pour participer au programme SAS sont des détenus qualifiés de « difficiles », ayant des profils de récidivistes et ayant parfois eu des incidents en détention. Cette nouvelle logique demande un changement de perspective pour les personnels de surveillance quant aux personnes détenues. Interrogé par Charline Becker, un représentant du syndicat Snepap-FSU expliquait : « Cela entraîne des craintes chez les surveillants, ils doivent sortir de l'idée de la prime au mérite, c'est un changement important pour eux de culture comme de pratique »[4].

La garantie de la sécurité dans une SAS soulève elle aussi des questionnements inédits. Madame Aurore Cayssials a ainsi pu m'expliquer dans quelle mesure la garantie de la sécurité dans une SAS diffère de celle d'une détention classique : « [A la SAS des Baumettes] on est sur de la sécurité active à travers l'observation et pas sur la sécurité passive, sur les miradors, les barbelés. »[5]

Ici la sécurité repose donc sur le contrat passé par les détenus, mais aussi sur la capacité d'observation et de communication qui doit être exercée par les personnels, notamment les surveillants. Cette logique de responsabilisation du détenu dans son comportement au sein de la structure participe à la réalisation d'un objectif donné dans la doctrine : « l'apprentissage des règles de savoir-vivre et travail sur le respect de l'autre », essentiels à une réinsertion réussie.

---

[1] Séré L., « Surveillants pénitentiaires : ce que contient la charte qui les replace au centre de la prison ». *Libération,* 29 septembre 2022.

[2] Direction de l'Administration Pénitentiaire, Direction Interrégionale des Services Pénitentiaires Sud-Est. *Rapport d'activité de l'année 2022 du Centre Pénitentiaire de Marseille*. 2022.

[3] Entretien avec Patricia Théodose, Op.cit.

[4] Becker C., « Structure d'Accompagnement vers la Sortie : de la théorie aux pratiques », Op.cit.

[5] Entretien avec Mme Cayssials, Op.cit.

La question sécuritaire se pose de manière particulière dans une SAS où les cellules sont ouvertes, où les détenus peuvent évoluer sans contraintes, mais aussi où l'octroi de permission de sortie est très fréquent. Les détenus ayant des contacts très réguliers avec l'extérieur et pouvant couramment quitter l'enceinte de la prison pour réaliser leurs démarches professionnelles et administratives, comment faire en sorte que le niveau sécuritaire soit maintenu ? L'enjeu se pose de manière particulière aux Baumettes où, entre mars et décembre 2021, plusieurs évasions se sont produites.

La mise en place de cette sécurité active évoquée par les acteurs que j'ai pu rencontrer apparait comme un défi essentiel des SAS. Elle repose sur une nouvelle logique de gestion des publics, qui favorise la responsabilisation du détenu, la communication entre personnes sous main de justice et personnels pénitentiaires, et la confiance entre eux. Dans une prison qui se veut ouverte et au-delà des simples de logiques de punition et de privation de liberté, ces objectifs apparaissent centraux et essentiels à atteindre.

d. Le « Régime Dedans-Dehors »

Enfin, l'un des objectifs centraux de la SAS des Baumettes est de repenser la relation entre les personnes détenues et la population. Cet objectif se concrétise dans la mise en place que ce que Madame Aurore Coulon-Gaillard, directrice de la SAS, a appelé lors d'une conférence donnée au CRESS de la région PACA le « régime Dedans-Dehors ». Il s'agit non seulement du fort taux d'octroi de permissions de sorties, mais aussi de la grande quantité d'interactions avec le monde libre hors et à l'intérieur même de la SAS[1].

Madame Aurore Cassyials insistait sur l'importance accordée à la déstigmatisation les personnes détenues[2]. Pour réaliser cet objectif, la SAS des Baumettes a choisi de multiplier les expériences de mixité entre le public sous-main de justice et le public libre.

Le projet le plus caractéristique de cette réflexion est celui de la création du restaurant des Beaux Mets, au sein même de la détention. Il s'agira d'un restaurant accessible au public, dans lequel travailleront des détenus de la SAS qui bénéficieront d'une formation dans les métiers de la restauration. Ce projet cherche à diminuer l'isolement de détenus et l'effet de retrait du monde qu'a normalement la détention. Il facilite aussi l'échange, le dialogue et la rencontre entre le public libre et celui sous-main de justice.

Lors d'une interview accordée au média local Made in Marseille, Madame Aurore Coulon-Gaillard évoquait cet enjeu de normalisation des relations entre le public détenu et le public libre :

---

[1] CRES PACA. « Accompagnement à la sortie au centre pénitentiaire de Marseille-Baumettes, Op.cit.

[2] Ibid.

« C'est quelque chose de très important pour nous parce qu'on s'est bien rendu compte, notamment dans le cadre des visites des Baumettes historiques organisées avant la fermeture, que le public qui venait avec une certaine idée de la prison prenait conscience de certaines réalités, des stéréotypes, à la fois de l'univers carcéral et des métiers pénitentiaires. L'expérience de venir déjeuner en prison dans un cadre particulier est aussi l'occasion de mieux connaître et comprendre cet univers et les métiers des professionnels. »[1]

Il s'accompagne d'une dimension sécuritaire particulière, visant à empêcher les échanges d'objets de contrebande entre les visiteurs et les détenus de la SAS. Pour cela, les clients des Beaux-Mets devront transmettre leur pièce d'identité à la DISP pour un contrôle du casier judiciaire, devront se rentre sur les lieux munis de ladite pièce, et laisseront leurs téléphones à l'accueil. On peut questionner la pérennité et la viabilité économique d'une telle initiative. Passé le stade de la curiosité qui accompagnera l'ouverture, le public libre viendra-t-il toujours déjeuner aux Baumettes ? L'importance des contraintes sécuritaires n'agira-t-elle pas comme une dissuasion ?

La création de tels espaces entre détention et monde libre constitue à mon sens un enjeu intéressant les SAS. Faire de ces structures un endroit où le public libre se rend et rencontre le public détenu pourrait faciliter l'acceptabilité locale de la création d'un tel établissement, et en faire un acteur économique au cœur du territoire. Faire évoluer le regard sur les personnes détenues à la fois par l'administration pénitentiaire, les personnels de surveillance et la population constitue un défi particulier pour la SAS des Baumettes. Le projet de restaurant agira sans doute comme un indicateur pertinent du succès de cette démarche.

III - Repenser la prison

Enfin, la SAS des Baumettes traduit une volonté de repenser la prison en tant que telle. Il ne s'agit plus avec les SAS de créer des structures excentrées, coupées des villes et de leur fonctionnement, mais des établissements véritablement intégrés dans les territoires. Cette réflexion se manifeste aussi dans leur aspect bâtimentaire, le but étant de créer des établissements dont l'architecture apparaît comme reprenant le moins possible les codes classiques de l'architecture pénitentiaire.

La politique bâtimentaire des SAS comprend deux stratégies : celle de la construction de bâtiments neufs, et celle de la réhabilitation d'anciennes structures. Interrogée lors d'un entretien à la Direction de l'Administration pénitentiaire, Madame Anne-Lise Maisonneuve, adjointe à la cheffe du département des politiques sociales et des partenariats à la DAP, expliquait le fonctionnement de cette politique : « Généralement, les SAS sont plutôt sur les domaines pénitentiaires puisque ce sont des quartiers pour la plupart du temps, et donc font partie

[1] Kerboua N., « Marseille : Les Beaux Mets, premier restaurant en prison de France ouvert au public ». *Made in Marseille* (blog), 29 juin 2022.

d'un établissement. Pour la plupart, elles sont réhabilitées ou construites sur le domaine pénitentiaire. »[1]

La SAS des Baumettes entre dans la première catégorie. Il s'agit du seul bâtiment conservé des Baumettes historiques. Les bâtiments étant anciens, ils nécessitent une rénovation dont la programmation doit être réalisée par la DISP au cours de l'année 2022.[2]. La vétusté des bâtiments constitue un défi sérieux pour la SAS de Marseille, qui se trouve pour l'instant dans l'incapacité d'appliquer cet aspect important de la doctrine SAS.

Monsieur Edouard Thieblemont, sous-directeur financier et bâtimentaire à la Direction de l'Administration Pénitentiaire, rencontré lors d'un entretien, a pu m'expliquer que le choix de réhabiliter un ancien bâtiment ou de construire la SAS sur le terrain du centre pénitentiaire repose aussi sur une question d'acceptabilité par la population locale. La construction et l'ouverture d'une prison provoquant souvent des réticences de la part des acteurs locaux, réhabiliter ou construire sur un terrain déjà acquis permet de limiter les tractations et tentatives d'entente avec le public, et donc d'accélérer la construction et la mise en œuvre. Il expliquait en effet :

« La vérité c'est qu'au niveau national, tout le monde demande des prisons, mais en réalité, au niveau local, même les élus qui ont des positions assez offensives au niveau sécuritaire ne veulent pas de prison chez eux. Ça ne plaît pas aux citoyens et c'est vrai qu'en général, soyons réalistes, ça enchante quand même assez moyennement les foules d'avoir un établissement pénitentiaire à côté de chez soi. Donc il y a un premier critère qui n'est pas officiel, qui est de trouver un endroit qui accepte, même si c'est rare. [...] L'idée qui est poussée depuis quelques années, c'est de ne pas trop se retrouver dans la campagne, pour qu'il y ait du travail, des partenariats sociaux, des associations. Dans un monde idéal, on conçoit l'implantation dans un endroit avec activité économique importante, un tissu associatif vivant. » [3]

En effet, une SAS fonctionnant en partenariat avec de nombreux acteurs extérieurs, elle se doit d'être intégrée au sein du tissu urbain. Les détenus devant sortir régulièrement pour effectuer leurs démarches administratives, de santé et de recherche d'emploi et n'étant pas véhiculés, il est important que l'accès au centre-ville puisse être réalisé facilement. De plus, le maintien des liens familiaux étant essentiel dans une logique de détention en SAS l'établissement se doit d'être accessible au public. Toutes ces caractéristiques influent sur le choix de l'emplacement d'une telle structure.

---

[1] Entretien avec Mme Maisonneuve réalisé en visio-conférence (1 h), le 20/04/2022 et conduit avec Esther Paillon

[2] Direction de l'Administration Pénitentiaire, Direction Interrégionale des Services Pénitentiaires Sud-Est. *Rapport d'activité de l'année 2022 du Centre Pénitentiaire de Marseille.* 2022.

[3] Entretien avec M.Thieblemont réalisé en visioconférence (1 h), le 04/05/2022 et conduit avec Esther Paillon et Pauline Chatail-Rigolleau.

Annelise Maisonneuve explique en effet que « l'idée, la philosophie, c'est de faire en sorte que ces quartiers puissent être effectivement complètement englobés dans un secteur périurbain où urbain. »

La SAS des Baumettes, construite comme évoqué plus haut dans un bâtiment réhabilité des Baumettes historiques, se situe dans le neuvième arrondissement de la ville de Marseille. Madame Carole Chevalier a pu revenir pour moi sur cette localisation :

« L'autre particularité de la SAS des Baumettes, c'est que comme son nom l'indique, elle est aux Baumettes. Elle est dans la ville de Marseille. Ça si j'en parle, c'est parce que c'est aussi très important. [...] On est loin du centre-ville, on est à dix kilomètres du centre-ville, mais on est dans la ville. Donc on a les services de la RTM, la régie des transports marseillais qui font leur office de 5h30 du matin jusqu'à 21h, 22h. Ça c'est, c'est très important en termes de démarche puisque la mobilité des publics, c'est une difficulté chronique et le fait de pas avoir de transports en commun adéquats ça pose des difficultés sur les projets qu'on veut mettre en place sur une SAS. »[1]

Cependant, ce constat ne semble pas partagé par tous les acteurs. Interrogé par Charline Becker, le JAP Morgan Donaz-Pernier qualifiait la SAS des Baumettes de « très excentré[e] et mal desservi[e] en transport », ce qu'il considérait comme « ne concordant pas avec les discours de l'administration pénitentiaire »[2].

Au-delà de la situation de l'établissement, c'est son architecture même qui doit être repensée pour construire une SAS. Il s'agit en effet de créer un bâtiment paraissant « le moins carcéral possible », tout en maintenant le niveau d'exigence sécuritaire. Interrogé sur la prise en compte des enjeux de sécurité dans la conception des bâtiments des SAS, Edouard Thieblemont nous expliquait :

« Sur la sécurité, on est sur une recherche de compromis : quel est finalement le bon dosage ? [...] On est forcément dans une tension entre l'esprit du programme, qui est sur le fait d'avoir des choses qui sont les plus ouvertes possible, le moins carcéral possible et puis une... une bonne partie des directeurs de services pénitentiaires qui eux voient le risque d'évasion comme très concret et très impactant pour leur quotidien. [...] Il y a forcément sur ce type de structure un risque d'évasion qui est un peu plus important. »[3]

On retrouve ici le caractère novateur des SAS. Il s'agit de créer des prisons hors de codes classiques de l'architecture pénitentiaire, ces derniers servant avant tout un but sécuritaire. Les bâtiments de la SAS des Baumettes étant anciens, ils ne reflètent pour l'instant pas cette logique, mais il sera intéressant d'étudier le projet de rénovation lorsque celui-ci sera accessible. Une SAS reposant sur la vie en commun et dans le respect des autres, la surveillance active et l'ouverture vers l'extérieur, il sera particulièrement intéressant de voir comment ces concepts

[1] Entretien avec Mme Chevalier, Op.cit.

[2] Becker C., « Structure d'Accompagnement vers la Sortie : de la théorie aux pratiques », Op.cit.

[3] Entretien avec M.Thieblemont, Op.cit.

seront repris et quelle interprétation il en sera faite dans l'architecture de la SAS suite à sa rénovation.

Les SAS ont-elles vocation à être généralisées ? Chaque prison se verra-t-elle dotée d'une SAS qui accompagnera les détenus au cours de leur fin de peine ? Pour l'instant, la direction de l'administration pénitentiaire se montre prudente sur le sujet. Interrogée à ce sujet Patricia Théodose déclarait :

« Il faudra déjà évaluer les résultats de ce projet, ces vingt structures qui vont voir le jour. C'est une possibilité offerte et un outil complémentaire pour la préparation à la sortie mais il n'est pas exclusif aussi d'autres possibilités. Il y a des personnes qui ne sont pas forcément éligibles aux SAS. Pour autant, il faut préparer leur sortie. La volonté, c'est que chaque inter région puisse disposer d'une structure ou de plusieurs structures pour élargir les possibilités de travail sur la préparation à la sortie. »[1]

Ainsi, la SAS des Baumettes a pu m'apparaître au cours de mon enquête comme une expérimentation novatrice, cherchant à repenser la peine, la relation aux détenus et la prison. Cette ambition n'est pas sans défis, et la SAS n'est qu'aux prémices de son existence. Une étude sur un temps plus long permettra d'apprécier les évolutions et les transformations d'une telle volonté à l'aune d'une application plus large de la doctrine des SAS. Cependant, la SAS des Baumettes apparaît aujourd'hui comme une expérimentation positive et qui constitue un apport pertinent dans la réflexion sur de nouvelles formes de détention orientées sur une nouvelle approche de la peine.

[1] Entretien avec Mme Théodose, Op.cit.

Section 3. Le projet de SAS de Valence : genèse et perspectives

(Esther PAILLON, Titulaire du Bachelor de Sciences Po Grenoble)

Annoncée dans le cadre de la loi de programmation de la justice : la construction de 16 structures d'accompagnement vers la sortie (SAS) s'inscrit dans le plan immobilier « 15 000 ». L'objectif d'une SAS est double : accompagner les conditions d'une libération prochaine du détenu et limiter les risques de récidive. Issues d'une certaine nécessité « d'assurer la réinsertion » « une fois la peine effectuée »[1], les SAS sont des structures qui se veulent nouvelles dans le parc pénitentiaire français, en lien avec cette spécificité d'une préparation active de la sortie. Ces structures seront ouvertes à tous les détenus dont le reliquat de peine est inférieur à 2 ans et visent ainsi principalement un public issu des maisons d'arrêt. Installées au sein d'anciens quartiers de semi-liberté réhabilités ou bénéficiant d'un nouveau bâtiment spécialement conçu, ces SAS permettront la création de 2100 places dont 120 pour la SAS rattachée au centre pénitentiaire (CP) de Valence qui fait l'objet de notre étude. On notera que parmi ces 120 places, 30 seront réservées à des détenus condamnés à effectuer de peine de semi-liberté ce qui signifie qu'effectivement, seules 90 seront affectées par le régime applicable en SAS, dit « de confiance ». En effet, les détenus y sont libres de circuler « de façon autonome [...] pendant les horaires d'ouverture des portes de cellules »[2]. Cette libre circulation s'effectuera à l'aide de badge dans le cas de la SAS de Valence. Il est important de noter que la SAS de Valence n'est actuellement pas en fonctionnement ; les travaux devraient se terminer d'ici janvier 2023 avec une arrivée des premiers détenus prévue avant l'été 2023 pour le moment.

L'analyse de ce projet de SAS sur le CP de Valence s'effectue en lien avec le projet Rescaled proposant le modèle des « maisons de détention » basé sur trois critères : la petite taille, la spécialisation par rapport au détenu à la fois en termes de sécurité et de programmes proposés et une prise en compte locale de la structure sur le plan économique, sociale et culturel[3]. Les SAS font partie de ces structures permettant de tester indirectement le modèle des « maisons de détention ». Ainsi, on retiendra les trois piliers Rescaled au moment de l'analyse sans pour autant s'y limiter. On s'interrogera alors sur les critères et facteurs mis en avant à la mise en place d'un projet de SAS. Il conviendra de regarder comment la mise en œuvre d'un tel projet s'articule avec les enjeux qui sous-tendent ses structures, à savoir la préparation de la sortie et la prévention de la récidive. Cependant, il ne s'agira pas d'évaluer l'efficacité de cette structure dans la poursuite de ces objectifs, mais plutôt les facteurs retenus par les acteurs au niveau

---

[1] Nicole Belloubet, invitée à France Inter, 12 septembre 2018. (https://www.franceinter.fr/emissions/l-invite-de-7h50/l-invite-de-7h50-12-septembre-2018, consulté le 23/05/2022).

[2] Article R. 213-16 du code pénitentiaire, entré en vigueur depuis le 01/05/2022.

[3] https://www.rescaled.org.

central à l'administration pénitentiaire (AP) conjointement avec les acteurs directement impliqués dans la mise en œuvre de la SAS à Valence.

Méthodologie

Nous avons réalisé des entretiens semi-directifs afin de récolter les données qui nous permettront d'appréhender la question de départ. Ceux-ci se sont déroulés sur le site de Valence et en visioconférence. Les grilles d'entretien peuvent être retrouvées directement en annexe. Nous avons décidé d'interroger à la fois des partenaires locaux, le directeur du CP de Valence ainsi que la directrice fonctionnelle des services pénitentiaires de l'insertion et de la probation (DFPIP) Ardèche-Drôme, et d'autres faisant partie de la direction de l'administration pénitentiaire (DAP) et ayant travaillé sur le développement de ces SAS à l'échelle nationale. Ces derniers entretiens ont été réalisés en commun avec Pauline Chatail-Rigolleau et Paule Garrigues. La structure étant encore en travaux, d'autres acteurs allant être impliqués dans son fonctionnement n'ont pas encore participé à son déploiement et n'ont donc pas pu se saisir de ce futur dispositif afin de nous apporter des éléments pour le moment. Quant au niveau de la DAP, il a également été compliqué de s'entretenir avec l'ensemble des acteurs ayant participé à la conception de ces nouvelles structures. De plus, les SAS n'étant qu'une partie de leur travail, certains n'étaient pas en mesure de répondre à toutes nos questions.

En nous rendant sur les lieux, une visite rapide du chantier et une présentation sommaire des plans de la structure ont été effectuées. Cependant, la nature embryonnaire de la structure ne nous permet pas véritablement d'en tirer des conclusions vis-à-vis du futur fonctionnement. Le règlement intérieur n'a pas non plus encore été édicté du fait que la plupart des acteurs futurs du fonctionnement de la SAS restent à venir.

Dans un premier temps, nous observerons comment la doctrine, émise au niveau national, porte le projet de SAS à Valence. Nous verrons comment celle-ci se place vis-à-vis des enjeux pénitentiaires actuels et les particularités qu'elle met en œuvre dans le projet de SAS. Dans un second temps, nous regarderons ce qui est mis en avant afin de mener à bien à bien ce projet dans une optique de redonner du sens aux courtes peines à travers l'accompagnement personnalisé des détenus visant à les responsabiliser et à les autonomiser. Notamment, nous examinerons la manière dont s'effectuera la sélection du public affecté en SAS, l'adaptation de la structure en elle-même aux objectifs visés et la manière dont est envisagée l'intégration locale de l'établissement vis-à-vis du programme à venir.

I- La doctrine comme maxime du projet valentinois

« Exercice un peu particulier »[1], la mise au point d'une doctrine, issue d'un dialogue social avec les organisations syndicales, visant à dresser les fondamentaux de telle structure, a mis deux ans avant de pouvoir être communiqué aux agents pénitentiaires sur le territoire en décembre 2021. La doctrine permet d'ores et déjà d'inscrire un certain nombre de principes qui devront s'appliquer uniformément dans les SAS existantes et celles à venir et nous permet de projeter un peu mieux dans le fonctionnement de ces structures. Nous verrons alors quels sont les principes qui ressortent le plus au sein de cette doctrine, clé de voute du développement des nouvelles SAS.

a) Les SAS dans le « plan 15 000 » : une réponse à la surpopulation ?

« La construction de nouveaux types d'établissements et de nouveaux régimes de détention », dont les SAS font partie, est la stratégie promue par le plan 15 000 venant s'atteler au problème de la surpopulation dans les maisons d'arrêt (MA)[2]. La doctrine SAS indique elle-même la priorité donnée aux départements « qui subissent la plus forte suroccupation dans les maisons d'arrêt ». Cependant, les acteurs au niveau central comme au niveau de Valence ne considèrent pas la lutte contre la suroccupation comme un objectif, même si cela « y participe évidemment »[3] et ce « par effet de base communicant »[4]. Jusqu'à présent, sur les 291 places disponibles en SAS actuellement, le taux d'occupation est de 73,8 %[5]. Un choix qualitatif est véritablement mis en avant par les acteurs au niveau central, choix qui sera prolongé par les acteurs locaux à la fois désireux de s'inscrire dans la doctrine : « les personnes […] ne doivent pas être affectée dans le cadre de politique de désencombrement » et de tester le fonctionnement de l'établissement[6].

Il faut cependant noter que, au niveau central, cette nécessité d'avoir de nouvelles places persiste, notamment au moment de l'arbitrage entre rénovation d'anciennes places et construction de nouvelles structures[7]. Ainsi, ces SAS apparaissent comme de nouvelles structures dans le sens où elles viennent ajouter

---

1 Entretien avec M. di Marino, adjoint à la direction de la sous-direction sécurité à la DAP.

2 http://www.justice.gouv.fr/art_pix/2018_10_18_Dossier%20de%20presse_Plan_immobilier_penitentiaire.pdf .

3 Entretien avec Mme Hazet, cheffe du service des métiers de la DAP.

4 Entretien avec M.di Marino, Op.cit.

5 Données issues de l'entretien avec M.Blosseville, directeur du bureau en charge de la gestion des détentions à la DAP.

6 Entretien avec M.July, directeur du CP de Valence.

7 Entretien avec M.Thieblemont, sous-directeur du pilotage et du soutien des services : « la priorité c'est de nouvelles places, donc effectivement si rénover veut dire qu'on ferme les places en termes de capacité globale alors on privilégie la construction ».

des places mais également à travers les principes et les objectifs inédits et clairement identifiés qui les encadrent sur le parc pénitentiaire français. Le projet de SAS à Valence semble tout à fait s'inscrire dans cette dynamique d'ouvertures de place avec une prise en considération de nouveaux principes devant guider la peine, et notamment cet accompagnement vers la sortie, présenté alors comme critique dans une optique de lutte contre la récidive. Bien que le projet ne soit pas défendu comme une réponse à la surpopulation carcérale avec une ouverture de places supplémentaires sur le parc pénitentiaire français, c'est un effet collatéral de l'ouverture de nouvelle structure comme la SAS de Valence.

b) Une rupture avec certains codes carcéraux

Dans les pratiques

La libre circulation au sein de la SAS est ancrée à l'article R. 213-16 du code pénitentiaire et au sein de la doctrine permettant alors de reprendre « les principes de la vie quotidienne » comme la prise des repas en commun. Le détenu devient acteur de sa journée. Bien que celle-ci ne soit pas nouvelle dans les prisons françaises, elle ne s'est restreinte qu'à des cas bien particuliers comme les modules de respect[1]. Sachant que le public visé par ces SAS est majoritairement un public issu de MA, cela semble marquer une véritable rupture avec cette dernière où le détenu attend que l'on vienne le sortir de sa cellule individuelle pour rejoindre « les saines activités qu'on organise à son intention pour entamer une vie sociale »[2]. Cette rupture est reprise par les acteurs locaux :

« La conception structurelle permet aux détenus de passer d'une zone à l'autre simplement à l'aide de leur badge ; c'est-à-dire de sortir de la cour de promenade. Quand vous êtes dans une prison comme les autres, logiquement, vous ne pouvez pas sortir sauf si vous avez quelqu'un qui vient vous ouvrir la porte. Là, il y a possibilité de se rendre d'une cour de promenade à une salle de muscu au terrain de sport à partir du moment où votre badge est programmé pour. »[3]

À Valence, cette libre circulation sera opérationnalisée par un badge, lequel l'administration aura paramétré en fonction des accès autorisés en lien avec le programme établi par le détenu en amont de son affectation en SAS. De plus, ce badge permettra le suivi en temps réel de la personne détenue afin de faire appel à sa responsabilité.

Des changements au niveau des pratiques sont également observables au niveau de la procédure d'affectation où le consentement de la personne détenue n'est pas requis.

---

[1] Hernandez L., Mbanzoulou P., *Les modules de respect : une métamorphose de la prison ?, Rapport de recherche*, 2020.
[2] Demonchy C., « 11. L'architecture des prisons modèles françaises » *in* Artières P., *Gouverner, enfermer : La prison, un modèle indépassable ?*, 2004.
[3] Entretien avec M. July, Op.cit.

« Le consentement de la personne n'est pas requis, ce qui est assez nouveau aussi dans notre façon de penser les dispositifs. [...] On sait que des fois d'une décision qui peut paraître être une contrainte pour la personne, on peut en tirer quelque chose de très positif. En tout cas c'est le pari qu'on fait. » [1]

Un « pari » fait dès le départ par l'AP qui viendrait donner un plus grand pouvoir aux acteurs de la commission pluridisciplainre unique, du CP de Valence dans notre cas, au moment de la sélection. Bien que l'adhésion à l'affectation soit « moteur »[2] et à rechercher selon la doctrine, la sélection des publics sera centrée sur la question des besoins d'accompagnement de la personne plutôt que sur son envie d'intégrer une telle structure. Il reste cependant important de nuancer ce propos puisque le travail du SPIP devrait rester similaire sur ce point-là. La mission habituelle du SPIP étant « d'accompagner des gens dans des changements. »[3]

« C'est de se dire qu'à un moment donné il y a ça et ça qui ne vont pas chez moi, c'est amener les gens à ce changement. Pour cela, il faut être dans une relation de confiance qui veut pas dire d'acceptation totale de ce qu'ils nous disent. On doit pouvoir se dire les choses. Il fait arriver à trouver cette entrée de travail avec la personne qui nous est confiée. C'est quelque chose qui devrait normalement pouvoir se travailler et se faire. Cette adhésion au programme passera par là. »[4]

Ainsi, on comprend bien que la mission du SPIP dans cette recherche d'adhésion n'opère pas un véritable changement de pratiques. La venue en prison n'étant jamais volontaire, le SPIP porte au cœur de ses missions l'accompagnement vers le changement afin de réintégrer au mieux possible les personnes détenues en société.

De plus, toutes les personnes incarcérées en MA ne sont pas destinées à rejoindre de telle structure. Les SAS ne sont à envisagées pour l'instant que comme « une possibilité offerte et un outil complémentaire pour la préparation à la sortie mais pas exclusif »[5]. De plus, comme le rappellent les agents de l'administration centrale, il convient de raisonner à travers le prisme des politiques publiques. Selon le modèle de l'analyse séquentielle de C. Jones[6], nous sommes en plein milieu de la phase de mise en œuvre et il convient d'attendre la phase d'évaluation avant de voir si ce type de structures devrait être plus largement déployé sur le territoire.

---

[1] Entretien avec Mme Théodose, adjointe à la sous-direction de l'insertion et de la probation – DAP.
[2] Ibid.
[3] Entretien avec Mme Thomas, DFSPIP Drôme Ardèche.
[4] Ibid.
[5] Entretien avec Mme Théodose, Op.cit.
[6] 1970 cité dans : Hassenteufel P., « Chapitre 1. Les modes d'analyse des politiques publiques. Dans : Hassenteufel P., *Sociologie politique de l'action publique*, 2021.

À travers la sémantique : la question des « chambres »

Bien que jamais explicitement cité par la doctrine, un changement sémantique devrait s'opérer pour les SAS : on ne parlerait plus de cellule, mais de chambre. Un changement ayant déjà eu lieu au sein des centres pour peine aménagée (CPA) et quartiers pour peine aménagée (QPA), c'est un terme qui fait débat chez les acteurs pénitentiaires. Au niveau de l'administration centrale, ce changement s'inscrit dans la droite ligne de la préparation à la sortie :

« Pour avoir géré un QPA, c'est un petit peu psychologique. Par ce changement de terminologie, amener les personnes détenues des quartiers classiques à appréhender un nouvel univers, c'est aussi les prédisposer à une démarche. Quand on parle de chambre, ça renvoie à une imagerie qui est différente. » [1]

Au niveau local, le changement est plus ou moins bien intégré. Tous les acteurs s'accordent sur l'importance des mots : alors que certains veulent « qu'on essaie d'éviter les mots tels que cellules » afin de véritablement s'inscrire dans la volonté de l'administration qui a créé ces structures, d'autres affirment que cet aspect de cellule ne disparaitrait pas pour autant mettant en cause une forte connotation du mot en lui-même :

« « Chambre » il y a un côté patient et maladie, je n'aime pas non plus ni le côté service hôtelier. »[2]

De plus, c'est un changement qui ne sera pas forcément opéré par les détenus eux-mêmes. Toute somme, ce terme ne serait pas forcément appréhendé au niveau local par les différents acteurs identifiés comme en charge de gérer le projet de SAS. Ce changement de terme ressort comme étant un principe en rupture surtout en surface par rapport à l'autonomisation et la responsabilisation des détenus.

Une nouvelle dynamique entre détention et SPIP

La mission de réinsertion, au cœur des SAS, à longtemps eu du mal à s'inscrire dans le travail des surveillants pénitentiaires « confrontés à une double mission contradictoire de garde et de réinsertion sociale, au contenu totalement antinomique et paradoxal »[3]. Pour répondre à cela, une charte du surveillant acteur, visant à renouveler le métier de surveillant, a été signée en avril 2021[4]. Est alors repris ce concept de « surveillant-acteur » dans le fonctionnement théorique des structures, comme le consacre la fiche métier surveillant SAS attachée à la doctrine. L'idée derrière ce concept est un rôle accru du surveillant afin qu'il

[1] Entretien avec Mme Théodose, Op.cit.

[2] Entretien avec Mme Thomas, Op.cit.

[3] Mbanzoulou P., *La réinsertion sociale des détenus. De l'apport de surveillants de prison et d'autres professionnels pénitentiaires,* 2000.

[4] Charte des principes du surveillant pénitentiaire, acteur incontournable d'une détention sécurisée, DAP, 2021 (voir annexe).

participe « de façon plus engagée au fonctionnement de la structure dans tous ses aspects. »[1] De plus, il est prévu que les surveillants SAS travaillent en binôme avec les CPIP, venant ainsi amoindrir cette dichotomie entre sécurité et insertion. On peut estimer que ce choix est une reprise des bonnes pratiques, les surveillants travaillant déjà en tandem avec les CPIP au CP de Varennes-le-Grand[2]. Cette dynamique s'est par ailleurs déjà retrouvée à l'administration pénitentiaire où les sous-directions insertion et probation et sécurité ont conjointement été associées à la création de la doctrine.

« S'il y a bien quelque chose qui caractérise ces SAS, c'est effectivement un intérêt multiple. » [3]

En lien avec l'objectif premier de réinsertion, il parait logique qu'une place prépondérante soit donnée au SPIP par tous les acteurs impliqués dans l'élaboration des SAS. En effet, dès le départ, le SPIP est fortement inclus dans le développement de ce type de projet même si cette inclusion n'est pas tout à fait nouvelle.

« Je pense que c'est quelque chose qui est aujourd'hui assez, je veux pas dire banal parce que c'est jamais banal de créer une structure, mais le fait qu'il y ait un travail de co-élaboration avec la direction d'établissement, c'est pas tout nouveau en fait. »[4]

Cette particularité aura des conséquences du point de vue de l'encadrement des détenus avec le passage d'un ratio normal, théorique, de 1 conseiller pour 60 à 1 conseiller pour 30 personnes détenues au sein de la SAS. C'est véritablement ce nouveau ratio qui est perçu comme « bas ».

« ça permet au CPIP de pas être mangé par les échéances et de pouvoir garder du temps pour chaque personne, pour un suivi plus individualisé, pour faire des évaluations précises, pour arriver de déterminer au mieux les besoins d'intervention et mettre en place des programmes adaptés au suivi que l'on va retrouver à la SAS. Ce ratio-là est vraiment très intéressant. »[5]

Ce ratio semble même être la clé de voute du projet SAS permettant alors cet accompagnement individualisé au cœur de la genèse du projet SAS. Ainsi, la mise en avant du SPIP est un principe fondamental envisagée par la doctrine, dès la phase de projet afin de remplir les objectifs de réhabilitation d'une structure d'accompagnement vers la sortie.

---

[1] Entretien avec M.July, Op.cit.
[2] Witkamp E., *Mémoire ENAP. La dangerosité pénitentiaire à l'épreuve de la sécurité dynamique*, 2021.
[3] Entretien avec Mme Hazet, Op.cit.
[4] Entretien avec Mme Thomas, Op.cit.
[5] Ibid.

c) Volonté des acteurs locaux de s'inscrire dans cette doctrine

Au niveau des acteurs locaux, on dénote une véritable envie de s'inscrire dans cette doctrine vis-à-vis du fonctionnement futur de la SAS. Les deux acteurs interrogés, et ce bien que la SAS de Valence ne soit encore qu'à un stade embryonnaire, les travaux n'étant pas finis, concède de l'importance de cette doctrine qui et sont désireux d'être acteurs de ces principes. L'établissement ayant déjà été associé « à la transformation du programme générique, élaboré par le ministère, à un programme spécifique adapté à sa zone et en lien avec ces problématiques propres ainsi que nos pratiques. »[1] En effet, les acteurs bénéficient tout de même d'une certaine marche de manœuvre qui va les amener « à chaque paragraphe, [à] mettre du contenu » qui se veut innovant. Il est notamment fait référence au restaurant d'application de la SAS des Baumettes. Ne cherchant pas à le reproduire nécessairement, on va s'attarder au niveau local à trouver des solutions de ce type, citées comme innovantes, permettant de créer ce lien établi comme nécessaire entre le dedans et le dehors, propre à la SAS.

II- Principes doctrinaux des SAS : quelle application dans le projet valentinois ?

La doctrine SAS, grand fil directeur du déploiement des structures à venir dont celle de Valence, a véritablement précisé l'objectif investi par l'administration pénitentiaire au sein de ce type de dispositif : « l'autonomisation et la responsabilisation des personnes détenues, afin d'accompagner les conditions d'une libération prochaine ». Pour ce faire, la doctrine insiste sur le fait de renforcer « le sens et l'utilité des courtes peines ». Cette question du sens de la peine n'est pas nouvelle et de nombreux chercheurs s'accordent sur le lien entre une certaine perte de sens et de mauvaises conditions d'incarcération[2,3]. Gilles Chantraine insiste sur une peine vidée de sens en MA notamment, lieu incontournable du « temps carcéral vide » où les détenus, laissés pour compte, ne seraient appelés qu'à attendre la sortie[4]. Les enjeux de sorties sèches et de récidive sont alors placés au cœur du projet SAS. Dans cette partie, nous présenterons les principes d'organisation des SAS mis en avant dès la phase de projet, permettant d'instaurer à nous du sens dans la peine et ce notamment en lien avec la réinsertion des publics.

---

[1] Entretien avec M.July, Op.cit.

[2] Chantraine G., « Chapitre 1. La mécanique du temps vide ». Dans : Chantraine G., *Par-delà les murs : Expériences et trajectoires en maison d'arrêt*, 2004.

[3] Tournier P.-V., *La prison, une nécessité pour la République*, 2013.

[4] Chantraine G., Op.cit.

a) Sélection des profils

Les places étant limitées à 120 dont 90 effectivement en SAS dans la structure en construction sur le site du CP de Valence, il fait sens qu'un processus de sélection ait lieu. De plus, comme évoqué précédemment, ces SAS n'ont pas vocation à être ouvertes à l'entièreté du public en MA mais seulement à ceux qui pourraient d'avantage en tirer profit. Or, Virginie Jeanpierre, en évoquant les futures prisons ouvertes[1], insiste sur le profilage des détenus qui devra « être réalisé avec habileté et expérience mais en se gardant d'un trop grand zèle, qui pourrait *in fine* être contre-productif »[2]. Les critères de sélection sont clairs et ancrés dans la doctrine : le reliquat de peine doit être inférieur à 2 ans. Ne comportant pas de quartier arrivant, les SAS ne recevront pas directement des condamnés. En ce qui concerne la SAS de Valence, un autre critère s'ajoute : il faudra être un homme. La sélection par le genre est une chose que l'on identifie déjà comme une limite potentielle :

« C'est vrai qu'une des critiques qui peut être formulée, c'est pas moi qui la formule, mais ça peut être une question qui est posée. Une femme qui veut être placée en semi-liberté, c'est pas à Valence que ça pourra se faire et ça peut être effectivement un manque. »[3]

Un autre critère entrera également en compte, de manière plus informelle, au niveau de la SAS de Valence : le fait de connaître les détenus qui y seront affectés.

« J'espère qu'on puisse être le principal pourvoyeur des personnes affectées à la SAS. C'est le cadre d'une procédure d'affectation qui, on l'espère, soit quand même simplifiée pour laquelle l'établissement disposera d'une espèce de droits de tirage peut-être, c'est pas encore arrêté. On souhaite être en capacité de proposer le maximum de personnes. »[4]

Un enjeu d'efficacité quant aux premiers moments de la structure semble clairement évoqué par rapport à ce critère plus informel et apparaît au premier plan pour les acteurs locaux au moment de la mise en fonction de la structure. Cette envie est corroborée par tous les acteurs du niveau local ; cependant, il reste à s'interroger sur le long terme et un potentiel risque de clientélisation. Cela pourrait néanmoins être amoindri avec la prise de connaissance et l'utilisation de la structure par les commissions de transfert au niveau de la DISP.

---

[1] Virginie Jeanpierre s'intéresse essentiellement à des structures totalement ouvertes, à l'image de la prison de Casabianda. Cependant, du fait de l'importance accordée à une certaine forme de régime dedans/dehors ainsi que par leurs nouveautés sur le parc pénitentiaire français, on peut considérer les SAS au même titre que ces futures prisons ouvertes, encore hypothétiques, auxquelles elle fait allusion.

[2] Jeanpierre V., « Prisons ouvertes : de Casabianda au paradigme de demain ? », *AJ Pénal*, N° 12, 2021.

[3] Entretien avec M.July, Op.cit.

[4] Ibid.

Une inquiétude est déjà évoquée vis-à-vis du remplissage de cette SAS, n'ayant pas non plus vocation à tourner à capacité pleine dès ses débuts comme le reste des structures de ce type en France :

« Ma crainte, d'expérience, c'est que quand vous êtes détenu, vous avez vos habitudes. Vous avez compris qu'il y avait quand même une certaine infrastructure ici qui assure un certain confort aux personnes détenues. Ils ne vont pas retrouver la même chose l'autre côté, il n'y a pas la place de mettre un stade, un gymnase donc pour les gens qui sont très axés sur ces activités finalement ils vont y perdre un peu. »[1]

Bien que le consentement ne soit pas requis pour l'affectation, l'adhésion au programme reste centrale afin que celui-ci soit mis en œuvre par la personne détenue et ainsi que sa réinsertion puisse se faire dans les conditions prévues par la doctrine. Bien que ce travail de recherche d'adhésion reste l'apanage du SPIP[2], cette crainte persiste au niveau local. Il reste à voir comme cela évoluera. Par ailleurs, cela va à l'encontre de l'hypothèse émise par Virginie Jeanpierre selon laquelle une forte ouverture vers l'extérieur d'une structure de détention pénitentiaire induirait une multiplication des candidatures[3].

Quant aux profils qui seront accueillis, seuls des acteurs locaux interrogés semblent prendre en compte leur grande diversité.

« Les profils des personnes qui vont venir sont assez larges. Ce sont des peines de moins de 2 ans avec des besoins d'intervention importants. Donc, on va toucher une population large qu'il faudra cerner pour mettre en place des choses collectives qui les concernent tous et qui peuvent concerner certaines typologies. Mais, on ne sera pas dans l'ultra ciblage si vous voulez » [4]

Cette diversité représente un des potentiels défis de la mise en œuvre d'une SAS car elle représente une charge de travail importante et « une attention constante »[5] pour les SPIP.

b) Adaptations structurelles de la SAS face à ses objectifs

Toujours dans une optique d'autonomisation et de responsabilisation des détenus, la SAS de Valence, ainsi que toutes les autres SAS déjà existantes et celles en construction, a adapté sa structure d'un point de vue sécuritaire et sa taille.

---

[1] Ibid.
[2] Entretien avec Mme Théodose, Op.cit.
[3] Jeanpierre V., Op.cit.
[4] Entretien avec Mme Thomas, Op.cit.
[5] Ibid.

Une sécurité adaptée et dynamique

« Pas question de recréer des supermax »[1]. Après avoir entraperçu les plans de la future structure, visité sommairement le chantier et observé des modélisations de la future SAS, on ne retrouvera ni miradors, ni câbles anti-hélicoptères ou autres dispositifs de sécurité observables en face, au CP de Valence. La sécurité au sein de la structure reposera en grande partie sur le rôle de surveillants :

« Le travail du surveillant pénitentiaire concourra à l'objectif de sécurité à l'intérieur de la structure mais sera également donc un rôle très acteur, on peut dire engagé sur la prévention de la récidive, de la préparation à la sortie, on est plutôt là-dessus. »[2]

Ce type de sécurité découle en grande partie de la sélection opérée vis-à-vis du public affecté en SAS dont la faible dangerosité concoure à leur sélection. L'ensemble des agents s'accorde autour d'une certaine cohérence, principe également évoqué par la Garde des Sceaux, Nicole Belloubet, au moment du développement de la loi de programmation pour la justice en 2018.

Il est tout de même mentionné une certaine « tension » entre les objectifs du programme, l'intensité de son ouverture vers l'extérieur et des impératifs sécuritaires qui demeurent prégnants pour « une bonne partie des directeurs de de services pénitentiaires qui eux voient vaut le risque d'évasion comme très concret et très impactant pour leur quotidien. »[3]. On voit bien que la question de l'acceptabilité de ce type de structure, moins carcérale par essence, persiste et ce notamment en lien avec les enjeux sécuritaires liés à l'administration pénitentiaire dans son ensemble.

Il est intéressant de noter que si les acteurs locaux s'accordent sur le caractère essentiel de cette sécurité dans le cadre des objectifs de la structure, on soulève tout de même une certaine problématique à laquelle on devra répondre. Cet enjeu semble d'autant plus prépondérant que la structure est nouvelle et donc architecturalement conçue pour implémenter ce type de sécurité dit dynamique.

« Il faut pas se leurrer, on va avoir certainement du parloir sauvage, des tentatives d'introduction d'objets illicites, voilà, il y en aura. Mais je ne pense pas que cette crainte la doive arrêter tout le projet. Ils font qu'on soit capable de se dire que c'est un élément et qu'on puisse nous rebondir et travailler à partir de ça. Gros changement quand même pour nous. »[4]

Le niveau local s'est déjà emparé de ces problématiques et un raisonnement en dynamique est déjà évoqué pour essayer de répondre à ce type de problème qui pourra se poser au niveau de la structure valentinoise. Cependant, ce type de problématique est considéré comme intégral à la structure et ne doit pas

---

[1] Entretien avec M.Blosseville, Op.cit.
[2] Ibid.
[3] Entretien avec M.Thieblemont, Op.cit.
[4] Entretien avec Mme Thomas, Op.cit.

représenter de frein à sa mise en place[1]. On voit ainsi qu'une autre vision est déjà présentée par les SPIP pour qui le travail en termes d'évolution fait déjà partie du cœur de métier.

La petite taille : une conséquence des objectifs de la SAS

Avec des capacités d'accueil oscillant entre 90 et 180 places, aucune des SAS à venir ne respecte le critère de petite taille édictée par Rescaled. En effet, une « maison de détention » n'accueillerait jamais plus de 50 ans détenus, effectif basé sur le rapport Woolf de 1991[2]. Cependant, ces structures correspondent à des petites structures au sein du parc pénitentiaire français ; les personnels s'accordent sur le fait qu'une structure de moins de 200 places reste sur un portage limité. De plus, le nombre de places devait obligatoirement dépasser les 60 pour pouvoir profiter de la prise en charge sanitaire comme la mise à disposition d'infirmiers diplômés d'État ou de médecins[3]. En effet, bien que les SAS soient rattachées à un CP, et pour la plupart du temps construites à proximité, il n'est pas prévu que les publics SAS puissent avoir accès aux infrastructures sanitaires disponibles sur ce CP. En revanche, la petite taille est plutôt à considérer comme une conséquence de cette prise en charge de qualité plébiscitée par tous les acteurs, autant au niveau central qu'au niveau local.

« On passe d'une une masse d'individus à l'intérieur d'une maison, à quelque chose où on peut travailler d'une façon beaucoup plus précise, plus en dentelle, avec beaucoup plus en finesse sur les besoins réels de la personne pour permettre que le temps de libération soit un temps de réussite pour lui. »[4]

Quant au SPIP, à la direction du projet SAS à Valence, apporte une vision plus nuancée par rapport au nombre de places.

« [Pour le projet SAS,] il faut prendre en compte les flux de la gestion de groupe, tout en restant dans l'hyper individualisation. Sur 90, c'est un challenge qui est quand même important, quoi qu'on en dise. » [5]

On concèdera cependant le fait que si l'on raisonne en termes de coût à la place, les places de SAS sont plus onéreuses qu'elles le seraient dans un établissement plus grand. C'est d'ailleurs une telle logique qui avait mené à la construction des « nouvelles prisons » de Didier Cholet[6] dont la capacité d'accueil était très importante. Ce modèle a notamment été critiqué avec le livre blanc sur l'immobilier pénitentiaire. Depuis, « c'est plutôt [le modèle] des prisons à taille humaine, en termes de fonctionnement et de qualité de la prise en charge » qui

---

[1] Ibid.
[2] http://www.prisonreformtrust.org.uk/Portals/0/Documents/Woolf%20report.pdf.
[3] Entretien avec M. di Marino, Op.cit.
[4] Entretien avec M.Blosseville, Op.cit.
[5] Entretien avec Mme Thomas, Op.cit.
[6] Cholet D., *Les nouvelles prisons. Enquête sur le nouvel univers carcéral français*, PUR, 2015.

prime[1]. Les SAS s'inscrivent dans la droite lignée de cette transformation d'une prise en charge plus personnalisée au moment de l'exécution de la peine considérée comme un bénéfice à inclure dans le calcul du coût d'une place.

c) Régime dedans/dehors : un moyen de test envisagé pour les détenus

Entendue comme un « trait d'union » entre le milieu fermé et le milieu ouvert, la SAS se veut être un moyen de combler cette perte des codes de l'extérieur et de la vie en collectif imputée par la prison.

« Pour moi, c'est l'esprit de la SAS, ce n'est pas la liberté mais c'est plus la prison. C'est ça qu'il faut faire accepter. »[2]

On voit que cette fonction de la SAS est bien comprise au niveau local. Afin d'opérationnaliser cet état d'entre-deux au niveau de la SAS de Valence, on va se servir des permissions de sortie (prévues dans la SAS). Ces dernières dont les objectifs, définis à l'article 723-3 du code de procédure pénale[3], sont la préparation à la « réinsertion professionnelle ou sociale du condamné », le maintien de « ses liens familiaux » ou encore le fait « d'accomplir une obligation exigeant sa présence » comme la réalisation d'un entretien d'embauche par exemple, sont tout à fait cohérentes avec la démarche SAS.

Ces permissions de sortie sont notamment employées comme un moyen de tester le fait que l'on puisse faire confiance à un détenu à l'extérieur, dans l'optique de sa libération prochaine[4]. Les permissions de sortie pouvant être à présent octroyées par les chefs d'établissements, il est probable que les décisions de permission de sortie puissent être des outils de gestion indirecte de la structure[5]. Il est cependant difficile de le déterminer avant que la SAS ne soit mise en place si tel sera effectivement le cas.

d) Place donnée à l'intégration locale des SAS

Afin de permettre ce lien dedans/dehors et de faciliter l'organisation de permission de sortie, les SAS se veulent être intégrées dans un milieu urbain :

« Il doit y avoir à l'ensemble de ces SAS, c'est quand même d'être inséré dans un milieu urbain permettant justement le lien entre dedans et dehors et faire en sorte que l'insertion soit facile et l'autonomie progressive avec des permissions de sortir. » [6]

---

[1] Entretien avec M.Thieblemont, Op.cit.

[2] Entretien avec M.July, Op.cit.

[3] L'art 723-3 du code de procédure pénale continue à s'appliquer de la sorte avec le nouveau code pénitentiaire, notamment au travers de l'article L424-5.

[4] Herzog-Evans M., « French Prison Day Leave and the Rationale Behind It: Resocialisation or Prison Management? », *European Journal on Criminal Policy and Research,* vol 26, 2020, pp. 247–264.

[5] Ibid.

[6] Entretien avec Mme Hazet, Op.cit.

Cette intégration urbaine, volonté de la doctrine, peut également s'appréhender comme une conséquence du projet principal des SAS à savoir la réinsertion des personnes à travers une expérience dedans/dehors. En effet, le tissu urbain est nécessaire afin de bénéficier des acteurs extérieurs de la société civile. Cela s'oppose à l'implantation rurbaine des « nouvelles prisons » de Didier Cholet[1] ; en effet, ce type de localisation participe au doublage de l'éloignement social créé par la prison. Déjà, ce type d'implantation était considéré comme non favorable aux détenus en semi-liberté dont toutes les démarches furent compliquées par cet éloignement[2]. Cette critique émise est particulièrement pertinente dans le cadre d'une SAS où des détenus en semi-liberté seront accueillis mais aussi où les personnes affectées en SAS seront fortement susceptibles de se déplacer régulièrement à l'extérieur.

Cette intégration urbaine se veut également au niveau architectural, avec l'idée de faire « quelque chose de moins carcéral »[3]. Plus de barreaux aux fenêtres, la clôture urbaine vient en remplacement du mur d'enceinte : les choix architecturaux « rompent avec les codes pénitentiaires traditionnels s'insérant de manière harmonieuse dans le tissu urbain »[4]. Les acteurs eux-mêmes admettent le caractère atypique de ces structures.

« Dans un monde idéal, on conçoit l'implantation dans un endroit avec activité économique importante, un tissu associatif vivant. Ensuite, il y a également des critères démographiques. On fait des projections, à partir de l'état actuel des établissements, on prend en compte la surpopulation. »[5]

Cependant, au moment de la recherche de foncier, un « travail d'équilibre »[6] se fait : il est rare de trouver un endroit qui accepte sans compromis des structures pénitentiaires sur son territoire. Cela ne semble pas avoir été un problème pour la SAS de Valence dont le CP disposait d'un foncier de 25 hectares, relativement éloigné du centre, sans zone pavillonnaire à proximité. Ainsi, ce sont des considérations bien pragmatiques qui ont conduit au choix de l'emplacement de la SAS. Bien qu'il soit possible de qualifier la localisation de la future de SAS de Valence de rurbaine, celle-ci ne vient pas compromettre l'accessibilité : un choix déjà fait l'origine de la reconstruction du CP de Valence.

« La proximité des services publics, la proximité du réseau routier, du réseau ferroviaire. Valence a été retenue aussi pour ça. »[7]

Au niveau local, le choix du CP de Valence pour y intégrer une SAS fait sens par rapport au CP en lui-même, intégrant déjà ce souci d'intégration locale à sa création. Cependant, bien que ce choix soit rationalisé par les acteurs locaux,

---

[1] Cholet, Op.cit.

[2] Ibid.

[3] Entretien avec M.Thieblemont, Op.cit.

[4] Description des SAS sur le site de l'APIJ : https://www.apij.justice.fr/nos-projets/les-operations-penitentiaires/sas-de-valence/, consulté le 24/05/2022.

[5] Entretien avec M.Thieblemont, Op.cit.

[6] Ibid.

[7] Entretien avec M.July, Op.cit.

l'implantation de la future structure en zone péri-urbaine, en face de l'actuel CP de Valence reste symboliquement ancrée dans cet univers carcéral, qui semble alors peu en adéquation avec ce statut d'entre-deux auquel les SAS sont rattachés. Au niveau opérationnel, on peut questionner la différence entre la SAS et le CP quant aux différentes démarches à opérer avant une sortie par exemple.

De plus, les projections faites à l'administration pénitentiaire permettant la décision de la localisation des nouvelles constructions prennent en compte des critères démographiques, dont la surpopulation fait partie. Ainsi, il est possible de se demander si cette SAS ne viendrait pas répondre indirectement aux enjeux de surpopulation dans la région, bien qu'y répondre ne soit pas l'objectif de ces structures.

« Effectivement ces places de semi-liberté effectivement étaient réclamées depuis longtemps par les autorités judiciaires car l'ancienne maison d'arrêt de Valence disposait de places de semi-liberté qui ont été supprimées avec la fermeture de cet établissement et la réouverture de celui-ci. […] Entre Nîmes Grenoble et Lyon il n'y avait pas grand-chose, notamment dans la Drôme et l'Ardèche donc voilà ce sera chose faite. »[1]

Il paraît également possible que la décision d'implantation de cette SAS soit en lien avec les enjeux locaux de diversification des outils à la disposition des magistrats au niveau de la région Rhône Alpes Auvergne.

Enfin, sur la question de l'acceptabilité locale, il semble que la construction de la structure n'est pas engendrée de réactions particulières. La couverture médiatique est limitée dans les deux sens du terme : seuls trois articles de presse locale ont couvert sa création et ce de manière assez sommaire, sans parti pris apparent, ne faisant figurer aucun avis en particulier vis-à-vis de l'ouverture d'une telle structure ce que l'on peut probablement imputer à l'état embryonnaire du chantier.

Conclusion

La création d'une structure d'accompagnement vers la sortie à Valence s'inscrit dans une doctrine servant de véritable maxime pour développer le projet au niveau local. Celle-ci, bien qu'elles fassent partie du plan de création de 15 000 places de prison, n'a pas pour objectif de répondre à la suroccupation des maisons d'arrêt en particulier. En effet, c'est la question de la préparation à la sortie à travers la responsabilisation et l'autonomisation des détenus qui est au centre du projet de sens. Le but de ces SAS est de véritablement redonner un sens à la peine. Pour ce faire, elles opèrent un certain nombre de changements, en rupture avec les codes carcéraux classiques au niveau des procédures, de la sémantique et du lien avec les services d'insertion et de la probation. Les acteurs locaux de la SAS se la sont complètement appropriée et témoignent de leur envie d'inscrire le

[1] Ibid.

fonctionnement futur de la structure exactement dans la doctrine. Puis nous avons vu comment, et ce plus en delà de la doctrine, envisageait-on le fait de redonner un sens aux courtes peines notamment. Cela va passer par une certaine sélection des profils afin de viser, dans un premier temps, ceux qui en auraient le plus besoin. Nous avons également vu comment allait s'organiser la sécurité, élément indispensable de la prison, dans ce type de structure. Ce type de sécurité dynamique s'inscrit dans une volonté générale de modernisation du rôle de surveillant pénitentiaire et découle d'une certaine cohérence avec les profils qui seront présents sur la structure. Nous avons également vu comme la petite taille relative des établissements est une conséquence des objectifs de la doctrine et non un but en soi. Quant aux permissions de sortie, élément d'opérationnalisation de l'approche dedans/dehors, elles sont appréhendées comme des outils de test des détenus. Enfin, l'intégration locale de ces structures, principe promu par la doctrine, reste encore à évaluer, conséquence de la nature embryonnaire du projet au niveau du centre pénitentiaire de Valence.

La SAS de Valence représente-t-elle « l'espoir d'une société meilleure »[1] ou est-elle une énième annonce de transformation permettant à la prison de rester tolérable[2] ? L'objet de cette recherche n'a pas été d'y répondre. En tous cas, la SAS de Valence pourrait s'avérer être un pas de plus vers le modèle de la « maison de détention » de Rescaled tant les trois fondements de ces dernières y semblent réunis et ce, dès la phase de projet de la structure. Cependant, la véritable évaluation ne pourra se conclure qu'au moment de la mise en œuvre de cette SAS et en fonction des résultats vis-à-vis de la réintégration des personnes ayant été détenues en son sein.

[1] Salle G., *L'utopie carcérale, petite histoire des « prisons modèles »*, 2016.
[2] Artières P. et Lascoumes P., Op.cit.

Conclusion

(Martine KALUSZYNSKI, Directrice de recherches au CNRS-UMR Pacte, UGA-Sciences Po Grenoble)

On peut se réjouir de ces travaux menés par ces étudiants qui se sont attaqués à un travail de recherche, de problématisation, tentant de saisir cette réalité singulière qui est celle de l'univers carcéral avec parfois, des refus, des écueils. Il faut saluer leur persévérance, la qualité de leur production et également le responsable de ce projet. Travailler sur la prison n'est pas si facile, ni si évident, même si c'est un très bel objet de recherche.

L'enfermement est un phénomène historiquement connu, répandu à travers le monde et dans le temps. La prison semble, au moins depuis deux siècles, inscrite dans un mouvement de balancier où se succèdent mesures humanistes, philanthropiques[1], attentisme et épisodes répressifs[2]. La prison acquiert, dans la société libérale, une *« centralité politique »*[3], elle s'inscrit dans un autre espace mental que celui que forgeait « *l'amour de l'humanité* »[4].

Dès 1791, tout a été dit ou presque sur la prison ou plutôt contre la prison[5], et les chercheurs sur la prison restent confrontés à cette interrogation persistante de l'écart entre les intentions attribuées, les projets autour de la bonne prison et les pratiques souvent répressives et sans espoir. Dans les travaux de sociologie, *« la force du schéma conceptuel de Goffman est telle que la quasi-totalité des chercheurs du champ carcéral tentent de se positionner par rapport à celui-ci »*[6]. La recherche pénale et carcérale existait, mais *« l'influence décisive de Michel Foucault »*[7], écrit Michelle Perrot, va remodeler le cours des recherches[8],

La prison (et sa naissance) apparaît dans cette perspective comme caractéristique d'un nouveau mode de gouvernementalité.

---

[1] Arrepos, *Philanthropies et politiques sociales en Europe (XVIIIe-XXe siècles)*, Anthropos historique, 1994.

[2] Vimont J.-C., *La prison. À l'ombre des hauts murs,* Découvertes Gallimard, 2004, utilise cette image du balancier.

[3] Perrot M., « Tocqueville méconnu, introduction à Tocqueville », in Perrot M., *Les ombres de l'histoire. Crime et châtiment au XIXe siècle*, Flammarion, 2001, pp. 109-158.

[4] Duprat C., *Pour l'amour de l'humanité. Le temps des philanthropes*, tome 1, Paris, CTHS, 1993, 485 p.

[5] Petit J-G., *Ces peines obscures, La prison pénale en France, 1780-1875*, Fayard, 1990, p. 54.

[6] Chantraine G., « La sociologie carcérale : approches et débats théoriques en France », in *Déviance et Société*, 2000, vol. 24, n° 3, p. 302. Goffman n'est quasiment pas cité chez les historiens.

[7] À partir de l'ouvrage de Foucault M., *Surveiller et punir, Naissance de la prison,* NRF, Paris, Gallimard, 1975.

[8] Perrot M., *Les ombres de l'histoire*, Op.cit., p. 25.

La prison « *ne fait en enfermant, en redressant, en rendant docile, que reproduire, quitte à les accentuer un peu, tous les mécanismes que l'on trouve dans le corps social* »[1].

Michel Foucault interroge la question de la discipline dans la société et des rapports entre les marges et les centres. Quand il étudie la prison, ce n'est pas l'objet prison en soi qui l'intéresse mais les problèmes que cela pose en termes de pouvoir et de violence.

La prison est le laboratoire idéal pour saisir et appréhender les logiques de pouvoir et renvoie spécifiquement au fonctionnement des Etats comme des régimes politiques. Marqueur du pouvoir, de son seuil de tolérance aux illégalismes divers, selon les contextes et les pays, la prison dit souvent, de la latitude d'un pays ou d'un régime politique face à ses droits, ses libertés, sa tolérance et son rapport à l'altérité.

Cet ouvrage avec ses quatre chapitres ne revient pas sur le modèle même de la prison, mais sur des expériences, où l'enfermement, la détention se fait sur un autre modèle, singulier, spécifique, que ce soit par la population ciblée, la taille, l'objectif.

D'abord, celle des EPM, en s'interrogeant sur le fait de savoir si l'expérience des mineurs pourrait inspirer celle des adultes ? Plusieurs EPM et un quartier pour mineurs sont analysés par Raphaëlle Gentil (Lavaur) Amaury Lionti (Meyzieu), Nicolas Rosier (Porcheville) et Angélique Corbes (Grenoble). Les EPM ont été l'objet de travaux par Gilles Chantraine[2]. Destinés à accueillir des détenus de 13 à 18 ans, les EPM constituent en effet une nouveauté dans le dispositif carcéral français. Leur ouverture témoigne d'une volonté affichée de rompre avec le fonctionnement des « quartiers mineurs ». À la différence des quartiers mineurs, la détention des EPM est composée de petites unités de vie au sein desquelles les repas ont lieu en commun, encadrés par un binôme, un éducateur et un surveillant qui, ensemble, doivent participer à la « prise en charge globale » des détenus. Gilles Chantraine parle de façon un peu lapidaire d'un souci de détotalitarisation, à une forme de retotalitarisation et d'une l'ambivalence ontologique des EPM entre avancée progressive et une logique d'inculcation des normes sociales très fortes[3]. L'expérience des mineurs (si on pense aux colonies ou maisons

---

[1] Foucault M., *Surveiller et punir*, Op. cit., p. 235.

[2] Chantraine G. « Les prisons pour mineurs. Du primat sécuritaire à la concurrence des logiques professionnelles ? », *Les Cahiers de la Justice*, vol. 3, no. 3, 2012, pp. 153-164. Chantraine G. (dir.), avec Sallée N., Scheer D., Salle G., Franssen A. et Cliquennois G., 2011, *Les prisons pour mineurs. Controverses sociales, pratiques professionnelles, expériences de réclusion*, rapport pour la mission de recherche Droit et Justice, Clersé, 534 p. Chantraine G., Scheer D., Milhaud O., 2012, « Espace et surveillance en établissement pénitentiaire pour mineurs », *Politix*, n° 97, pp. 125-148. Scheer D., Chantraine G., Milhaud O., 2011, « Espaces, mouvements et visibilités en établissements pénitentiaires pour mineurs », in Dieu F., Mbanzoulou P., (dir.), *L'architecture carcérale. Des mots et des murs*, Toulouse, Privat, pp. 117-123.

correctionnelles du XIXe siècle dont celle de Mettray) a toujours été innovatrice dans le pire comme le meilleur.

Marie Antonelli et Sacha Deleurence évoquent La semi-liberté : une mesure en déclin ou un modèle pour l'avenir ? À Lyon et Grenoble. La semi-liberté est un aménagement de peine sous écrou. Avec cet aménagement, une personne sous placement de semi-liberté est autorisée à quitter, durant la journée, l'établissement pénitentiaire pour effectuer une activité (professionnelle, personnelle, etc.). Elle est toujours accordée avant la date de fin de peine) rendue plus accessible avec la loi du 23 mars 2020. Tout dépend de l'usage qu'en fera le JAP, et c'est bien ici l'illustration de la « difficulté et peut-être de la « confusion » du juge face à la variété des dispositifs et sophistication des mesures possibles qui existent et peuvent laisser désemparé un juge qui s'y perd ou retrouve ses réflexes classiques (exemple pour les TIG ou autres mesures alternatives à leur début).

Plusieurs travaux portent ensuite de petits établissements, spécialisés ou non. Le travail de Zoé Buzio sur la maison d'Arrêt de Chambéry et celui de Sinoûne Lucas sur celle de Gap ; ceux d'Ambre Pouclet et Line Rousseau sur la MAF de Corbas et de Léa Visière autour du tabou de la mixité et des expérimentations qui se développent montrent l'adaptation possible à des populations diverses, spécifiques qui induit des modalités singulières.

Enfin, Les structures d'accompagnement vers la sortie (SAS) sont évoquées par Pauline Chatail-Rigolleau, Esther Paillon, Paule Garrigues qui ont étudié les SAS de Poitiers, de Marseille ou du projet de SAS de Valence. Ces SAS renouent avec une tradition pénitentiaire ancienne, celle de la société de patronage créée dans les années 1880, alternative à la répression et en amont de la prison. La société de patronage est un instrument de prévention lorsqu'elle concernera non seulement les libérés de prison qu'il s'agira d'aider, mais aussi les enfants en danger, devenant un lieu de transition entre le monde de la prison et le monde libre. Elle reste définie et limitée par des circulaires et des textes juridiques ; elle a mission de protéger, préserver, rééduquer. En cela, elle n'est pas comparable au « patronage scolaire », qui se fonde autour de l'école et dont le principal but est de saisir l'enfant, l'adolescent, à un moment qui peut être critique, celui où il va prendre contact avec la société. Les sociétés de patronage ont été créées avant tout, dans leur objectif premier, dans un contexte pénitentiaire en direction des libérés de prison. Dès le début du XIXe siècle, on pense que l'heure de la libération peut être fatale pour ceux qui viennent de subir leur peine.

Le libéré doit résister aux sollicitations de ses anciens amis, lutter contre lui-même et contre la société qui l'évite et le repousse. Il faut donc une structure qui permettra à cet individu d'échapper à la récidive. Ainsi, primitivement, la société de patronage se donne pour but de reclasser dans la société les individus qui ont subi une ou plusieurs peines, et de donner les secours nécessaires pour placer et maintenir parmi les honnêtes gens, les condamnés libérés. Les années 1880-1890 sont des années d'essor[1]. Les sociétés de patronage, présentes dès le début du siècle, se développent véritablement dans cette période. On peut parler alors d'un réel « mouvement » du patronage. Le contexte est plus favorable, plus ouvert à ce type de préoccupations philanthropiques, la « question sociale » s'est amplifiée : axée au début sur le thème de la prison, ou sur les difficultés du monde ouvrier, elle étend à d'autres catégories de populations ses interrogations et ses remèdes (par exemple les pauvres, les enfants, etc.). Ces quelques années constituent un moment-charnière, nourries de plusieurs événements concomitants : des avancées législatives décisives, l'émergence des notions d'intérêt de l'enfant et de prévention, le rôle de sociétés savantes actives, comme la Société générale des prisons, berceau théorique du patronage, ainsi que la volonté d'une fédération des sociétés de patronage qui sera consacré par l'Union des sociétés de patronage. On voit ici un ensemble d'expériences, d'innovations dont les racines s'ancrent bien avant le moment républicain, mais qui seront très fortement investies, mobilisées dans cette période où la réforme est un enjeu majeur. Et un enjeu qui intéresse au-delà des chronologies comme des géographies

Ces dispositifs et les réflexions engagées sont importants. L'objectif est bien de travailler à l'amélioration de l'exécution de la peine de prison et sans doute cela devient vital face au constat réalisé sur la prison ces dernières années, notamment quand on pense au rapport de Guy-Pierre Cabanel[2].

La priorité est de désengorger les prisons et de lutter contre la surpopulation carcérale. Cette "crise" de surpopulation s'est en réalité normalisée depuis plusieurs décennies, en France comme dans une grande partie des pays d'Europe et d'autres continents. Elle découle d'un "tournant punitif"[3] à la fin du XXIe siècle, qui a transformé le monde carcéral à la fois dans son ampleur, par un phénomène d'emprisonnement massif[4], et dans sa nature, par une sévérité et une "volonté de punir"[5] largement accrue. C'est aux États-Unis que ce tournant punitif a pris sa source au début des années 1980[6]. Le modèle américain a exercé dès lors une influence majeure à l'échelle mondiale et a entraîné, avec quelques années de décalage, une forte convergence internationale des politiques pénales et carcérales. Cette mondialisation ou « américanisation » des politiques pénales, sécuritaires et pénitentiaires a été documentée par de nombreuses études qui ont

---

[1] En 1880, on compte 65 sociétés de patronage en fonction, 9 sociétés de patronage sur le point d'être fondées. C'est dans ces années que l'essor des sociétés de patronage, tant au niveau des moyens législatifs, financiers ou humains, va se développer.

[2] Rapport de M. Cabanel G.-P., *fait au nom de la commission d'enquête, n° 449 tome I (1999-2000) - 29 juin 2000* ou Jean Marie Delarue, « *Prisons : une honte pour la République* », 2014.

[3] Carrier N., « Anglo-Saxon Sociologies of the Punitive Turn », *Champ pénal. Penal Field,* vo. VII, 2010, p.1-35.

[4] Garland D., *Mass Imprisonment. Social Causes and Consequences*, Londres, Sage, 2001.

[5] Fassin D., *Punir. Une passion contemporaine*, Paris, Le Seuil, 2017.

[6] Wacquant L., *Les prisons de la misère*, Paris, Raisons d'agir, 1999 ; Christie N., *Crime Control as Industry : Towards Gulags, Western Style*. Londres, Routledge, 1994 ; Pratt J. et al., *The New Punitiveness: Trends, Theories, Perspectives*, Abingdon and New York, Routledge, 2005.

notamment mis en lumière le rôle des *think tanks*, des réseaux d'experts et des envoyés gouvernementaux états-uniens dans la diffusion des politiques de répression pénale[1], ainsi que des solutions architecturales en matière carcérale[2] », écrit Julie de Dardel dans un bel article publié en 2022 dans la revue *Parlements*[3]. Elle y montre qu'en ce qui concerne l'Europe, une majorité de pays s'est engagée dans une forte croissance carcérale sans précédent au tournant du XXIe siècle (Grande-Bretagne, Espagne, Italie, Grèce, France). D'autres encore, minoritaires, font notablement exception : les pays nordiques ont préservé et même développé un contre-modèle carcéral minimaliste, bien loin des traits typiques du tournant punitif ».

Et si le covid a amené un désengorgement et une tendance à la baisse de la population carcérale européenne, consécutive à l'état d'urgence sanitaire, cette situation s'est arrêtée avec la fin du confinement. L'article de Julie de Dardel, extrêmement documenté, chiffre les baisses et la hausse des emprisonnements qui repartent dès 2020. « *Ce retour à la normale ne doit toutefois pas occulter l'ampleur et la portée de la brèche qui a été ouverte dans le secteur carcéral par ce moment de bouleversement. Pour la première fois depuis des décennies, l'espoir d'un changement en profondeur du secteur carcéral, enfoncé depuis la fin du XXe siècle dans une grave crise à la fois humanitaire (due à une surpopulation endémique) et politique (due à ses effets délétères démontrés par d'innombrables études*[4]*), s'est fait jour. La décrue éclair de la population carcérale fait sauter un verrou : l'engorgement des prisons, perçu jusqu'alors comme une triste fatalité, est à l'évidence tout à fait réversible. Il s'agit bien d'une question de volonté politique, disent de nombreux spécialistes et praticiens des mesures réductionnistes appliquées dans l'urgence pendant la pandémie* »[5].

L'ensemble des travaux sur les petites structures interpelle sur des solutions possibles, du moins des pistes à creuser, que je vais ici lister :

---

[1] Peck J., « Geography and Public Policy: Mapping the Penal State », *Progress in Human Geography*, vol. 27, no 2, 2003, pp. 222–32; Newburn Tim and Sparks Richard (dir.), *Criminal Justice and Political Cultures : National and International Dimensions of Crime Control*, London: Willan, 2004; Melossi D., Sozzo M. and Sparks R. (dir.), *Travels of the Criminal Question : Cultural Embeddedness and Diffusion*, Oxford and Portland, Hart, 2011.

[2] de Dardel J., « Le modèle américain : types architecturaux et circuits d'exportation », dans *Exporter la prison américaine*, Neuchâtel, Alphil Presses Universitaires Suisses, 2016, pp. 93-112.

[3] de Dardel J. « Les prisons peuvent-elles trouver le Nord ? Le modèle scandinave boussole de la décroissance carcérale » dans *Parlement[s], Revue d'histoire politique* 2022/1 (N° 36) pp. 99-112.

[4] Voir notamment les publications récentes en France : Rostaing C., *Une institution dégradante, la prison*, Paris, Gallimard, 2020 ; Ricordeau G., *Pour elles toutes. Femmes contre la prison*, Paris, Lux, 2019 ; Chetcuti-Osorovitz N., *Femmes en prison et violences de genre. Résistances à perpétuité*, Paris, La Dispute, 2021 ; Fassin D., Op.cit.

[5] de Dardel J., Op.cit, p 104.

D'abord, la question architecturale et le rôle du lieu_qui impacte sur les rapports sociaux. Il ne s'agit plus de construire pour construire, ni construire du beau propre aseptisé (Corbas !! et ses effets pervers) mais construire avec un projet, une réflexion sur les apports du lieu à la réinsertion et à de bonnes conditions de séjour (Rôle des architectes au service de la prison). Gilles Chantraine indique bien que les EPM qu'il a étudiés sont construits selon deux modèles architecturaux distincts. (Le modèle « Chartreuse » comporte des unités en épis, et le modèle « Agora » est organisé autour d'un espace interne sur lequel donnent toutes les structures de détention et les bâtiments administratifs).

. Ensuite, le rôle de l'inscription territoriale est également un point important. Quelles alliances, solidarités, quels contrats passer avec le territoire, dans une réciprocité d'échanges ? S'intéresser de façon pragmatique et concrète à la réinsertion (travail logement, entourage, assistance sociale) et pour cela peut-être s'inspirer des modèles étrangers : prisons ouvertes ou prisons petit modèle.

L'histoire des pénalités a été traditionnellement une histoire de la circulation internationale[1] et de la réception des idées et des innovations dans le domaine de la prise en charge des criminels[2]. Les modes d'adhésion se pratiquent selon un fonctionnement connu dans la tradition du champ pénitentiaire ou pénal – c'est-à-dire à travers des contacts, des voyages, des modes d'accès au savoir et à la connaissance qui permettent de proposer à son pays le projet, paré de toute une légitimité et s'appuyant sur des exemples de pays ou de modèles pratiquant déjà la mesure.

Ainsi, la prison, quels que soient le temps, les périodes, les chronologies, les territoires, s'impose comme un modèle à la fois singulier et universel dans la matrice qu'il propose. Destinée à sanctionner, punir, isoler des individus prétendus dangereux, la prison se présente comme une sorte d'invariant des sociétés modernes.

Il est toujours intéressant de décentrer l'analyse des dynamiques carcérales et le regard porté loin, en parallèle des expériences très rares en France de prisons ouvertes (Casabianda Corse), mais si fréquentes dans les pays du Nord où l'enfermement est réduit, les taux d'emprisonnement très bas et les prisons ou lieux d'enferment plus ouverts.

Un article du techtribune.net, de mars 2022, relate que la première prison « intelligente » de Grande-Bretagne conçue avec une technologie intelligente et sans barreaux aux fenêtres a ouvert ses portes dans le cadre d'un projet censé réduire la criminalité et orienter les délinquants vers des emplois. La prison, d'une capacité de 1 700 places, comprendra également une salle de sport, une table de

[1] Dupont-Bouchat M.-S., « Du tourisme pénitentiaire à "l'Internationale des philanthropes". La création d'un réseau pour la protection de l'enfance à travers les congrès internationaux (1840-1914) », *Paedagogica Historica*, 38 (2-3), 2002, pp. 533-563.

[2] Saunier P-Y., « Circulation, connexions et espaces transnationaux », *Genèses*, n° 57, 2004, pp. 110-126. Voir Kaluszynski M., Payre R. (dir.), *Savoirs de gouvernement. Circulations, traductions, réceptions*, Paris, Economica, collection « Politique Comparée », 2012.

billard, une table de ping-pong et une tablette informatique pour aider les détenus à acquérir de nouvelles qualifications. Le ministère britannique de la Justice a déclaré qu'il s'agissait de la première prison du pays à avoir été conçue avec comme objectifs principaux l'éducation, la formation et les emplois pour les détenus libérés – des facteurs qui, selon lui, ont prouvé qu'ils réduisaient la criminalité et la récidive. Le gouvernement a déclaré qu'il travaillait en partenariat direct avec les employeurs locaux pour offrir 500 places de formation en cours d'emploi grâce à une libération sous licence temporaire, menant à des emplois prêts à l'emploi pour les anciens délinquants une fois de retour dans la communauté. Plus de 25 anciens délinquants et prisonniers en liberté provisoire ont également été employés dans la construction de la prison, acquérant des compétences telles que la maçonnerie, la menuiserie, le plâtrage et la toiture. Avec 24 ateliers et un grand nombre de salles de classe, les détenus participeront à un apprentissage formel, à des cours, à des qualifications et à une formation en cours d'emploi dans des domaines tels que le codage, l'entretien des voitures, l'entretien des chariots élévateurs, la plomberie et l'ingénierie. La prison sera également intelligente dans la manière dont elle aide les détenus toxicomanes à mener une vie propre, avec deux ailes spéciales de récupération de drogue axées sur les méthodes basées sur l'abstinence. Jusqu'à 200 délinquants ayant des problèmes de toxicomanie participeront à un programme de 16 semaines pour les aider à se débarrasser de la drogue et à se rétablir définitivement. La nouvelle prison, sur le site de l'ancien HMP Wellingborough, est la première des six nouvelles prisons à être achevée, la construction à Glen Parva dans le Leicestershire étant en cours. Créer des milliers d'emplois pour les communautés locales et voir des millions investis dans les routes et les infrastructures locales, tout en réhabilitant des milliers de délinquants et en assurant la sécurité du public.

Julie de Dardel, quant à elle, s'attaque à l'exceptionnalisme nordique, contre-modèle réductionniste, un modèle qui stupéfie et fascine, un modèle idéalisé et évoque la notion de décroissance carcérale. « *Nous proposons ici la notion de décroissance, empruntée à l'écologie politique, car elle nous semble éclairante et pertinente pour décrypter les enjeux du temps présent. Dans l'année qui a suivi le déclenchement de la pandémie de Covid-19, les mondes politique, intellectuel et artistique ont été traversés par des références systématiques à un « monde d'avant » – perçu comme frénétique, destructeur des ressources naturelles, dysfonctionnel – et à un « monde d'après » invitant à une transition écologique et sociale. À ces notions assez vagues, prédominant dans les discours médiatiques, correspond également une forte effervescence intellectuelle au sein du monde académique, avec l'exploration de nouveaux champs et l'élaboration de nouveaux concepts pour saisir les enjeux cruciaux du temps présent. Dans les sciences sociales, l'urgence politico-environnementale s'est notamment traduite par l'émergence d'un « tournant éco-politique » soutenu par une génération d'auteurs et autrices qui invitent à « penser le nouveau monde » en réinventant les liens des sociétés humaines avec le vivant et la terre*[1]*. Parallèlement, des intellectuels proposent de sortir de la crise environnementale et climatique en s'appuyant sur la notion de décroissance qui a été articulée au sein de la pensée écologique depuis les années 1970, mais qui a connu une importante popularisation ces dernières années du fait de l'essor des nouveaux mouvements en faveur du climat. Le terme de décroissance fait référence à « une réorganisation politique et économique radicale conduisant à un usage réduit des ressources et de l'énergie »*[2]*, autrement dit à un tournant vers des modes de consommation et de production radicalement réduits, des modes de vie plus lents et plus conviviaux*[3]. »

La notion de décroissance peut sembler *a priori* fort éloignée du monde carcéral, mais, en réalité, les réflexions sur une gouvernance ancrée dans les principes de ralentissement et de retour à une certaine sobriété, après des décennies d'expansion effrénée, sont utilement transposables au secteur des prisons »[4] Julie de Dardel prudente indique bien qu'il n'y a pas à idéaliser ce modèle même s'il devient un symbole contre le tout carcéral. Ces contributions ne remettent pas en cause la prison, comme le feraient Gwenola Ricordeau ou Gilles Chantraine[5]. La prison est, reste, ce mal nécessaire, peu interrogé dans ses fondements et qui demeure investi dans sa possible mission de réinsertion[6]. Comme en témoignent son histoire et la pratique ancrée de la philanthropie pénale.

La prison a été et est un lieu d'investissement de pratiques humanitaires. La prison sera très tôt le lieu où la sensibilité philanthropique va s'exprimer[7]. On le voit à travers la question de l'hygiénisme ou de la pratique des visiteurs de prisons

---

[1] Voir notamment Charbonnier P., *Abondance et liberté. Une histoire environnementale des idées politiques*, Paris, La Découverte, 2019 ; Despret V., *Autobiographie d'un poulpe*, Arles, Actes Sud, 2020 ; Morizot B., *Manière d'être vivant*, Arles, Actes Sud, 2020.

[2] Kallis G. *et al.*, « Research on Degrowth », *Annual Review of Environment and Resources*, vol. 43, 2018, p. 148.

[3] Ariès P., *Décroissance ou barbarie*, Villeurbanne, Golias, 2008 ; Sinaï A., *Penser la décroissance. Politique de l'anthropocène I*, Presses de Sciences Po, Paris, 2013.

[4] De Dardel J., Op.cit., pp. 106-107.

[5] Voir travaux de Ricordeau G. (avec Christie N., Hulsman L. et Morris R.), *Crimes & peines : penser l'abolitionnisme pénal*, Caen, Grevis, 2021 ; « L'abolitionnisme au présent. Entretien avec Nicolas Carrier et Justin Piché », *Mouvements*, vol. 88, no. 4, 2016, pp. 124-134. Ou Chantraine G., « Supprimer les prisons », *Sciences Humaines*, vol. 288, no. 1, 2017, pp. 30-30. Ou Salle G., *L'utopie carcérale. Petite histoire des "prisons modèles"*, Paris : Ed. Amsterdam, 2016.

[6] Faugeron C. et Le Boulaire J-M., « Prisons, peines de prison et ordre public », in *Revue française de sociologie*, vol. 33, no 1, 1992.

[7] Voir les thèses de Mitsushima N. C., *Élites « reconnues d'utilité publique ». Philanthropie réformatrice et revendications capacitaires autour de la réforme pénale (1815-1851),* doctorat de science politique de l'Université Paris I (Panthéon-Sorbonne) dirigée par Deloye Y., décembre 2014 ; Reynaud Bertrand C., Le carcéral : désir d'humanité et changement révolutionnaire. La prison des Archives parlementaires et des archives du département du Nord (1789-1799), doctorat d'histoire contemporaine, EHESS, dirigée par Wahnich S., janvier 2016.

qui sera en France instaurée par le pasteur Jules Arboux[1], figure de la réforme pénitentiaire et sociale et qui estime qu'un visiteur laïque peut remplacer l'aumônier. Cette action semblera bien répondre en Amérique, Angleterre, Hollande, partout où le système cellulaire est sérieusement organisé, et assez peu en France. Il est vrai que le bénévolat est à l'origine du projet et donc celui-ci dépend de la disponibilité, de l'assiduité des « visiteurs ». C'est souvent dans un contexte de refondation politique qu'une frange des élites sociales perçoit l'intérêt d'investir politiquement une pratique sociale préexistante comme la philanthropie pénale. Celle-ci sera à la fois un moyen d'associer à la peine à une privation de liberté une réflexion conciliant justice et ordre social – notions en totale recomposition dans les séquences révolutionnaires – et de politiser une pratique sociale (la bienfaisance), espace d'action politique. Le pénal est sans doute à voir comme la clef initiatrice d'une réflexion sociale et politique qui ne chasse pas le social, mais l'encadre, l'englobe, le transforme et le rationalise avec ses instruments (lois, dispositifs, etc.). Le thème criminel adossé à la question sociale sera la clef de voûte d'un gouvernement du social dans son entier et la question de l'enfance illustre particulièrement bien cette articulation.

Qualifié de fonction d'exclusion, de châtiment ou d'expiation, de sacrifice, selon différents auteurs, le carcéral échappe à une vision substantialiste, s'appuie sur des configurations à travers l'espace et le temps et permet d'appréhender des formes diachroniques à l'intérieur d'une même structure.

Le carcéral est l'objet d'une construction sociale, il se recompose au gré des évolutions de la société. La prison, écrit Didier Fassin, « *n'est pas séparée du monde social : elle en est l'inquiétante ombre portée* »[2]. Ces contributions interrogent à nouveau la réforme de la prison. Si on suit la conception foucaldienne de la réforme pénitentiaire, elle serait à jamais vouée à l'échec, une réforme impossible. Mais cela serait sans tenir compte des contextes, des acteurs, de l'historicité qu'il faut sans cesse interroger.

La « réforme » de la prison est à peu près contemporaine de la prison elle-même[3]. Elle en est comme le programme. La prison s'est trouvée dès le début engagée dans une série de mécanismes d'accompagnement, qui doivent en apparence la corriger, mais qui semblent faire partie de son fonctionnement

---

[1] Par commodité, quand nous citons un article de cette revue, ou la revue elle-même, nous adopterons les initiales RP (pour la Revue pénitentiaire) ou BSGP (Bulletin Société Générale des Prisons). Querenet R., « Visites dans les prisons », Rapport de la Commission chargée de préparer les réponses de la Société générale des prisons au questionnaire du Congrès de Rome, BSGP, 1883, pp. 647-651 ; Arboux J., « Les conférences et les visites dans les prisons », *RP*, 1884, pp.854-868 ; Arboux J., « Les conférences et les visites dans les prisons », *RP*, 1885, pp.5-12 ; Arboux J., *Manuel des visiteurs de prisons*, Paris, Marchal Billard, 1894, RP 1894, pp. 421-458 ; Lacointa J., « La visite des prisonniers », *RP* 1894, pp.618-631.

[2] Fassin D., *L'ombre du monde, Une anthropologie de la condition carcérale* » Paris, Seuil, coll. « La couleur des idées », 2015, p. 37.

[3] Seyler M., « La banalisation pénitentiaire ou le vœu d'une réforme impossible », in *Déviance et société,* vol. 4, n° 2, 1980, pp. 131-147 ; Artières P., Lascoumes P., Salle G.(dir.), Op. cit.

même, tant ils ont été liés à son existence tout au long de son histoire [...][1]. La nécessaire réforme de la prison est aussi vieille que la prison elle-même. C'est ce qu'explique le sociologue Gilles Chantraine : « *l'institution se nourrit de sa propre critique : si le dispositif est en échec, c'est certainement que l'on n'y a pas mis assez de moyens, que les prisons ne sont pas bien pensées (...)* »[2]. Par cette velléité perpétuelle de réforme, c'est l'institution carcérale qui est, *in fine*, sans cesse renforcée.

Ces travaux et ces différents dispositifs montrent que la taille, la population et l'objectif assigné, les conditions offertes à l'intérieur de la structure, comme la structure elle-même, peuvent redonner, si ce n'est de l'humanité, si ce n'est lutter contre la surpopulation carcérale, au moins un sens à la peine. Avec d'une part, des conditions plus acceptables d'exercice de la peine. Et d'autre part, l'objectif d'éviter au maximum la récidive, laquelle depuis le XIXe siècle est vécue comme un fléau et un enjeu structurel des politiques pénales républicaines (de la loi du 27 mai 1885 à la création de l'observatoire de la récidive et de la désistance).

Ainsi, on observe une sophistication de dispositifs (cela dans tous les domaines de l'action publique), tel un feuilleté inutilisable, qui a juste en effet cumulatif jamais réinterrogé et souvent, parfois, reste malheureusement à l'effet d'annonces

La priorité serait sans doute de mettre à plat l'ensemble des dispositifs, mesures, lieux qui configurent la constellation pénale et réfléchir à une politique pénale cohérente, qui redonne du sens à la prison et dans laquelle s'inscriraient ces dispositifs ici présentés dont le but ne serait ni l'efficacité ni la rentabilité, ni la rationalité, mais la pertinence, la bienveillance et l'humanité.

---

[1] Farges E., « Penser la réforme pénitentiaire avec Michel Foucault. Apports et limites », *Raisons politiques*, 2007, n° 25, p. 115.

[2] Chantraine G., « Supprimer les prisons », *Sciences Humaines*, vol. 288, no. 1, 2017, pp. 52-53.

Table des matières

Structures éditoriales du groupe L'Harmattan

L'Harmattan Italie
Via degli Artisti, 15
10124 Torino
harmattan.italia@gmail.com

L'Harmattan Hongrie
Kossuth l. u. 14-16.
1053 Budapest
harmattan@harmattan.hu

L'Harmattan Sénégal
10 VDN en face Mermoz
BP 45034 Dakar-Fann
senharmattan@gmail.com

L'Harmattan Cameroun
TSINGA/FECAFOOT
BP 11486 Yaoundé
inkoukam@gmail.com

L'Harmattan Burkina Faso
Achille Somé – tengnule@hotmail.fr

L'Harmattan Guinée
Almamya, rue KA 028 OKB Agency
BP 3470 Conakry
harmattanguinee@yahoo.fr

L'Harmattan RDC
185, avenue Nyangwe
Commune de Lingwala – Kinshasa
matangilamusadila@yahoo.fr

L'Harmattan Congo
219, avenue Nelson Mandela
BP 2874 Brazzaville
harmattan.congo@yahoo.fr

L'Harmattan Mali
ACI 2000 - Immeuble Mgr Jean Marie Cisse
Bureau 10
BP 145 Bamako-Mali
mali@harmattan.fr

L'Harmattan Togo
Djidjole – Lomé
Maison Amela
face EPP BATOME
ddamela@aol.com

L'Harmattan Côte d'Ivoire
Résidence Karl – Cité des Arts
Abidjan-Cocody
03 BP 1588 Abidjan
espace_harmattan.ci@hotmail.fr

Nos librairies en France

Librairie internationale
16, rue des Écoles
75005 Paris
librairie.internationale@harmattan.fr
01 40 46 79 11
www.librairieharmattan.com

Librairie des savoirs
21, rue des Écoles
75005 Paris
librairie.sh@harmattan.fr
01 46 34 13 71
www.librairieharmattansh.com

Librairie Le Lucernaire
53, rue Notre-Dame-des-Champs
75006 Paris
librairie@lucernaire.fr
01 42 22 67 13

www.ingramcontent.com/pod-product-compliance
Lightning Source LLC
LaVergne TN
LVHW011310061026
849535LV00005B/1486